Bernhard Mackowiak
Anna Schughart

RAUM FAHRT

Der Mensch im All

Bernhard Mackowiak
Anna Schughart

RAUM FAHRT

Der Mensch im All

VORWORT	7

TRÄUMEN VON DEN STERNEN — 8

Das ewige Firmament	10
Astronomie in der Steinzeit und Jungsteinzeit	11
Die Himmelsscheibe von Nebra	12
Noch immer faszinierend: Stonehenge	13
Babylonische und ägyptische Astronomie	15
Astronomie in Griechenland	17
Ein neues Weltbild	18
Utopien vom Mond	20
PORTRÄT: Sir Isaac Newton	22
Fiktion und Wissenschaft	23
PORTRÄT: Jules Verne	24
H.G. Wells und die Invasion vom Mars	26

RAKETEN IN DEN HIMMEL — 28

Ursprünge in China	30
Kriegsraketen für Europa	30
Der russische Raketentheoretiker	33
PORTRÄT: Konstantin Ziolkowski	34
Amerikas verspotteter Prophet	35
Europa im Raketenfieber	37
PORTRÄT: Hermann Oberth	40
Raketenvereine	42
Raketenforschung für den Krieg	44
Die dunkle Seite der A4	48
Deutsche Technik für die Sieger	49
PORTRÄT: Wernher von Braun	50
TECHNIK: Das Aggregat 4	54
Sowjetische Beute	56
Neuanfang in Fort Bliss und White Sands	56

DER KAMPF UM DEN ERDORBIT — 60

Das Rennen beginnt	62
Der Sputnik-Schock	62
Koroljows Strategie	64
PORTRÄT: Sergej Pawlowitsch Koroljow	66
Die US-Antwort: Explorer 1	68
Satelliten im Orbit und zum Mond	70
Raumfahrt: Das Thema für die Massenmedien	73
PORTRÄT: Stanislaw Lem	74
Wostok und Mercury	76
TECHNIK: Das Wostok-Raumschiff	78
Die Gründung der NASA	80
Das Mercury-Projekt	80
TECHNIK: Die Mercury-Kapsel	82
Der erste Mensch im Weltall: Juri Gagarin	88
PORTRÄT: Juri Gagarin	91
Die USA springen hinterher	94
PORTRÄT: Alan Shepard	96
Wostok baut den Vorsprung aus	99
PORTRÄT: Valentina Tereschkowa	100
Mercury umkreist die Erde	101
PORTRÄT: John Glenn	106
FEATURE: Die weiblichen Computer der NASA	108

DAS RENNEN ZUM MOND — 110

Das Rennen zum Mond	112
TECHNIK: Das Vehicle Assembly Building (VAB)	114
Wie zum Mond?	116
Das Gemini-Programm	117
TECHNIK: Die Gemini-Kapsel	118
Drei Kosmonauten in der Erdumlaufbahn	120
Der erste Weltraumspaziergang	120
PORTRÄT: Alexej Leonow	122
Die Amerikaner holen auf	123
PORTRÄT: Edward White	126
Rendezvous und Ausstiege im Orbit	127
Raumsonden zum Mond	130
Die Katastrophe von Apollo 1	132
Die Bruchlandung der Sojus 1	133
Apollo 7: Fast perfekt	133
TECHNIK: Das Apollo-Kommando- und Servicemodul	134
Apollo 8: Die Weihnachtsbotschaft aus dem Mondorbit	136
TECHNIK: Die Saturn V	140
Apollo 9: LM-Test im Erdorbit	142
Apollo 10: Die Generalprobe	145
TECHNIK: Die Mondlandefähre	146

Apollo 11: Die ersten Menschen auf dem Mond	148
PORTRÄT: Die Crew der ersten bemannten Mondlandung	152
Ein kleiner Schritt...	155
Apollo 12: Souvenirs vom Mond	160
Apollo 13: Die erfolgreiche Katastrophe	163
PORTRÄT: Gene Kranz	164
Apollo 14: Im Fra-Mauro-Hochland	165
Apollo 15: Mit dem Auto unterwegs	166
Apollo 16: Im Descartes-Hochland	167
Apollo 17: Die letzten Menschen auf dem Mond	167
Die Sowjets und der Mond	170
Erfolge mit unbemannten Mondsonden	172

DIE SHUTTLE-ÄRA 174

Vorfahren des Shuttles	176
Wie das STS-System entstand	178
TECHNIK: Das Space Shuttle	180
Testflüge	182
Mit der Columbia ins All	183
Das Shuttle im Speditionsdienst	185
FEATURE: Raumanzüge	186
PORTRÄT: Sally Kristen Ride	189
Eine neue Astronautengeneration	190
Spacelab: Das Labor im Orbit	192
Neue Missionen – neue Passagiere	195
PORTRÄT: Sigmund Jähn, Ulf Merbold	196
Das Challenger-Unglück	198
Die Nach-Challenger-Missionen	200
TECHNIK: Das Hubble-Weltraumteleskop	202
Kooperation im Weltall	205
Das kurze Leben des Buran	208
Die Columbia-Katastrophe	210

RAUMSTATIONEN 214

Die Raumstation wird wieder aktuell	216
Ein Sowjetposten im All	217
Das Saljut-Programm	217
TECHNIK: Das Sojus-Raumschiff	220
Skylab: Die erste US-Raumstation	224
TECHNIK: Skylab	226
FEATURE: Die Raumfahrt in China	230
Die Raumstation Mir	233
Menschen auf der Mir	236
Rückblick: Zusammenarbeit im Orbit	238
FEATURE: Die European Space Agency (ESA)	240
Die ISS: Außenposten der Menschheit im All	244
Der Bau der ISS	248
Logistik für die ISS	251
Menschen auf der ISS	252
PORTRÄT: Peggy Whitson	253
PORTRÄT: Samantha Cristoforetti	255
FEATURE: Astronautenausbildung bei der ESA	256
Alltag auf der ISS	258
FEATURE: Social Media aus dem All	260
Die Zukunft der ISS	264
PORTRÄT: Alexander Gerst	265

ZU NEUEN HORIZONTEN 266

Lander und Rover auf dem Mars	268
Mars-Rover Curiosity und die Suche nach Wasser	270
Cassini-Huygens und die Landung auf Titan	274
Rosetta: Landung auf einem Kometen	275
Mit New Horizons zum Pluto und weiter	277
Der Mars: Zukünftiges Ziel der bemannten Raumfahrt?	279
FEATURE: Gesundheitsrisiken im All	280
Mars to Stay	282
FEATURE: Leben auf dem Mars	284
Lunar Orbital Platform Gateway	286
PORTRÄT: Elon Musk	288
Weltraumtourismus	289
Der Traum vom Weltraumhotel	290
FEATURE: Weltraumschrott wird zum Problem	292
Asteroidenbergbau: Rohstoffe aus dem All	294

ANHANG

Weiterführende Literatur	298
Register	300

Vorwort

Die Geschichte des Menschen im All ist ein faszinierendes, zugleich historisches und hochaktuelles Thema. Astronauten waren die Helden des 20. Jahrhunderts, inzwischen sind sie auch Social-Media-Stars, twittern regelmäßig aus dem All und haben eine große Zahl von Followern. Die Raumfahrtorganisationen wie die NASA und die ESA sprechen über die Social-Media-Kanäle ebenfalls viele Menschen an, und visionäre Unternehmer engagieren sich immer stärker privatwirtschaftlich im Weltall.

Eine Geschichte der Raumfahrt ist für einen Autor natürlich eine wunderbare Aufgabe, aber auch eine Herausforderung. Denn in einem Buch kann man, gleichgültig wie umfangreich es ist, niemals alle Fakten, alle Ereignisse und alle Namen nennen. Man muss sich auf die Höhepunkte und auf ausgewählte Aspekte konzentrieren. Zudem bringt die historische Forschung einerseits und die rasante aktuelle Entwicklung andererseits auch immer wieder neue Erkenntnisse ans Licht. Man braucht also den Mut zur Auswahl. Daten, Fakten und Zahlen, die der Experte dann vielleicht vermisst, lassen sich auf spezialisierten Websites, unter anderen denen der Raumfahrtorganisationen, stets aktuell und detailliert finden.

Raumfahrt – Der Mensch im All gibt einen Überblick – von den Anfängen der Sternenbeobachtung bis zu den visionären privaten Raumfahrtunternehmen der Gegenwart. Dabei steht neben der historischen Entwicklung und der Entwicklung der Technik der menschliche Faktor im Fokus. Deshalb enthält dieses Buch auch eine Reihe von Porträts, die die persönlichen Aspekte der Protagonisten vorstellen, und zahlreiche Randnotizen erzählen Anekdoten, die oft mindestens genauso wichtig sind wie die »offizielle« Geschichte.

Die bemannte Raumfahrt begann in den 1960er Jahren mit einem Wettrennen zweier sich im Kalten Krieg feindlich gegenüberstehender Supermächte ins All. Heute ist sie der Bereich, in dem die internationale Zusammenarbeit am besten funktioniert, und dient den Menschen bei der Erkenntnis und der Bewältigung der Herausforderungen auf der Erde. Die Internationale Raumstation ISS ist das sichtbare Zeichen für diesen Wandel. Im Juni 2018 twitterte der deutsche Astronaut Alexander Gerst von der ISS: »Habe lange überlegt, welches mein erstes Foto aus dem All sein sollte. Als ich diesen Sonnenaufgang gesehen habe, wusste ich die Antwort. Was für ein faszinierender Planet.«

Last but not least schließt der Überblick mit einem Ausblick: Weltraumtourismus, Asteroidenbergbau und der bemannte Flug zum Mars – die Suche nach einer zweiten Erde – sind die Themen, die Forschung und Raumfahrt heute antreiben. Ist die Menschheit schon auf der Suche nach einer neuen Heimat?

Wie auch immer die Antwort ausfällt – eines wird bleiben: der Wunsch des Menschen, die ihn umgebende Welt immer besser zu verstehen und zu neuen Grenzen vorzudringen.

Die Milchstraße am Nachthimmel Botswanas: Schon in der Urgeschichte waren der Himmel und seine Gestirne **Orientierungshilfe und Zeitmaßsystem für die Jäger und Sammler** früher Kulturen.

TRÄUMEN VON DEN STERNEN

Die Erforschung des Weltalls und die Geschichte der Raumfahrt nur als eine Geschichte des technischen Fortschritts seit dem 20. Jahrhundert zu betrachten, wäre zu kurz gedacht. Die Reise des Menschen ins All hat eine zutiefst philosophische Dimension, sie wurzelt im archetypischen menschlichen Forscher- und Entdeckerdrang. Schon seit der Steinzeit hat der Mensch nicht nur Wüsten, Meere und Berge bezwungen, sondern sich ebenso für den Himmel und seine Erscheinungen interessiert. Die Höhlenzeichnungen von Lascaux, die Anlage von Stonehenge oder die Himmelsscheibe von Nebra zeigen das eindrucksvoll. Seit der Mensch gelernt hatte, im Wechselspiel der Himmelskörper Gesetzmäßigkeiten zu erkennen und sie zur Zeitmessung und Orientierung zu nutzen, ließ ihn die Faszination des Himmels nicht mehr los. Sie trieb ihn schließlich dazu, selbst ins Weltall aufzubrechen.

TRÄUMEN VON DEN STERNEN

Damit Menschen sich überhaupt mit der Raumfahrt beschäftigen konnten, mussten sie erst einmal die Natur der Gestirne verstehen. Und hier gab es schon in der Steinzeit erstaunliche Erkenntnisse, und in den frühen Hochkulturen wurden bereits die Grundlagen der Astronomie gelegt.

Es war dann aber noch ein langer und von zahlreichen Irrtümern begleiteter Weg, bis die Gestirne entmystifiziert und die wissenschaftlichen und technischen Voraussetzungen der Raumfahrt geschaffen wurden. Bis heute allerdings nehmen Visionen die realen Entwicklungen vorweg und sind oftmals die wichtigen Impulsgeber. Und wenn Astronauten heute aus dem All twittern, teilen sie beim Anblick der Erde die gleiche menschliche Ergriffenheit wie die Menschen der Frühzeit beim Blick in den Sternenhimmel.

Der Stier von Lascaux (ca. 36.000–19.000 v. Chr.)
Die Höhle von Lascaux enthält einige der ältesten Felsmalereien der Menschheit. In der Halle der Stiere befindet sich ein Bildnis, das auf astronomische Kenntnisse der prähistorischen Jäger und Sammler schließen lässt. Ein Auerochse trägt zwischen seinen Hörnern sechs dunkle Punkte – ein Hinweis auf die sechs mit dem bloßen Auge sichtbaren Sterne des Siebengestirns, die Plejaden?

Das ewige Firmament

Schon als Jäger und Sammler brauchte der Mensch ein verlässliches Zeitmaß- und Orientierungssystem, und irgendwann bemerkte er auch, dass es zwei Arten von Himmelskörpern gibt. Da waren zum einen die scheinbar immer an derselben Stelle des Firmaments stehenden Sterne. Sie ließen sich zu Mustern verbinden. Und zum anderen leuchteten die sich unter ihnen bewegende Sonne, der Mond und die Planeten. Mit der Sonne ließ sich aus ihrer von morgens bis abends vollziehenden Wanderung der Tag einteilen, beim Mond durch seine wechselnden, wiederkehrenden, gleichmäßigen Phasen der Monat ableiten, und die Wanderung der Sonne durch bestimmte Sternbilder sowie ihre unterschiedlichen Höchststände zur Mittagszeit führte, einfach gesagt, zur Zeiteinheit »Jahr«.

Hinzu kam, dass die Gestirne durch ihre scheinbare Unvergänglichkeit und ihre unbeeinflussbaren, nach ewigen Gesetzen sich vollziehenden Bewegungen etwas Göttliches an sich zu haben schienen, dessen Faszination und Magie sich der Mensch nicht entziehen konnte.

Astronomie in der Steinzeit und Jungsteinzeit

Es kann sicher davon ausgegangen werden, dass die Ursprünge der Astronomie sich in der Steinzeit aus der Himmelsbeobachtung und der kultischen Verehrung der Gestirne entwickelt haben. Verschiedene Indizien stützen diese Annahme. Die bekanntesten sind die Wandmalereien in der Höhle von Lascaux (ca. 36.000 bis 19.000 v. Chr.): Sechs Punkte zwischen den Hörnern eines Stieres stellen möglicherweise die Plejaden dar, ferner scheinen der Tierkreis und der Sommerhimmel abgebildet zu sein.

Spätestens in der Jungsteinzeit (Neolithikum), die vor etwa 11.500 Jahren im Vorderen Orient begann und sich vom südöstlichen Mittelmeerraum nach Nordeuropa ausbreitete (6.400 bis 5.000 v. Chr.), war die Entwicklung eines Kalenders, basierend auf Sonne oder Mond, eine lebenswichtige Voraussetzung, um mit der Natur zu wirtschaften – Aussaat und Ernte zu planen –, aber auch religiöse Feste begehen zu können. Sie fußten auf der Deutung der Himmelsphänomene, wozu eine genaue Kenntnis der sichtbaren Sonnen- und Mondbahn, der Jahreszeiten, aber auch der für die damaligen Menschen geheimnisvollen Finsternisse gehörte.

Der Berliner Goldhut – rituelle Kopfbedeckung mit Kalender (1.000–800 v. Chr.) Goldhüte wie den hier abgebildeten knapp 75 cm hohen und 490 g schweren Kegelhut gibt es in ganz Europa nur in vier Exemplaren. Sie wurden von Priestern bei kultischen Anlässen getragen. Die Verzierung aus Bändern mit ins Goldblech getriebenen Kreisen und kleinen Ornamenten sehen viele Forscher inzwischen als komplexen Kalender, um Mond- und Sonnenjahr in Verbindung zu bringen.

Die sogenannte neolithische Revolution – der Übergang von der nomadischen zur sesshaften Lebensweise mit Ackerbau und Viehhaltung – führte zur Ausbildung verschiedener Astralkulte und zu den Anfängen sowohl einer Astronomie als auch der westlichen und asiatischen Astrologie mit der daraus möglichen Deutung der Bewegung der Wandelsterne und ihrer jeweiligen Position unter den Fixsternen. Und so waren auch zahlreiche Gräber dieser Zeit nach einer bestimmten Himmelsrichtung angelegt.

Unter den archäologischen Funden, die im Zusammenhang mit Kalendern stehen, sind die in Süddeutschland und Frankreich entdeckten Goldhüte, die als sakrale Kopfbedeckung von Priestern eines Sonnenkultes gedeutet werden, und die Himmelsscheibe von Nebra zu nennen. Sie ist wohl das bekannteste und am besten erforschte Zeugnis aus der Vor- und Frühgeschichte. Populär geworden ist sie auch durch ihre abenteuerliche Fundgeschichte.

 EIN ARCHÄOLOGISCHER KRIMI

Es waren keine Archäologen, die am 4. Juli 1999 die Himmelsscheibe von Nebra fanden, sondern zwei Raubgräber. Das Fundstück wechselte auf dem Schwarzmarkt mehrmals den Besitzer – zuletzt für über 200.000 DM an eine Museumspädagogin und einen Lehrer, die es illegal weiterverkaufen wollten. Inzwischen hatte das Amt für Landesarchäologie von diesem Handel erfahren. Der Landesarchäologe traf sich 2002 mit den Hehlern in einem Baseler Hotel, wo die Schweizer Polizei das wertvolle Stück (Versicherungswert 2006: 100 Millionen Euro) sicherstellte. Seit 2002 ist die Himmelsscheibe im Landesmuseum für Vorgeschichte in Halle ausgestellt und gehört seit 2013 zum UNESCO Weltdokumentenerbe in Deutschland.

Die Himmelsscheibe von Nebra

Die Himmelsscheibe von Nebra ist eine Bronzeplatte in einer Legierung aus Kupfer und Zinn, mit etwa 32 Zentimeter Durchmesser, einer Stärke von 4,50 Millimetern in der Mitte sowie 2,30 Kilogramm Gewicht. Ihr Alter wird auf 3.700 bis 4.100 Jahre geschätzt. Aus den Beifunden (Bronzeschwerter, zwei Beile, ein Meißel und Bruchstücke spiralförmiger Armreife) schließt man, dass sie 1.600 v. Chr. vergraben wurde. Die Scheibe ist mit Applikationen aus Gold versehen, die offenbar astronomische Phänomene und religiöse Symbole darstellen.

Nach einer Interpretation symbolisieren die Plättchen die Sterne, die Gruppe der sieben kleinen Plättchen den Sternhaufen der Plejaden, während die anderen 25 astronomisch nicht zuzuordnen sind und als Verzierung gedeutet werden. Die große

Scheibe, die zunächst als ein Abbild der Sonne interpretiert wurde, wird mittlerweile als Vollmond gesehen. Die beiden den Rand begrenzenden Bögen sollen den Horizont zeigen, während es sich bei dem anderen wohl um die Barke des Sonnengottes handelt.

Durch diese Darstellungen gilt die Himmelsscheibe von Nebra als weltweit älteste, von einer mitteleuropäischen Zivilisation angefertigte, konkrete Wiedergabe des Nachthimmels und somit als die erste erhaltene Abbildung des Kosmos.

Noch beeindruckender sind die Bauwerke, die im Zusammenhang mit der Astralreligion und Gestirnsbeobachtung errichtet wurden: die rekonstruierte Kreisgrabenanlage von Goseck in Sachsen-Anhalt und die Megalith-Steinkreise von Stonehenge im südlichen England.

Die Kreisgrabenanlage von Goseck gilt als das älteste Sonnenobservatorium der Welt. Sie ist während des Mittelneolithikums vor etwa 6.900 Jahren errichtet worden. Ihre ringförmigen Verfärbungen im Boden wurden 1991 während eines Erkundungsfluges entdeckt; und die gesamte, von Palisaden umzäunte Anlage wurde zwischen 2002 und 2004 vollständig ausgegraben.

Noch immer faszinierend: Stonehenge

Noch imposanter ist die ringförmige Steinsetzung Stonehenge in der englischen Grafschaft Wiltshire. Ihr Bau begann etwa 3.100 v. Chr. und wurde in mehreren Phasen fortgesetzt. Auch wenn die bis zu 50 Tonnen schweren Steine nur noch teilweise aufrecht stehen, so lässt sich aus ihnen und den vorhandenen Abdrücken der fehlenden Steine das frühere Gesamtbild der Anlage rekonstruieren.

Grob gesagt besteht Stonehenge aus einem ringförmigen Graben, der eine ebenso angeordnete Ansammlung megalithischer Steine umschließt. Sie bilden mehrere konzentrische Kreise. Ihre beiden auffälligsten sind ein äußerer Kreis aus Pfeilersteinen, die von Decksteinen überbrückt werden, sowie eine innere, hufeisenförmige Struktur aus ursprünglich fünf sogenannten Trilithen – jeweils zwei Tragsteinen, auf denen ein Deckstein liegt. Dazwischen befinden sich weitere Strukturen aus kleineren Steinen sowie Löchern im Boden.

Bis heute kennt niemand die genaue Bedeutung dieses Ortes, und so wurden im Laufe der Jahrhunderte zahlreiche Theorien entwickelt: vom Kult- und Versammlungsplatz über eine religiöse Tempelanlage, Begräbnisstätte, ein astronomisches Observatorium bis zum steinzeitlichen Computer.

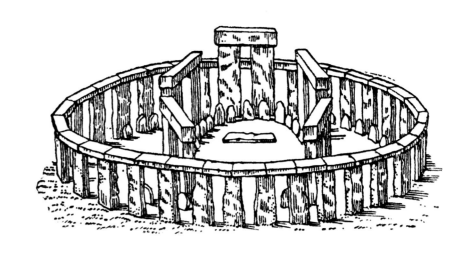

 EIN GENERATIONENPROJEKT

Der Steinkreis von Stonehenge wurde über einen Zeitraum von rund 1.500 Jahren errichtet. Neueste Forschungen unterscheiden sechs Bauphasen: Um 3.100 v. Chr. entstanden Wall und Graben, gefolgt von hölzernen Palisaden. 2.500 v. Chr. wurden Paare von bis zu 41 Steinen aufgestellt, die aus dem 400 Kilometer entfernten Wales herangeschafft wurden. Einige Zeit später entstand der 5 Meter hohe innere Sarsenkreis aus 30 bearbeiteten Steinen, in dem die fünf Trilithen aufragen. Etwa 1.500 v. Chr. wurde die Anlage vermutlich aufgegeben.

Auch wenn der **megalithische Steinkreis von Stonehenge** (um 3.000–1.500 v. Chr.) heute nicht mehr in seiner Gesamtheit zu bewundern ist, so geht von den tonnenschweren Steinen noch immer eine Faszination aus. Denn trotz modernster archäologischer Methoden sind viele Fragen nach wie vor nicht geklärt, wie beispielsweise, wozu er eigentlich diente: als Tempel, Begräbnisstätte, Observatorium?

Stonehenge ist an einem Ort errichtet worden, der schon vorher als heilig galt und durch diesen Bau weiter aufgewertet wurde. Es ist an den Winkeln des Sonnenaufgangs zur Sommersonnenwende und des Sonnenuntergangs zur Zeit der Wintersonnenwende ausgerichtet. Dagegen fängt der südliche Kreis in der Anlage von Durrington Walls, 2,5 Kilometer entfernt, den Sonnenaufgang zur Zeit der Wintersonnenwende ein – »Daten«, die für einen Kalender wichtig sind. Andererseits stand die Sommersonnenwende vermutlich für den Zenit und das darauf folgende Ende des Lebens. Dagegen schien die Wintersonnenwende das Bild für den sich wiederholenden Neuanfang zu sein. Symbolisierte also, wie eine umstrittene Theorie behauptet, der südliche Kreis von Durrington Walls das Reich der Lebenden und Stonehenge das Reich der Toten? Wir wissen es nicht. Wir wissen lediglich aus Grabbeigaben seit der Steinzeit, dass der Mensch, solange er denken kann, an ein Fortleben oder einen Neubeginn nach dem Tode glaubte.

Babylonische und ägyptische Astronomie

Die neu entstandene Arbeitsteilung in den frühen Hochkulturen im Zweistromland und am Nil führte zur Ausbildung sozialer Oberschichten. Zu ihnen gehörten auch die Priester und Schriftgelehrten. Sie waren es, die Astronomie und die mit ihr lange Zeit eng verbundene Astrologie betrieben. Während wir uns bei der Erforschung der vorgeschichtlichen Astronomie in Nordeuropa nur auf archäologische Kenntnisse stützen können, existieren von der babylonischen und ägyptischen Astronomie bis in das 3. Jahrtausend v. Chr. zurückreichende Aufzeichnungen.

Es wurden Astralgottheiten angebetet, symbolisiert durch Sonne, Mond und Planeten. Um nicht nur Aussaat und Ernte zu bestimmen, sondern auch die Festtage zur Verehrung dieser Gottheiten festzuhalten, wurden von Priestern sehr exakte Beobachtungen gemacht und in Keilschrift auf Tontafeln niedergeschrieben. So kannten die Babylonier zu ihrer Zeit alle wichtigen Himmelszyklen mit erstaunlicher Genauigkeit, wie die Dauer jener Zeitspanne von zwei aufeinander folgenden gleichen Mondphasen (synodischer Monat), den Venus- und Marsumlauf oder den 18-jährigen Zyklus der Finsternisse.

Ebenso wurden unsere Stunden- und die 360-Grad-Einteilung in Babylon entwickelt; und auch die Tierkreissternbilder haben hier ihren Ursprung. Sie waren Grundlage für die Himmelsschau, also den Versuch, aus den Stellungen der Gestirne den Willen der Götter für das Herrscherhaus abzulesen. Die Astrologie hat hier ihren Geburtsort. Sie war bis zum Beginn der Neuzeit Teil der Astronomie und eng mit ihr verbunden; denn um den Willen der astralen Gottheiten deuten zu können, war es notwendig, ihre Bahnen am Firmament zu erforschen und zu beschreiben.

Auch die ägyptischen Quellen geben uns detaillierte Kenntnisse über die Astronomie des Volkes am Nil. Bei ihm stand Sirius (Hauptstern des Sternbildes Großer Hund und hellster Stern des

Eines der zahlreichen Bilder aus dem Grab des ägyptischen Nekropolenarbeiters und Künstlers Sennedjem (um 1.290 v. Chr.). Es zeigt die **Verehrung der Himmelsgöttin Nut.** Unter den vielen Sternen war Sirius von besonderer Bedeutung. Mit seinem Frühaufgang trat der Nil über die Ufer und brachte den fruchtbaren Schlamm.

Nachthimmels) im Mittelpunkt des Interesses. Sein Erscheinen am 20. Juli in der Morgendämmerung kurz vor Sonnenaufgang fiel ungefähr mit der Nilschwelle zusammen – jener Flut, die den fruchtbaren Schlamm auf die Felder brachte.

Die herausragende Leistung der ägyptischen Astronomie ist ein am Sonnenlauf orientierter Kalender. Schon im 4. Jahrtausend v. Chr. kannten die Ägypter ein 365-tägiges Sonnenjahr mit 12 Monaten zu je 30 Tagen und 5 Zusatztagen. Neben verschiedenen Sternbildern gab es in Ägypten eine Einteilung des Tierkreises in 36 Dekane, die besonderen Gottheiten unterstanden.

Der griechische Astronom Hipparchos im 2. Jahrhundert v. Chr. bei der Himmelsbeobachtung auf dem Dach der Bibliothek von Alexandria mit den für die damalige Zeit gebräuchlichen Instrumenten: der Armille, dem Sternglobus und dem bloßen Auge. (Holzschnitt, um 1880)

TRÄUMEN VON DEN STERNEN

Astronomie in Griechenland

Im antiken Griechenland erreichte die Astronomie eine neue Entwicklungsstufe. Hier wurden die Himmelskörper und ihre Bahnen unter dem Blickwinkel der Geometrie gesehen, und die Griechen wollten deren Gesetzmäßigkeiten herausfinden. Kugel und Kreis galten als vollkommene geometrische Figuren. So gingen die griechischen Naturforscher und Philosophen von der Kugelgestalt der Erde aus, was durch verschiedene Beobachtungen nahegelegt wurde. Erathostenes (276–195 v. Chr.) konnte aus dem Vergleich unterschiedlicher Mittagshöhenstände der Sonne an zwei weit voneinander entfernt liegenden Orten den Gesamtumfang der Erdkugel mit recht großer Genauigkeit berechnen.

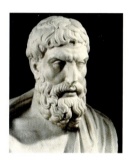

Die besondere Leistung der antiken griechischen Astronomie bestand aber in der Formulierung der Theorie der Planetenbewegung. Sie fand ihre Vervollkommnung bei Hipparchos (190–120 v. Chr.) und Claudius Ptolemäus (etwa 75–160 n. Chr.). Danach bewegen sich Mond, Merkur, Venus, Sonne, Mars, Jupiter und Saturn um eine ruhende Erde auf kristallenen Schalen (Geozentrisches Planetensystem). Dieses System schien so gut durchdacht, dass es bis zum Ende des Mittelalters gültig war. Es entsprach ja auch dem Weltbild der Kirche. Dagegen konnte sich das heliozentrische Weltbild mit der Sonne im Mittelpunkt, vertreten von Aristarchos von Samos (ca. 310–230 v. Chr.), nicht durchsetzen.

 EPIKUR

Der Philosoph Epikur (341–270 v. Chr.) schrieb in einem seiner Briefe: »Es gibt unzählige Welten, sowohl solche wie die unsere als auch andere. [...] Nichts spricht gegen eine unendliche Anzahl von Welten [...] Wir müssen akzeptieren, dass es auf allen Welten Lebewesen, Pflanzen und andere Dinge gibt, wie wir sie auf unserer Welt erblicken.«

Die Griechen gingen aber in ihren Überlegungen zur Natur der Gestirne noch weiter: Einige ihrer Denker und Autoren machten sich sogar schon Gedanken über deren Bewohnbarkeit. Das galt besonders für Sonne und Mond, auf deren Oberfläche man von der Erde aus Strukturen erkennen konnte. Diese Sichtweise wurde 160 n. Chr. von dem Schrift-

1609: **Galilei führt dem Dogen von Venedig und seinem Gefolge sein selbstgebautes Fernrohr** vor. Er zeigt ihnen einige der von ihm entdeckten Objekte, darunter auch die Jupitermonde, die zu einem neuen Bild von Himmel und Erde führten. (Handkolorierter Stich, 19 Jh.)

steller Lukian (125–180 n. Chr.) in seiner Erzählung *Verae Historiae (Wahre Geschichten)* aufgegriffen. Es ist die erste Geschichte, die eine Raumfahrt schildert – wenn auch eine unfreiwillige. Der Autor fantasiert nicht nur von bewohnten Welten, sondern auch von der Möglichkeit, dorthin zu gelangen. Und da gab es nur eine, die für die Zeitgenossen realistisch erschien, nämlich per Segelschiff. Mit ihm stranden, durch einen Wirbelsturm emporgetrieben, tapfere Seeleute nach siebentägiger Reise auf dem Mond und erleben haarsträubende Abenteuer. Lukians Erzählung gilt als der erste utopische Roman. Als Satire fußt er dabei nicht wie die spätere Science-Fiction auf den wissenschaftlichen Erkenntnissen seiner Zeit und ihrer gedanklichen Weiterentwicklung. Das galt auch für zahlreiche Nachahmer.

Ein neues Weltbild

Der deutsche Naturphilosoph, Mathematiker, Astronom, Astrologe und evangelische Theologe Johannes Kepler (1571–1630) erforschte die Gesetze der Planetenbewegung, die er aus der Bewegung des Mars abgeleitet hatte. Danach wandern die Pla-

Darstellung aus der *Harmonia Macrocosmica* von Andreas Cellarius, 1660, mit dem von Nikolaus Kopernikus vertretenen **heliozentrischen Weltbild**. Es stellt die Sonne ins Zentrum des Planetensystems. Er erklärt damit den eigentlichen Grund für die Entstehung der Jahreszeiten und die Bahnen der übrigen damals bekannten Planeten.

neten auf Ellipsen um die Sonne, wobei sie sich in Sonnennähe schneller bewegen als in Sonnenferne. Er erklärte somit im Einzelnen das heliozentrische System.

Dieses hatte zuvor Nikolaus Kopernikus (1473–1543), Domherr zu Frauenburg, Mathematiker und Astronom, in seinem 1543 erschienenen Buch *De revolutionibus orbium coelestium (Über die Umläufe der himmlischen Kreise in sechs Büchern)* propagiert und damit eine völlig neue Weltsicht begründet.

Kepler sah den Mond ebenfalls als bewohnt an und schrieb seine Ansichten 1609 in dem utopischen Roman *Somnium (Der Traum)* nieder. Durch Magie gelangt er im Traum zum Mond. Dieser ist von Flüssen, Bergen, Tälern und von ringförmigen Städten und Burgen bedeckt, in denen schlangenartige Wesen hausen. Die Mondkrater, die Kepler korrekt beschrieben, sind seiner Meinung nach Schutzburgen gegen die langen Nächte und schroffen Temperaturwechsel auf dem Mond.

Keplers Vorstellungen vom Mond lag nicht nur das neue heliozentrische Weltbild zugrunde, sondern auch eine technische Erfindung – stand ihm doch als einem der ersten Astronomen seiner Zeit ein neuartiges Instrument zur Verfügung: das Fernrohr. Kepler hatte selbst eines gebaut; aber erfunden hatte es 1608 der holländische Brillenmacher Hans Lippershey (1570–1619). Der italienische Naturforscher Galileo Galilei (1564–1642) hatte es dann 1610 zum ersten Mal auf den Himmel gerichtet.

Hier entdeckte Galilei die vier größten Monde des Jupiter, verfolgte die Phasen der Venus, beobachtete die Sonnenflecken und sah die von Kratern zernarbte und von Gebirgen und Tälern durchzogene Mondoberfläche. Mit dem Fernrohr war er auch in der Lage, das Band der Milchstraße in einzelne Sterne aufzulösen. Von nun an sollte es die Astronomie von Grund auf verändern: Sonne, Mond und Planeten galten nun nicht mehr als mystische, göttliche Objekte, sondern waren Körper oder Welten, die mit den Methoden der Wissenschaft erforscht werden konnten.

Diese Entdeckungen ließen Galilei vehement für das kopernikanische Planetensystem eintreten. Der daraus entstandene Konflikt und dessen Ausgang 1632 ist dann in die Wissenschaftsgeschichte eingegangen: Galilei musste seine Lehre widerrufen und wurde bis an sein Lebensende unter Hausarrest gestellt. Dabei hatte er noch Glück, denn der Priester, Dichter, Philosoph und Astronom Giordano Bruno (1548–1600) war für seine Lehre über die Unendlichkeit des Universums und die Vielzahl der Welten sowie deren Bewohnbarkeit 1600 auf dem Scheiterhaufen verbrannt worden. Aber die Verbreitung des kopernikanischen Weltbildes war nicht mehr aufzuhalten. Beobachtungen mit dem Fernrohr lieferten weitere Beweise für dessen Richtigkeit, brachten durch immer bessere Instrumente neue astronomische Erkenntnisse und befeuerten die Vorstellungskraft der Menschen.

Utopien vom Mond

Das spiegelte sich auch in den beiden 1638 gleichzeitig erschienenen Mondromanen wider. Der erste stammt von Bischof Francis Godwin und ist betitelt mit *The Man in the Moone or a Discourse of A Voyage thither (Der Mann im Mond oder ein Diskurs über eine Reise dorthin)*. Schon der Titel lässt ahnen, dass Godwins Werk, was das wissenschaftliche Fundament betrifft, weit hinter Kepler zurücksteht. Kepler greift, wie beschrieben, zum Mittel des Traumes, um sich erst gar nicht über die Art des Reisens auslassen zu müssen. Godwin dagegen bedient sich eines Gestells mit einem Gespann von Gänsen, um seinen Helden eine zwölftägige Reise zum Erdtrabanten unternehmen zu lassen. Das ist deshalb möglich, weil nach seinen Ausführungen die irdische Lufthülle bis zum Mond reicht.

Mit einem Gespann von Gänsen ließ **Francis Godwin** seinen Helden in zwölf Tagen zum Mond fliegen; er glaubte, dass die irdische Lufthülle bis dorthin reiche. (Kupferstich aus der französischen Ausgabe des Buches, 1648)

Godwins Mondbewohner kennen weder Hunger noch Durst, werden je nach Status und Intelligenz sehr groß und sehr alt. Ferner können sie wegen der geringen Mondanziehungskraft mit Muskelkraft fliegen, und ihre chirurgischen Kenntnisse sind so weit entwickelt, dass sie sogar abgerissene Köpfe wieder annähen können.

Bischof John Wilkins, Mitbegründer der Royal Society, geht seine Geschichte mit dem Titel *The Discovery of a World in the Moone (Die Entdeckung einer Welt auf dem Monde)* von der wissenschaftlich-philosophischen Seite her an. Er berichtet über den Mond, beschreibt dessen Bewohnbarkeit und diskutiert die verschiedenen damals bekannten Möglichkeiten, dort hinzugelangen: mit Geistern oder Engeln, mit Vögeln, mit Flügeln oder einem »fliegenden Wagen«.

Erst der Pariser Schriftsteller und Satiriker Cyrano de Bergerac (1619–1655) zieht in seinen Romanen *Histoire comique des etats et empires de la lune (Die Reise zum Mond)*, erschienen 1649, und *Histoire des Etats et Empires du Soleil* (Geschichte der Staaten und Reiche der Sonne), der 1662 erschien, zumindest teilweise wissenschaftliche Erklärungen in Betracht.

Der Autor versucht zuerst mit einer Methode zum Mond zu gelangen, die den Geschichten des Lügenbarons von Münchhausen nicht ganz unähnlich ist: Er bindet sich mit Tau gefüllte Flaschen um die Hüfte, mit denen er von der Sonne in die Höhe gehoben wird – getreu dem damals herrschenden (Aber-)Glauben, dass Tau von der Sonne angehoben wird. Doch das Experiment misslingt; beim nächsten Versuch lässt er seine Raumreisenden in einem eisernen Wagen aufsteigen. Angetrieben wird er dadurch, dass die Insassen laufend Magnetsteine in die Höhe werfen, durch die das Gefährt nach oben gezogen wird.

Doch Bergerac schildert noch eine weitere Idee, die äußerst modern anmutet: An einer nicht näher beschriebenen Flugmaschine bringen Soldaten aus

Mit diesem Wagen wollte der Pariser Schriftsteller und Satiriker **Cyrano de Bergerac** seinen Helden auf eine Reise zu den Welten des Sonnensystems schicken. (Holzschnitt aus der 1662 veröffentlichten Ausgabe)

Spaß mehrere Raketen an (sie waren zu seiner Zeit schon als Feuerwerkskörper in Gebrauch). Als sie zünden, springt er in das Gefährt und wird in die Höhe getragen, bis sie ausgebrannt sind und die Flugmaschine wieder zum Boden zurückfällt. Er selbst aber steigt weiter bis zum Mond auf. In seinem Buch spricht er auch darüber, dass die Masse des Mondes kleiner und damit die Schwerkraft geringer sei. Hier verbirgt sich eine Erkenntnis, die der englische Mathematiker und Physiker Isaac Newton (1643–1727) erst rund dreißig Jahre später in seinem Gravitationsgesetz formulierte.

PORTRÄT

VOM FALLENDEN APFEL ZUM GRAVITATIONSGESETZ
SIR ISAAC NEWTON

Fiel der Apfel wirklich nicht weit vom Stamm des vor seinem Gutshaus stehenden Baumes und brachte den englischen Physiker und Mathematiker Isaac Newton (1643–1727) auf die Idee des Gravitationsgesetzes? Vielleicht ist das auch nur eine Legende, aber sie ist einfach zu schön, um sie nicht immer aufs Neue hervorzuholen. Denn ohne diesen Apfel und die daraus gezogenen Schlussfolgerungen über die Gesetze der Mechanik hätte die Raumfahrt nie Wirklichkeit werden können. Damit gehört Newton, wenn auch indirekt, zu den Pionieren der Raumfahrt. Ob Apfel oder Mond – die Frage, die sich Newton stellte, bleibt bei beiden dieselbe: Ist die Kraft, die den Apfel zu Boden zieht, die gleiche wie die, welche den Mond an die Erde fesselt und – weitergehend – die Planeten an die Sonne bindet, wo sie, wie von Kepler beschrieben, unser Zentralgestirn umlaufen? Sie zu beantworten, entwickelte Newton (zur selben Zeit wie Leibniz) eine neue Art von Mathematik: die »Fluxionsrechnung« oder Infinitesimalrechnung.

Titelblatt von Isaac Newtons **Buch über die Naturkräfte** (Ausgabe von 1687). Es gilt als das bedeutendste Wissenschaftswerk.

Nach jahrelanger Arbeit konnte er zeigen, dass ein fallender Apfel, der Mond und die Planeten derselben Kraft unterliegen, dass im Grunde jedes Teilchen im Universum jedes andere mit einer Kraft anzieht, die von dessen Masse abhängt.

Die Bewegungen der Himmelskörper werden durch zwei Kräfte bestimmt: die Schwerkraft oder Anziehungskraft (Gravitation) und die Fliehkraft (Zentrifugalkraft). Diese verleiht einem Körper das Bestreben, eine einmal eingeschlagene Bewegungsrichtung – eine gerade Linie – beizubehalten, und zwar so lange, bis die Schwerkraft auf ihn einwirkt und seine Bahn verändert. Es ist also die Gravitation zwischen der Sonne und ihren Planeten (oder einem Raumfahrzeug und einem Planeten), die sie auf Umlaufbahnen zwingt.

Newton veröffentlichte seine Ergebnisse 1687 unter dem Titel *Philosophiae Naturalis Principia Mathematica (Mathematische Prinzipien der Naturlehre)*, heute kurz *Principia* genannt – ein Buch, das viele für das bedeutendste wissenschaftliche Werk halten.

Darüber hinaus unternahm Newton wegweisende Forschungen auf dem Gebiet der Optik und baute 1672 das erste Spiegelteleskop. Ab 1669 war Newton Mathematikprofessor am Trinity College in Cambridge und ab 1703 auch Präsident der für die naturwissenschaftliche Revolution seiner Zeit maßgeblichen Royal Society in London.

Fiktion und Wissenschaft

Den berühmtesten utopischen Roman verfasste jedoch der französische Schriftsteller Bernard Le Bovier de Fontenelle (1657–1757) im Jahre 1686 mit dem Titel: *Entretiens sur la pluralité des mondes (Unterhaltungen über die Mehrzahl der Welten)*. Im Gegensatz zu seinen Vorgängern wusste Fontenelle bereits, dass der Mond über keine Atmosphäre verfügt, und schloss daraus, dass es menschliches Leben dort nicht geben könne. Dagegen nahm er die Planeten als sämtlich bewohnt an, und zwar von Wesen, deren Charakter sich von der astrologischen Bedeutung des entsprechenden Wandelsternes ableitete. So waren die Geschöpfe auf dem Merkur zierlicher als auf der Erde, die Saturnbewohner träge und langsam, und die Venusleute waren ständig in Liebesabenteuer verstrickt.

Das Publikum ergötzte sich an diesen Fantasien. Aber durch die wissenschaftlichen Erkenntnisse aus der Erforschung des Sonnensystems wurde die Vorstellung einer Raumfahrt mit den damals bekannten Mitteln immer unwahrscheinlicher.

So mussten die Astronomen bald feststellen, dass der Mond keine oder nur eine geringe Atmosphäre besitzt – Anzeichen dafür hatte schon Galilei gefunden –, ebenso dass der Raum zwischen den Körpern des Sonnensystems leer sein musste und die Atmosphären nur dünne Schalen um die Weltkörper darstellten. Diese Erkenntnisse ließen die Realisierung einer Raumreise in weite Ferne rücken. Und selbst der Fantasie wurde dadurch der Weg weitestgehend verbaut. Die Situation änderte sich erst Mitte des 19. Jahrhunderts, als die Fernrohre immer leistungsfähiger wurden und durch die deutschen Chemiker Gustav Robert Kirchhoff (1824–1887) und Robert Wilhelm Bunsen (1811–1899) die Spektralanalyse oder Spektroskopie erfunden wurde.

Nun entdeckten die Astronomen immer mehr Einzelheiten auf den Planeten, konnten ihre physikalischen Eigenschaften untersuchen und letztlich auch die der Sterne. Es entstand der Zweig der Astrophysik. Dazu kam die industrielle Revolution und ihr Innovationsschub in Wissenschaft und Technik. In ihrem Gefolge entstand eine Literaturgattung, die sich erneut der Schilderung von Raumreisen annahm, nun aber auf der Basis der neuen wissenschaftlichen Erkenntnisse und technischen Errungenschaften.

Als herausragendes Beispiel ist in diesem Zusammenhang der französische Schriftsteller Jules Verne (1828–1905) mit seinen *Außergewöhnlichen Reisen* zu nennen. Seine in dieser Reihe erschienenen Romane *De la terre à la lune (Von der Erde zum Mond)*, veröffentlicht 1865, und *Autour de la lune (Reise um den Mond)*, den er vier Jahre später publizierte, sind zu Klassikern der utopisch-wissenschaftlichen Literatur geworden.

Verne versucht in seinen Romanen, die Leser nicht nur mit einer spannenden Handlung auf der Grundlage des damaligen naturwissenschaftlich-technischen Wissens zu unterhalten, sondern auch die zukünftigen Entwicklungsmöglichkeiten aufzuzeigen.

So lässt er in seinen Raumfahrtromanen drei »Astronauten« in einer luxuriös eingerichteten Granate mit einer Riesenkanone von der Halbinsel Florida (!) zum Mond schießen, ihn umkreisen – wobei sie die Schwerelosigkeit erleben – und durch Zündung von Bremsraketen wieder zur Erde zurückkehren. Er nahm damit den Apollo-8-Flug um fast hundert Jahre vorweg.

Ähnliches gilt auch für einen anderen Weltraumroman. Unter dem Titel *Voyages extraordinaires: Hector Servadac (Reise durch die Sonnenwelt*, erschienen 1877) lässt er die Protagonisten eine Reise durch unser Planetensystem unternehmen, die in abgewandelter Form durch die ESA-Raumsonde Rosetta zum Kometen Churyumov-Gerasimenko von 2004 bis 2015 Wirklichkeit wurde.

PORTRÄT

EIN BEGRÜNDER DER SCIENCE-FICTION-LITERATUR
JULES VERNE

Er nahm in seinen Geschichten die Leser mit auf eine fünfwöchige Reise im Ballon, ließ sie 20.000 Meilen unter dem Meer die Ozeane erkunden und brachte sie sogar zum Mond. Der französische Schriftsteller Jules Verne (1828–1905) schrieb nicht nur spannende und dramatische Reiseabenteuer, er schilderte auch den Stand der Wissenschaft und Technik seiner Zeit und deren mögliche zukünftige Entwicklungen.

Manche wurden später Realität, wie die Fahrt des Atom-U-Boots Nautilus unter dem polaren Eis oder der Flug zum Mond.

Vernes Geschichten waren keine frei fantasierten Utopien mehr, wie sie frühere Autoren verfasst hatten. Er schuf eine Literatur, die wir heute als »Science-Fiction« bezeichnen. Zusammen mit Hugo Gernsback (1884–1967), Kurd Laßwitz (1848–1910) und H. G. Wells (1866–1946) gilt Jules Verne als einer der Begründer der Science-Fiction-Literatur.

Bevor Verne seinen Durchbruch als Autor dieses Genres erlebte, war er nach seinem Jurastudium mit mäßigem Erfolg als Schriftsteller und Börsenmakler tätig. Die Wende kam, als er 1862 den umtriebigen Jugendbuchverleger Pierre-Jules Hetzel kennenlernte, der Vernes ersten Reise-Roman *Cinq semaines en ballon (Fünf Wochen im Ballon)* herausbrachte.

Damit begann Vernes Schriftstellerkarriere. Durch die Zusammenarbeit mit Hetzel bekam Verne Kontakt mit Naturforschern und Erfindern. Er konnte so seine Kenntnisse erweitern, sich fachlich beraten lassen und bekam viele neue Ideen.

Vernes Bücher, die sich an ein jugendliches Publikum mit guter Allgemeinbildung richteten, waren nicht nur in Frankreich Bestseller, sondern in ganz Europa und auch in Amerika erfolgreich.

Seine bekanntesten Romane sind: *Voyage au centre de la terre (Reise zum Mittelpunkt der Erde, 1864)*, *De la terre à la lune (Von der Erde zum Mond, 1865)*, *Autour de la lune (Reise um den Mond, 1869)*, *Vingt mille lieues sous les mers (Zwanzigtausend Meilen unter dem Meer, 1869)*. Sein größter Erfolg war jedoch der 1872 erschienene Roman *Le tour du monde en 80 jours (Reise um die Erde in 80 Tagen)*.

Seine Bücher machten aus Verne einen geachteten und reichen Mann. Er konnte nun selbst zahlreiche große Reisen unternehmen und ein repräsentatives Haus in Amiens unterhalten.

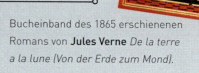

Bucheinband des 1865 erschienenen Romans von **Jules Verne** *De la terre a la lune (Von der Erde zum Mond)*.

So setzte ein zeitgenössischer Grafiker 1877 den Flug von **Jules Vernes Mondgeschoss** zum Erdtrabanten bildlich um.

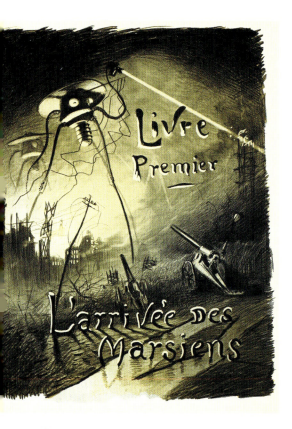 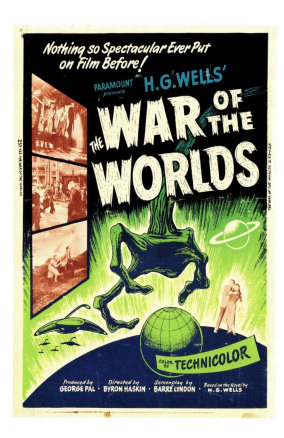 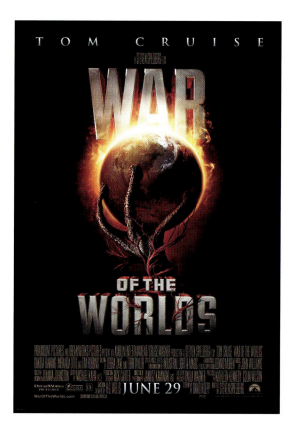

Die Invasion vom Mars bleibt über Jahrzehnte ein beliebtes Motiv.
Links: Titelseite einer belgischen Ausgabe von Wells' *War of the Worlds* von 1906.
Mitte: **Filmplakat** von *War of the Worlds* von **Byron Haskin**, 1953.
Rechts: Filmplakat von *War of the Worlds* von **Steven Spielberg**, 2005.

H. G. Wells und die Invasion vom Mars

Autoren, die sich ebenfalls mit den physikalischen Aspekten der Raumfahrt beschäftigten, waren Kurd Laßwitz (1848–1910) mit seinem 1867 veröffentlichten Roman *Auf zwei Planeten* und der britische Schriftsteller und Historiker Herbert George Wells (1866–1946) mit seinem Roman *The War of the Worlds (Der Krieg der Welten)*, der 1898 auf den Markt kam. Beide Bücher handeln vom Aufeinandertreffen von Erd- und Marsbewohnern.

Bei Kurd Laßwitz verläuft die Begegnung zwischen Menschen und Marsianern in einer friedlichen Utopie. Dagegen sind Wells' Marsianer ein kriegerisches Volk. Sie starten eine Invasion der Erde, um den schlechter werdenden Lebensbedingungen auf ihrer Welt zu entgehen. Sie schaffen es mit ihrer hochentwickelten (Waffen-)Technik fast, die Menschheit auszurotten, bis sie von Schnupfenviren besiegt werden.

Beide Schriftsteller verarbeiteten in ihren Romanen die neuen Erkenntnisse der Astronomie über den Mars, aber auch die falschen Schlussfolgerungen, wie zum Beispiel die über die 1877 von dem italienischen Astronomen Giovanni Schiaparelli (1835–1910) entdeckten »Marskanäle«. Es handelte sich um dunkle Linien, die der Astronom in seiner

Sprache als »Canali« bezeichnet hatte. Ein Übersetzungsfehler ins Englische machte daraus die populäre Vorstellung, es handle sich um Bauwerke einer hochentwickelten Zivilisation, die auf ihrem austrocknenden Planeten ums Überleben kämpfte. Laßwitz und Wells schufen mit ihren Geschichten die Handlungsmuster späterer Science-Fiction-Romane zum Thema »Begegnung mit Außerirdischen«, wobei die »Invasionsvariante« wegen der höheren Spannung und Dramatik überwog.

Die Bücher dieser Autoren regten Wissenschaftler und Ingenieure wie Konstantin Ziolkowski, Hermann Oberth, Wernher von Braun und Robert Goddard an, sich in den ersten zwei Jahrzehnten des 20. Jahrhunderts mit Überlegungen zu beschäftigen, wie sich Raumfahrt in der Realität technisch verwirklichen ließ. Die historischen Visionen gingen sozusagen als »geistiger Antrieb« dem physikalischen Antrieb voraus. Und die Invasion der Marsianer, wie sie H. G. Wells erdachte, ist bis heute ein beliebtes Thema der Science-Fiction, das nichts an Dramatik verloren hat. Selbst die Motive und die Bildsprache erhalten sich über die Jahrzehnte und werden mit den modernen Techniken der 3-D-Animation perfektioniert.

Die bedrohlichen dreibeinigen **Kampfmaschinen der Marsianer** in einer 3-D-Animation nach Motiven von H. G. Wells, 2011.

RAKETEN IN DEN HIMMEL

Die ersten deutschen Raketenpioniere und Mitglieder des **Vereins für Raumschifffahrt** auf dem Raketenflugplatz Berlin-Tegel am 5. August 1930. Rechts an der Deutschen Postrakete Hermann Oberth, daneben Klaus Riedel, hinter ihm in Knickerbockern der junge Wernher von Braun. Ganz links Rudolf Nebel, neben ihm (mit Hut) Franz Ritter.

Damit der Weg ins All überhaupt angetreten werden konnte, bedurfte es eines Transportmittels, das in der Lage war, die Schwerkraft der Erde zu überwinden und Menschen in den Weltraum (und wieder zurück) zu befördern. Zwar gab es schon seit dem Mittelalter Raketen, die mit Schwarzpulver gezündet wurden, doch erst die mit Flüssigtreibstoff angetriebenen Raketen waren geeignet, den Weg in den Weltraum anzutreten. Der Russe Konstantin Ziolkowski und der Deutsche Hermann Oberth entwickelten in den ersten beiden Jahrzehnten des 20. Jahrhunderts die theoretischen Grundlagen. Der Amerikaner Robert Goddard und der Deutsche Wernher von Braun setzten sie in die Praxis um.

Zeichnung der »Pfeile des fliegenden Feuers« nach dem Buch *Wu Pei Chih* von Mao Yuan-I aus dem Jahre 1621. Sie konnten aus einer speziellen Starteinrichtung wie eine »Herde von Leoparden« gleichzeitig gestartet werden, um Verwirrung in die Reihen der Feinde zu tragen.

RAKETEN IN DEN HIMMEL

Die Geschichte der Rakete reicht bis ins Mittelalter zurück, wo sie sowohl zu militärischen Zwecken als auch für Feuerwerke eingesetzt wurde. Raketen wurden damals – und noch für lange Zeit – mit Schwarzpulver angetrieben. Zwar wurden sie in den folgenden Jahrhunderten immer wieder verbessert – mit langen Stabilisierungsstäben oder Flossen, die für einen stabileren Flug sorgen sollten –, dennoch wurden Feststoffraketen in der Kriegstechnologie auch immer wieder von technisch überlegenen Kanonen und Granaten verdrängt. Und als Transportmittel für die Weltraumfahrt waren sie ohnehin nicht geeignet.

Ursprünge in China

Schon um 1.000 n. Chr. ist im alten China in einer Abhandlung mit dem Titel *Wu-ching tsung-yao (Kompendium der Militärtechniken)* von sogenannten »Feuerpfeilen« die Rede. Dschingis Khan soll sie 1215 bei der Eroberung Pekings eingesetzt haben. Doch im Prinzip waren diese frühen Raketen eher eine Schreckschusswaffe, mit der die Pferde des Gegners verstört wurden. Dabei waren sie (bei Fehlstarts) für den Angreifer mindestens genauso gefährlich wie für ihr Ziel.

Auf der anderen Seite – so berichtet eine Sage – wurde die Rakete auch schon früh als Transportmittel angesehen. Ebenfalls in China habe es einen Mandarin namens Wan Hu gegeben. Eines Tages im 15. Jahrhundert setzte er sich auf einen als Drachen gestalteten fliegenden Stuhl, an dem 47 Feuerwerksraketen befestigt waren, und ließ sie zünden. Die Folge war, wie bei manch modernem Fehlstart, verheerend: Es gab eine gewaltige Explosion, und Wan Hu war auf Nimmerwiedersehen verschwunden. So forderte die Raumfahrt schon sehr früh das erste Opfer.

Kriegsraketen für Europa

Die Kenntnisse über das Schwarzpulver und den Bau und die Anwendung der Rakete sind offensichtlich von den Mongolen nach Europa gebracht worden, als sie ihre Herrschaft nach Westen ausdehnten und diese Waffe 1241 nachweislich in der Schlacht bei Liegnitz einsetzten. Auch die Araber verwendeten 1288 Raketen zur Eroberung Valencias.

Zum ersten *senkrechten* Start einer Schwarzpulverrakete auf europäischem Boden kam es 1555 in Hermannstadt in Siebenbürgen. Die dort abgefeuerte Rakete wurde von dem Militärtechniker Conrad Haas als Flugkörper mit einem Drei-Stufen-Antriebssystem beschrieben. Haas war dort Leiter des königlichen Kriegsarchivs und arbeitete um die Mitte des 16. Jahrhunderts an einer Handschrift, die bereits hundert Jahre vorher begonnen worden war. Er ergänzte das Werk der Waffen- und Kriegstechnik der Zeit um Kapitel über die Raketentechnik.

Die **Congreve'sche Rakete** besaß eine Metallhülse, einen 5 m langen Lenkstab sowie ein Startgestell. Sie wurde, wie hier während des britischen Angriffs auf Kopenhagen 1807, auch von Schiffen aus abgefeuert. (Zeitgenössische Druckgrafik)

Hier beschrieb er bereits eine Mehrstufenrakete und beschäftigte sich außerdem schon mit verschiedenen Treibstoffgemischen.

Er lag damit noch weit vor dem polnischen Autor Casimir(us) Simienowicz (1600–1651), der Raketen dieser Art abgebildet hatte und lange Zeit als ihr Erfinder galt.

Gleichzeitig wurden aber auch die Reichweiten der Geschütze und die Zielgenauigkeit der Kanonenkugeln ständig verbessert. Das blieb für die Rakete nicht ohne Folgen: In Europa wurde sie als Fernwaffe verdrängt und geriet damals vorübergehend in Vergessenheit.

Dass es Gegenden gab, wo das nicht der Fall war, erfuhren die Engländer während ihrer Kolonialkriege in Indien. Als sie von 1792 bis 1799 gegen Haidar Ali, den Sultan von Mysore, und seinen Sohn Tipu Sultan kämpften, wurden sie mit Tausenden sogenannter Mysore-Raketen beschossen. Diese Raketen hatten Hüllen aus Eisenblech und nicht wie bisher aus Papier. Der Vorteil dieser neuen Ummantelung, die auf einen Befehl des Sultans zurückging, war, dass sie die Verbrennungsgase besser ableiteten und nicht mehr durchbrannten. Diese Raketen hatten zwar ein höheres Gewicht, aber

 SCHWARZPULVER

Die heutige Bezeichnung »Schwarzpulver« geht wohl nicht auf den Franziskanermönch Berthold Schwarz aus Freiburg im Breisgau zurück, der als Alchemist bei seinen Experimenten – so die Legende – um 1359 (oder 1353) die treibende Wirkung der Pulvergase auf Geschosse entdeckte, sondern auf die schwarze Färbung dieses Pulvers. Unser heutiges Wort »Rakete«, abgeleitet vom italienischen »rochetta« datiert aus dem Jahr 1379.

auch eine größere Reichweite von fast 1.000 Metern. Trotz dieser modernen Technologie musste der Sultan sich aber schließlich der englischen Kolonialmacht ergeben.

Die Engländer erbeuteten einige dieser Mysore-Raketen und entwickelten sie weiter. Durch sie kam wahrscheinlich Colonel William Congreve auf die Idee, neue Raketen mit einem fast fünf Meter langen Lenkstab zur Stabilisierung auszustatten und die Rakete in der Spitze mit einer zusätzlichen Ladung Schwarzpulver zu versehen, die beim Einschlag explodierte, der Vorläufer des späteren Aufschlagzünders. Zusätzlich verbesserte er die Konstruktion der Startrampe und die Stabilität der Rakete in der Luft.

KRIEGSRAKETEN FÜR EUROPA | 31

Raketen wurden auch in der Seenotrettung genutzt. Man schoss mit einem sogenannten **Raketenapparat** eine Leine zu einem havarierten Schiff, mit der die Besatzung geborgen werden konnte. (Holzstich: 1894)

Diese verbesserte Rakete wurde seit 1804 von der britischen Armee auf breiter Front eingesetzt. Und auch für zivile Zwecke wurde die Technik genutzt. 1807 entwickelte der englische Ingenieur Henry Trengrouse (1772–1854) eine Rakete, um eine Rettungsleine zu einem havarierten Schiff zu schießen. Kurze Zeit später wurden auch Signalraketen entwickelt, die in modernisierter Form bis heute zur Schiffsausrüstung gehören. Trotz der Industrialisierung des Walfangs konnte sich die Rakete als Träger für Harpunen nicht wirklich durchsetzen. Hier waren, ähnlich wie in der Kriegsartillerie, die neu entwickelten Harpunenkanonen überlegen.

Der wichtigste Fortschritt in der Pulverraketenentwicklung gelang dann dem Engländer William Hale (1797–1870): Er montierte die Düsen seiner Rakete seitlich schräg an der Hülle, wodurch die Rakete in Rotation versetzt wurde und dadurch weitaus stabiler flog.

Die damaligen Herrscher und Strategen sahen in der Rakete eine wirkungsvolle Waffe. Im russischen Zarenreich, in England, Frankreich und den jungen USA mit ihrer sich rasant entwickelnden Industrie entstanden im 18. und 19. Jahrhundert zahlreiche Werkstätten für die Herstellung von Feuerwerks- und Kriegsraketen. Letztere wurden zu Beginn des Jahrhunderts, in den Napoleonischen Kriegen (1803–1814) und im britisch-amerikanischen Krieg (1812–1814) noch eingesetzt, doch verschwanden sie ab Mitte des 19. Jahrhunderts mit der schnellen technologischen Verbesserung der Reichweite und Zielgenauigkeit von Kanonen und Granaten erneut aus dem Fokus.

Auch im Ersten Weltkrieg, der wie noch nie ein Krieg zuvor durch die Mechanisierung und Industrialisierung geprägt war, spielte die Rakete keine wichtige Rolle. Zwar gab es bei den Westalliierten eine von dem französischen Offizier Yves Le Prieur entwickelte Rakete, die von Doppeldecker-Flugzeugen gegen deutsche Fesselballons eingesetzt wurde, doch war diese Waffe zu ungenau und konnte nur aus relativ geringer Entfernung verwendet wer-

Die im Ersten Weltkrieg zur Bekämpfung von Beobachtungsballonen **von dem französischen Offizier Yves Le Prieur für Flugzeuge entwickelten Kriegsraketen** waren so etwas wie die Vorläufer der heutigen Luft-Luft-Raketen.

den. Deshalb wurde ihr Einsatz noch vor Ende des Krieges eingestellt.

Der russische Raketentheoretiker

Feststoffraketen wären auch nicht als Transportmittel für Raumflüge geeignet gewesen. Das konnte nur die Flüssigkeitsrakete sein, doch deren theoretische Grundlagen mussten erst einmal erarbeitet werden.

Dem Russen Konstantin Ziolkowski und dem Deutschen Hermann Oberth war das sehr bald klar, als sie begeistert die Mond-Romane von Jules Verne lasen und anfingen, eigene Berechnungen für ein geeignetes Transportmittel des Raumflugs anzustellen. Ziolkowski berechnete die Beschleunigung, die ein Lebewesen ertragen konnte, ferner die Fluchtgeschwindigkeit, die ein Objekt erreichen muss, um der Erdanziehungskraft zu entkommen. Er veröffentlichte diese und andere Ideen in einer Reihe wissenschaftlicher Artikel. 1903 erschien sein bekanntestes Werk, *Erforschung des Weltraums mittels Reaktionsapparaten*.

Er hatte auch als Erster erkannt, dass sich tatsächlich nur die Rakete für den Flug im Vakuum des Weltalls eignete, denn sie braucht im Gegensatz zum Propeller keine Atmosphäre, von der sie sich abstoßen kann. Vielmehr arbeitet sie nach dem von Isaac Newton formulierten Dritten Bewegungsgesetz »actio gleich reactio«. Raketen führen ihre abzustoßende Masse mit an Bord, weshalb sie nicht nur in der Atmosphäre arbeiten, sondern auch im Weltraum.

PORTRÄT

DER TAUBE VISIONÄR
KONSTANTIN ZIOLKOWSKI

Schon mit zehn Jahren erlitt Konstantin Eduardowitsch Ziolkowski (1857–1935) einen Schicksalsschlag: Er wurde durch eine Scharlacherkrankung so gut wie taub und musste die Schule verlassen. Doch mit großer Energie bildete er sich autodidaktisch weiter, studierte in Moskau Physik, Astronomie, Mechanik und Geometrie und wurde schließlich zum Visionär der Rakete: Er gilt als der Begründer der modernen Kosmonautik.

Wie Hermann Oberth und Wernher von Braun wurde auch Ziolkowski durch die Erzählungen von Jules Verne und anderen Science-Fiction-Autoren angeregt, sich mit der Raumfahrt zu beschäftigen. Neben seiner Arbeit als Mathematiklehrer schrieb er Geschichten über interplanetare Raumfahrt, in denen er detailliert physikalische und technische Probleme ansprach. So entwickelte sich Ziolkowski zum Verfasser bahnbrechender theoretischer Abhandlungen.

Im Rahmen seiner Studien über Antriebssysteme im luftleeren Weltraum machte Ziolkowski auch einen gewaltigen Gedankensprung: 1895 schlug er erstmals einen Weltraumturm und einen Weltraumlift vor, die zu einer Raumstation führen könnten.

Um seine Theorien durch Experimente zu untermauern, baute Ziolkowski in seiner Wohnung den ersten Windkanal Russlands.

Während seiner Forschungen über die Rakete erkannte Ziolkowski, dass die Feststoffraketen, wie sie fürs Feuerwerk, für die Seenotrettung und beim Militär verwendet wurden, zu schwach sind, um den Weltraum zu erreichen. Er schlug deshalb vor, flüssige Raketentreibstoffe zu verwenden, wie Wasserstoff, Sauerstoff und Kohlenwasserstoffe. In diesem Zusammenhang befasste er sich auch mit Kühlsystemen und der Steuerung von Raketen.

Ziolkowskis Arbeiten gipfelten in der sogenannten Raketengrundgleichung, die er 1903 unter dem Titel *Erforschung des Weltraums mittels Reaktionsapparaten* veröffentlichte. Hier stellte er auch das Prinzip der Stufenrakete auf.

Seine Arbeiten fanden jedoch im zaristischen Russland und in der ihm folgenden UdSSR erst Beachtung, als 1923 Hermann Oberths Buch *Die Rakete zu den Planetenräumen* erschien und die wissenschaftliche Beschäftigung mit der Raketentechnik auslöste. Die praktische Umsetzung seiner Ideen erlebte Ziolkowski allerdings nicht mehr. Er starb am 19. September 1935 in seinem Wohnort Kaluga.

Dazu kam Ziolkowskis Erkenntnis, dass flüssiger Treibstoff notwendig sei, um den Weltraum zu erreichen. Schwarzpulver verbrennt in der Atmosphäre nur durch die Reaktion mit Sauerstoff, und den gibt es im Vakuum des Weltraums nicht. Deshalb müsse eine Rakete nicht nur den Treibstoff, sondern auch einen Sauerstoffträger (Oxidator) mit sich tragen. Als beste Substanzen für einen Raketenantrieb schienen ihm flüssiger Wasserstoff und flüssiger Sauerstoff. Doch diese beiden Komponenten waren zu seiner Zeit noch nicht industriell herstellbar und ausreichend verfügbar. Seiner Zeit voraus war Ziolkowski auch in anderen Bereichen. So machte er sich bereits damals Gedanken über die Nutzung von Kernenergie und Sonnenenergie, doch ähnlich wie andere visionäre Denker wurde auch er von seinen Zeitgenossen zunächst verkannt.

Amerikas verspotteter Prophet

Der US-amerikanische Physiker Robert Goddard, der sich ebenfalls mit flüssigen Raketentreibstoffen beschäftigte, wurde zu Lebzeiten sogar noch öffentlich verspottet und erst nach seinem Tod angemessen gewürdigt. Als Professor für Physik an der Clark University in Worchester, Massachusetts, forschte Goddard schon vor dem Ersten Weltkrieg an Feststoff- und Flüssigstoffraketen. Im Gegensatz zu den von Ziolkowski vorgeschlagenen Treibstoffkomponenten verwendete Goddard eine Mischung aus Benzin und Distickstoffoxid als Oxidator. Auf dieser Grundlage entwickelte er, zunächst auf sich gestellt, erste funktionierende Raketentriebwerke. Erst später kam er in den Genuss staatlicher Unterstützung, und nachdem die USA in den Ersten Weltkrieg eingetreten waren, arbeitete er auch für die Armee. Nach dem Krieg veröffentlichte er 1919 sein Buch *A Method of Reaching Extreme Altitudes (Eine Methode zur Erreichung extremer Höhen)*, in dem er seine Forschungsergebnisse und auch seine Visionen von der Raumfahrt der Öffentlichkeit vorstellte.

Dort behauptete Goddard, dass Raketen in der Lage seien, Nutzlasten auf den Mond zu bringen. In der Öffentlichkeit traf er damit auf Unverständnis, und die Presse machte sich lustig über ihn. Dennoch setzte er seine Forschungen fort: Am 16. März 1926 startete er seine erste Flüssigkeitsrakete Nell. Ihr folgte 1930 ein Start mit einer erreichten Höhe von 601 Metern und einer Fluggeschwindigkeit von 800 km/h. Am 8. März 1935 erzielte eine seiner Raketen eine Geschwindigkeit von 1.125 km/h und durchbrach damit die Schallmauer.

Der amerikanische Raketenpionier **Robert Goddard** (1882–1945), der zu Lebzeiten wegen seiner Visionen oft verlacht wurde, 1926 mit einer seiner ersten Flüssigkeitsraketen und ihren charakteristischen langen Treibstoffleitungen.

Robert Goddard und einige seiner Mitarbeiter 1940 an einer der von ihm entwickelten **Flüssigkeitsraketen mit Turbinenpumpe** für die Treibstoffförderung in Roswell, New Mexico.

Durch seinen Kontakt mit dem späteren Ozeanüberquerer Charles Lindbergh (1902–1974) wurde Goddard mit dem Industriellen und Philanthropen Daniel Guggenheim (1856–1930) bekannt, der Goddards weitere Forschung finanzierte. Bis zu seinem Tod 1945 arbeitete er noch an vereinzelten Projekten für die US Navy, fand aber allgemein keine besondere Beachtung. Erst nach dem Zweiten Weltkrieg wurde der bis dahin verkannte Goddard rehabilitiert, denn die erbeuteten Unterlagen der V2 und die in die USA verbrachte Peenemünder Gruppe unter Wernher von Braun zeigten auch der amerikanischen Öffentlichkeit, wie Recht er mit seinen Forschungen und Hypothesen gehabt hatte.

Europa im Raketenfieber

In Europa dagegen gab es geradezu eine euphorische Begeisterung für die Entwicklung von Raketen und die Idee der bemannten Raumfahrt. Das war unter anderem dem 1923 erschienenen Buch des Österreichers Hermann Oberth mit dem Titel *Die Rakete zu den Planetenräumen* zu verdanken. Oberth hatte, unabhängig von Goddard und Ziolkowski, an der Erforschung von Flüssigkeitsraketen gearbeitet.

Seine visionären Ideen wurden in dem fruchtbaren und kreativen Klima der Weimarer Republik – anders als die Goddard'schen Vorschläge in den USA – mit großem Interesse aufgenommen. 1929 veröffentlichte Oberth noch eine überarbeitete und erweiterte Version seines Buches unter dem Titel *Wege zur Raumschiffahrt*. Die Vision vom Flug des Menschen in den Weltraum faszinierte damals nicht nur Ingenieure und Astronomen, sondern auch Künstler, Filmemacher und Industrielle. Berühmt wurde der legendäre Stummfilm von Fritz Lang *Frau im Mond* aus dem Jahr 1929, für den der Regisseur mit Hermann Oberth als Berater zusammenarbeitete.

Einer, der Oberths Theorien in die Praxis umzusetzen versuchte, war der Automobilpionier Fritz

Max Valier (1895–1930) bei einem Test-Brennversuch mit neuartigen Treibstoffen in der Werkstatt. Bei einem solcher Versuche verunglückte er in Berlin am 17. Mai 1930 tödlich.

von Opel, der auch den Astronomen und Visionär Max Valier bei seinen Experimenten mit raketengetriebenen Fahrzeugen unterstützte. Auch Valier war war einer der Wegbereiter der modernen Raketentechnik. Oberths Buch *Die Rakete zu den Planetenräumen* inspirierte ihn, 1924 selbst eine Abhandlung unter dem Titel *Der Vorstoss in den Weltenraum* zum Thema Raumfahrt zu schreiben. Er war 1927 auch einer der Gründer des Vereins für Raumschifffahrt.

Auf dem Werksgelände der Opel AG wurde ein eigens konstruierter Prüfstand errichtet, um die Schubkraft von Raketen zu messen. Das erste Ergebnis dieser Tests war das Raketenauto RAK 1, das am 11. April 1928 mit dem Piloten Kurt C. Volkhart über die werkseigene Rennbahn raste. Im Mai 1928 erreichte der mit 24 Pulverraketen angetriebene Opel RAK 2 auf der Avus in Berlin eine Geschwindigkeit von 238 km/h. Im September 1929 unternahm Opel mit dem Raketenflugzeug Opel-Sander RAK.1 auch den ersten bemannten Raketenflug. Ort dieser Premiere war das Rebstockgelände in Frankfurt am Main – einer der ersten Flugplätze Deutschlands.

Opel Rak 2, angetrieben von elektrisch gezündeten Pulverraketen, in voller Fahrt auf der Avus am 23. Mai 1928. Der Wagen besaß nach unten angewinkelte, kurze Tragflächen, die ihn bei hohen Geschwindigkeiten mit dem erzeugten Anpressdruck auf dem Boden halten sollten.

EUROPA IM RAKETENFIEBER

PORTRÄT

VATER DER RAUMSCHIFFFAHRT
HERMANN OBERTH

Als Hermann Julius Oberth (1894–1989) 1922 seine Doktorarbeit über die Raketentheorie an der Universität Heidelberg einreichte, erlebte er eine Enttäuschung: Seine Dissertation *Die Rakete zu den Planetenräumen* wurde als »zu utopisch« abgelehnt. Doch konnte er sein Werk immerhin als Diplomarbeit an der Universität in Klausenburg einreichen, wo er im Mai 1923 das Staatsexamen bestand.

Oberths Ausführungen entfachten eine heftige Diskussion über die Möglichkeiten des Raumfluges. Sie lieferten die Grundlage für die Entwicklung der Raketentechnik, erläuterten die Arbeitsweise von Flüssigkeitstriebwerken und deren Steuerungsmöglichkeiten. Die zweite Auflage von 1925 war schnell vergriffen, und vier Jahre später erschien eine dritte, überarbeitete Ausgabe unter dem Titel *Wege zur Raumschiffahrt*. In diesem heute als Basiswerk der Raumfahrt geltenden Buch vertiefte Oberth nicht nur seine Ideen, sondern stellte auch das Ionentriebwerk vor.

Bucheinband von **Hermann Oberths 1923 erschienenem Werk** über die Technik der (Flüssigkeits-) Rakete.

Oberths Popularität und Ansehen als Fachmann zeigte sich auch darin, dass ihn UfA-Regisseur Fritz Lang 1928 als wissenschaftlichen Berater für den Film *Frau im Mond* nach Berlin holte.

Oberth arbeitete während dieser Zeit auch auf dem Raketenflugplatz in Berlin-Tegel mit Wernher von Braun zusammen. Nach Stationen in Siebenbürgen, Berlin und Dresden wurde er im September 1941 an die Heeresversuchsanstalt Peenemünde versetzt. Hier war er unter dem Tarnnamen Fritz Hann erneut im Team von Wernher von Braun. Obwohl viele Einzelerfindungen und Lösungsansätze Oberths in dieses Projekt mit einflossen, stand er ihm wegen des immensen Produktionsaufwandes kritisch gegenüber.

Nach Kriegsende lebte Oberth bei Nürnberg, bis ihn 1955 Wernher von Braun nach Huntsville, Alabama, holte. Hier erstellte er Studien über die Zukunft der Raumfahrt, kehrte aber schon 1958 nach Deutschland zurück.

Neben seinen Arbeiten zur Raketen- und Raumfahrttechnik befasste er sich auch mit den Themen »Außerirdisches Leben« und »UFO-Phänomen«. Ihm wurden zahlreiche Ehrendoktorwürden und 1961 auch das Bundesverdienstkreuz verliehen, doch lag bis zu seinem Tod der Schatten seiner NPD-Mitgliedschaft von 1965 bis 1967 auf seiner Biografie.

Szenenbild aus **Fritz Langs Stummfilm *Frau im Mond*** (1929), der die erste realistische Darstellung eines Raumfluges zeigt. Die Landung wurde auf die damals unbekannte Rückseite des Mondes verlegt, wo man eine Atmosphäre vermutete. Für den Film erfand Lang den dramaturgisch wirksamen Countdown beim Start, der in der realen Raumfahrt später übernommen werden sollte.

Raketenvereine

Auch viele andere Ingenieure, Wissenschaftler und begeisterte Amateure befassten sich in dieser Zeit in Europa und der UdSSR mit der Raketenforschung. In Berlin-Tegel hatten sich auf einem ehemaligen Schießplatz Enthusiasten des 1927 in Breslau gegründeten Vereins für Raumschiffahrt (VfR) zusammengefunden. Darunter waren Eugen Sänger, Rudolf Nebel, Klaus Riedel, Arthur Rudolf (später Manager der Saturn V) und Wernher von Braun. Hier gelang dem Gründer des Vereins, Johannes Winkler (1897–1947), am 14. März 1931 der erste Start einer Flüssigkeitsrakete in Europa.

In der Sowjetunion war 1931 die Gruppe zum Studium der Rückstoßbewegung (GIRD) gegründet worden. Unter ihren Mitgliedern waren Sergej Koroljow und Valentin Gluschko, die im späteren Raumfahrtprogramm der UdSSR eine wichtige Rolle spielen sollten. Im August 1933 starteten sie die GIRD-09, der im November die GIRD-X folgte. Auch die Gründung der noch heute bestehenden British Interplanetary Society fällt in diese Zeit. Aus Geldmangel konnte sie allerdings immer nur theoretisch arbeiten.

Da auch der VfR ständig in Geldnot war, suchte er 1932 Kontakt zu dem Reichswehroffizier Walter Dornberger. Dornberger war aus politischen und strategischen Gründen außerordentlich interessiert an den Aktivitäten des Vereins. Im Versailler Vertrag, der Deutschland die fast vollkommene Abrüstung auferlegt hatte, waren Raketenwaffen nicht explizit erwähnt. Deshalb forschte die Reichswehr im Verborgenen an Raketen, kam aber kaum voran. Dornberger bot dem VfR nun finanzielle Mittel an, allerdings ausschließlich zur Entwicklung von Raketenwaffen für die Reichswehr. Das wiederum führte zu einer Spaltung innerhalb des VfR, und schließlich lehnte der Verein ab.

Die **europäische Raketenbegeisterung** war groß. Auch auf der Wiener Frühjahrsmesse 1931 erregte die Versuchsrakete von Hermann Oberth Aufsehen.

WALTER DORNBERGER (1895–1980)
VOM WEHRMACHTSOFFIZIER ZUM US-MANAGER

Walter Dornberger war Generalmajor der Wehrmacht und seit 1930 zuständig für das deutsche Raketenwaffenprogramm. Als Leiter der Heeresversuchsanstalt Peenemünde war er von Brauns Vorgesetzter bei der Entwicklung der A4/V2 und später im Beirat der Mittelwerk GmbH, die im Kohnstein Häftlinge des KZ Mittelbau-Dora zur Raketenproduktion einsetzte. Nach Kriegsende wurde Dornberger in den USA zunächst Luftwaffenberater und später Chefwissenschaftler und Vizepräsident bei der Bell Aircraft Corporation. Er hatte maßgeblichen Anteil am Erfolg der North American X-15 und war auch Berater im Projekt X-20 Dyna-Soar, einem Vorläufer des Space Shuttle.

Der deutsche Geschäftsmann und Raketentechniker Gerhard Zucker (1908–1985) machte 1934 in Norddeutschland und in England Experimente mit **Postraketen.**

Mitglieder der sowjetischen **Gruppe zum Studium der Rückstoßbewegung** (GIRD) mit ihrer Flüssigkeitsrakete GIRD-X vor dem Start im November 1933. Rechts von der Rakete steht der junge Sergej Koroljow.

Zünden einer der ersten sowjetischen **GIRD**-Gemischt-Kraftstoffraketen 1933 in Nakhabino.

Die **MIRAK** im Sommer 1930 während der Versuche in Bernstadt bei Leipzig.

RAKETENVEREINE

Kontrollbunker in der Heeresversuchsanstalt Peenemünde 1937, kurz vor dem Start einer A4/V2-Rakete. Links Kurt Heinisch, der wie Wernher von Braun Mitglied des VfR gewesen war.

Raketenforschung für den Krieg

Der junge Wernher von Braun war unter den VfR-Enthusiasten einer derer, die dennoch Dornbergers Angebot annahmen und in den Dienst der Reichswehr traten. Sie entwickelten zunächst auf dem 30 Kilometer südlich von Berlin gelegenen Heeresschießplatz Kummerdorf Raketen der sogenannten A-Serie. Nach ersten Erfolgen mit der A2 entschloss sich die Wehrmacht, in größere Raketen zu investieren und damit auch in größere Versuchsanlagen. Doch die Suche nach einem geeigneten Gelände erwies sich als schwierig: Es musste abgelegen sein und eine lange Schussbahn haben, um die Raketen durch eine Reihe von Beobachtungs- und Messstationen verfolgen zu können. Wernher von Braun wurde aber bald fündig, bei Peenemünde auf der Halbinsel Usedom an der Ostsee.

Dort entstand ab 1936 die Heeresversuchsanstalt mit umfangreichen Testanlagen, großen Fertigungshallen und einem riesigen Kraftwerk zur Erzeugung der für die Produktion erforderlichen Energie. Besonders für die Herstellung von flüssigem Sauerstoff für den Raketenantrieb wurde viel Strom benötigt. Für den Bau der Anlage wurden von Anfang an Zwangsarbeiter eingesetzt. Sie wurde nicht nur vom Heer, sondern auch von der Luftwaffe finanziert, die hier die spätere Flugbombe V1 entwickelte. Militärischer Direktor wurde Walter Dornberger, Technischer Direktor Wernher von Braun, der nun mit knapp 25 Jahren über ein Heer von 6.000 Beschäftigten gebot. Im Zuge der Kriegsvorbereitungen, besonders aber nach der für Deutschland zunehmend ungünstigen Entwicklung des Krieges ab 1942, sollte der Bau von Raketen als Lenkwaffen forciert werden. Goebbels und Speer setzten große Hoffnung in das Raketenprogramm.

Ende 1937 begannen die Tests mit der A3-Rakete. Sie war wesentlich leistungsfähiger als ihre Vorgänger, aber noch keine taugliche Lenkwaffe. Deshalb

> **EINE DOKTORARBEIT UNTER VERSCHLUSS**
>
> Von Braun promovierte 1934 an der Friedrich-Wilhelms-Universität (heute Humboldt-Universität) in Berlin zum Dr. phil mit einer Arbeit über *Konstruktive, theoretische und experimentelle Beiträge zum Problem der Flüssigkeitsrakete.* Sie wurde jedoch vom Heer zur Geheimsache erklärt, unter Verschluss genommen und erst lange nach dem Zweiten Weltkrieg veröffentlicht.

wurde die Entwicklung der mit 14 Metern weitaus größeren A4 in Angriff genommen, die auch eine größere Reichweite und einen größeren Sprengkopf haben sollte. Zwischenzeitlich stockte die Entwicklung, teils wegen technischer Probleme, aber auch weil Hitler vorübergehend das Interesse daran verloren hatte. Am 3. Oktober 1942 startete dann erfolgreich eine A4 und erzielte eine Höhe von 84,5 Kilometern. Das war ein historischer Moment, denn damit erreichte erstmals eine Rakete den Weltraum. Doch die Heeresleitung war weniger daran interessiert als vielmehr an der möglichst schnellen Massenproduktion der A4 als kriegsentscheidender Lenkwaffe. Das Aggregat 4 sollte die ultimative Vernichtungswaffe werden. Der Druck der alliierten Luftangriffe wurde immer größer, und auch Peenemünde wurde im August 1943 schwer getroffen, denn trotz aller Geheimhaltung waren die Aktivitäten dort den Alliierten nicht verborgen geblieben.

Jetzt fiel die Entscheidung, nur noch einen Teil der Versuche in Peenemünde durchzuführen und die Massenproduktion in der eigens gegründeten Mittelwerk GmbH in einem geheimen Tunnelkomplex Mittelbau-Dora unter dem Gipsberg Kohnstein in der Nähe von Nordhausen in Thüringen anlaufen zu lassen. Unter dem Eindruck der Niederlage von Stalingrad im Februar 1943 und der Rückzugskämpfe der Wehrmacht an allen Fronten, schenkte Hitler der Raketenforschung nun mehr Aufmerksamkeit als bisher. Am 7. Juli 1943 hatte er sich von Walter Dornberger und Wernher von Braun über den Stand der A4-Forschung unterrichten lassen. Fortan erhielt die Entwicklung und Produktion der neuen Vernichtungswaffe die höchste Dringlichkeitsstufe.

1944: Startvorbereitung und **Betankung einer V2**. Vor dem Abschuss musste eine Schaltzeituhr eingestellt werden, damit die Rakete ihr Ziel richtig traf.

WO DER WELTRAUM BEGINNT

Zwischen der Erdatmosphäre und dem Weltraum, dem Raum zwischen den Himmelskörpern, gibt es – anders als zwischen Land und Wasser – keine feste Grenze. Der Übergang ist somit fließend, da die Atmosphären von gasförmigen oder festen Himmelskörpern nach oben immer dünner werden. Die Fédération Aéronautique Internationale (FAI) definiert die Grenze zum Weltraum bei 100 Kilometer Höhe über dem Meeresspiegel. Auch die NASA schließt sich dieser Definition an. Dagegen bestimmt die US Air Force bereits die Höhe von 50 Meilen (circa 80 km) als Beginn des Weltraums. Somit war der Start der A4 am 3. Oktober 1942 wirklich ein Schuss ins Weltall.

Start einer A4/V2 vom berühmten Prüfstand VII (»die Arena«, weil von einem Erdwall umgeben) in Peenemünde auf der Insel Usedom 1943. Im Vordergrund das in Tarnfarben angestrichene Kontrollgebäude. Am 3. Oktober 1942 erreichte sie eine Höhe von 84,5 Kilometern und stieß damit nach der damals gängigen Definition als erste Rakete **in den Weltraum** vor.

»WIR HABEN MIT UNSERER RAKETE IN DEN WELTRAUM GEGRIFFEN UND ZUM ERSTEN MALE, AUCH DAS WERDEN DIE ANNALEN DER TECHNIK VERZEICHNEN, DEN WELTRAUM ALS BRÜCKE ZWISCHEN ZWEI PUNKTEN AUF DER ERDE BENÜTZT ... WIR HABEN BEWIESEN, DASS DER RAKETENANTRIEB FÜR DIE RAUMFAHRT BRAUCHBAR IST ... DIESER 3. OKTOBER 1942 IST DER ERSTE TAG EINES ZEITALTERS NEUER VERKEHRSTECHNIK, DER RAUMSCHIFFAHRT!«

Walter Dornberger auf einer Feier zu seinen engsten Mitarbeitern am Abend jenes Tages

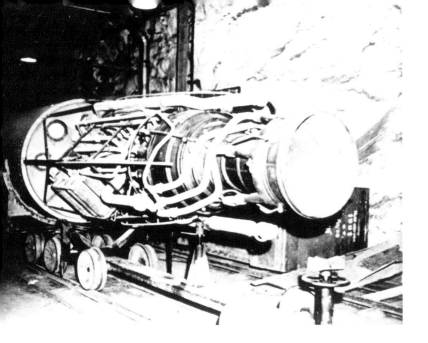

Triebwerksteil einer V2 ohne Heckverkleidung und Stabilisierungsflossen in der unterirdischen Fabrik des Kohnsteins im Harz, wohin die Serienfertigung der Rakete nach dem Angriff auf Peenemünde verlagert worden war. Der Transport zu den einzelnen Montageabschnitten in zwei je 1,90 km langen Stollen A und B erfolgte auf einer unterirdischen Schienentrasse. (Foto: 1945)

Einer der getarnten Eingänge zu den in den Gipsberg Kohnstein von KZ-Häftlingen gehauenen **V2-Fertigungsstollen**, 1943. Als die US-Soldaten die Fabrik entdeckten, bot sich ihnen einerseits ein Bild deutscher Hochtechnologie, andererseits der grauenhafte Anblick vieler toter Zwangsarbeiter.

Die dunkle Seite der A4

Schon in Peenemünde lagen dunkle Schatten auf der Entwicklung des Aggregats 4: Dornberger und Wernher von Braun hatten bereits hier auf die Zwangsarbeit von KZ-Häftlingen zurückgegriffen. So existierte in Peenemünde seit 1943 ein KZ-Außenlager, zusätzlich ein zweites KZ, ein Kriegsgefangenenlager in Karlshagen und die Lager in Trassenheide, in denen insgesamt 1.400 Häftlinge untergebracht waren. Doch mit dem Ausbau der Produktion in Mittelbau-Dora erreichte die verbrecherische und unmenschliche Dimension der Geschichte der A4-Rakete einen Höhepunkt.

Der Ausbau des Stollensystems im Kohnstein zu einer Fabrikanlage für die Produktion der A4-Rakete (Propagandaminister Joseph Goebbels hatte sie auf die Namen Vergeltungswaffe 2 und 1 – V2, V1 – umgetauft) geschah mit KZ-Häftlingen unter unmenschlichen Bedingungen. Die Häftlinge waren in den feuchten unterirdischen Stollen untergebracht, Misshandlungen und Massenhinrichtungen gehörten zum Alltag. Viele der Häftlinge, die zum Ausbau der Stollen eingesetzt wurden, waren von Speer und Himmler aus Buchenwald dorthin verlegt worden.

Später wurde von Braun nicht müde zu versichern, dass er nur selten in diesem Werk war und von den unmenschlichen Zuständen dort kaum etwas mitbekommen habe. Quellen und Zeugenaussagen von Überlebenden belegen jedoch, dass von Braun tatsächlich öfter dort war und auch selbst Arbeitskräfte aus den KZs angefordert hatte. Nach heutigen Schätzungen starben zwischen September 1943 und April 1945 im Zusammenhang mit der Produktion der V2 in Mittelbau-Dora sowie an anderen Fertigungsstandorten 16.000 bis 20.000 KZ-Häftlinge und Zwangsarbeiter.

Obwohl in den letzten beiden Kriegsjahren Tausende von V2-Raketen produziert worden waren und teilweise auch auf London, Antwerpen und Paris niedergingen, änderte das den Verlauf des Krieges nicht. Die V2 war keine wirklich effektive Waffe, wie selbst Dornberger eingeräumt hatte. Ihre Wirkung war mehr eine psychologische. Sie schlug aus 100 Kilometer Höhe ohne Vorwarnung lautlos ein, denn der Überschallknall war erst nach der Explosion des Aufschlags zu hören. So konnte sie mit ihrer großen Sprengladung durchaus enormen Schaden anrichten und Schrecken verbreiten. Doch sie war nicht zielgenau genug, und die meisten der abgefeuerten Raketen erreichten ihr Ziel gar nicht erst. Das Vorrücken der Alliierten Streitkräfte konnte sie ohnehin nicht mehr aufhalten.

Deutsche Technik für die Sieger

Das wussten sowohl die Partei- und Reichsführung als auch die obersten Militärs und die Peenemünder. Wernher von Braun hatte seine engsten Mitarbeiter in einer geheimen Konferenz darüber abstimmen lassen, in wessen Siegerhände sie ihre Forschungsergebnisse legen wollten. Das Votum war eindeutig zugunsten der Amerikaner ausgefallen. So wurden aufgrund eines Führerbefehls die Versuchsanlagen und Fabriken in Peenemünde zerstört. Als die Sowjets am 4. Mai 1945 die deutsche Raketenschmiede erreichten, fanden sie nur noch Trümmer vor.

Von Braun und seine Leute waren zunächst nach Nordhausen in die Nähe des Mittelwerks und der amerikanischen Truppen gefahren, die sich anschickten, Thüringen zu erobern. Hier erhielt von Braun aus Berlin am 19. März 1945 den Befehl, alle Aufzeichnungen über die Versuche zu vernichten. Doch er ließ in einer Nacht- und Nebelaktion tonnenweise Material verschwinden und es in den Stollen der Grube Georg Friedrich in Dörnten bei Goslar als Faustpfand gegenüber den Amerikanern einlagern.

Von Braun selbst setzte sich in den Allgäuer Skiort Hindelang ab, um dort das Eintreffen der Amerikaner abzuwarten. Das geschah am 2. Mai durch die 44. Infanteriedivision, deren Soldaten sich von

Wernher von Braun und die anderen Leiter des V2-Teams (links mit Hut Walter Dornberger, daneben halb zu sehen sein Bruder Magnus von Braun) bei ihrer **Gefangennahme durch die Amerikaner** im Mai 1945. Von Braun hatte sich wenige Wochen zuvor bei einem Autounfall den Arm gebrochen.

Braun und seine Leute (darunter auch Walter Dornberger) ergaben. Nach einigem Misstrauen erkannte die US-Armee sehr bald, wer ihr da ins Netz gegangen war. Als sich das Kriegsende abzuzeichnen begann, hatten die USA – ebenso wie die russische Seite – Dossiers über die wissenschaftlich-technischen Forschungsprojekte der Deutschen und ihre führenden Köpfe angelegt. Die Jagd nach deutscher Hochtechnologie führte nun zu einer Art Wettrennen zwischen den ehemaligen Verbündeten, die etwa gleichzeitig in Nordhausen vorrückten.

PORTRÄT

RAKETENMANN MIT ZWEI GESICHTERN
WERNHER VON BRAUN

Kein Pionier der Weltraumtechnik war im 20. Jahrhundert so populär, ja legendär, und ist heute jedoch so umstritten wie der deutsch-amerikanische Ingenieur Wernher von Braun (1912–1977). Der Grund dafür lag in seinem Werdegang. Seine erste Karriere machte er unter Hitler, für den er – unter Einsatz von Zwangsarbeitern und KZ-Häftlingen – mit der V2-Rakete die erste Großrakete für den Kriegseinsatz entwickelte. Seine zweite Karriere startete er in der NASA, wo er unter anderem die Saturn-Rakete konstruierte und Direktor des Marshall Space Flight Center in Alabama wurde. Anschließend wechselte von Braun in die Privatwirtschaft: 1972 als einer der Vizepräsidenten von Fairchild, einem Luft- und Raumfahrtkonzern, und 1975 als Mitglied des Aufsichtsrates von Daimler-Benz.

Der Sohn einer preußischen Adelsfamilie interessierte sich schon früh für Technik und Naturwissenschaften. Neben den astronomischen Beobachtungen las von Braun die utopischen Romane von Jules Verne und Kurd Laßwitz und stellte Überlegungen an, wie man in den Weltraum vorstoßen könne. Doch der eigentliche Anstoß kam durch Hermann Oberths Buch *Die Rakete zu den Planetenräumen.*

Und so wurde von Braun noch während seiner Schulzeit Mitglied im Verein für Raumschiffahrt. Nach einem Praktikum bei der Lokomotivfabrik Borsig in Berlin studierte er ab 1930 an der Technischen Hochschule in Berlin-Charlottenburg (heute TU) und an der ETH Zürich und erhielt 1932 sein Diplom als Ingenieur der Mechanik. Auf Betreiben Walter Dornbergers verließ von Braun den Verein für Raumschiffahrt, um von nun an seine Forschung in den Dienst des Hitler-Regimes zu stellen.

Ab 1937 war von Braun Technischer Direktor der Heeresversuchsanstalt Peenemünde. Hier wurde unter seiner Leitung die erste Großrakete mit einem schubstarken Flüssigkeitstriebwerk entwickelt: das Aggregat 4, kurz A4. Nach der Bombardierung durch die Royal Air Force im August 1943 wurde die A4-Produktion in das unterirdische Stollensystem des Kohnsteins im Harz verlegt. Es war zuvor von KZ-Häftlingen unter mörderischen Bedingungen zu einer Raketenfabrik für die Massenfertigung der A4 – jetzt V2 genannt – ausgebaut worden.

Entgegen aller späteren Beteuerungen wusste von Braun von den unmenschlichen Zuständen dort, doch er stritt jegliche persönliche Verantwortung für die Verhältnisse in Mittelbau-Dora ab. Er bedaure die Zustände rund um den Bau seiner V2 sehr, habe jedoch als Wissenschaftler nichts davon gewusst und trage deshalb auch keine Mitschuld am Elend der Zwangsarbeiter.

Seine kurzzeitige Verhaftung durch die Gestapo im März 1944 ermöglichte es von Braun sogar, sich später immer wieder als Gegner des NS-Regimes darzustellen, obwohl er Mitglied der NSDAP und, wie erst spät bekannt wurde, sogar der SS war. Bis 1945 (und darüber hinaus) lebte von Braun mit seiner Lebenslüge des unpolitischen Wissenschaftlers.

Wie sich die Bilder ähneln: Wernher von Braun verstand es immer, die Mächtigen für seinen **Raketentraum** einzuspannen. Links: **1944** erklärt er hochrangigen Offizieren der Wehrmacht in Peenemünde die V2. Rechts: **1963** zeigt er dem amerikanischen Präsidenten John F. Kennedy die Saturn-I-Rakete mit IVB-Stufe.

Ende 1945 / Anfang 1946 gingen von Braun und 120 weitere Peenemünder Experten in die USA, um dort ab 1950 wieder als Fachleute in der Entwicklung von Raketen und Flugzeugen zu arbeiten. Nach Gründung der NASA wurde von Braun Direktor des Marshall Space Flight Center in Huntsville in Alabama und spielte von 1960 bis 1970 wieder eine führende Rolle in der Raketenforschung – er entwickelte die berühmte Saturn-V-Mondrakete – und erlebte den größten Triumph seines Lebens: Am 20. Juli 1969 landeten US-amerikanische Astronauten als erste Menschen auf dem Mond.

Ein Jahr später verließ von Braun Huntsville und ging nach Washington. Dort sollte er sich in einer neuen Abteilung der NASA mit der Zukunft der Raumfahrt befassen. Doch als der US-Kongress nach dem Ende des Apollo-Programms die finanziellen Mittel kürzte, ging er 1972 in die Privatwirtschaft. Viel Zeit, seine Ideen in die Wirklichkeit umzusetzen, blieb ihm nicht mehr: Von Braun starb 1977 im Alter von 65 Jahren an Krebs. Die kritische öffentliche Auseinandersetzung um seine Vergangenheit hat er nicht mehr erlebt.

Deshalb hatte auf amerikanischer Seite der Offizier Robert Staver den Auftrag erhalten, im Februar 1945 nach Deutschland zu reisen und die wichtigsten Ingenieure und Wissenschaftler des V2-Projekts nach Amerika zu bringen. Die waren bei allen vier Siegermächten begehrt, und so lief das ab, was Bernd Ruland in seiner Von-Braun-Biografie als den »Ausverkauf der deutschen Wissenschaft« beschrieb. Alliierte »Anwerber« waren in allen zukünftigen Besatzungszonen auf Spezialistensuche.

Die Raketenfabrik bei Nordhausen hatte die schnell vorrückende US-Armee am 4. April in intaktem Zustand eingenommen. Die Hochtechnologie, die sie dort vorfanden, vermittelte den Eindruck, in eine Schatzhöhle geraten zu sein. Die Leichenberge und die Berichte der überlebenden KZ-Häftlinge ließen sie dagegen in die Abgründe menschlicher Barbarei blicken.

Dieser janusköpfige Ort sollte nach dem Potsdamer Abkommen ab Mai zur sowjetischen Zone gehören. Deshalb brachte die US Army die Peenemünder Spitzenleute zum Verhör nach Garmisch-Partenkirchen in die amerikanische Zone. Colonel Holger Toftoy, der, ähnlich wie Staver, auf amerikanischer Seite damit beauftragt war, so viele V2-Raketen, Bauteile und Pläne wie möglich zu sichern, ließ alle verwertbaren Raketenteile und an die hundert V2-Raketen auf insgesamt 341 Güterwaggons in Richtung Antwerpen abtransportieren, von wo aus sie in die USA verschifft wurden.

Inzwischen verkaufte sich von Braun an die Amerikaner so teuer wie möglich: Er gab nur nach und nach Wissen preis und bestand darauf, dass bei einer Fortführung der Arbeit in den USA das gesamte Team (ungefähr 500 Mitarbeiter) Verträge erhielt. Als der Termin der Übergabe näherrückte,

Als die US-Soldaten im Mai 1945 die unterirdische Fabrik im Kohnstein entdeckten, wo nicht nur die V2, sondern auch die V1 gefertigt wurden, fanden sie ein **umfangreiches Lager montagefertiger Bauteile von Raketen.**

Ein Soldat der 1. US Army besichtigt Triebwerksteile der V2. Die Truppen der Siegermächte bemühten sich, so schnell wie möglich die **Technologie, das Personal und das Know-how** sicherzustellen.

organisierte die US Army die Evakuierung der Peenemünder Mitarbeiter und ihrer Familien in die US-Zone. Hier wurden sie in einer Kaserne in Landshut für die damalige Zeit sehr komfortabel untergebracht und die Männer über ihre Arbeit in Peenemünde verhört.

Mit diesen Aktionen hatten die USA zwar gegen die Bestimmungen des späteren Potsdamer Abkommens verstoßen, keine Fachleute und kein Material aus den aufgeteilten Besatzungszonen abzuziehen, aber das zählte in dieser Situation nicht. Viel wichtiger war, dass sie über die führenden Köpfe und Raketen des A4-Projekts verfügen konnten. Schon im September 1945 bekamen die ersten deutschen Wissenschaftler Verträge und waren kurz darauf auf dem Weg in die USA.

1945: **Befreite KZ-Häftlinge** vor Teilen der V2-Rakete. Ganze Raketen, Teile und Konstruktionszeichnungen lagen nach der Flucht der Deutschen in der Umgebung verstreut. Die Bilder zeigten aber auch, wie überstürzt Manager, Techniker und Wachmannschaften diese Produktionsstätte verlassen hatten. Sie konnte jederzeit wieder aktiviert werden, was die Sowjets dann auch taten.

DEUTSCHE TECHNIK FÜR DIE SIEGER

TERRORWAFFE FÜR DEN »ENDSIEG«
DAS AGGREGAT 4

Das Aggregat 4, auch V2 genannt, war die erste steuerbare Großrakete mit Flüssigkeitstriebwerk. Ihr Treibstoff war eine Mischung aus Ethanol und Flüssigsauerstoff. Sie wurde ab 1939 unter Leitung des Ingenieurs Wernher von Braun in der Heeresversuchsanstalt Peenemünde (HVA) entwickelt. Hier lag aber nur das Zentrum, denn insgesamt waren 544 Unternehmen und 47 Forschungseinrichtungen an diesem Projekt beteiligt.

In der Wehrmacht und der SS hieß die A4 nur »das Gerät«. Propagandaminister Goebbels hatte ihr dann den Namen V2 (Vergeltungswaffe 2) gegeben.

Die A4 war eine Boden-Boden-Rakete von 14 Meter Höhe und 13,50 Tonnen Gewicht. Sie gliederte sich in vier Teile: Das Heckteil bestand aus den Schubeinheiten, einer Turbopumpe sowie Strahl- und Luftruder; im Mittelteil waren die Treibstofftanks mit Ethanol und Flüssigsauerstoff, in einem Geräteraum darüber Batterien und die Steuerung untergebracht; und die Spitze enthielt knapp eine Tonne Sprengstoff mit Aufschlagzünder.

Gesteuert wurde die Rakete von vier Strahlrudern. Für die Stabilisierung während des Fluges sorgten vier Leitwerke, die über Servomotoren bewegt wurden. Die dafür notwendigen Lenkinformationen kamen von sogenannten Gyroskopen – zwei sich in einem beweglichen Lager rasch drehende symmetrische Kreisel. Sie waren kardanisch aufgehängt, d. h. in zwei beweglichen Drehlagern angeordnet, die sich im rechten Winkel schneiden.

Ein Kreisel überwachte die Querruderachse, der andere die Seiten- und Höhenruderachse. Folgte die Rakete nicht dem eingestellten Kurs, registrierten das die Gyroskope und gaben diese Informationen über einen Analogrechner an die Servomotoren der Strahlruder und Leitwerke zur Korrektur weiter. Durch eine vor dem Start eingestellte

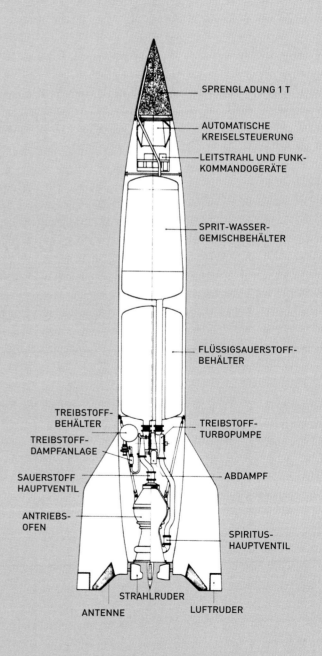

Spezialfahrzeug für **Transport und Abschuss** der V2. Die Raketen konnten gut getarnt und innerhalb kurzer Zeit von verschiedenen Orten abgefeuert werden. Zum Start mussten sie in eine senkrechte Position gebracht werden. (Foto: 1943)

Schaltzeituhr wurde der Neigungswinkel der Rakete über dem Ziel verändert. Je nachdem, wie weit das Ziel entfernt lag, folgte daraus die gewünschte ballistische Flugbahn, an deren höchsten Punkt die Rakete abkippte. Deshalb musste sie immer genau senkrecht gestartet werden.

Durch Turbopumpen gelangten die Treibstoffkomponenten in die Brennkammer, um dort die erforderliche Schubkraft für das Triebwerk zu erzeugen. Die Doppelpumpe wurde durch eine 500-PS-Dampfturbine angetrieben. Um den Dampf zu erzeugen, wurde Wasserstoffperoxid mit Hilfe von Kaliumpermanganat katalytisch zersetzt. Das Wasserstoffperoxid wurde durch komprimierten Stickstoff gefördert, der sich in mehreren Druckbehältern an Bord befand. Mit ihm wurden auch die verschiedenen Ventile bedient. Hatte die Rakete abgehoben, erreichte sie nach etwa 60 Sekunden Flug eine Geschwindigkeit von 5.500 km/h. So stürzte sie vom höchsten Punkt aus auf die Erde zurück. Der gesamte Flug dauerte nur fünf Minuten, in denen die A4/V2 eine Strecke von 250 bis 300 Kilometern zurücklegte. Am Ziel schlug sie mit Überschallgeschwindigkeit ein, was eine Vorwarnung und Abwehr unmöglich machte.

Ursprünglich war geplant, die A4-Raketen in einem riesigen Bunkerkomplex an der Kanalküste zu montieren und von dort aus auch zu starten; aber das schnelle Vorrücken der Invasionstruppen und der Spezialeinsatz von Bomberverbänden vereitelten diesen Plan. Die bessere Alternative war der sogenannte Meillerwagen – ein Spezialfahrzeug mit einem auf die V2 abgestimmten Transport- und Hebegerüst sowie einem mobilen Starttisch. So konnte die Rakete gut getarnt von verschiedenen Orten innerhalb weniger Stunden abgefeuert werden.

Sowjetische Beute

Den sowjetischen Truppen war zwar die Elite der Peenemünder Forscher nicht ins Netz gegangen; dennoch konnten sie einige der Fachleute, wie Helmut Gröttrup, mit dem Versprechen überreden, ihre Arbeit hier im Dienste der Sowjetunion fortzusetzen. Der deutsche Ingenieur hatte in Peenemünde als Steuerungsfachmann im Projekt Aggregat 4 (V2) gearbeitet und war Wernher von Brauns Assistent. Die Russen erlaubten ihm und den anderen in Deutschland angeworbenen Peenemündern hier ihrer Arbeit noch bis Oktober 1946 nachzugehen und die A4 zu rekonstruieren.

Außer den Wissenschaftlern hatten sie alle Maschinen, alles Werkzeug und alle Materialteile erbeutet, die von den Amerikanern in der Eile nicht abtransportiert worden waren. Mit ihnen rekonstruierten sie unter der Leitung des eingeflogenen sowjetischen Raketenspezialisten Sergej Koroljow die V2 in den Anlagen von Mittelbau-Dora neu. Es trug jetzt die Tarnbezeichnung Zentralwerke von Bleicherode oder Werk Raabe. Damit verstieß jedoch auch die Sowjetunion gegen die Bestimmungen des Potsdamer Abkommens, keine Waffen mehr auf deutschem Boden zu produzieren. Deshalb wurden in einer Geheimaktion alle Beteiligten in die Sowjetunion, auf die Insel Gorodomlia verbracht, wo sie ihre Arbeit fortsetzten und dabei vor allem russische Raketentechniker ausbilden sollten. Die Leitung des Projekts hatte der russische Ingenieur und Raketenpionier Sergej Koroljow – der nach den stalinistischen Säuberungsaktionen noch bis 1944 im Gefängnis gesessen hatte, danach aber zum Leiter des Entwicklungsteams für Raketen und später zum führenden Kopf des sowjetischen Raumfahrtprogramms wurde. Vorerst konzentrierte man sich jedoch auf den Nachbau der deutschen V2-Rakete, jetzt unter dem Namen R-1. Bis zum 13. November 1947 gab es elf Startversuche dieser »neuen« A4/V2, von denen fünf erfolgreich verliefen. Dann entschied die Sowjetunion, auf die deutschen Spezialisten zu verzichten. Gröttrup und seine Familie wurden aus Geheimhaltungsgründen noch mehrere Jahre festgehalten und kehrten 1953 nach Deutschland (in die damalige DDR) zurück.

Sergej Pawlowitsch Koroljow, 1946. **Der russische Ingenieur und Raketenspezialist** war für den Transfer der deutschen Technologie zuständig und leitete das Entwicklungsteam, zu dem auch einige der deutschen Ingenieure gehörten, die aus Peenemünde und Nordhausen zeitweise in die Sowjetunion übergesiedelt wurden.

Neuanfang in Fort Bliss und White Sands

Der Gruppe um Wernher von Braun erging es besser. Die deutschen Wissenschaftler wurden in den USA im Wettrüsten mit der UdSSR gebraucht, und so wurde die Untersuchung ihrer Nazi-Vergangenheit schnell und wohlwollend abgeschlossen.

Bis 1946 wurden alle wichtigen Peenemünder in Fort Bliss in Texas zusammengebracht. Sie sollten die US-Army-Techniker beim Zusammenbau und den

Test-Start einer V2-Rakete auf dem **White Sands Proving Ground** in New Mexico am 10. Mai 1946. Pressefotografen und Journalisten beobachten die Startvorbereitungen.

Das Peenemünder Team 1946 mit seinem zivilen Chef Wernher von Braun (erste Reihe Siebter von rechts) in Fort Bliss nahe dem Testgelände White Sands, New Mexico. Eigentlich wollte von Braun alle 500 wichtigen **Ingenieure und Wissenschaftler** seiner Gruppe in die USA bringen lassen; aber es wurden schließlich nur 116.

Starts der erbeuteten V2-Raketen unterstützen. Raketen waren die Trägersysteme der Zukunft, sowohl für Atomsprengköpfe als auch für wissenschaftliche Zwecke. Und Russen wie Amerikaner beeilten sich, die deutschen V2-Raketen weiterzuentwickeln.

Am 14. März 1946 fand der erste A4-Start auf amerikanischem Boden statt, dem bis 1952 weitere 67 Abschüsse folgten. Dabei wurde unter der Bezeichnung Bumper zum ersten Mal das Prinzip der Stufenrakete erprobt: Eine modifizierte V2 erhielt als zweite Stufe die in den USA entwickelte Höhenrakete Wac-Corporal (»Wac «für »without any control«) und wurde am 24. Februar 1949 in White Sands gestartet. Sie erreichte eine Höhe von 393 Kilometern. Um die maximale Reichweite dieser Kombination zu testen, ließ die Army zwei Exemplare vom späteren Weltraumbahnhof Cape Canaveral aufsteigen. Die Versuche endeten am 29. Juli 1950 mit Bumper 7.

In den USA sah man Anfang der 50er Jahre die Rakete zunächst weiter vorrangig als Trägersystem für nukleare Sprengköpfe und erst in zweiter Linie unter dem Aspekt der Raumfahrt. Im Rahmen der

Demobilisierung und der Umstellung der Kriegswirtschaft zurück auf die Friedenswirtschaft trat die Forschung auf diesem Gebiet vorübergehend in den Hintergrund. Hinzu kamen immer wieder politische Vorbehalte gegen die deutschen Wissenschaftler und Kompetenzgerangel unter den Streitkräften. Während von Braun auf der Grundlage der alten V2 für die Army militärische Raketen entwickelte, forschte die Navy an einem wissenschaftlichen Projekt namens Viking. Die Forscher um Wernher von Braun arbeiteten aber trotzdem weiter an Raketen, die in der Lage sein sollten, Forschungssatelliten in den Weltraum zu befördern. Von Braun nutzte außerdem die Zeit, um das Thema Raumfahrt durch zahlreiche Publikationen und Fernsehdokumentationen in der Öffentlichkeit populär zu machen.

1950 siedelte von Braun und seine Gruppe dann nach Huntsville/Alabama um, wo sie die auf der A4 basierende Redstone-Rakete entwickelten. Ihr erster Testflug erfolgte im August 1953. Sie war als Mittelstreckenrakete zum Transport von Atomsprengköpfen geplant und wurde ab 1958 in der Bundesrepublik Deutschland stationiert. Im November 1955 begann von Braun die Entwicklung der Nachfolgerakete Jupiter-C. Sie sollte dann auch in der Lage sein, einen Satelliten in den Erdorbit zu bringen. Doch da kamen ihnen die Russen zuvor: Am 4. Oktober 1957 starteten sie den ersten künstlichen Erdsatelliten Sputnik I.

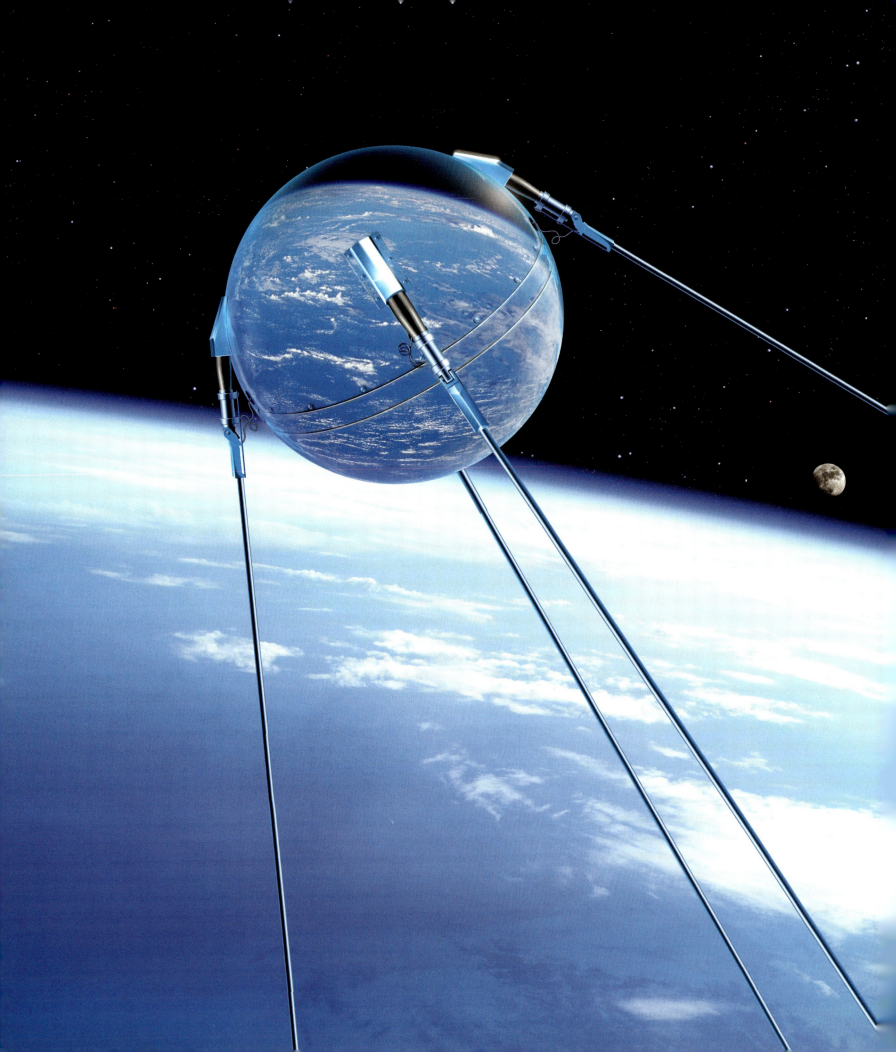

Sputnik 1, der erste künstliche Erdsatellit, von der Sowjetunion am 4. Oktober 1957 ins All geschossen, aus der Sicht eines Künstlers. In der angeblich vor dem Start blankpolierten kugelförmigen Metallhülle mit den vier über zwei Meter langen Antennen des Satelliten spiegelt sich unser Heimatplanet wider. (Computerillustration)

DER KAMPF UM DEN ERDORBIT

In den 1950er Jahren waren aus den ehemaligen Alliierten USA und Sowjetunion Feinde geworden. Beide versuchten die Weltpolitik zu dominieren. Deshalb forcierten sie nicht nur ihre atomare Rüstung, sondern entwickelten auch ihre Trägerraketen auf der Basis des erbeuteten Peenemünder Wissens weiter. In den USA ging die Raketenforschung allerdings nur schleppend voran. Dort sah man sich selbst als Sieger des Zweiten Weltkrieges und Vorreiter des technischen Fortschritts. In der für rückständig gehaltenen UdSSR wurde die Forschung dagegen unbemerkt vorangetrieben. Der Start des ersten künstlichen Erdsatelliten Sputnik am 4. Oktober 1957 war für die USA ein Schock. Und auf den folgte eine Ausweitung des Kalten Krieges: in den Erdorbit.

DER KAMPF UM DEN ERDORBIT

Lange Zeit hatte Weltraumforschung in den USA nicht im Fokus gestanden. Raketenforschung war Rüstungstechnologie, und von Brauns Visonen von Mond- und Marsflügen wurden als Science-Fiction angesehen. Aber am 29. Juli 1955 hatte der Pressesprecher des Weißen Hauses mitgeteilt, dass die Vereinigten Staaten beabsichtigten, anlässlich des bevorstehenden Internationalen Geophysikalischen Jahres (IGJ) »kleine erdumrundende Satelliten« zu starten.

DAS INTERNATIONALE GEOPHYSIKALISCHE JAHR

1952 beschlossen 67 Länder ein gemeinsames Forschungsprojekt in Form eines Internationalen Geophysikalischen Jahres. Es sollte von Juli 1957 bis Dezember 1958 gehen, weil man für diese Zeit eine Periode erhöhter Sonnenaktivität erwartete. Erstmals sollte auch nicht nur am Erdboden geforscht werden, sondern es sollten künstliche Satelliten entwickelt werden, um durch sie weitere Erkenntnisse über die Erde und die Atmosphäre zu gewinnen.

Auch die Sowjetunion hatte im März 1954 ihre Teilnahme am IGJ bekanntgegeben. Damit begann das Wettrennen ins All. Die beiden Großmächte hatten dabei dank der im Krieg erbeuteten Grundlagen der deutschen V2-Technologie durchaus vergleichbare Voraussetzungen, doch gingen sie ganz unterschiedlich vor. Das Raumfahrtprogramm der Amerikaner wurde von verschiedenen Institutionen innerhalb der Streitkräfte getragen (und hin- und her geschoben) und mit einer umfangreichen PR-Arbeit immer bereits im Voraus in der Öffentlichkeit kommuniziert. In der UdSSR hingegen war es eigentlich nur eine Person, Sergej Koroljow, der einen engen Kontakt zu Staatschef Chruschtschow sowie die Unterstützung des Geheimdienstes hatte und die Projekte unter strengster Geheimhaltung vorantrieb. Nicht wenige Details über die sowjetische Raumfahrtforschung sind erst nach dem Zusammenbruch der Sowjetunion in der 1990er Jahren bekannt geworden.

Das Rennen beginnt

Was den geplanten Satellitenträger der Amerikaner betraf, ordnete Präsident Eisenhower an, dass das System nichts mit militärischen Anwendungen zu tun haben dürfe. Der Erdorbit sollte in der Öffentlichkeit nicht als zukünftiges Schlachtfeld erscheinen. Von daher kamen die beiden Streitkräfte Army und Air Force und ihre Raketen von vornherein nicht in Frage: Von Brauns Redstone, die einen atomaren Sprengkopf tragen konnte, und die Luftwaffe mit ihrer noch ungetesteten interkontinentalen Atlas-Rakete. Dem Redstone-Arsenal und von Braun wurde verboten, weitere Bemühungen dieser Art zu unternehmen. Dagegen konnte die US Navy mit der nichtmilitärischen Höhenforschungsrakete Viking aufwarten, die schon mehrere Flüge in die Hochatmosphäre zu meteorologischen Forschungen unternommen hatte. Am 3. August 1955 erhielt dieses Projekt der Navy den Zuschlag. Da die Zeit drängte, entwickelte man aus vorhandenen Bauteilen dieser Rakete und Elementen anderer Raketen die neue Vanguard. Die unterschiedlichen Stufen dieser dreistufigen Rakete stammten dabei von verschiedenen Herstellern. Doch während die Amerikaner im Streit um die Zuständigkeiten und die Wahl der richtigen Trägerrakete wertvolle Zeit verloren, konnte Koroljow Chruschtschow relativ schnell davon überzeugen, dass es im Zeitalter der Massenmedien ein wichtiger propagandistischer Sieg wäre, als erste Nation einen Satelliten im Weltall zu haben.

Der Sputnik-Schock

Offensichtlich hatten die Amerikaner die russische Weltraumforschung unterschätzt, man war sich seiner technologischen Überlegenheit zu sicher, und der amerikanische Geheimdienst CIA hatte die Fortschritte der russischen Aktivitäten auch nicht erkannt oder nicht ernst genug genommen. Als am 4. Oktober 1957 die Welt plötzlich mit der Nachricht konfrontiert wurde, dass die Sowjets einen Satelli-

Titelseite der New York Times vom 5. Oktober 1957.

Sputnik 1 machte Furore in der Weltpresse: nicht nur weil er der von Menschen geschaffene erste künstliche Satellit war, sondern vor allem, weil ihn die Sowjetunion gestartet hatte, die bis dahin als technologisch rückständig galt.

ten in den Orbit gebracht hatten, waren jedenfalls amerikanische Politiker, Militärs und Wissenschaftler wie vom Schlag getroffen.

Eigentlich war der erste von Menschenhand gebaute Erdsatellit nur eine etwa 83 Kilogramm schwere Metallkugel von rund 58 Zentimeter Durchmesser, von der vier zwischen 2,40 und 2,90 Meter lange Antennen ausgingen. Sie strahlten die piepsenden Funksignale ab, die von zwei kleinen Sendern im Innern der Kugel ausgesandt wurden. Ihr Name lautete Sputnik 1, und ihre Erbauer waren sowjetische Ingenieure. Gerade das war es, was die USA und damit die ganze westliche Welt wie ein Schock traf, der als »Sputnik-Schock« in die Geschichte einging.

 PIEP, PIEP, PIEP

Das deutsche Nachrichtenmagazin DER SPIEGEL kommentierte damals die Situation so: »Vor Jahren prophezeite Churchill: Wenn jemals die Vereinigten Staaten die Fähigkeit verlieren sollten, einen sowjetischen Angriff mit gleicher Waffe und gleicher Wucht zu beantworten, dann werde die westliche Welt ›wehrlos wie ein Mädchenpensionat‹ sein. Als am Freitag der vorletzten Woche in den Vereinigten Staaten zum ersten Male das ›Piep, piep, piep‹ des über den Kontinent hinwegsausenden Satelliten vernommen wurde, bemächtigte sich in der Tat der amerikanischen Nation ein Bangen, das den Gefühlen eines Mädchenpensionats beim Anblick einer Maus nicht unähnlich war.«

Premiere 1957: Ein Techniker bereitet Sputnik 1 für den Start vor. Eigentlich sollte der Satellit viel größer und schwerer sein, aber seine Entwicklung stellte sich als so komplex heraus, dass er zu spät fertig geworden wäre und die Gefahr bestand, dass die USA mit ihrem ersten Satelliten der UdSSR zuvorkamen. So kam es zu dieser kleineren Version.

»DIE GENIALITÄT EINER KONSTRUKTION LIEGT IN IHRER EINFACHHEIT. KOMPLIZIERT BAUEN KANN JEDER.«

Alexej Koroljow zu seinen Mitarbeitern über die Abänderung des ursprünglich größer geplanten Satelliten 1957

Die US-Regierung und auch die Militärs versuchten sich gelassen zu geben und das Ereignis herunterzuspielen. Aber die Wirkung des Sputniks ging tief. Nicht nur der Glaube der US-Öffentlichkeit an die militärische Sicherheit war erschüttert, sondern auch der Glaube an die Überlegenheit der USA hinsichtlich ihrer Wissenschaft, ihres Wirtschaftssystems und ihres Lebensstils.

Koroljows Strategie

Wer hinter all dem stand, wusste in der westlichen Welt damals niemand: Es war Sergej Koroljow. Im März 1954 hatte die UdSSR bekanntgegeben, ebenfalls am Internationalen Geophysikalischen Jahr teilzunehmen, und im August 1955 dafür einen Satellitenstart genehmigt. Es war dann seiner Initiative zu verdanken, dass der sowjetische künstliche Erdsatellit früher als der amerikanische seine Bahn um die Erde zog. Als im Januar 1956 der sowjetische Partei- und Regierungschef Chruschtschow Koroljow besuchte, um sich über die Fortschritte bei der Interkontinentalrakete R-7 zu informieren, nutzte Koroljow die Gelegenheit und präsentierte ihm die Konstruktionsunterlagen zum Objekt D, wie der künstliche Satellit bezeichnet wurde.

Auch Koroljow hatte anfangs Probleme mit der russischen Bürokratie und den Machtkämpfen in der Partei und zwischen den Institutionen, doch es gelang ihm, Chruschtschow klarzumachen, dass es

DER KAMPF UM DEN ERDORBIT

Historischer Start der R-7 mit Sputnik, dem ersten künstlichen Erdsatelliten, 1957. Er zeigte nicht nur die sowjetische Überlegenheit in der Raketentechnik, sondern auch, dass dieser Raketentyp zum ersten Mal fehlerfrei funktionierte. Beides schürte im Westen entsprechende Ängste unter dem Namen »Sputnik-Schock« und »Raketenlücke«.

nun nicht mehr nur um das militärische Potenzial der Raketentechnologie ging, sondern um einen immens wichtigen symbolischen Akt. Der Vorstoß ins All, der erste Satellit, der erste Mensch im All wären Zeichen der Überlegenheit des sozialistischen Systems. So bekam Koroljow grünes Licht.

Allerdings gab es trotz der Genehmigung erhebliche Zeitverzögerungen; und Koroljow musste einen viel kleineren und einfacher ausgerüsteten Satelliten bauen als ursprünglich geplant, sollten ihm die Amerikaner nicht zuvorkommen.

Für den Start war ursprünglich der 6. Oktober 1957 vorgesehen. Aber Koroljow drängte auf eine Vorverlegung, denn er sah Hinweise darauf, dass die Amerikaner am selben Tag ebenfalls einen Satelliten starten wollten.

So startete bereits am späten Abend des 4. Oktober vom geheimen Startplatz in Tjuratam, dem späteren Weltraumbahnhof Baikonur, eine modifizierte R-7 als Trägerrakete mit dem Satelliten PS 1, und die Demonstration sowjetischer Überlegenheit in der Raketentechnik konnte ihren Lauf nehmen.

 SPUTNIK MACHT FURORE

In einem Automobilwerk in Zwickau fragte die Betriebsleitung ihre Belegschaft, welchen Namen sie dem neuen Modell geben würde. Die Mehrheit entschied sich für »Trabant« – die Übersetzung von Sputnik. Anfang der 1960er Jahre hießen Geldspielautomaten im Astro-Look auch im Westen Sputnik, ebenso wie futuristisch anmutende Deckenleuchten, und in dem westdeutschen Kinofilm *Drei Mann in einem Boot* (1961) wurde der Schiffshund ebenfalls Sputnik gerufen.

Im Orbit angekommen, funkte Sputnik verschlüsselte Informationen über die jeweiligen Druck- und Temperaturverhältnisse auf den Frequenzen 20,005 und 40,002 Megaherz von 0,2 bis 0,6 Sekunden Dauer. Nachdem der Satellit die Erde mehrmals umrundet hatte, gab Radio Moskau die Meldung heraus, außerdem waren die Signale des Sputniks von Radioempfängern auf der ganzen Welt für mehrere Wochen zu hören.

KOROLJOWS STRATEGIE

PORTRÄT

DER SCHATTENMANN DER SOWJETISCHEN RAUMFAHRT
SERGEJ PAWLOWITSCH KOROLJOW

Bis zu seinem Tod am 14. Januar 1966 und dem Staatsbegräbnis an der Kremlmauer wusste niemand, dass Sergej Pawlowitsch Koroljow (1907–1966) als Initiator und Chefkonstrukteur die wichtigste Person des sowjetischen Raumfahrtprogramms und der große Gegenspieler Wernher von Brauns war. Er wurde immer nur anonym als der »Chefkonstrukteur« bezeichnet. Auch seine mehrjährige Haft im Gulag wurde in der sowjetischen Geschichtsschreibung lange verschwiegen.

Geboren wurde Koroljow am 12. Januar 1907 (nach dem gregorianischen Kalender) in Schytomyr in der heutigen Ukraine. Er interessierte sich schon früh für die Luftfahrt und konstruierte mit 17 Jahren sein erstes Segelflugzeug. Nach dem Studium am Polytechnischen Institut Kiew erhielt er 1930 sein Diplom als Ingenieur für Flugzeugbau. Jetzt wurde Koroljow Mitglied der Moskauer Gruppe zum Studium der Rückstoßbewegung (GIRD/MosGIRD) und experimentierte mit dem Bau von Raketen, unter anderem der ersten sowjetischen Hybridraketen GIRD-09 und GIRD-X. 1934 erschien seine wissenschaftliche Abhandlung *Der Raketenflug in die Stratosphäre*.

Im Zuge der stalinistischen Säuberungen wurde Koroljow 1938 verhaftet und zu zehn Jahren Zwangsarbeit im Gulag verurteilt. Hier verbrachte er lange Zeit in einem Speziallager für Wissenschaftler und Ingenieure. Erst im Juni 1944 kam er wieder frei und wurde rehabilitiert.

Nach dem Zweiten Weltkrieg machte Chruschtschow Koroljow zum Chefkonstrukteur des sowjetischen Raketenprogramms. In dieser Funktion wurde er 1945 bei Kriegsende zunächst nach Deutschland geschickt, um das deutsche Raketenprogramm zu studieren und Pläne, Material und verbliebene Mitarbeiter Wernher von Brauns ausfindig zu machen.

1946 kehrte Koroljow mit rekonstruierten Bauplänen der V2 sowie zwangsverpflichteten deutschen Raketenkonstrukteuren in die Sowjetunion zurück. Hier schöpfte er ihr Wissen ab, bevor sie Anfang der 50er Jahre in die damalige DDR zurückgeschickt wurden. Koroljow und seine sowjetischen Mitarbeiter entwickelten die V2 weiter zur R-7, der ersten Interkontinentalrakete der Welt. Ohne Koroljow wäre auch der Start von Sputnik 1 im Oktober 1957, aber vor allem der erste Weltraumflug eines Menschen, Juri Gagarin, im April 1961 nicht möglich gewesen.

Am 14. Januar 1966 starb Koroljow in einem Moskauer Krankenhaus. Mit seinem Tod verlor das sowjetische Raumfahrtprogramm seinen Motor und seinen Geist und konnte im weiteren Verlauf des Wettrennens gegen die Amerikaner auch nicht mehr die gewohnten Triumphe feiern.

Trotz der Panik-Reaktion der amerikanischen Öffentlichkeit hielt Eisenhower an seiner Entscheidung fest, dass die Navy den ersten Satellitenstart unternehmen sollte. Er wusste aber auch, dass eine schnelle Reaktion notwendig war. Und so kündigte er für den 6. Dezember 1957 einen Start der Vanguard-Rakete an, der live in Rundfunk und Fernsehen übertragen werden sollte. Doch die Sowjets kamen den USA ein zweites Mal zuvor.

Für Chruschtschow kam die extrem verstörte Reaktion des Westens auf Sputnik 1 anfangs überraschend. Aber nun wollte er die Euphorie seiner Landsleute und die durch diese indirekte Drohgebärde erzeugte Angst des Westens über diesen kosmischen Volltreffer aufrecht halten – am besten durch einen neuen Schuss in den Orbit. Koroljow konnte ihm diesen Gefallen tun. Es stand noch eine andere R-7 startbereit zur Verfügung, und so war es möglich, einen weiteren Satelliten zu starten.

Außerdem schlug Koroljow vor, mit dem zweiten sowjetischen Satelliten einen Hund in den Orbit zu bringen.

Damit hätte man das erste Lebewesen ins Weltall transportiert. Man hatte schon in früheren Jahren Tiere auf suborbitalen Flügen getestet, aber noch niemals in der Erdumlaufbahn. Chruschtschow ordnete an, diesen Satelliten innerhalb eines Monats zu starten.

So baute Koroljows Team einen weiteren Satelliten, und zwar diesmal als kegelförmiges Raumfahrzeug, das in die Spitze der Rakete eingefügt werden konnte. Die Kapsel enthielt Sensoren, mit denen die hochenergetische Sonnenstrahlung gemessen werden konnte. Darunter lag eine unter Druck stehende Kugel, die für die Datenübertragung mit zwei weiterentwickelten Funksendern ausgerüstet war. Am unteren Ende des Fahrzeugs saß die Druckkabine für den »Hundekosmonauten«.

 NIKITA CHRUSCHTSCHOW
KALTER KRIEG UND PROPAGANDA
Nikita Sergejewitsch Chruschtschow (1894–1971) war der große Gegenspieler Kennedys – nicht nur in der Raumfahrt, sondern auch in der Außenpolitik, obwohl er ständig von der »friedlichen Koexistenz« sprach. Der Parteichef der KPdSU (seit 1953) und seit 1958 Regierungschef der Sowjetunion strebte die globale Führungsrolle der UdSSR an, indem er die Aufrüstung und Raketentechnik forcierte. Dadurch kam es 1962 zur Kuba-Krise mit den USA, was die Welt an den Rand des Atomkrieges brachte.

Sergej Koroljow, Vater und Mentor der sowjetischen Raumfahrt, 1957 mit einem der **Hunde**, die die sowjetischen Raumfahrtingenieure in ihrem Sputnik-Programm als Versuchstiere einsetzten.

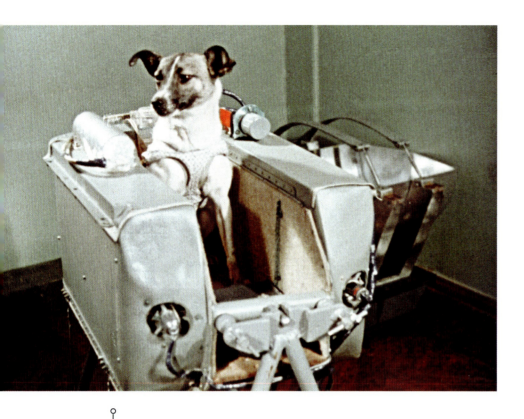

Die **Mischlingshündin Laika** umkreiste 1957 als erstes Lebewesen die Erde. Um sie an die Umgebung des Raumschiffs zu gewöhnen, wurde sie schon zwei Tage vorher in ihrer Transportbox festgeschnallt.

 KEIN NOBELPREIS FÜR KOROLJOW

Während sein Kontrahent Wernher von Braun sich in den USA öffentlichkeitswirksam in den Medien präsentierte, blieb die Identität des Chefkonstrukteurs Koroljow ein Staatsgeheimnis der Sowjetunion und war selbst im eigenen Land nicht bekannt. Als er nach dem erfolgreichen Start des ersten künstlichen Erdsatelliten Sputnik im Oktober 1957 mit dem Nobelpreis ausgezeichnet werden sollte und sich das Nobelpreiskomitee bei Nikita Chruschtschow nach dem Namen des Chefkonstrukteurs erkundigte, bekam es folgende Antwort: »Es ist die Arbeit des gesamten sowjetischen Volkes gewesen, und dieses hat damit die Auszeichnung verdient.«

Das Tier, das dafür ausgewählt wurde, hieß Laika und war eine widerstandsfähige Mischlingshündin. Die Kabine war so konstruiert, dass die Hündin mit Futter und Wasser versorgt und ihre Lebensfunktionen überwacht werden konnten. Da es aber von Anfang an keine Möglichkeit gab, sie lebend wieder zurück zur Erde zu bringen, wurde offiziell kommuniziert, dass das Tier nach zehn Tagen sanft eingeschläfert werden sollte. Am 3. November 1957 startete der 508 Kilogramm schwere Sputnik 2, und die staatliche Nachrichtenagentur TASS berichtete, dass es Laika gutginge. Tatsächlich ist sie aber wohl schon wenige Stunden nach dem Start an Überhitzung und Überanstrengung gestorben. Trotzdem war der sowjetische Triumph perfekt, und die Medien berichteten weltweit darüber.

Die US-Antwort: Explorer 1

Die USA konnten jetzt nur durch den schnellen Start der Vanguard-Rakete (Höhe 23 Meter, Durchmesser 1,14 Meter) versuchen, einigermaßen gleichzuziehen. Ihr Satellit wog allerdings nur 1,5 Kilogramm und hatte auch nur einen Durchmesser von etwa 15 Zentimetern, was Chruschtschow auch süffisant kommentierte.

Am 6. Dezember 1957 um 11:44 Uhr begann die nadelförmige Rakete vor den Augen der in Cape Canaveral versammelten Weltpresse abzuheben. Doch direkt beim Start, noch knapp über der Startplattform, explodierte die erste Stufe und die ganze Rakete stürzte in sich zusammen. Das Desaster betitelte eine US-Zeitung mit »Oh, what a Flopnik«; und Chruschtschow sprach hämisch vom »Kaputtnik«.

Jetzt erst durfte die Army zum Zuge kommen. Und es zahlte sich aus, dass sie sich trotz des Verbots vorsorglich auf den Start eines Erdsatelliten vorbereitet hatte: Generalmajor John Bruce Medaris (1902–1990), der am 1. Februar 1956 die militärische Leitung des Raketenzentrums in Huntsville übernommen hatte (ab diesem Zeitpunkt Army

Triumphierend halten (v. l. n. r.) William Pickering, James van Allen und Wernher von Braun auf der Pressekonferenz am frühen Morgen des 1. Februar 1958 nach dem erfolgreichen Start ein originalgroßes Modell des **ersten US-Satelliten Explorer** vor den dichtgedrängten Journalisten in die Höhe.

Am 31. Januar 1958, rund vier Monate nach Sputnik 1, hebt **Explorer 1** auf der Trägerrakete Juno von Cape Canaveral ab.

Ballistic Missile Agency, AMBA), hatte zwei Jupiter-C-Raketen in einem Hangar, unter Planen verborgen, »zurücklegen« lassen, um sie innerhalb eines Monats nach Zustimmung der Regierung für einen Satellitenstart bereit machen zu können.

Am 31. Januar 1958 startete Explorer 1 auf einer Jupiter-C-Rakete, die nun Juno hieß, von Cape Canaveral aus. Eisenhower wollte nach wie vor einen militärischen Charakter des Projekts vermeiden. Auch deshalb hatte der Explorer 1 eine umfangreiche Ausstattung an wissenschaftlichen Geräten. Sie sammelten Daten über kosmische Strahlen, Meteoriten, Orbitaltemperaturen und entdeckten den nach dem beteiligten Wissenschaftler benannten Van-Allen-Strahlungsgürtel. Explorer 1 wurde ein voller Erfolg, und die beteiligten Wissenschaftler William Hayward Pickering (1910–2004) und James Alfred Van Allen (1914–2006) erfuhren größte Anerkennung. Zusammen mit Wernher von Braun wurden sie am Tag danach als Helden gefeiert, denn nun hatten die USA endlich aufgeholt.

Satelliten im Orbit und zum Mond

In den folgenden Jahren wurden auf beiden Seiten viele wichtige Neuerungen und Technologien entwickelt. Vor dem Hintergrund des Kalten Krieges waren die Satellitenprogramme beider Weltmächte dabei nach wie vor militärisch orientiert.

Und da sich nirgendwo ein besserer Überblick über die Erde gewinnen ließ als aus dem Weltraum, wurden auf beiden Seiten immer leistungsfähigere

»BEI DER EROBERUNG DES WELTRAUMS SIND ZWEI PROBLEME ZU LÖSEN: DIE SCHWERKRAFT UND DER PAPIERKRIEG. MIT DER SCHWERKRAFT WÄREN WIR FERTIG GEWORDEN.«

Wernher von Braun, 1958

Kamerasysteme entwickelt und Satelliten, die damals noch die Filme wieder zur Erde bringen konnten. Weitere Vanguard- und Sputnik-Satelliten wurden ins All befördert. Man experimentierte mit neuen Messgeräten, mit Sonnenenergie und mit Datenübertragungsmethoden. So wurden in den folgenden Jahren immer neue Erdbeobachtungssatelliten, Nachrichtensatelliten, Wettersatelliten und wissenschaftliche Satelliten in den Orbit geschossen. Viele waren wegen ihrer militärischen oder Spionage-Aufgabe geheim, andere konnte man von der Erde aus schon fast mit bloßem Auge erkennen. Einer der populärsten Satelliten dieser Art war Echo 1: ein Ballon, der sich im Weltraum auf 30 Meter Durchmesser aufblies und als hell leuchtendes Gestirn am Nachthimmel zeigte. Da die Satelliten für die Überwachung und die Kommunikation auf der Erde immer wichtiger wurden, schickten in den 60er Jahren weitere Nationen wie zum Beispiel Kanada, Australien, Italien und 1969 auch die Bundesrepublik Deutschland von den Startplätzen in den USA und der UdSSR eigene Satelliten in den

Im Vergleich zu heute waren **frühe Satelliten** noch relativ klein, enthielten aber schon die wichtigsten technischen Geräte – hier gut zu erkennen das Bremstriebwerk.

Weltraum. Nach Informationen der NASA waren im Mai 1969 bereits 394 Satelliten und Raumsonden im Weltraum.

Aber die Ambitionen der beiden Großmächte gingen weiter als nur in den erdnahen Weltraum. Zumindest unbemannt ließ sich ein weiteres Ziel erreichen, das ebenfalls nationales Prestige versprach: der Mond. Doch auch den musste man erst einmal treffen – und das hieß: Die Rakete musste schubstark genug sein, das Schwerefeld der Erde zu verlassen, und den Mond auch bei der Ankunft treffen.

Das war kein leichtes Unterfangen, wie die US Air Force erfahren musste. Sie hatte am 17. August 1958 eine namenlose Sonde gestartet, die den Mond umkreisen sollte. Dieser Versuch blieb je-

Einer der ersten NASA-Satelliten namens **Echo 1** war 1958 nichts Anderes als ein riesiger Ballon mit einer reflektierenden Hülle. Im Weltall blies sie sich zu einer Kugel von 30 Meter Durchmesser auf.

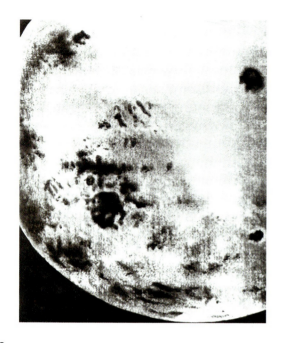

Zwar waren die ersten Fotos von der unbekannten **Rückseite des Mondes** 1959 noch von schlechter Qualität, zeigten aber doch schon, dass sie mit Kratern übersät war und kaum große Ebenen, wie die bekannten Mare, besaß. Stattdessen gab es sogenannte Wallebenen.

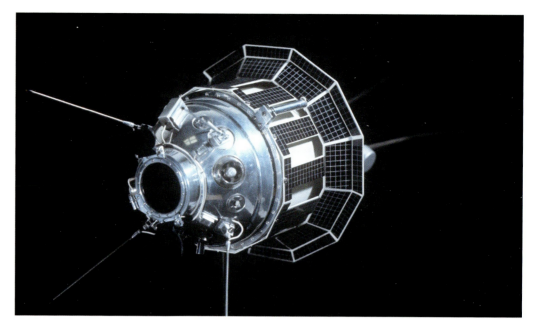

Die sowjetische Raumsonde **Luna 3** vollbrachte für die UdSSR wieder eine Pionierleistung, sie lieferte am 7. Oktober 1959 die ersten Bilder von der bis dahin unbekannten Rückseite des Mondes.

WARUM SEHEN WIR DIE RÜCKSEITE DES MONDES NICHT?

Diese Frage kann jeder mit einem einfachen Experiment in einem Zimmer beantworten: Er bittet eine zweite Person, sich in der Raummitte vor ihm aufzustellen. Sie soll den Mond spielen. Dann fragt er sie, was sie tun würde, um alle Wände zu sehen. Als Antwort wird sie sich einmal um die eigene Achse drehen: Das ist die klassische Rotation. Nun kann er ihr folgende Anweisung geben, nämlich ihn einmal zu umrunden und dabei ständig ihn sowie die Wände anzusehen. Das Ergebnis: Sie hat den »Versuchsleiter« einmal umkreist, ihn ständig angesehen, ohne ihm den Rücken zuzuwenden. Trotzdem hat sie alle vier Wände des Raumes anschauen können. Das ist die Gebundene Rotation, die uns nie die Rückseite des Mondes erblicken lässt, obwohl er die Erde umläuft.

doch erfolglos. Die Thor-Able-1-Rakete und die Sonde explodierten kurz nach dem Start. Die nächsten Sonden, Pioneer 1 (gestartet am 11. Oktober 1958), Pioneer 2 (8. November 1958) und auch Pioneer 3 (6. Dezember 1958), waren ebenfalls Fehlschläge. Sie hatten alle Probleme mit dem Antrieb der Trägerraketen, kamen unterschiedlich hoch, stürzten aber zurück zur Erde und verglühten beim Eintritt in die Erdatmosphäre. Erst Pioneer 4 mit einer Juno-2-Rakete (4. März 1959) kam bis auf 60.000 Kilometer an den Mond heran. Aber die Russen waren den Amerikanern schon wieder voraus, denn bereits am 2. Januar 1959 verließ Luna 1 die Erde und flog bis auf 5.995 Kilometer Entfernung an den Mond heran. Am 14. September konnte die Sowjetunion mit Luna 2 erneut ihren technologischen Vorsprung demonstrieren, denn ihre Raumsonde erreichte als erstes von Menschenhand geschaffenes Objekt den Mond und traf dessen Oberfläche.

Am 7. Oktober 1959 triumphierte die UdSSR erneut, als ihre Raumsonde Luna 3 bei ihrer Mondumrundung auch auf die von der Erde aus nicht sichtbare Rückseite des Mondes kam und die ersten Bilder von der bis dahin unbekannten Trabantenhälfte aufnahm.

So stellte sich Wernher von Braun 1952 im Magazin *Collier's* die erste bemannte **Raumstation** vor, hier auf ihrer Kreisbahn in 1.730 km Höhe über Mittelamerika: ein 75 m durchmessender Reifen mit 80 Mann Besatzung, dessen Rotation um die Nabe als Andockstelle für die Raumtaxis künstliche Schwerkraft erzeugen sollte.

Raumfahrt: Das Thema für die Massenmedien

Die Bevölkerung in Ost und West nahm an diesen ersten Schritten ins All regen Anteil. Die Visionen von bemannten Raumflügen und von Reisen zu fernen Planeten wurden auch in den Massenmedien immer populärer. Das im Deutschland der 20er Jahre grassierende Raketenfieber schien sich Ende der 50er Jahre weltweit zu wiederholen und erfuhr in den 1960ern sogar noch eine Steigerung. Die 50er und 60er Jahre wurden zum Goldenen Zeitalter der Science-Fiction.

Die Science-Fiction-Literatur hatte vor allem die Menschen in den USA mit dem Thema Raumfahrt vertraut gemacht; Autoren wie Isaac Asimov, Robert A. Heinlein, Arthur C. Clarke, Ray Bradbury (und später Stanislaw Lem) erzählten in ihren Geschichten nicht nur vom Flug zum Mond und zu den anderen Planeten des Sonnensystems, wie dem Mars, sondern ließen ihre Protagonisten auch Abenteuer in anderen Planetensystemen erleben.

Und ein Symposium im New Yorker Hayden-Planetarium zum Thema Raumfahrt sowie die darauf basierende Artikelserie des Magazins *Collier's* hatten von 1952 bis 1954 in verständlicher Sprache und mit eindrucksvollen Bildern des Grafikers Chesley Knight Bonestell, Jr. (1888–1986) gezeigt, wie bemannte Raumfahrt in naher Zukunft aussehen konnte.

Im Film/Fernsehen, aber auch im Radio, ließ sich das Thema Raumfahrt noch viel lebendiger und eindrucksvoller umsetzen. So entstanden eine Reihe fantasievoller Raumfahrtfilme und -hörspiele, meist eine Mischung aus populärwissenschaftlichen Szenerien und Science-Fiction.

PHILOSOPH DER SCIENCE-FICTION
STANISLAW LEM

»Der dialektische Weise aus Krakau«, so wurde der polnische SF-Autor Stanislaw Herman Lem (1921–2006) von einem seiner Bewunderer genannt. Man könnte ihn einfacher auch als den Philosophen der Science-Fiction-Literatur bezeichnen. Denn Lem hatte, bevor er sich ganz dem Schreiben dieses Genres widmete, Medizin, Philosophie, Physik und Biologie studiert und war kurze Zeit sogar als Arzt tätig.

Durch diese Studien besaß er ein erstaunliches interdisziplinäres Wissen, das sich in seinen Kurzgeschichten und Romanen widerspiegelte – gepaart mit philosophischem Tiefsinn und literarischem Geschick für intelligent behandelte SF-Themen.

Hier erdachte und beschrieb Lem komplexe Technologien bis ins Detail, Jahrzehnte bevor sie Realität wurden. Bereits in den 1960er und 1970er Jahren schrieb er über Themen wie Nanotechnologie, Neuronale Netze und Virtuelle Realität. Dabei behandelte er immer wieder philosophische und ethische Aspekte sowie Probleme technischer Entwicklungen, wie etwa künstliche Intelligenz menschenähnlicher Roboter oder Gentechnik.

Als Stilmittel setzte Lem in zahlreichen seiner Werke Satire und humoristische Mittel ein, wobei er sich auch Wortspielen und Wortschöpfungen bediente, was die Übersetzung seiner Werke als schwierig gelten lässt. Er entlarvte dabei auch hintergründig das auf Technikgläubigkeit und Wissenschaft beruhende menschliche Überlegenheitsdenken als Hybris. Und so tragen denn auch einige seiner Werke düstere und pessimistische Züge, was die langfristige Überlebensfähigkeit der Menschheit betrifft.

Dadurch unterscheidet Lem sich von der östlichen SF-Literatur, die ja vom Sieg des Sozialismus als Kommunismus in der Zukunft ausgeht, wo Wissenschaft und Technik zum Wohle der Menschheit eingesetzt werden und nicht zur Profitmaximierung. Die Übermittlung sozialistischer Ideen und Menschenbilder, wie sie in vielen SF-Geschichten in der UdSSR und der DDR zur Zeit des Kalten Krieges üblich war, ist bei ihm die Ausnahme. Daher wurde Lem auch zu einem im Westen geschätzten und viel gelesenen SF-Autor. Er thematisierte häufig die Kommunikationsversuche von Menschen mit außerirdischen Intelligenzen – so in seinem berühmtesten Roman *Solaris*, wo er sie als großes Scheitern verurteilte.

In den 2000er Jahren wurde Lem zum Kritiker des Internets und der Informationsgesellschaft, die er teils richtig vorhergesagt hatte. Seiner Meinung nach würden deren Nutzer zu »Informationsnomaden«, die nur »zusammenhanglos von Stimulus zu Stimulus hüpfen«. Die allgemeine Steigerung der technischen Leistung gehe »paradoxerweise mit einem Verfall der Fantasie und Intelligenz der Menschen einher«. Lem, dessen Bücher in bisher 57 Sprachen übersetzt wurden und Auflagen von mehr als 45 Millionen erreichten, starb am 27. März 2006 an Herzversagen.

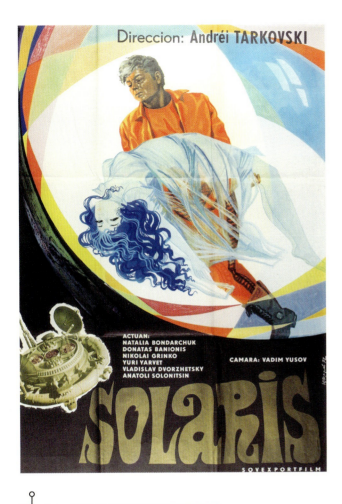

Vor allem die Filmproduzenten sahen die Faszination der Weltraumfahrt in der Öffentlichkeit und setzten bekannte Science-Fiction-Romane wie *Solaris* in Szene. Filmplakat von **Andrei Tarkowkis** *Solaris*, 1972.

Auch die **Bücher Wernher von Brauns** wurden zur Vorlage für das Filmplakat von Byron Haskins *Die Eroberung des Weltalls*, 1955.

Gerade der Film mit seiner Tricktechnik konnte das Publikum begeistern. Dass es dabei mit der Realität oft nicht so genau genommen wurde, spielte kaum eine Rolle – Hauptsache, es war spannend und es wurde futuristische Technik gezeigt oder was die Macher dafür hielten. Science-Fiction-Serien hatte es in den USA schon in den 30er Jahren gegeben. *Flash Gordon* (1936) und *Buck Rogers* (1939) sind bis heute Kultfiguren.

Doch jetzt explodierte dieses Genre geradezu. Es kamen immer neue Helden des Weltraums dazu: von *Johnny Jupiter* und dem *Space Ranger Rocky Jones* über *Captain Midnight* und *Captain Z-RO* bis zum *Space Cadet Tom Corbet*. In den Medien waren zahlreiche Raumpatrouillen unterwegs, und Menschen im All wurden schon bald zu einer selbstverständlichen Vorstellung.

Auf der anderen Seite gab es Filme, die durchaus ernstzunehmende Raumfahrtszenarien auf dem Stand der damaligen Wissenschaft und Technik boten, wie etwa die US-Filme *Endstation Mond* (1950), *Die Eroberung des Weltalls* (1955) oder der sowjetische Film *Die Straße zu den Sternen* (1957). Die Vision vom Menschen im Weltall war dabei gar nicht mehr so abwegig, denn beide Großmächte arbeiteten daran, bemannt ins All vorzudringen.

Das **Wostok-Raumschiff** (hier im Modell), das die UdSSR 1965 der Bevölkerung auf der *Ausstellung der volkswirtschaftlichen Errungenschaften* präsentierte. Seine Charakteristika sind die kugelförmige Kosmonautenkabine mit dem anschließenden Geräteteil und der Stufe für die Manöver im Orbit. Nur die Pilotenkabine, in der sich ein Schleudersitz für den Kosmonauten befand, kehrte zur Erde zurück.

Wostok und Mercury: Raumschiffe für den bemannten Flug

Die Voraussetzungen für einen bemannten Raumflug waren auf beiden Seiten günstig: Es gab die erforderlichen modifizierten militärischen Trägerraketen. Sie waren trotz einiger »Kinderkrankheiten« in der Lage, einen Menschen in die Erdumlaufbahn zu bringen. Der erste Mensch im All wurde zum neuen Ziel der konkurrierenden Großmächte. Die Russen nahmen sich dafür das Jahresende 1960 vor und begannen gleich mit der Entwicklung einer kugelförmigen Raumkapsel mit dem Namen Wostok (Osten) und einer Trägerrakete auf der Grundlage der vorhandenen R-7-Rakete.

Aber verschiedene Rückschläge im Weltraumprogramm, wie die »Nedelin-Katastrophe« vom 24. Oktober 1960, bei der eine Interkontinentalrakete des Typs R-16 auf der Rampe des Weltraumbahnhofs Baikonur explodiert war und 126 Menschen in den Tod gerissen hatte, ließen es ratsamer erscheinen, den Start des ersten Kosmonauten auf das Frühjahr 1961 zu verschieben.

Auch einige US-Ingenieure der NACA (National Advisory Committee for Aeronautics) hatten, schon vor dem Start des Sputniks, die Möglichkeit eines bemannten Raumfluges erörtert. Ihr Entwurf sah ein kegelförmiges flügelloses Raumfahrzeug vor, mit einer wärmeabsorbierenden Schutzschicht an der Unterseite. Die NACA konnte diesen Plan unter ihrem Namen nicht mehr verwirklichen; denn Präsident Eisenhower hatte nach dem Sputnik-Schock und dem Vanguard-Desaster die Order erlassen, dass die drei Streitkräfte sich rein auf militärische Projekte beschränken sollten.

DER KAMPF UM DEN ERDORBIT

»Zum Ruhme des Kommunismus!« Ein Kosmonaut schickt zwei Wostok-Raketen in den Himmel. Zahlreiche **Propagandaplakate** wie dieses feierten in der Sowjetunion der 1950er und 60er Jahre die Helden der Raumfahrt. Der Mensch im Weltraum war das Ziel und wurde zum Symbol der Überlegenheit des Sozialismus.

SOWJETISCHER MINIMALISMUS
DAS WOSTOK-RAUMSCHIFF

Der Name »Wostok« bedeutet übersetzt »Osten« und steht für die erste Generation bemannter Raumschiffe, mit denen die Sowjetunion von 1961 bis 1963 sechsmal in den Erdorbit startete.

Das Raumschiff bestand aus zwei Teilen: Der eine Teil war die kugelförmige Pilotenkabine mit den Steuerungsteilen, die zur Erde zurückkehren sollte. Deshalb hatte sie eine bis zu 18 Zentimeter dicke Asbestschicht als Hitzeschutzschild. Sie war so austariert, dass sie sich beim Wiedereintritt in die Erdatmosphäre so orientierte, dass der Kosmonaut danach aus einer der dafür vorgesehenen Luken hinauskatapultiert werden konnte und der dickere Teil der Hitzeschutzummantelung in Flugrichtung zeigte.

Mit einem Durchmesser von 2,30 Metern, einem Volumen von 1,60 Kubikmetern und einer Masse von 2,46 Tonnen wies die Wostok-Kugelkabine erheblich größere Dimensionen als die amerikanische Mercury-Kapsel auf.

Die kugelförmige Wostok-Landekapsel saß auf einem unbemannten Geräte- und Versorgungsteil von 2,43 Meter Durchmesser, 2,25 Meter Länge und einem Gewicht von 2,27 Tonnen. Er ähnelte von der Form her Sputnik 3 und enthielt das Bremstriebwerk sowie den Treibstoff. Dieses Teil blieb während des Fluges durch vier Elastikbänder mit der Landekapsel verbunden, wurde dann aber nach Brennschluss des Triebwerks bzw. vor dem Wiedereintritt abgesprengt.

Das Triebwerk arbeitete mit Salpetersäure und einem sogenannten Amintreibstoff und hatte einen Schub von 15,83 Kilonewton. Die Positionsregelung in der Umlaufbahn sicherten insgesamt 32 Stickstoffdüsen, die über Infrarotsensoren gesteuert wurden. Zur Versorgung des Raumschiffs sowie aller Systeme waren auf dem Geräteteil ringsherum außen 14 Druckgasbehälter mit Sauerstoff, Stickstoff und reiner Luft angebracht.

Die Pilotenkabine war dick ausgepolstert und besaß im Gegensatz zur Mercury-Kapsel nur wenige Kontroll- und Steuerinstrumente. Insgesamt gab es nur vier Schalter und 35 Anzeigen – dazu einen Handsteuerhebel für den Fall, dass die Fernsteuerung von der Erde aussetzte. In der Wand der Kapsel waren drei große Luken eingelassen. Durch eine stieg der Kosmonaut ins Raumschiff, durch die zweite wurde der Fallschirm ausgestoßen, und durch die dritte wurden die Ausrüstungselemente installiert. Weiterhin gab es drei kleinere Luken. Sie dienten der Erdbeobachtung und zur Navigationshilfe und konnten während des Wiedereintritts durch kleine Jalousien verschlossen werden.

Die technische und wissenschaftliche Ausrüstung bestand vor allem aus Telemetrie- und Kommunikationssystemen sowie den Landesensoren und dem Landefallschirm.

Der Kosmonaut war während des Fluges auf einem Schleudersitz festgeschnallt. Der ließ ihm gerade genug Platz, um sich loszuschnallen und in der Kapsel zu schweben. Der Sitz wurde vor der Landung hinauskatapultiert, der Pilot löste sich von ihm und schwebte dann an einem Fallschirm zu Boden, während die Landekugel einige Meter entfernt an einem eigenen Fallschirm niederging.

Der Grund für dieses Verfahren lag darin, dass es nur schwer möglich war, die kugelförmige Landekapsel vor dem Aufschlag genügend abzubremsen.

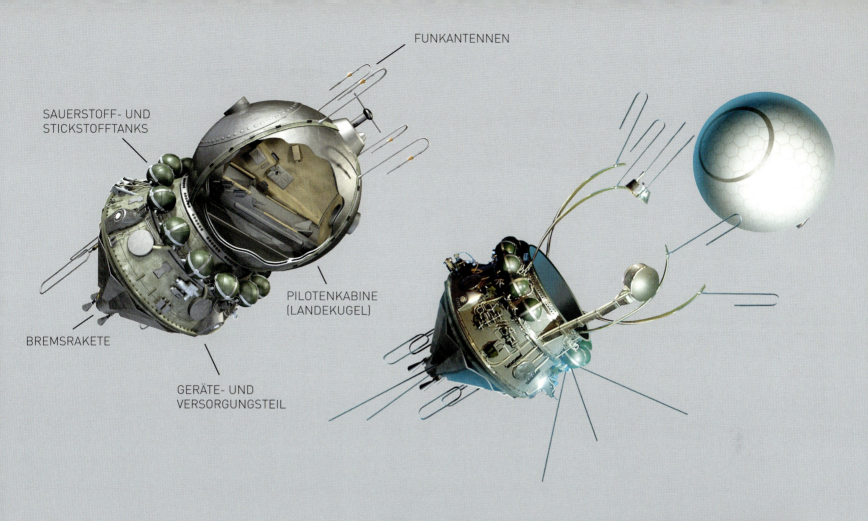

FUNKANTENNEN

SAUERSTOFF- UND STICKSTOFFTANKS

PILOTENKABINE (LANDEKUGEL)

BREMSRAKETE

GERÄTE- UND VERSORGUNGSTEIL

Die Kugelkabine des Wostok-1-Raumschiffs, mit dem Juri Gagarin ins All flog, wurde 1960/61 gleich in größeren Stückzahlen produziert. Szenen aus einem zeitgenössischen sowjetischen Propagandafilm.

Außerdem war der Schleudersitz als Sicherheitssystem für den Fall gedacht, dass es mit der Trägerrakete auf der Abschussrampe oder in den ersten Flugsekunden zu Problemen kam. Der Kosmonaut hätte sich dann aus der Gefahrenzone retten können.

Der Wiedereintritt verlief in folgenden Phasen: Zuerst wurde das Raumschiff zur Zündung der Bremsraketen gedreht, sodass der Kosmonaut, genauso wie die Mercury-Astronauten, mit dem Rücken zur Erde flog. Während die Bremsraketen arbeiteten, wurde der Geräteteil abgetrennt. Dann trat Wostok in die Erdatmosphäre ein, und der Kosmonaut katapultierte sich mit dem Schleudersitz einige Zeit später aus der Kugelkabine.

In 4.000 Meter Höhe wurde der Bremsfallschirm aus der Landekugel gezogen, und der Kosmonaut trennte sich vom Schleudersitz. In 2.500 Meter Höhe entfaltete sich der Hauptfallschirm, und die Pilotenkabine ging einige Meter entfernt vom gelandeten Kosmonauten nieder.

Die Gründung der NASA

Die zivilen – und damit die bemannten – Flüge sollten von einer neuen Behörde betrieben werden: der National Aeronautics and Space Administration, in der die NACA aufgehen sollte. Im Oktober 1958 begann die NASA ihre Arbeit. Sie übernahm das Personal und die Forschungszentren sowie -labors der NACA, beispielsweise das Jet Propulsion Laboratory, das vorher den Militärs unterstanden hatte. Der erste Direktor der NASA hieß Thomas Keith Glennan (1905–1995).

Von Braun ließ seine Peenemünder Gruppe 1960 ebenfalls in die NASA überführen. Anders als bei der Army sah er unter dem Dach dieser neuen zivilen Behörde, die nun auch nicht mehr den Streitkräften, sondern direkt der Regierung in Washington unterstellt war, die Möglichkeit, seinen lange gehegten Traum zu verwirklichen, Menschen zum Mond zu bringen. Zu diesem Zweck wollte er für das erste Projekt der NASA, das Mercury-Projekt, nicht nur eine neue Trägerrakete entwickeln, sondern darüber hinaus einen Plan für weitere Flüge, bis hin zum Mond.

LESETIPP:

Wer nacherleben möchte, wie die Ausbildung und Flüge der Mercury-Astronauten verliefen, sollte das Buch von Tom Wolfe *The right Stuff* (*Die Helden der Nation* [1979]) lesen oder den gleichnamigen Film sehen *Der Stoff, aus dem die Helden sind* (1983).

Das Mercury-Projekt

Das Projekt Mercury wurde 1959 auf einer großen Pressekonferenz verkündet. Es stand unter der Leitung von Robert Gilruth und Maxime Faget und sollte bis 1963 den ersten Menschen in den Weltraum bringen. Das Projekt der NASA im Wettlauf gegen die Sowjetunion wurde generalstabsmäßig vorbereitet. So sollten in mehreren Schritten verschiedene Trägerraketen (auf der Basis der Redstone-, Jupiter- und Atlas-Rakete) entwickelt bzw. weiterentwickelt werden. Zahlreiche Modelle der Raumkapsel wurden getestet, und es gab schließlich Testflüge von Raketen und Kapseln bis hin zur Wasserung auf dem Meer.

Auch die Auswahl der geeigneten Astronauten beruhte auf einem groß angelegten Testverfahren. Das Projekt war zwar betont nichtmilitärisch, aber man entschloss sich schließlich doch dazu, Testpiloten der Streitkräfte einzusetzen, weil man sicher gehen wollte, dass die künftigen Astronauten in Extremsituationen und auch im äußersten Notfall den körperlichen und psychischen Anforderungen gewachsen waren. Aus einer Gruppe von 110 Anwärtern waren nach ausgiebigen medizinischen und psychologischen Tests 7 Astronauten ausgewählt worden. Die Rolle der Astronauten wurde von Anfang an öffentlichkeitswirksam inszeniert. Über alles wurde in der Presse berichtet, besonders über die harte Ausbildung und das Überlebenstraining der Astronauten, die schon vor dem Start in den Medien zu Helden einer neuen Raumfahrt-Ära stilisiert wurden. Das Gruppenfoto der Sieben in ihren futuristischen, silberglänzenden Schutzanzügen wurde zu einer der Ikonen des Mercury-Projekts.

Ob es nun das wachsende Selbstbewusstsein der Astronauten aufgrund der vielen Pressetermine oder ihre umfassende Einbindung in alle technischen Aspekte der Mission oder der amerikanische Hang zum Heldentum war, jedenfalls gab es im Laufe der Entwicklung des Projekts einige markante Änderungen in der Technik.

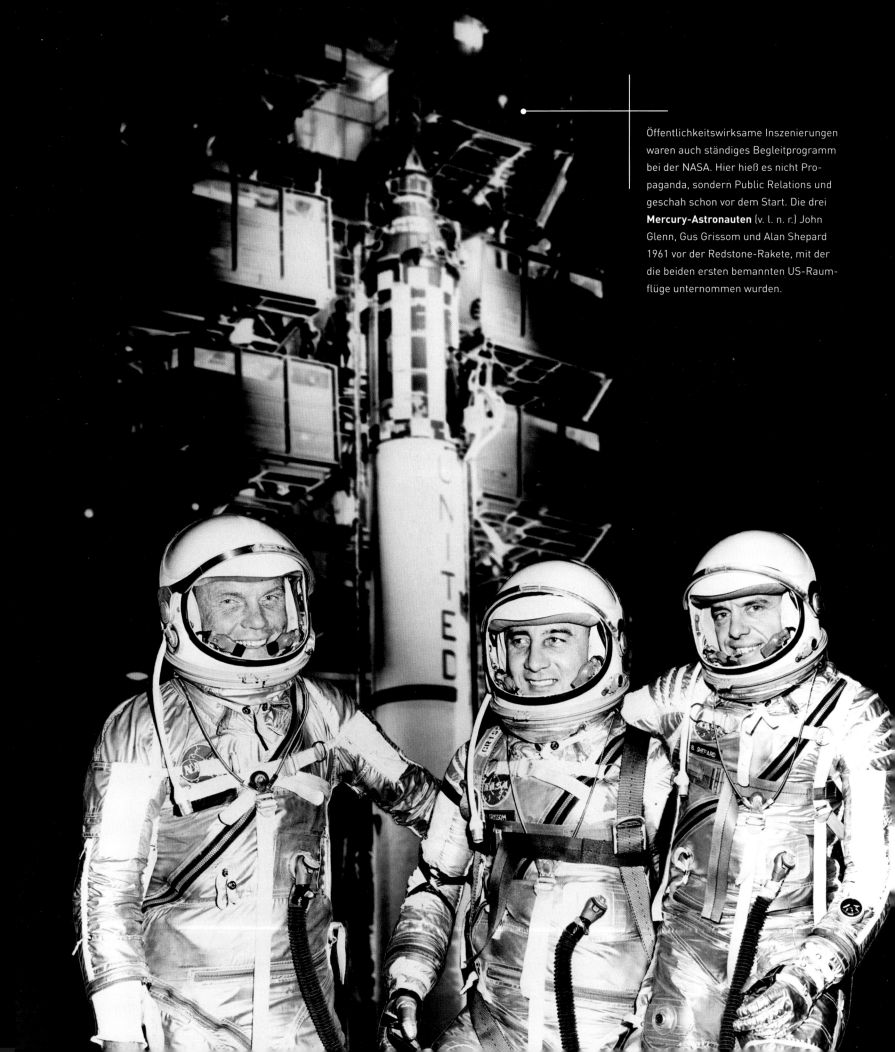

Öffentlichkeitswirksame Inszenierungen waren auch ständiges Begleitprogramm bei der NASA. Hier hieß es nicht Propaganda, sondern Public Relations und geschah schon vor dem Start. Die drei **Mercury-Astronauten** (v. l. n. r.) John Glenn, Gus Grissom und Alan Shepard 1961 vor der Redstone-Rakete, mit der die beiden ersten bemannten US-Raumflüge unternommen wurden.

TECHNIK

DAS NASA-RAUMSCHIFF FÜR DEN ORBIT
DIE MERCURY-KAPSEL

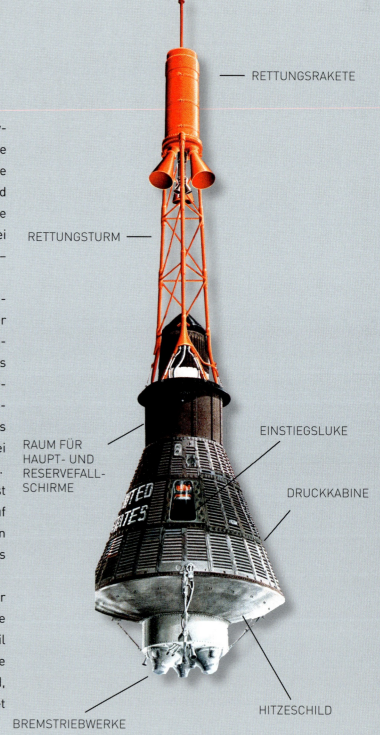

- RETTUNGSRAKETE
- RETTUNGSTURM
- RAUM FÜR HAUPT- UND RESERVEFALLSCHIRME
- EINSTIEGSLUKE
- DRUCKKABINE
- BREMSTRIEBWERKE
- HITZESCHILD

Wie die ihr nachfolgende Gemini- und Apollo-Kapsel war die Mercury-Kapsel eine abgeänderte Raketenspitze und daher ohne Flügel. Sie sollte wie ein Geschoss auf einer ballistischen Bahn die Erdatmosphäre verlassen, um nach ihrer Mission wieder in die Lufthülle einzutreten und dann an Fallschirmen auf dem Meer zu wassern. Die Wasserung wurde von der NASA als die problemloseste Form der Landung angesehen, bei der die Astronauten – im Gegensatz zu den sowjetischen Kosmonauten – in der Kapsel bleiben konnten.

Von der Form her ähnelte die Mercury-Kapsel einer überdimensionalen Glocke mit schwarzgerippter Hülle. Ihre Abmessungen und ihr Gewicht ergaben sich aus dem Durchmesser und der Trag- bzw. Schubfähigkeit der verwendeten Trägerraketen: die Redstone für die anfangs ballistischen Flügel und vor allem der für Erdumkreisungen vorgesehene Atlas. Beide waren erheblich schubschwächere Träger als die sowjetischen. Daher betrug die Startmasse des Mercury-Raumfahrzeugs nur 1,13 Tonnen (Wostok 4,73 Tonnen), der größte Durchmesser lag bei 1,89 Metern und die Höhe ohne Rettungsraketenturm bei 3,51 Metern.

Dieses über der konischen Spitze aufragende rotlackierte Gerüst mit dem Treibstoffzylinder der Rettungsrakete (»Rettungsturm«), auf deren Deckplatte noch ein roter Pfeil saß, war neben der schwarzen geriffelten, an ein altertümliches Waschbrett erinnernden Hülle das zweite sichtbare besondere Merkmal der Mercury-Kapsel.

Die Rettungsrakete hatte einen Feststoffantrieb mit sehr hoher Schubkraft und kurzer Brenndauer. Falls die Trägerrakete versagte (z. B. beim Brand oder bei einer Explosion auf der Startrampe oder weil der Antrieb während der Startphase nicht funktionierte), sollte sie die abgesprengte Pilotenkapsel aus dem Gefahrenbereich tragen – und, falls nötig, so hoch katapultieren, dass die Hauptfallschirme entfaltet werden konnten.

John Glenn demonstriert 1963 durch die offene Luke der **Mercury-Kapsel** in voller Ausrüstung, wie der Astronaut in ihr agiert. Auffallend sind die zahlreichen Schalter und das Kontrollpult, die auf Betreiben der Astronauten eingebaut wurden, sowie die Enge der Kabine.

Für Tests ließ die NASA Ende der 1950er Jahre Modelle der Mercury-Kapsel in Langley für Starts mit der Little-Joe-Rakete bauen, um ihre **Flugeigenschaften zu prüfen**. Daher entsprachen Abmessungen, Masse und aerodynamische Eigenschaften genau denen der späteren Mercury-Raumflugmissionen.

Die Pilotenkabine hatte ein Volumen von 1,70 Kubikmetern und war entsprechend eng: vollgestopft mit über 55 Schaltern, 30 Sicherungen und 35 Hebeln. Dazu gab es eine Handsteuerung für die Kurskorrektur. Diese Einrichtungen hatte die Kapsel auf Drängen der Astronauten bekommen, die als erfahrene Piloten nicht passiv wie Versuchskaninchen mitfliegen wollten. Aber es gab ebenso eine Anlage, die es der Bodenkontrolle erlaubte, das Raumschiff vollständig von der Erde aus fernzusteuern.

Wegen der knappen Abmessungen hatte nur ein Astronaut in der Kapsel Platz. Es bedurfte schon einiger Geschicklichkeit, sich durch die enge Luke ins Innere der Kapsel und dort zwischen dem Instrumentengewirr auf die Spezialliege zu zwängen. So war es kein Wunder, dass die Redewendung kursierte, die Mercury-Kapsel würde nicht geflogen, sondern angezogen. Die Luke wurde vor dem Start von außen mit Bolzen versiegelt, die sich nach der Landung automatisch absprengten, sodass der Astronaut aussteigen und geborgen werden konnte.

Während des Fluges atmete der Astronaut – auch aus Platzgründen – reinen Sauerstoff und war in einer speziell auf seine Körpermaße zugeschnittenen Liege festgeschnallt, dabei die Beine hoch angewinkelt und mit dem Rücken zum Hitzeschild.

Dieser an der Unterseite der Kapsel montierte Hitzeschild mit den Feststoff-Bremsraketen war eine mit einer Kunstharzschicht überzogene Platte und sollte die beim Wiedereintritt in die Erdatmosphäre entstehenden Temperaturen von einigen tausend Grad Celsius ableiten. Dazu wurde das Raumschiff gedreht, und der Astronaut flog mit dem Rücken voran. Während dieser Phase musste er Beschleunigungskräfte von 4 g ertragen.

In einem aufgesetzten zylindrischen Behälter über der Astronautenkabine waren die Fallschirme untergebracht (Brems- und Hauptfallschirm), und die darauf sitzende konische Spitze der Kapsel enthielt das Antennensystem. Der Bremsfallschirm wurde in 6.700 Meter Höhe ausgestoßen, wo er die Geschwindigkeit der Kapsel auf 111 Meter pro Sekunde verminderte. In 3.000 Meter Höhe öffnete sich der 20 Meter durchmessende Hauptfallschirm und bremste den Abstieg auf 9 Meter pro Sekunde. Schließlich wurde kurz vor dem Kontakt mit der Wasseroberfläche der Hitzeschild von der Kapsel gelöst und eine Art Airbag freigegeben. Mit diesem Polster wurde der Aufprall noch weiter gedämpft.

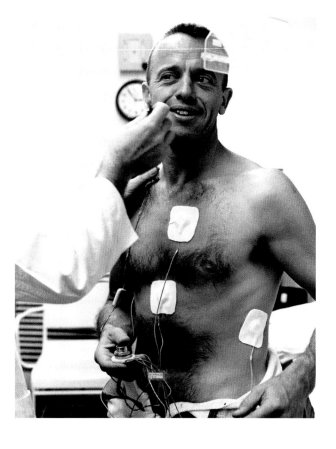

Die psychischen und physischen Anforderungen an die Astronauten waren hoch. Zur Vorbereitung gehörten daher auch ständige Untersuchungen. Auch Alan Shepard musste 1961 vor seinem ersten Flug zahllose **Fitnesstests** über sich ergehen lassen.

 DIE ASTRONAUTEN FÜR DAS MERCURY-PROJEKT SOLLTEN FOLGENDE KRITERIEN ERFÜLLEN:

- Alter: jünger als 40 Jahre
- Größe: kleiner als 1,80 Meter
- ausgezeichnete physische Kondition
- Bachelor oder ein vergleichbarer akademischer Abschluss
- 1.500 Stunden Flugerfahrung
- Qualifikation als Düsenflugzeug-Pilot

Viele der ursprünglich automatisierten Systeme wurden so überarbeitet, dass die Astronauten nun auch selbstständig die Kapsel fliegen konnten. Sie wurde unter anderem zum Beispiel mit einer Handsteuerung und einem Fenster versehen, damit sich die Astronauten, die ja alle erfahrene Jet-Piloten waren, nicht wie Versuchstiere fühlen mussten.

Folgende Astronauten sollten mit insgesamt sieben Missionen ins Weltall gebracht werden:

- **Malcolm Scott Carpenter**
  (* 1. Mai 1925 in Boulder, Colorado;
  † 10. Oktober 2013 in Denver, Colorado)
- **Leroy Gordon Cooper**, genannt Gordo
  (* 6. März 1927 in Shawnee, Oklahoma;
  † 4. Oktober 2004 in Ventura, Kalifornien)
- **John Herschel Glenn, Jr.**
  (* 18. Juli 1921 in Cambridge, Ohio;
  † 8. Dezember 2016 in Columbus, Ohio)
- **Virgil Ivan »Gus« Grissom**
  (* 3. April 1926 in Mitchell, Indiana;
  † 27. Januar 1967 in Cape Canaveral, Florida)
- **Walter Marty »Wally« Schirra, Jr.**
  (* 12. März 1923 in Hackensack, New Jersey;
  † 3. Mai 2007 in La Jolla, Kalifornien)
- **Alan Bartlett »Al« Shepard, Jr.**
  (* 18. November 1923 in East Derry, New Hampshire; † 21. Juli 1998 in Monterey, Kalifornien)
- **Donald Kent »Deke« Slayton**
  (* 1. März 1924 in Sparta, Wisconsin;
  † 13. Juni 1993 in League City, Texas)

Trotz des enormen Zeitdrucks im Wettlauf mit den Russen war es für die NASA aber klar, dass man zunächst Testflüge mit Tieren machen musste, bevor man einen Menschen in den Weltraum schicken konnte, denn es gab keine Daten darüber, wie ein lebender Organismus auf die Belastungen und besonderen Umgebungsverhältnisse während eines Raumflugs reagiert. Wie das ging, hatten die Russen mit Laikas Flug bereits vorgemacht und mit den siebzehn Erdumkreisungen der beiden Hunde Belka und Strelka in Sputnik 5, die wohlbehalten zur Erde zurückkehrten.

Die Amerikaner entschlossen sich, nach früheren Testflügen mit Rhesusaffen im Jahr 1959 und

DER KAMPF UM DEN ERDORBIT

Die sieben Mercury-Astronauten 1960 in ihren silbernen Raumanzügen. Vorn von links nach rechts: Walter M. Schirra, Jr., Donald K. »Deke« Slayton, John H. Glenn, Jr., and M. Scott Carpenter; hinten: Alan B. Shepard, Jr., Virgil I. »Gus« Grissom und L. Gordon Cooper, Jr. Das Bild wurde zur Ikone des frühen US-Raumflugprogramms.

Start des ersten »Mercury-Astronauten«. Am 31. Januar 1961 hob der Schimpanse Ham in der Spitze einer **Mercury-Redstone-2-Rakete** von Cape Canaveral ab. Die schwarzweißen Zeichnungen an der Rakete dienten zur Beobachtung ihrer Lage beim Abheben.

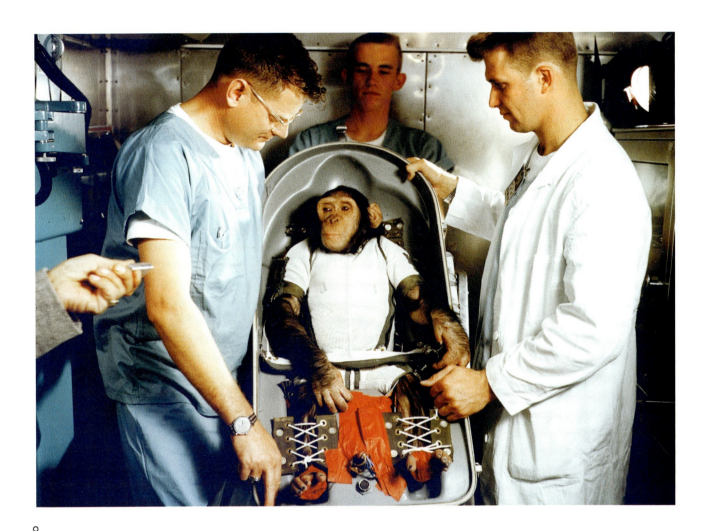

Bevor die NASA Menschen in den Weltraum schoss, testete sie diese **Flüge mit Affen**. Die beiden berühmtesten Affen-Astronauten waren Ham und Enos, für die 1961 spezielle Liegen und Anzüge angefertigt wurden.

nach einem ersten Versuch mit einem Schwein, nun einen Schimpansen ins All zu schicken. Sie hielten Primaten für geeigneter, da sie dem Menschen in vielfacher Hinsicht sehr ähnlich sind, zum Beispiel in bestimmten Verhaltensweisen, Reaktionszeiten und anderem.

Ebenso wie bei den menschlichen Astronauten gab es auch für Affen im All ein Trainingsprogramm und ein strenges Auswahlverfahren. Aus 40 Kandidaten fiel die Wahl für den ersten Flug am 31. Januar 1961 auf ein junges Schimpansen-Männchen namens Ham (1956–1983), das noch im Dschungel von Kamerun geboren und also eigentlich nicht einmal Amerikaner war. Ham überstand die enormen Belastungen bei Start und Landung gut und kam auch mit den über sechs Minuten Schwerelosigkeit zurecht. Trotzdem ließ Wernher von Braun noch einen weiteren unbemannten Flug am 24. März einschieben. Er verlief ebenfalls perfekt, aber er kostete wertvolle Zeit, wie sich am 12. April 1961 zeigen sollte.

 WAS WURDE AUS HAM?

Ham wurde nach seinem erfolgreichen Flug pensioniert und lebte bis zu seinem Tod im Jahr 1983 im National Zoo in Washington D.C. und im North Carolina Zoological Park. Nach seinem Tod wurde sein Körper konserviert und befindet sich heute in der International Space Hall of Fame in New Mexico.

Der erste Raumflug eines Menschen machte **in der gesamten Weltpresse Furore** und bescherte der Sowjetunion nach den beiden Sputniks einen erneuten Propagandacoup. Das sympathische Erscheinungsbild Juri Gagarins war dabei sehr hilfreich. Titelseite der *Prawda*, des Zentralorgans der ZK der KPdSU, vom 14. April 1961

Der erste Mensch im Weltall: Juri Gagarin

Am 12. April 1961 waren die Russen den Amerikanern wieder einmal um eine Nasenlänge voraus. An diesem Tag meldete die sowjetische Nachrichtenagentur TASS: »Hier spricht Radio Moskau. Diese Meldung wird von allen Radiostationen in der Sowjetunion gesendet (...) Das erste Raumschiff der Welt, Wostok, ist heute von der Sowjetunion aus mit einem Menschen an Bord in einen Orbit über der Erde gestartet worden. Der Kosmonautenpilot des Raumschiffs Wostok ist ein Bürger der Union der Sozialistischen Sowjetrepubliken, Fliegermajor Juri Alexejewitsch Gagarin.«

Erneut war der Westen erschüttert. Statt eines Amerikaners wurde ein Russe der weltweit gefeierte Held der Raumfahrt. In der Wostok-Kapsel flog der Kosmonaut in 106 Minuten (wie neuere Forschungen ergeben haben) einmal um die Erde. Auf ihrer elliptischen Umlaufbahn hatte die Wostok dabei eine Entfernung zwischen 169 und 315 Kilometern zur Erde. Die eigentliche Umlaufzeit betrug 89,34 Minuten, und die Kapsel legte eine Gesamtstrecke von 41.000 Kilometern zurück, bevor sie nahe dem Städtchen Engels in der Provinz Saratow, etwa 850 Kilometer südöstlich von Moskau auf einem Feld landete. Offiziell war Gagarins Flug planmäßig verlaufen.

Erst später wurde bekanntgegeben, dass es kurz vor der Landung doch technische Schwierigkeiten gab, die ihn fast das Leben gekostet hätten. Kurz vor der Einleitung des Rückflug- bzw. Landevorgangs ließ sich der Geräteteil der Kapsel nicht wie vorgesehen von der Kapsel selbst trennen und

88 | DER KAMPF UM DEN ERDORBIT

Start der Wostok 1 am 12. April 1961. Die Wostok-Rakete war eines der »Arbeitspferde« in der frühen sowjetischen Raumfahrt. Typisches Merkmal waren die um einen sogenannten zentralen Block angeflanschten abgewinkelten Booster und die auf ein Gerüst gesetzte Drittstufe mit dem Wostok-Raumschiff.

Sergej Koroljow, »Vaterfigur« der Kosmonauten, und Juri Gagarin im Gespräch **am 11. April 1961, dem Abend vor dem Start**. Die Sowjetunion hielt ihre Namen so lange wie möglich geheim. Erst nach dem erfolgreichen Raumflug wurde Gagarins Name als erster Mensch im Weltall bekanntgegeben. Koroljows Namen und seine Bedeutung für die sowjetische Raumfahrt erfuhr die Öffentlichkeit erst anlässlich seines Todes 1966.

die Kapsel drohte verkehrt herum in die Erdatmosphäre einzutreten. Erst mit gefährlicher Verzögerung lösten sich beide Teile der Kapsel voneinander. In der vorgesehenen Höhe von 7.000 Metern konnte Gagarin dann mit dem Schleudersitz aus der Kapsel katapultiert werden und am Fallschirm landen. Da er relativ nah an der geplanten Landestelle aufschlug, konnte er schnell geborgen werden. Wie ein Lauffeuer verbreitete sich die Nachricht um die Welt und aus dem bis dahin unbekannten Piloten wurde jetzt nicht nur der Held der Sowjetunion, sondern der gesamten Raumfahrt. Dabei war es bis zum Tag des Starts noch gar nicht sicher, wer von den beiden Kosmonauten, die nach dem harten Auswahlverfahren und den Entscheidungen Chruschtschows und Koroljows übriggeblieben waren, nun der Auserwählte sein sollte. In der Sowjetunion war die Auswahl der Raumfahrer ähnlich hart wie in den USA. Auch hier war von Anfang an klar, dass nur Jetpiloten den harten Anforderungen genügen würden. Die erste Liste umfasste 102 potenzielle Kosmonauten. Später schrumpfte sie auf 40, von denen 20 übrigblieben. Sie kamen ins neuerrichtete »Sternenstädtchen« bei Moskau, wo sie sich an Flugsimulatoren und anderen Trainingsgeräten für das Wostok-Raumschiff – auf den ersten Flug – vorbereiteten. Neben Gagarin war noch der Pilot German Stepanowitsch Titow (1935–2000) in die letzte Auswahl gekommen. Erst wenige Stunden vor dem Start hatte sich Koroljow für Gagarin entschieden.

DER ERSTE MENSCH IM ALL
JURI GAGARIN

PORTRÄT

Der Flug von Juri Alexejewitsch Gagarin (1934–1968) um die Erde war nicht nur ein Meilenstein der Geschichte, sondern auch gleich der zweite gelungene Propagandacoup der ehemaligen Sowjetunion; denn der am 9. März 1934 in Kluschino bei Gschatsk geborene Sohn einer russischen Bauernfamilie und gelernte Facharbeiter (und damit ein Vertreter der Arbeiterklasse) startete am 12. April 1961 nicht nur als erster Mensch ins All, sondern umrundete in seinem Raumschiff Wostok 1 auch noch in 106 Minuten die Erde.

Mit diesem spektakulären Flug Gagarins war die UdSSR den USA im Wettrennen ins All um Längen voraus, denn ihr erster Astronaut Alan Shepard (1923–1998) trat seinen Raumflug erst am 5. Mai desselben Jahres an, und das nur für etwas mehr als 15 Minuten in einem ballistischen, suborbitalen Flug (»Weltraumhüpfer«).

Schon während seines Studiums am Industrietechnikum hatte Gagarin seine erste Flugprüfung bestanden (1955) und war noch im gleichen Jahr in die sowjetischen Luftstreitkräfte eingetreten. Hier wurde er zum Oberleutnant befördert. 1960 wurde er wegen seines ruhigen Temperaments und seiner Größe von nur 1,57 Metern als Kosmonaut ausgewählt und von März 1960 bis Januar 1961 ausgebildet.

Durch seinen Raumflug, der mit der erfolgreichen Landung bei Saratow im Wolgagebiet endete, konnte die Sowjetunion ihre vermeintlich technische Überlegenheit zur Schau stellen und propagandistisch ausschlachten. Gagarin wurde noch während seines Fluges vom Oberleutnant zum Major befördert, danach von Chruschtschow persönlich empfangen, erhielt den Leninorden und bekam den Titel »Held der Sowjetunion« verliehen. Gagarin wurde im Ostblock zum Idol und löste eine Raumfahrtbegeisterung ohnegleichen aus – selbst das Sandmännchen des DDR-Fernsehens kam im Raumschiff zu den Kindern und brachte ihnen den Abendgruß im »Gagarin-Raumfahrer-Outfit«.

Als Sympathieträger wurde Gagarin auf zahlreiche Auslandsreisen geschickt, um sowohl für die Erforschung des Weltraums als auch für das politische System der Sowjetunion zu werben. So besuchte er unter anderem Österreich, in England dinierte er mit der Queen, in Indien traf er Jawaharlal Nehru und in Kuba Fidel Castro.

Bis 1963 war Gagarin Kommandeur der sowjetischen Kosmonautengruppe und studierte anschließend an der Militärakademie für Ingenieure der Luftstreitkräfte »Professor N. J. Schukowski«.

Gagarin wurde 1968 zum Ausbilder der russischen Kosmonautengruppe ernannt, verunglückte aber am 4. September 1968 bei einem Absturz seines Jagdflugzeugs unter bis heute nicht restlos geklärten Umständen. Er wurde an der Kreml-Mauer beigesetzt.

Juri Gagarin in der Wostok-Kapsel am 12. April 1961. Obwohl die Wostok größer als die Mercury war, hatte auch Gagarin wenig Bewegungsfreiheit und konnte kaum auf den Flug Einfluss nehmen. Ihm blieb die Rolle als ergriffener Zuschauer.

»ICH SEHE DIE ERDE! ICH SEHE DIE WOLKEN,
ES IST BEWUNDERNSWERT, WAS FÜR EINE SCHÖNHEIT!«

Juri Gagarin

Höchste Konzentration: **Alan Shepard kurz vor dem Start** des ersten bemannten Raumflugs der NASA.

Am 5. Mai 1961 **startet die Mercury-Redstone-3** mit dem Raumschiff Freedom 7.

Die USA springen hinterher

Den USA blieb nichts anderes übrig, als ihr Mercury-Programm zu beschleunigen und möglichst schnell mit einer modifizierten Redstone-Rakete ebenfalls ihren ersten Astronauten, wenn auch nur auf einer ballistischen Flugbahn, ins All zu schicken.

Am 5. Mai 1961 war es endlich soweit: Alan Shepard in der Raumkapsel Freedom 7 stieg auf der Mercury-Redstone-3 um 9:34 Uhr in den Himmel. Der Countdown wurde zwar mehrmals unterbrochen, doch der Start verlief dann reibungslos, die Rakete trennte sich problemlos von der Kapsel, drehte sich auf dem Gipfelpunkt ihrer ballistischen Flugbahn Richtung Erde, und auch der Wiedereintritt in die Atmosphäre sowie die Landung im Atlantischen Ozean funktionierten wie geplant. Der neue amerikanische Präsident John F. Kennedy, der im Januar 1961 Eisenhower im Amt gefolgt war, hatte wie Millionen anderer Amerikaner den Flug live im Fernsehen verfolgt und rief Shephard sofort nach dessen Landung auf dem Flugzeugträger USS Lake Champlain an, um ihm zu gratulieren. Auch wenn Alan Shepards Flug im Vergleich mit dem von Gagarin mit rund einer Viertelstunde Flugdauer relativ kurz war und nicht einmal bis in den Orbit reichte, so tat er seinen Zweck. Er wurde im Fernsehen übertragen, die Weltpresse berichtete darüber und man zeigte der amerikanischen Nation, dass man den Russen dicht auf den Fersen war. Die Hauptsache war, überhaupt erst einmal bemannt in den

Glückliche Landung: Elf Minuten nach der Wasserung am Ende seines selbstgesteuerten Parabelfluges ins All wird der erste US-Astronaut Alan Shepard und seine Kapsel Freedom 7 von einem Hubschrauber an Bord des Flugzeugträgers USS Champlin gebracht.

PORTRÄT

DER WELTRAUMHÜPFER
ALAN SHEPARD

Alan Bartlett (1923–1998) oder »Al« Shepard wäre als erster Mensch in den Weltraum geflogen, wenn die NASA nicht gezögert und vorher noch einen Affen ins All geschickt hätte. So musste er diesen Ruhm Juri Gagarin überlassen. Der sowjetische Kosmonaut war bereits am 12. April 1961 ins All gestartet und hatte dann auch noch in 106 Minuten eine Erdumkreisung vorgenommen. Shepard dagegen unternahm nur einen rund fünfzehnminütigen ballistischen suborbitalen Flug mit 187 Kilometer Gipfelhöhe, der von manchen als »Weltraumhüpfer« belächelt wurde. Aber schon dieser Vorstoß in den Weltraum genügte den USA, ihr das angeschlagene Selbstvertrauen zurückzugeben.

Shepard war schon als Kind leidenschaftlich an der Fliegerei interessiert. Er absolvierte ein Studium bei der US Navy und diente bis zum Ende des Zweiten Weltkrieges auf einem Zerstörer. Danach ließ er sich als Testpilot ausbilden und flog verschiedene Kampfjets.

Als die NASA ab 1959 begann, Astronauten für bemannte Weltraumflüge auszuwählen, gehörte Shepard zu den 110 Testpiloten, die in die engere Auswahl kamen, und wurde auch für den ersten bemannten Flug ausgewählt. Der Grund dafür lag in seiner außergewöhnlichen Intelligenz und Nervenstärke. Auf der anderen Seite waren seine Launen, die in cholerische Ausbrüche münden konnten, gefürchtet.

Der Start mit einer Redstone-Rakete und der Mercury-Kapsel MR-3, die Shepard auf den Namen Freedom 7 getauft hatte, erfolgte am 5. Mai 1961. Zuvor hatte Shepard eine Wartezeit von vier Stunden zu überstehen. Und da gab es ein Problem, das nicht vorgesehen war: Er musste mal. Der Bodenkontrolle blieb nichts anderes übrig, als ihm zu erlauben, in den Raumanzug zu urinieren, wofür die Stromversorgung der Kapsel ausgeschaltet werden musste. Bekannt sind auch seine markigen Sprüche wie: »Warum löst ihr eure kleinen Probleme nicht und zündet diese Wunderkerze an?«

Shepard sollte als Kommandant zusammen mit Tom Stafford (*1930) auch den Jungfernflug des Gemini-Raumschiffs Gemini 3 unternehmen. Aber eine Innenohrkrankheit machte diese Pläne zunichte. Er wurde 1963 Leiter des Astronautenbüros, ließ sich jedoch Anfang 1969 operieren und nahm danach seine Ausbildung als Apollo-Astronaut auf. So wurde er Kommandant von Apollo 14 und landete am 5. Februar 1971 mit Edgar Mitchell (1930–2016) auf dem Mond. Hier wurde Shepard der erste Golfspieler auf dem Erdtrabanten (zwei Golfbälle, ein Eisen 6).

Shepard verließ 1974 die NASA und auch die US-Marine, die ihn 1971 zum Konteradmiral befördert hatte, um in die Wirtschaft zu wechseln und Millionen zu verdienen. 1996 wurde bei ihm Leukämie festgestellt, an der er am 21. Juli 1998 im Alter von 74 Jahren starb.

Astronaut **Gus Grissom vor seinem Flug mit der Mercury-Kapsel Liberty Bell 7** (diese Zahl stand auf jeder Kapsel für die sieben Astronauten) am 21. Juli 1961. Am Ende dieses Fluges hätten die USA fast einen Astronauten durch Ertrinken verloren, als sich die Luke nach der Wasserung zu früh aufsprengte.

Weltraum vorgestoßen zu sein – auch wenn dieser Flug von der Presse nur als »Weltraumhüpfer« bezeichnet wurde.

Eine zweite Suborbital-Mission mit dem Astronauten Gus Grissom am 21. Juli 1961 in der Kapsel Liberty Bell auf der Mercury-Redstone-4 sollte die auf Shepards Flug gewonnenen Erkenntnisse vertiefen. Der Flug klappte problemlos; aber nach der Wasserung explodierten plötzlich die Lukensprengbolzen, und die Kapsel lief voll Wasser. Da sie zu schwer geworden war, musste der Bergungshubschrauber sie aufgeben und versinken lassen. Auch Grissom konnte nur mit Mühe und Not gerettet werden. Die Ursache für das vorzeitige Auslösen konnte nie richtig geklärt und eine eventuelle Schuld Grissoms bis zu seinem Tod, sechs Jahre später beim Brand im Raumschiff Apollo 1, nicht vollständig ausgeräumt werden.

 SPÄTE BERGUNG

Die Liberty Bell wurde erst am 20. Juli 1999 erfolgreich aus dem Atlantik geborgen, nachdem 1994 ein erster Versuch fehlgeschlagen war. Es war die bisher teuerste kommerzielle Bergung aus der Tiefsee, da die Kapsel fast 6.000 Meter tief auf dem Grund des Atlantiks lag.

DIE USA SPRINGEN HINTERHER

Valentina Tereschkowa vor ihrem Raumflug am 16. Juni 1963. Mit ihr brachte die Sowjetunion nicht nur die **erste Frau ins Weltall**, sondern wollte auch die Gleichberechtigung aller Menschen im Sozialismus demonstrieren. Doch so harmonisch wie offiziell verbreitet verlief Tereschkowas Flug nicht, was nicht nur technische Gründe hatte.

Juni 1963: Nikita Chruschtschow und die Kosmonauten Juri Gagarin, Pawel Popowitsch und Valentina Tereschkowa bei einem feierlichen **Empfang auf dem Roten Platz in Moskau**. Chruschtschow, der den Weltraumambitionen seines Landes erst skeptisch gegenübergestanden hatte, wurde, nachdem er deren Propagandapotenzial erkannt hatte, ihr eifrigster Förderer.

Wostok baut den Vorsprung aus

Während die Amerikaner mit Mercury-Redstone 3 und Mercury-Redstone 4 nun auch ihre Astronauten im Weltraum hatten, machte sich die UdSSR mit weiteren Wostok-Missionen schon daran, ihren Vorsprung zu vergrößern. Mit Wostok 2 wollten die Sowjets erforschen, wie sich ein Mensch während eines Langzeitfluges in Bezug auf Essen, Schlafen und die Psyche verhielt. Kosmonaut German Titow, der bei der ersten Wostok-Mission noch das Nachsehen hatte, startete am 6. August 1962. Als er aber wenige Stunden, nachdem er im Orbit war, zu schlafen versuchte, wurde ihm übel. Dagegen konnte er ohne Probleme essen und trinken und landete nach 17 Erdumkreisungen sicher am Fallschirm.

Nun wurden die Kosmonauten von Wostok 3, Andrijan Grigorjewitsch Nikolajew (1929–2004), und von Wostok 4, Pawel Romanowitsch Popowitsch (1930–2009), für ein besonderes Manöver trainiert: den ersten Gruppenflug. Er fand am 11. und 12. August 1962 statt; und wiederum musste die überraschte Weltöffentlichkeit registrieren, dass es der Sowjetunion zuerst gelungen war, zwei Menschen gleichzeitig die Erde umrunden zu lassen.

Diese Wostok-Mission steigerte die Sowjetunion noch durch eine weitere: Am 16. Juni 1963 schoss sie mit Wostok 5 den Kosmonauten Waleri Fjodorowitsch Bykowski (*1934) in die Umlaufbahn, zwei Tage später folgte Wostok 6. Sie hatte die erste Kosmonautin an Bord: Valentina Tereschkowa. Mit ihr konnte Chruschtschow nebenbei den Beweis liefern, dass die Sowjetunion auch in Sachen Gleichberechtigung der Frau schon weiter war als die Amerikaner.

Stolz präsentierte Chruschtschow die beiden Kosmonauten nach ihrer Rückkehr am 19. Juni 1963 der jubelnden Menge auf dem Roten Platz in Moskau. Das Wostok-Progamm war damit beendet, und es war Zeit für das Nachfolgeraumschiff Woschod.

DIE ERSTE FRAU IM ALL
VALENTINA TERESCHKOWA

»Ich habe schon als Kind von einer Reise zu den Sternen geträumt«, sagte die sowjetische Kosmonautin Valentina Wladimirowna Tereschkowa (*6. März 1937 in Maslennikowo bei Tutajew, Oblast Jaroslawl, UdSSR) auf die Frage, wann sie sich für die Raumfahrt zu interessieren begonnen habe. »Zur Not wäre ich auf einem Besen hingeflogen.« Dass es nicht soweit kam, ja sie überhaupt als erste Frau ins Weltall fliegen konnte, hatte sie dem damaligen Partei- und Regierungschef Nikita Chruschtschow (1894–1971) zu verdanken. Der wollte dem ersten sowjetischen Kosmonauten, Juri Gagarin, eine Frau ins All folgen lassen. Auf diese Weise sollte der Weltöffentlichkeit die Gleichberechtigung aller Menschen im Sozialismus demonstriert werden.

Deshalb ließ Chruschtschow nach einer einfachen Arbeiterin suchen, und die Verantwortlichen wurden in der 26-jährigen Zuschneiderin und Büglerin, die sich in Abendkursen zur Technikerin weitergebildet hatte, fündig. Hinzu kam, dass sie eine begeisterte Fallschirmspringerin war. 1962 bestand sie die Aufnahmeprüfung in der Kosmonautenschule und wurde für den Flug in den Weltraum ausgebildet.

An Bord von Wostok 6 startete Valentina Tereschkowa am 16. Juni 1963 ins All. Mit an Bord hatte die erste Kosmonautin eine gehörige Portion Naivität und Dickköpfigkeit. Die allerdings verwandelte sich während ihres fast drei Tage dauernden Fluges mit 48 Erdumkreisungen in blankes Entsetzen, als wegen einer »Ungenauigkeit« im automatischen Programm das Raumschiff immer höher stieg. Das konnte erst am zweiten Flugtag korrigiert werden. Doch auch die Kosmonautin selbst bereitete der Bodenkontrolle Kopfschmerzen: So soll sie Anweisungen mehrfach nicht nachgekommen sein, habe sich über den drückenden Helm und die Kosmonautennahrung beschwert und zu den unmöglichsten Zeiten geschlafen, sodass die Verantwortlichen schon fürchteten, ihr sei etwas zugestoßen. Chefkonstrukteur Sergej Koroljow spielte sogar mit dem Gedanken, den Flug zu verkürzen. Er war so wütend, dass er nach der Landung alle weiteren Flüge weiblicher Kosmonauten unterband.

Nach ihrer Landung heiratete Tereschkowa, angeblich auf Anordnung des Kreml, ihren Kosmonauten-Kollegen Andrijan Grigorjewitsch Nikolajew (1929–2004), bekam 1964 eine Tochter; doch die Ehe zerbrach 1982. In zweiter Ehe war sie mit einem Orthopäden verheiratet, der 1999 verstarb.

Tereschkowa ging 1966 in die Politik. Sie war zu Sowjetzeiten Parlamentsabgeordnete und Mitglied des KPdSU-Zentralkomitees, leitete nach dem Zerfall der UdSSR das Russische Zentrum für internationale kulturelle Zusammenarbeit (von 1994 bis 2004). Sie sitzt heute noch für Putins Partei »Geeintes Russland« im Parlament. Außerdem war sie bei der Eröffnungsfeier der Olympischen Winterspiele 2014 in Sotschi als Trägerin der Olympischen Fahne beteiligt.

 WOMEN IN SPACE – DIE MERCURY 13

Statt einer der legendären sieben Mercury-Astronauten hätte auch eine Frau die erste Amerikanerin im All sein können. 1959 wurden in geheimen Tests an der Lovelace Clinic, wo schon die männlichen Piloten getestet worden waren, auch einige junge Pilotinnen medizinisch und psychologisch untersucht. Das Programm hieß Women in Space und brachte nach denselben harten Tests wie bei den Männern 13 bestens geeignete Frauen hervor. Man dachte pragmatisch: Frauen hatten weniger Gewicht und würden Treibstoff sparen. Außerdem waren sie erwiesenermaßen stressresistenter und weniger anfällig für Herzversagen. Trotzdem wurde nichts daraus. Die Führungsriege der NASA zeigte sich noch konservativer, als die amerikanische Gesellschaft der 50er Jahre ohnehin schon war, und stoppte unter vorgeschobenen Gründen das Programm.

Die Pilotin Jerrie Cobb vor einer Mercury-Kapsel. Auch Frauen hätten die ersten US-Raumfahrer sein können. Sie hatten sich denselben rigorosen Tests wie ihre männlichen Kollegen unterzogen und genauso gut abgeschnitten. Jerrie Cobb war unter den besten zwei Prozent aller Kandidaten (beider Geschlechter).

Mercury umkreist die Erde

Die Amerikaner wollten nun noch im selben Jahr einen ihrer Astronauten in den Orbit bringen, um endgültig mit den Russen gleichzuziehen. Der erste Testflug einer Mercury-Kapsel mit einer Atlas-Rakete am 13. September 1961 war erfolgreich verlaufen, doch die NASA wollte jegliches Risiko vermeiden und ließ vorab am 29. November noch das Schimpansenmännchen Enos mit der Kombination Mercury-Atlas die Erde umkreisen. Dieser Probeflug war erfolgreich. Die Technik funktionierte, und auch der »Testpilot« kehrte wohlbehalten zurück. Damit war alles bereit für den ersten menschlichen Passagier namens John Herschel Glenn, Jr. Allerdings hatte der zusätzliche Testflug wieder so viel Zeit gekostet, dass der Start von Glenn auf das neue Jahr verschoben wurde.

Auch der für den 27. Januar 1962 angesetzte Flug musste noch einmal verschoben werden. Aber am 20. Februar 1962 um 9:47 Uhr startete Glenn in seinem Raumschiff Friendship 7 auf der Mercury-Atlas 6 von Cape Canaveral. Der Start verlief planmäßig, und die Kapsel erreichte schon nach rund zehn Minuten eine Bahn zwischen 159 und 265 Kilometer Höhe, auf der sie dreimal die Erde umkreiste. Aufgrund einiger technischer Probleme musste Glenn beim Wiedereintritt in die Erdatmosphäre die Kapsel manuell steuern. Die Kapsel verfehlte zwar aufgrund dieser Komplikationen den errechneten Landepunkt im Atlantik um 60 Kilometer, doch Glenn konnte von dem Zerstörer USS Noa geborgen werden. Bis auf eine leichte Verletzung an der Hand, die er sich beim Öffnen der Kapsel zugezogen hatte, war er unverletzt.

Start der Mercury-Atlas-6-Trägerrakete am 20. Februar 1962 mit dem Astronauten **John Glenn an Bord**. Mit ihr flogen schließlich auch die restlichen fünf Mercury-Astronauten in den Erdorbit.

Ein Monat vor dem Start, die **PR-Maschine läuft** und präsentiert den zukünftigen Helden in seinem charakteristischen silberglänzenden Raumanzug.

Auf dem Weg zur Startrampe: In der Hand trägt Glenn den Kasten mit der Klimaanlage des Raumanzugs.

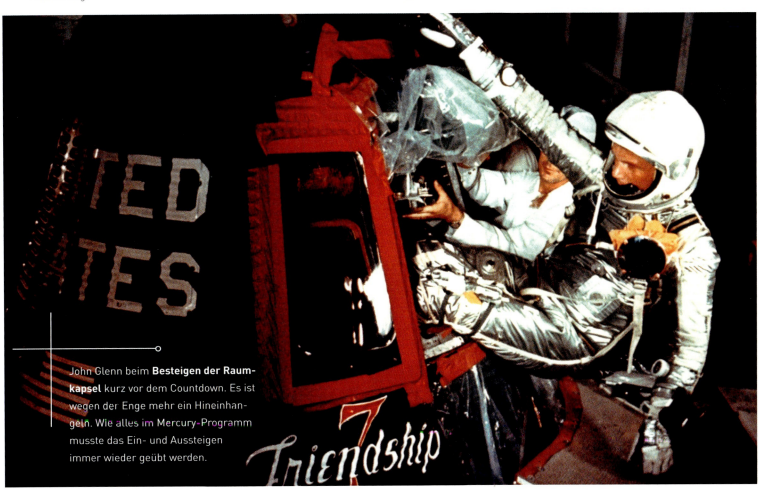

John Glenn beim **Besteigen der Raumkapsel** kurz vor dem Countdown. Es ist wegen der Enge mehr ein Hineinhangeln. Wie alles im Mercury-Programm musste das Ein- und Aussteigen immer wieder geübt werden.

MERCURY UMKREIST DIE ERDE

»WIE WÜRDEN SIE SICH FÜHLEN,
WENN SIE AUF EINER MASCHINE FESTGESCHNALLT WÄREN,
DIE AUS TAUSENDEN VON TEILEN BESTEHT,
VON DENEN JEDES DAS BILLIGSTE ANGEBOT WAR?«

John Glenn auf die Frage, wie er sich beim Start in der Kapsel gefühlt habe

John Glenn 1962 in der Friendship-7-Kapsel, aufgenommen von einer 16-Millimeter-Kamera, die all seine Bewegungen und die Gespräche mit der Bodenkontrolle aufzeichnete.

MERCURY UMKREIST DIE ERDE

PORTRÄT

DER VETERAN IM ERDORBIT
JOHN GLENN

John Herschel Glenn, Jr., geboren am 18. Juli 1921 in Cambridge, Ohio, als Sohn eines Eisenbahnschaffners, hielt gleich zwei Rekorde: Er umkreiste als erster US-amerikanischer Astronaut mit dem Mercury-Raumschiff Friendship 7 1962 dreimal die Erde und wurde durch seine Teilnahme an der Space-Shuttle-Mission STS-95 vom 29. Oktober bis 7. November 1998 zum ältesten Menschen im Weltraum.

Glenn hatte von 1939 bis 1942 Ingenieurwissenschaften studiert und war dann in die Navy, ins US-Marine Corps, eingetreten, wo er als Kampfflieger diente. Nach dem Ende des Koreakrieges blieb er als Testpilot bei den Marines. 1957 unternahm er den ersten Testflug mit Überschallgeschwindigkeit von Los Angeles nach New York in drei Stunden und 23 Minuten. Damit stellte er einen neuen Rekord auf.

Am 20. Februar 1962 startete Glenn mit der neuen Mercury-Trägerrakete Atlas. Sein Flug, der ihn dreimal um die Erde führte, dauerte vier Stunden, 55 Minuten und 23 Sekunden. Wegen technischer Probleme mit der automatischen Steuerung und mit vermeintlich defekten Hitzeschilden musste Glenn die Ausrichtung der Kapsel und den Wiedereintritt in die Atmosphäre manuell regeln. Doch mit viel Nervenstärke und Erfahrung bewältigte er die Situation und landete sicher im Atlantik. Später stellte sich heraus, dass der Sensor fehlerhaft gewesen war.

Glenn wurde nach dem Flug zum Helden erhoben, durfte aber auf heimliche Anweisung Präsident Kennedys keine weiteren Raumflüge mehr unternehmen, denn der wollte das Leben des Idols nicht gefährden. Glenn verließ 1964 die NASA und wurde Geschäftsführer einer Getränkefirma. Später zog es ihn in die Politik, wo er von 1974 bis 1999 als Senator des Bundesstaates Ohio Karriere machte.

Seine Beziehungen machten es ihm aber später möglich, ein Training als Space-Shuttle-Astronaut zu absolvieren und nach 36 Jahren, im Alter von 77 mit der Raumfähre Discovery erneut in den Orbit zu fliegen, wo er die Erde 134-mal umkreiste und Untersuchungsergebnisse über die Auswirkungen der Schwerelosigkeit auf ältere Menschen lieferte. Glenn erhielt zahlreiche hohe Auszeichnungen und wurde nach seinem Tod 2016 mit militärischen Ehren auf dem Nationalfriedhof Arlington beigesetzt.

Staatsakt: **US-Präsident Kennedy ehrt John H. Glenn** am 23. Februar 1962 vor dem Zentrum für Bemannte Raumflüge in Cape Canaveral für seinen historischen Flug. Ebenso mit dabei: Vize-Präsident Johnson, Vorsitzender des Raumfahrtausschusses, NASA-Administrator James Webb und Mitglieder der Familie Glenn.

 **DER MERCURY-ASTRONAUT OHNE FLUG**

Der Pilot Donald K. (»Deke«) Slayton (1924–1993) gehörte zu den ersten Sieben und sollte 1962 den vierten Mercury-Flug unternehmen. Herzrhythmusstörungen machten seiner Astronautenkarriere jedoch ein Ende. Die NASA ernannte daraufhin den »Mercury-Astronauten ohne Flug« zum Chef des neugegründeten Astronautenbüros für die Flüge des Apollo-Mondlande-Programms. Später wurde Slayton Direktor der Flight Crew Operations, der entschied, wer welches Raumschiff steuerte und wer den Mond betreten durfte. Nach Überwindung seiner Herzprobleme wurde er Mitglied der amerikanischen Apollo-Sojus-Test-Mission, deren Flug vom 15.–24. Juli 1975 stattfand.

Nach dem erfolgreichen Flug von John Glenn führte die NASA noch drei weitere Flüge im Mercury-Programm durch: Am 24. Mai 1962 startete Scott Carpenter mit der Kapsel Aurora auf der Mercury-Atlas 7, am 3. Oktober 1962 war es Walter Schirra mit Sigma 7, und am 15. Mai 1963 Gordon Cooper mit der Faith 7. Keiner dieser Flüge brachte eine grundsätzlich neue Erkenntnis hervor, man wollte lediglich die Erfahrungen vertiefen, die Aufenthaltsdauer im All verlängern und ergänzende wissenschaftliche Experimente machen.

Scott Carpenter mit Aurora 7 war der Ersatz für Donald Slayton, bei dem Herzprobleme festgestellt worden waren. Carpenter unternahm auf einer ähnlichen Flugroute wie Glenn einige wissenschaftliche Experimente.

Schirra umrundete sechsmal die Erde und machte mehrere technische Versuche. Sein Flug verlief absolut problemlos und wurde später als »lehrbuchmäßig« gelobt. Walter Schirra war dann 1965 auch noch mit Gemini 6 im All und 1968 mit Apollo 7.

Am 15. Mai 1963 fand der letzte Flug des Mercury-Projektes statt. Auch er verlief problemlos und war mit 22 Erdumrundungen in 34 Stunden der längste. Meldungen von Gordon Cooper an die Bodenkontrolle, dass er einzelne Straßen und Häuser auf der Erde scharf sehen könne, führten zu der Vermutung, dass Cooper an Halluzinationen leiden könnte. Doch er fertigte zahlreiche Fotos von noch nie dagewesener Brillanz an, die seine Beobachtungen bewiesen und für die spätere Forschung wichtig wurden.

MERCURY UMKREIST DIE ERDE | 107

HIDDEN FIGURES
DIE WEIBLICHEN COMPUTER DER NASA

Die »weiblichen Computer« der NASA, v.l.n.r.: Katherine G. Johnson (*1918), Dorothy Vaughan (1910–2008), Mary Jackson (1921–2005).

>> **VERANLASSEN SIE, DASS DAS MÄDCHEN DIE ZAHLEN PRÜFT.«**

John Glenn vertraute den elektronischen Computern nicht voll. Bevor er als erster Amerikaner die Erde umrunden sollte, wollte er deshalb ganz sicher gehen, dass die Berechnungen stimmten. Katherine Johnson, »das Mädchen«, machte sich an die Arbeit. Anderthalb Tage rechnete und rechnete sie und kam dann zu dem Ergebnis: Der Computer lag richtig. Glenn startete ins All.

Die ersten amerikanischen Raketenexperimente und Weltraumflüge wären ohne die Arbeit der »menschlichen« Computer nicht möglich gewesen. Dabei handelte es sich vor allem um Frauen – weiße wie schwarze –, die Tausende mathematische Rechnungen für das amerikanische Weltraumprogramm durchführten. So hatten sie zum Beispiel die Aufgabe, Flugbahnen zu berechnen.

Ihre Geschichte, die Geschichte der »Computer in Röcken«, hat die amerikanische Autorin Margot Lee Shetterly aufgeschrieben. Das Buch *Hidden Figures* diente als Inspiration für den gleichnamigen Film, der für drei Oscars nominiert wurde. Im Zentrum stehen dabei neben Katherine Johnson zwei weitere schwarze Frauen mit außergewöhnlichen Talenten: Mary Jackson und Dorothy Vaughan.

Vaughan war die erste afro-amerikanische Managerin der NASA bzw. ihrer Vorgängerorganisation, des National Advisory Committee for Aeronautics (NACA). Sie leitete ab 1949 die sogenannte West Area Computing Unit, in der die schwarzen Mathematikerinnen arbeiteten. Es war eine Zeit, in der die schwarzen Frauen noch an separaten Tischen essen und andere Toiletten als ihre weißen Kolleginnen benutzen mussten.

Vaughan setzte sich stark für ihre Mitarbeiterinnen ein. Dazu gehörten auch Mary Jackson und Katherine Johnson. Die Ingenieure schätzten sie, weil sie für jedes Projekt das richtige »Mädchen« vermittelte. Als die NACA 1958 zur NASA wurde, wurde das segregierte West Computing Office aufgelöst. Vaughan hätte gerne erneut eine Management-Position bei der NASA eingenommen, bekam diese Chance aber nicht wieder, schreibt Shetterly.

Auch Mary Jackson durchbrach Grenzen: Sie war die erste weibliche schwarze Ingenieurin in der Geschichte der NASA. Zunächst war Jackson zwei Jahre unter Vaughan Teil der West Area Computing Unit gewesen, dann begann sie, für den Ingenieur Kazimierz Czarneck zu arbeiten. Er war es, der vorschlug, dass sie am Trainingsprogramm für Ingenieure teilnehmen sollte. Weil die dafür nötigen Kurse an einer segregierten Schule stattfanden, brauchte Jackson eine spezielle Erlaubnis der Stadt Hampton, um gemeinsam mit ihren weißen Kollegen teilzunehmen.

In ihrer erfolgreichen Karriere als Ingenieurin schrieb sie zahlreiche wissenschaftliche Berichte mit. Im Jahr 1979, als sie, wie Shetterly schreibt, keine Möglichkeit mehr sah, weitere Grenzen zu durchbrechen, wechselte sie zur Personalabteilung und setzte sich als Frauenbeauftragte für die Einstellung und Beförderung von Frauen ein.

Die bekannteste der drei Frauen aber dürfte Katherine Johnson sein. Ihre Leistungen sind zahlreich. So spielte sie zum Beispiel nicht nur eine wichtige Rolle bei John Glenns Erdumrundungen, sondern berechnete zum Beispiel auch die Flugbahn für den ersten amerikanischen Mann im All. Ihre Kalkulationen waren auch für den Erfolg der Mondlandung entscheidend.

Johnsons großes mathematisches Talent war schon als Kind auffällig gewesen: Sie übersprang mehrere Klassen und hatte schon mit 18 Jahren ihren Bachelor in Französisch und Mathematik in der Tasche – natürlich mit Bestnoten. 1953 kam sie nach Langley, wo sie für kurze Zeit ebenfalls in der West Area Computing Unit arbeitete. Doch nach nur zwei Wochen wurde sie in eine Abteilung für Flugforschung versetzt. Sie kehrte nicht mehr zu Vaughan und der West Area Computing Unit zurück. 2015 wurde sie im Alter von 97 Jahren von Präsident Barack Obama mit der Presidential Medal of Freedom ausgezeichnet – der höchsten zivilen Auszeichnung des Landes.

Der Geschichte der drei Frauen hat die Autorin Margot Lee Shetterly mit dem Buch *Hidden Figures* ein Denkmal gesetzt. Das Buch war Grundlage für den gleichnamigen Film, der für drei Oscars nominiert wurde. Die Protagonisten des Films auf einer NASA-Pressekonferenz im Dezember 2016.

Buzz Aldrin, der zweite Mann auf dem Mond, am 20. Juli (bzw. 21. Juli) 1969 fotografiert von Neil Armstrong. Er spiegelt sich im Helmvisier Aldrins zusammen mit einem der Standbeine des LM Eagle und der Umgebung des Landeplatzes. Insgesamt haben während der Apollo-Flüge 12 Menschen den Erdtrabanten betreten – danach bisher niemand mehr.

DAS RENNEN ZUM MOND

Nachdem beide Großmächte ihre Ansprüche auf das Weltall geltend gemacht und ihre Astronauten in den Erdorbit geschickt hatten, dienten die folgenden Mercury- und Wostok-Missionen zunächst dazu, Sicherheit zu gewinnen und die Technik zu perfektionieren. Doch bald wurde ein neues Ziel ausgerufen. Den Startschuss für das Rennen zum Mond gab Präsident John F. Kennedy mit seiner berühmten Rede vor dem amerikanischen Kongress am 25. Mai 1961, in der er verkündete, die USA sollten bis zum Ende des Jahrzehnts einen Menschen auf den Erdtrabanten bringen. Diese Ankündigung war ein politisches Statement im Kalten Krieg. Sie setzte aber nicht nur die russische Seite unter Druck, sondern auch die NASA, die mit dem Gemini- und dem Apollo-Programm schließlich das Rennen gewann.

DAS RENNEN ZUM MOND

Die Weltraummissionen der späten 50er und frühen 60er Jahre waren zum Gradmesser der politischen und technologischen Rivalität der beiden Großmächte geworden, und Präsident Kennedy hatte die bis dahin eher bescheidenen Erfolge der Amerikaner auf diesem Gebiet so gut wie möglich genutzt.

Doch angesichts des Vorsprungs der Russen im All mit dem erfolgreichen Flug Juri Gagarins und einiger politischer Misserfolge und Spannungen wie der missglückten Invasion von Exil-Kubanern in der Schweinebucht am 15. April 1961 und der zunehmenden Rassenunruhen musste Präsident Kennedy der Nation ein Projekt bieten, mit dem sich das verlorene internationale Ansehen wiederherstellen ließ. Und da erschien in der damaligen Lage die Raumfahrt als das beste Mittel. Denn dort hatte die Sowjetunion nicht nur Pioniertaten und technische Meisterleistungen vollbracht, sondern auch große Prestigeerfolge erzielt. Hier galt es, sie zu schlagen.

Auf einem Treffen zwischen Regierungsmitgliedern und der NASA wurden anfangs noch mehrere Optionen ins Spiel gebracht: neben der Raumfahrt auch irdische Projekte wie beispielsweise »die Entsalzung der Ozeane«. Der Vorsitzende des von Kennedy ins Leben gerufenen Weltraumrates Vizepräsident Lyndon B. Johnson sah jedoch in der Raumfahrt die beste Möglichkeit. Hier war es vor

Präsident Kennedy während seiner berühmten Rede vor dem Kongress am 25. Mai 1961, in der er die bemannte Mondlandung bis zum Ende des Jahrzehnts zum nationalen Ziel erklärte. Damit gab er den **Startschuss für das Wettrennen zum Mond**, ein Projekt, das vom Kongress begeistert begrüßt wurde.

Nach seinen historischen Reden (die zweite wurde in Houston gehalten) ließ es sich Kennedy nicht nehmen, die Raumfahrtzentren persönlich zu besuchen, um sich ein Bild der augenblicklichen Aktivitäten zu verschaffen. Das Foto zeigt ihn 1962 im Startzentrum **Cape Canaveral**, wo er unter anderem vom Leiter Kurt Debus (rechts), einem ehemaligen Peenemünder, begleitet wurde.

Das **Vehicle Assembly Building** (VAB). Es war 1962 bis 1965 eigens für die senkrechte Montage der gewaltigen Saturn-V-Mondrakete auf dem sandigen Boden von Merritt Island (Florida) errichtet worden. Deutlich sind zwei der einem umgedrehten T ähnelnden Einfahrtstore zu erkennen.

Wernher von Braun und einige seiner Mitarbeiter 1961 vor der Startplattform der Saturn-I-Rakete.

allem die Landung eines Menschen auf der Oberfläche des Mondes, die hervorstach. Eine solche Mission war von ganz anderen Dimensionen als die bisherigen Pläne beider Nationen im Erdorbit. Eine bemannte Landung auf dem Mond würde viel mehr finanzielle Mittel, Technologie und breites politisches und wissenschaftliches Engagement erfordern, sodass man hier eine realistische Möglichkeit sah, die UdSSR zu überholen.

Am 25. Mai 1961 hielt Kennedy vor dem Kongress seine historische Rede mit dem Titel *Dringende nationale Erfordernisse*, in der er sagte: »Ich meine, diese Nation sollte sich dafür engagieren, noch vor dem Ende des Jahrzehnts einen Menschen auf dem Mond zu landen und ihn sicher zurück zur Erde zu bringen. Kein anderes Weltraumprojekt unserer Zeit wird für die Menschheit eindrucksvoller oder für die langfristige Erforschung des Weltraums wichtiger sein, und keines so schwierig oder so kostspielig zu erreichen sein wie dieses.«

Doch Kennedy redete nicht nur: Er nahm sich in den folgenden zwei Jahren immer wieder die Zeit, die neuen Raumflugzentren zu besichtigen, um sich persönlich ein Bild zu machen. Am 12. September 1962 besuchte er Cape Canaveral, wo der »größte Weltraumbahnhof« entstand: mit dem neuen Startkomplex 34, von dem aus die in der Entwicklung befindlichen Saturn-Raketen mit den Apollo-Raumschiffen gestartet werden sollten, nachdem sie zuvor in der 160,30 Meter hohen Montagehalle, dem Vehicle Assembly Building (VAB) zusammengesetzt worden waren.

Am Nachmittag des gleichen Tages flog er nach Huntsville/Alabama, wo ihm im Marshall-Raumflugzentrum (MSFC) Wernher von Braun die Charakteristika der Saturn-I-Rakete erklärte.

DAS VAB-KLIMA

Das VAB hat mit 160,30 Metern eine derartige Höhe, dass sich in der Anfangszeit Wolken unter der Decke bildeten, die sich abregneten. Um das zu verhindern, wurde die Decke mit 125 leistungsstarken Ventilatoren versehen. Außerdem gibt es zur Regelung von Feuchtigkeit und Temperatur eine 9.070-Tonnen-Klimaanlage, die stündlich die gesamte Luft der High Bay Area einmal umwälzt.

DAS RENNEN ZUM MOND | 113

DIE GRÖSSTE WERKSTATT DER WELT
DAS VEHICLE ASSEMBLY BUILDING (VAB)

Das Vehicle Assembly Building, Kennedy Space Center (KSC)/Florida, USA, ist eines der größten Bauwerke der Welt. Seine Höhe beträgt 160,30 Meter, die Länge 218,20 Meter und seine Bereite 157,90 Meter. Mit seinem Rauminhalt von 3.664.883 Kubikmetern zählt es zu den größten Hallenbauten der Erde.

Es wurde von 1962 bis1965 im Rahmen des Apollo-Mondflugprojekts als Herzstück des Startkomplexes 39 errichtet, um die rund 111 Meter hohen Saturn-V-Raketen senkrecht zusammenzusetzen. So hieß es auch urspünglich Vertical Assembly Building. Das VAB wurde so konzipiert, dass außer der Rakete auch die Startplattform mit dem Kontroll- und Versorgungsturm Platz fand. Sie wurden nach der Montage zusammen auf einem gigantischen Zwillings-Raupenschlepper mit 2 km/h zur 5,5 Kilometer entfernten Startrampe gerollt.

Für den Bau mussten 4.225 Stahlrohre von 40 Zentimeter Durchmesser und einer Wandstärke von 1 Zentimeter bis zu 49 Meter tief in den Boden Floridas gerammt, anschließend mit Sand gefüllt und durch einen Betondeckel verschlossen werden. Der Untergrund besteht nämlich aus 35 Meter Sand, dem eine 1 Meter dicke Kalkschicht folgt und danach bis zu einer Tiefe von etwa 50 Metern felsiges Gestein.

Das VAB bietet den Ingenieuren, Technikern und Monteuren nicht nur ausreichend Schutz vor Wind und Regen, sondern auch vor den häufig über Florida hinwegziehenden Wirbelstürmen. Es kann Windgeschwindigkeiten von bis zu 200 km/h widerstehen.

Das VAB-Innere ist in vier würfelförmige sogenannte High Bays gegliedert – jede 157,90 Meter breit und 134,70 Meter lang.

Jede Abteilung verfügt über ein eigenes 139 Meter hohes Tor. Es hat die Form eines auf dem Kopf stehenden Ts, damit die 41 Meter breite Startplattform und der sie transportierende Zwillings-Raupenschlepper hindurchpasst. Für die Saturn-V-Rakete mit Plattform blieben somit nach oben hin noch 1,80 Meter Platz. Da das nachfolgende Space Shuttle genauso zur Startrampe transportiert wurde, mussten keine Modifikationen an den Toren vorgenommen werden. Aber durch die angeflanschten beiden Feststoffraketen blieben zur Seite nur noch 30 Zentimeter Platz.

Verschlossen werden die Tore durch 17 steuerbare Vertikalpanele aus mit gerripptem Aluminium überzogenem Baustahl. Sie haben eine Tiefe von je 80 Zentimetern und ein Gesamtgewicht von 888 Tonnen. Während die unteren Tore horizontal zur Seite gefahren werden, geschieht das Öffnen der vertikalen Abschnitte durch Hochziehen der Panele wie bei einer Jalousie. Entsprechend unterschiedlich dauert das Öffnen. Es beträgt 10 Minuten für die horizontalen Tore und 35 für die vertikalen.

Für die Montage der Saturn-V-Raketen fahren unterhalb des VAB-Daches zwei Brückenkräne. Jeder von ihnen kann zwei Zellen und Lasten bis jeweils 227 Tonnen auf eine Höhe von 140,8 Metern heben – und das mit einer so großen Präzision, dass sie sogar ein Hühnerei unbeschädigt zu platzieren in der Lage sind. Insgesamt ist das VAB mit 71 Kränen unterschiedlicher Kapazität ausgerüstet. Dazu gibt es in jeder Ecke einen Aufzug, mit dem die Montage- und Kontrolltechniker die verschiedenen Arbeitsbühnen erreichen können.

Zum VAB gehört auch ein südlicher flacher Anbau – Low Bay Area genannt. Er ist 83,50 Meter lang

Blick auf die beiden **Tore des VAB**. Vor dem rechten Tor eine Saturn V mit ihrer mobilen Startrampe auf dem Crawler.

Blick von unten in der High Bay 3 ins **VAB-Innere** zur Decke mit einem der Transportkräne. Es ist die Zeit des Umbaus für die zukünftige Space-Launch-System-Trägerrakete der NASA. Im Vordergrund sind drei der dafür neu installierten Arbeitsbühnen zu sehen.

Die Luftaufnahme gibt einen Überblick über den Komplex des VAB. Links im Vordergrund noch der Anbau der High Bay Area, daneben die Low Bay Area. In der Bildmitte sieht man eine **Saturn V auf dem Crawler** am Beginn des Weges zur Abschussrampe.

und 134,70 Meter breit und besteht aus einem in der Mitte gelegenen 64 Meter hohen sowie 67 Meter breiten Zentralgebäude, das von zwei Flachbauten flankiert wird. Während des Apollo-Programms war die Low Bay Area in 8 Zellen unterteilt, wo die zweite und dritte Stufe der Saturn V vorbereitet wurden. Später nutzte man sie, um die Haupttriebwerke des Space Shuttle zu lagern und zu warten. Rechts dieser Bauten liegt das auf Pfeilern erhöht stehende Start-Kontrollzentrum mit seinen typischen herausragenden Fensterschutzklappen.

Mit dem Abschluss des Apollo- und Skylab-Programms wurde das VAB für das nachfolgende Space Shuttle umgebaut und erhielt seine heutige Bezeichnung. Zwei der vier High Bays – die westlich gelegenen 2 und 4 – wurden für den Zusammenbau der Feststoffraketen und die Abschlusstests des Außentanks verwendet; die beiden östlichen 1 und 3, um zwei Orbiter gleichzeitig mit Tank und Boostern zu verbinden und auf der mobilen Startplattform für das Hinausrollen zur Rampe vorzubereiten.

Seit Ende des Space-Shuttle-Programms (letzter Flug 8. Juli 2011) sind erneute Umbauten im Gange, um das geplante Space Launch System (SLS) zu montieren. Das soll in der High Bay 3 geschehen. So wird das gesamte Gebäude umfangreich modernisiert, wobei die alten Plattformen für das Space Shuttle ausgebaut und durch zehn neue ersetzt werden sollen.

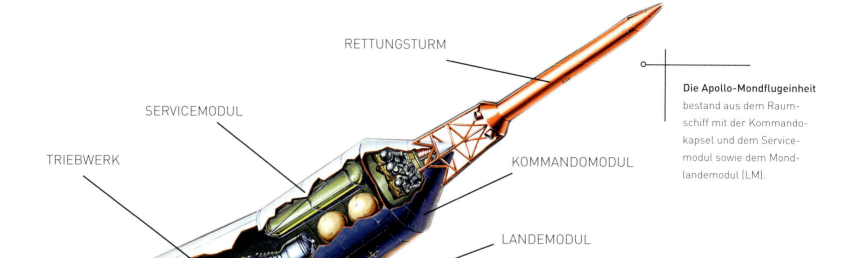

RETTUNGSTURM
SERVICEMODUL
TRIEBWERK
KOMMANDOMODUL
LANDEMODUL

Die Apollo-Mondflugeinheit bestand aus dem Raumschiff mit der Kommandokapsel und dem Servicemodul sowie dem Mondlandemodul (LM).

Wie zum Mond?

Schon im Juli 1960 hatte die NASA auf einer Konferenz eine Planung für das weitere Raumfahrtprogramm der USA entwickelt. Teil dieser Planung war zwar noch keine bemannte Mondlandung, aber immerhin schon eine bemannte Mondumrundung. Das Programm sollte den Namen Apollo tragen. Mit dem Vorstoß Kennedys kam die NASA unter Zugzwang. Für einen bemannten Mondflug war das Apollo-Programm noch nicht weit genug, und die Mercury-Raumschiffe waren zu klein. Denn eines war zumindest gleich klar: Ein bemannter Mondflug konnte nicht von einem einzelnen Astronauten durchgeführt werden.

Nun musste die NASA also plötzlich darüber nachdenken, wie der bemannte Mondflug bewerkstelligt werden sollte. Die naheliegendste Möglichkeit war der Direktschuss mit einer einzigen riesigen Rakete. Die Astronauten würden mit ihrem relativ großen Raumschiff auf dem Mond landen und mit diesem Fahrzeug oder einem Teil davon den Rückflug zur Erde unternehmen.

Dieser Vorschlag wurde jedoch schnell verworfen, denn es hätte eine noch größere Rakete (namens Nova) als die Saturn V konstruiert werden müssen, sodass die NASA den von Kennedy vorgegebenen Zeitrahmen nicht hätte einhalten können.

Die Alternative wurde im »Rendezvous-Verfahren« gesehen: Die einzelnen Komponenten des Mondschiffes und der notwendige Treibstoff sollten mit zwei bis vier Starts der kleineren Saturn-V-Trägerrakete (110 Meter Höhe) in eine Erdumlaufbahn gebracht und zum Mondschiff montiert werden, das sich dann auf die Reise gemacht hätte.

Ein dritter Vorschlag sorgte für Aufsehen, nachdem er von dem NASA-Ingenieur John Cornelius Houbolt (1919–2014) am Dienstweg vorbei auf den Tisch der Planer gekommen war. Er verlegte das Rendezvous der einzelnen Komponenten in die Mondumlaufbahn und plante ein Lunar Orbit Rendezvous (LOR). Dorthin sollte das Mondraumschiff als komplette Einheit von der Erde aus auf einer direkten Bahn befördert werden. Dann sollten Kommando- und Versorgungskapsel im Mondorbit parken, während eine relativ kleine Landefähre – das Lunar Excursion Module (LEM) – mit zwei Astronauten auf der Mondoberfläche landete. Ein unteres Teil des LEM sollte als Startplattform für den Rückflug der Piloten zum Mutterschiff dienen und auf der Mondoberfläche zurückbleiben.

Nach heftigen Diskussionen entschieden sich die Planer für den Houbolt'schen Vorschlag.

Start von Gemini 3 am 23. März 1965 mit den beiden Astronauten Gus Grissom und John Young. Wie beim Mercury-Programm eine modifizierte Atlas-Interkontinentalrakete kam beim Nachfolgeprogramm Gemini eine veränderte Titan-II-Interkontinentalrakete als Träger zum Einsatz.

Das Gemini-Programm

Es galt nun die für das Lunar Orbit Rendezvous erforderlichen Rendezvous-, Kopplungs- und Ausstiegsmanöver zu planen und zu trainieren. Doch dafür reichte die kleine Mercury-Kapsel eben nicht mehr aus. Deshalb kündigte die NASA im Dezember 1961 das Gemini-Programm an, während zur gleichen Zeit noch die Mercury-Flüge liefen und der Mondflughafen errichtet wurde.

Die Gemini-Kapsel ähnelte vom Äußeren her zwar der Mercury-Kapsel, aber sie war um ein Vielfaches größer. Ihre zweisitzige Pilotenkabine konnte durch zwei zur Seite schwenkbare Luken bestiegen werden. Im Notfall würden sie aufgesprengt und die Astronauten mit Schleudersitzen in Sicherheit gebracht.

Neu bei der Gemini-Kapsel war auch der Geräte- und Versorgungsteil, wo die Tanks und Kegeldüsen der Steuertriebwerke zur Lageänderung im Orbit saßen. Damit konnte die Gemini-Kapsel selbstständig ihre Bahn ändern und war somit eigentlich das erste richtige Raumschiff. Mit ihm wollten die Amerikaner die Zeit bis zum Beginn der Apollo-Missionen möglichst effektiv nutzen und so viel Erfahrung wie möglich sammeln für die geplanten Flüge zum Mond. Zwischen 1964 und 1966 startete die NASA zwei unbemannte und zehn bemannte Flüge im Gemini-Programm. Alle Aktivitäten waren darauf gerichtet, den Flug zum Mond vorzubereiten und damit die Russen zu schlagen.

Nach zwei unbemannten Versuchen wurde Gemini 3 für den ersten bemannten Flug am 23. März 1965 startbereit gemacht. Als Besatzung waren der Mercury-Astronaut Virgil »Gus« Grissom und der damals noch unerfahrene John Watts Young vorgesehen. Doch wieder einmal kamen die Sowjets der NASA mit einem spektakulären Flug zuvor.

DER NEUE US-PRÄSIDENT UND DAS APOLLO-PROGRAMM

Lyndon Baines Johnson war von 1963 bis 1969 der 36. Präsident der Vereinigten Staaten. Dieses Amt hatte er als Vizepräsident noch am Tag der Ermordung Kennedys, am 22. November 1963, durch Vereidigung an Bord der Präsidentenmaschine Air Force One übernommen. Unter Kennedy war Johnson Vorsitzender des US-Raumfahrtausschusses. Von ihm stammte die Empfehlung, mit dem bemannten Mondlandeprogramm die Sowjetunion in der Raumfahrt zu schlagen. Und er forcierte das Apollo-Programm noch. Johnson war auch einer der Ehrengäste beim Start von Apollo 11.

TECHNIK

PER ZWEISITZER IN DEN ORBIT

DIE GEMINI-KAPSEL

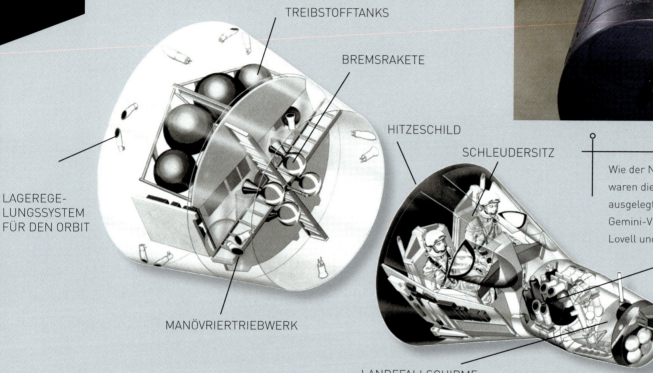

- TREIBSTOFFTANKS
- BREMSRAKETE
- HITZESCHILD
- SCHLEUDERSITZ
- LAGEREGELUNGSSYSTEM FÜR DEN ORBIT
- MANÖVRIERTRIEBWERK
- LANDEFALLSCHIRME
- LAGEREGELUNGSSYSTEM FÜR WIEDEREINTRITT

Wie der Name des Projekts Gemini besagt, waren die **Kapseln für zwei Astronauten** ausgelegt. Hier die beiden Astronauten des Gemini-VII-Fluges (Start: 11.11.1966) James Lovell und Buzz Aldrin.

Der Name »Gemini« (Zwilling) für das US-Raumflugprogramm war aus der römischen Mythologie entlehnt. Hier stand er für die beiden Brüder Castor und Pullox und für das gleichnamige Sternbild. Für die NASA bezeichnete er die besondere Eigenschaft ihres Programms: Im Gemini-Programm sollten zwei Astronauten die Besatzung des Raumschiffs bilden.

Gemini sollte die Lücke zwischen dem Mercury- und dem Apollo-Programm überbrücken, und die Kapsel sollte Manöver fliegen können, die für die spätere Mondlandung im Apollo-Programm erforderlich würden. Ihre Triebwerke ermöglichten nicht nur Lage-, sondern auch Bahnänderungen. Sie besaßen Vorrichtungen für Kopplungsmanöver und Außenbordeinsätze. Mit ihren Lebens- und Energieversorgungssystemen konnten Langzeitflüge von bis zu 14 Tagen durchgeführt werden. Außerdem war es möglich, die Kapsel während des Wiedereintritts zu steuern.

Für das Gemini-Programm wurde eine modifizierte Interkontinentalrakete des Typs Titan eingesetzt: die Titan II. Doch die Gemini-Kapsel passte auf jedes vorhandene Trägersystem. Entwicklung und Bau lagen in der Verantwortung der Firma McDonell in St. Louis, die schon die Mercury-Kapsel entwickelt hatte.

Das Gemini-Raumschiff hatte eine Länge von 5,60 Metern, sein größter Durchmesser betrug 3,05 Meter, das Gewicht beim Start 3,6 Tonnen und bei der Landung 1,98 Tonnen. Seine geriffelte schwarze Hülle bestand hauptsächlich aus Titan und Magnesium, hoch belastbar, doch nicht zu schwer. Es gliederte sich in den Kopplungsadapter, die Landekapsel und die Versorgungseinheit. Hier lagen die Systeme für die Sauerstoff-, Wasser- und Energieversorgung, die von außen zugänglich waren. Bei den ersten Kapseln wurde die Energieversorgung mit Batterien vorgenommen, später durch Brennstoffzellen, die durch Elektrolyse Wasserstoff in Wasser und Sauerstoff zerlegten. Dieses Teil wurde vor dem Wiedereintritt abgesprengt, um dann in der Erdatmosphäre zu verglühen. Am Ende des Wiedereintrittsmoduls lag der Hitzeschild, und die Astronauten traten den Rückflug durch die Atmosphäre sowie die Landung rückwärtsgewandt an. In der Landekapsel gab es zwei Konturliegen, die als Schleudersitze konstruiert waren, sowie Instrumente für die Flugkontrolle, Lebenserhaltungssysteme und die Stromversorgung; ferner einen Steuerknüppel und zum ersten Mal in einem Raumschiff einen Computer für die Berechnung der Flugmanöver mit einem Speicher von 20 KB (zum Vergleich: bei Premium-Smartphones sind heute 64 GB schon Standard).

Die Kabine war knapp bemessen. Die Astronauten saßen mit ihren Raumanzügen und den großen Helmen sehr eng nebeneinander und hatten wenig Kopf- und Beinfreiheit. Für das Einsteigen und Verlassen der Kapsel gab es zwei Luken, die mechanisch verriegelt wurden und sich nach außen öffneten. Im Notfall passierte das automatisch beim Auslösen der Schleudersitze. Die Liegen hatten eine eingebaute Rakete, die die Astronauten im Gefahrenfall aus der kritischen Zone geschleudert hätte, wobei allerdings Beschleunigungen von bis zu 24 g entstanden wären, bis der Fallschirm aufgegangen wäre. Jede Luke hatte ein dreifach verglastes Sichtfenster.

An Triebwerken besaß die Gemini-Kapsel drei verschiedene Systeme: die Lageregelungstriebwerke, OAMS genannt (Orbit Attitude and Maneuvering System), die zur Lageregelung und zum Manövrie-

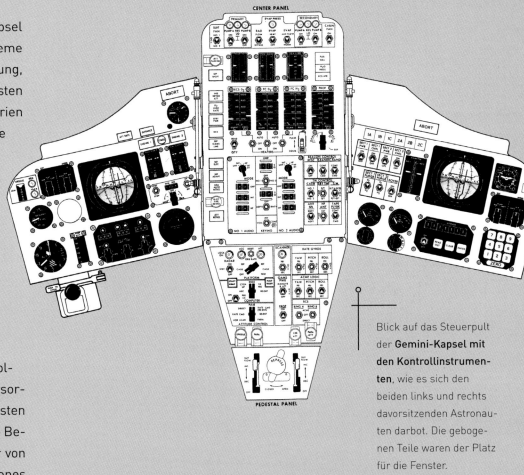

Blick auf das Steuerpult der **Gemini-Kapsel mit den Kontrollinstrumenten**, wie es sich den beiden links und rechts davorsitzenden Astronauten darbot. Die gebogenen Teile waren der Platz für die Fenster.

ren des Raumschiffs dienten und während des Großteils des Fluges in Betrieb waren. Es umfasste 16 Triebwerke, von denen sich zwei in der Spitze des Raumschiffs befanden, der Rest an den Seiten des Versorgungsteils. Hier lagen auch die vier Bremsraketen (Retrograde Rocket System, RRS), die mit Feststoff betrieben wurden. Und schließlich im Wiedereintrittsmodul vor der Kabine installiert das Wiedereintritts-Steuerungssystem (Reentry Control System, RCS). Es war aus Sicherheitsgründen zweifach angelegt, und beide Systeme arbeiteten unabhängig voneinander.

Für eine sichere Wasserung sorgten mehrere Fallschirme. Sie kamen nacheinander zum Einsatz und verlangsamten so schrittweise den Abstiegsflug nach dem Wiedereintritt in die Atmosphäre. Der erste Fallschirm lag in der Spitze des Kopplungsadapters, hatte 2,50 Meter Durchmesser und wurde in einer Höhe von 15.000 Metern ausgelöst. Der nächste, der sogenannte Pilotfallschirm, wurde in 3.200 Meter Höhe von den Astronauten ausgelöst. Hatte er sich entfaltet, wurde kurz danach in 3.000 Meter Höhe der Kopplungsadapter abgesprengt. Dadurch wurde der 25,70 Meter durchmessende Hauptfallschirm ausgelöst, an dem die Kapsel auf das Wasser niederging.

Drei Kosmonauten in der Erdumlaufbahn

Die Situation des Raumfahrtprogramms in der UdSSR war dem der USA verblüffend ähnlich: Als Nachfolger der Wostok-Kapseln hatte Koroljow ein Drei-Mann-Raumschiff namens Sojus geplant. Doch das war, ähnlich wie das amerikanische Apollo-Programm, noch nicht so weit. Es schien, als würde Gemini früher zum Einsatz kommen. Das wollte Koroljow unbedingt verhindern und entschied sich für ein gewagtes Provisorium: Drei Mann sollten in einer umgebauten Wostok-Kapsel mit dem Namen »Woschod« (»Sonnenaufgang«) jenen Flug unternehmen, den die Amerikaner erst mit den Apollo-Kapseln geplant hatten.

Koroljow ließ dazu die Wostok-Kapseln in zwei Varianten umkonstruieren: In der einen hatten drei Kosmonauten Platz – wenn auch beengt –, während mit der zweiten nur zwei Kosmonauten fliegen konnten; aber dafür enthielt sie ein Schleusensystem, durch das sie das Raumschiff verlassen und erstmals im All schweben konnten. Eine solche Premiere wäre ein weiterer Etappensieg im Wettrennen mit den Amerikanern.

Allen war klar, welches Risiko ein Drei-Mann-Flug in einem Provisorium bedeutete: Koroljow plante eine Reihe von Notlösungen auf Kosten der Sicherheit. Es gab keine Reserven mehr: kein Platz für Schleudersitze und auch nicht für Raumanzüge. Die Kosmonauten wären bei möglichen Problemen in ihrem Raumschiff gefangen und sollten auch bei der Landung dort verbleiben. Deshalb wurde die Kapsel mit zusätzlichen Bremsraketen ausgestattet. Dennoch startete Woschod am 12. Oktober 1964 mit einer dreiköpfigen Besatzung. Neben dem Kosmonauten Wladimir Michailowitsch Komarow (1927–1967) waren ein Mediziner, Boris Borissowitsch Jegorow (1937–1994), und der Ingenieur Konstantin Petrowitsch Feoktistow (1926–2009) an Bord. Die hastig entwickelte provisorische Technik bewährte sich, und nach einem 24-stündigen Flug landete Woschod wohlbehalten wieder auf der Erde.

Der erste Weltraumspaziergang

Um diesem ersten Propagandacoup mit der Woschod so schnell wie möglich einen weiteren folgen zu lassen – und am besten vor Gemini 3 – arbeitete Koroljow auch an der zweiten Version. Als Kommandant wurde Pawel Iwanowitsch Beljajew (1925–1970) bestimmt. Er sollte während des Fluges in der Kapsel bleiben, während sein Copilot Alexej Leonow im Verlauf der Erdumrundung für einen zwölfminütigen Weltraumspaziergang das Raumschiff verlassen sollte. Am 18. März 1965 war es soweit: Leonow konnte an einer fünf Meter langen Sicherungsleine als erster Mensch ins All hinausschweben.

Der Triumph der russischen Raumfahrt wurde jedoch aus verschiedenen Gründen beinahe zur Tragödie. Die Eile, in der das Unternehmen vorbereitet worden war, führte zu einer ganzen Reihe von lebensbedrohlichen Pannen.

Als Leonow am Ende seines Außeneinsatzes wieder ins Raumschiff zurück wollte, hatte sich sein Raumanzug derart aufgebläht, dass er nicht mehr in die Luftschleuse passte. So blieb ihm nichts anderes übrig, als durch ein Ventil an seinem Druckanzug Luft abzulassen, … ohne dabei die möglichen Folgen zu kennen. Mit Glück und großer Anstrengung gelangte er wieder in die Kapsel zurück.

Nach dem Absprengen der Schleuse stellte sich dann heraus, dass die Sauerstoffversorgung der Kapsel nicht mehr funktionierte wie vorgesehen, so wurde der Rückflug früher eingeleitet. Dann versagte das automatische Landesystem, und Leonow musste die Woschod manuell landen.

Die Landung selbst erfolgte auch nicht reibungslos, sondern mehrere hundert Kilometer von der geplanten Landezone entfernt, und die beiden Kosmonauten mussten 36 Stunden in der verschneiten Taiga auf ihre Bergung warten. Trotzdem war dadurch knapp eine Woche vor dem Start von Gemini 3 den Amerikanern natürlich wieder einmal die Show gestohlen.

Der sowjetische **Kosmonaut Alexej Leonow** kurz nach dem Verlassen seiner Woschod-Kapsel zum ersten Weltraumausstieg eines Menschen am 18. März 1965.

»WAS MICH AM MEISTEN ERSTAUNTE, WAR DIE STILLE. EINE UNVORSTELLBARE STILLE, WIE SIE AUF DER ERDE NIEMALS VORKOMMT. EINE STILLE – SO TIEF UND VOLLSTÄNDIG, DASS MAN DEN EIGENEN KÖRPER ZU HÖREN BEGINNT. WIE DAS HERZ KÄMPFT UND DIE ADERN PULSIEREN; MAN VERNIMMT SOGAR DAS RAUSCHEN VON MUSKELBEWEGUNGEN. UND AM HIMMEL GAB ES MEHR STERNE, ALS ICH MIR HATTE JEMALS VORSTELLEN KÖNNEN.«

Alexej Leonow

PORTRÄT

DER ERSTE AUSSTEIGER IM ALL
ALEXEJ LEONOW

Die Fernsehbilder vom 18. März 1965 über den Kosmonauten Alexej Archipowitsch Leonow (*1934) glichen zwar einer Geistershow, aber sie waren dennoch eine Sensation: Zum ersten Mal hatte ein Mensch die schützende Hülle seines Raumschiffs verlassen und sich, nur durch einen Raumanzug geschützt und durch eine Leine gesichert, in den freien Weltraum gewagt. Wieder einmal war der UdSSR gegenüber den USA ein großartiger Propaganda-Erfolg gelungen.

Generalmajor Leonow, Sohn eines sibirischen Pferdezüchters, trat in die sowjetischen Luftstreitkräfte ein und wurde ab 1953 zum Piloten ausgebildet. Als Leutnant wurde er 1959 in das Kosmonautentraining und am 7. März 1960 in die erste Kosmonautengruppe der UdSSR aufgenommen. Er startete am 18. März mit dem Kommandanten Pawel Beljajew (1925–1970) mit dem Raumschiff Woschod 2 in die Erdumlaufbahn und schwebte an einem 4,50 Meter langen Sicherungsseil für etwa 12 Minuten im All. Allerdings hatte sich sein Raumanzug so sehr aufgebläht und versteift, dass ihm ein Wiedereinstieg in die Luftschleuse fast unmöglich wurde. So gelang es ihm auch nicht, die an seinem Raumanzug befestigte Kamera einzuschalten.

Nach diesem Flug arbeitete Leonow am sowjetischen Mondlandeprogramm mit und war für die erste Mondmission nominiert. Doch wegen seines ausschweifenden Lebenswandels und einiger leichtfertiger Äußerungen gegenüber der Presse verlor er das Wohlwollen seiner Vorgesetzten.

Später wurde Leonow als sowjetischer Kommandant für das Apollo-Sojus-Test-Projekt nominiert und startete nach jahrelanger Vorbereitung am 15. Juli 1975 zusammen mit Waleri Nikolajewitsch Kubassow (1935–2014) in Sojus 19, um zwei Tage später mit dem Apollo-Raumschiff und dessen Besatzung Thomas Patten »Tom« Stafford (*1931), Vance DeVoe Brand (*1931) sowie Deke Slayton (1924–1993) anzukoppeln und den berühmten »Handschlag im All« auszuführen. Leonow beschrieb seine Erlebnisse in mehreren Büchern, u.a. zusammen mit dem US-Astronauten David Randolph Scott (*1932), und machte sich auch durch seine Malerei als »Kosmonautenkünstler« einen Namen.

Diese Pioniertat wurde 1965 wieder einmal nicht nur von der Presse des ehemaligen Ostblocks, sondern auch in den **internationalen Zeitungen gefeiert**.

Die Amerikaner holen auf

Die NASA plante deshalb nach dem erfolgreichen Flug von Gemini 3 für den nächsten Flug mit Gemini 4 ebenfalls den Ausstieg ihres Astronauten.

Am 3. Juni 1965 starteten James Alton McDivitt (*1929) und Edward Higgins »Ed« White, II (1930 – 1967) zu ihrem Flug über 62 Orbits und knapp 98 Stunden Dauer. Beide Astronauten hatten zu der Zeit noch keine Weltraumerfahrung. Trotzdem sollte White bei dieser Mission den ersten Weltraumspaziergang (»Extra Vehicular Activity«, EVA) eines US-Astronauten unternehmen. Wie Leonow war er während seines 22-minütigen Weltraumspazierganges durch eine 7,50 Meter lange Sicherheitsleine mit dem Raumschiff verbunden, die ihn aber zusätzlich mit Atemluft versorgte und auch den Sprechfunk in guter Qualität übertrug. White hatte noch einen anderen Vorteil: Im Gegensatz zum Außeneinsatz Leonows war es McDivitt möglich, gute Fotos von Whites Ausflug zu machen. Die später in der Öffentlichkeit verbreiteten brillanten Bilder vermittelten den Amerikanern dann auch den Eindruck, die Sowjetunion endlich eingeholt zu haben. Die ganze Mission war ein Medienspektakel. Der Start wurde per Satellit nicht nur in Amerika, sondern auch in Europa übertragen, und die Bilder von Ed White im All wurden zu Ikonen der Raumfahrtgeschichte.

Start von Gemini 4 am 3. Juni 1965. Dieser Flug brachte Edward White in den Orbit und machte ihn zum zweiten »Aussteiger« in der Geschichte der Raumfahrt.

Ein Foto, das Geschichte machte: Der **US-Astronaut Edward »Ed« White** (später beim Apollo-1-Unglück ums Leben gekommen) 1965 während seines 15-minütigen Ausstiegs im All. In der rechten Hand hält er eine Rückstoßpistole, mit der er frei navigieren konnte. Die Bilder des frei im Weltraum schwebenden Menschen waren erheblich brillanter als die sowjetischen und wurden, auch wenn sie wieder einmal später kamen, weitaus berühmter als die von Leonow.

»ICH KOMME WIEDER REIN ... UND ES IST DER TRAURIGSTE MOMENT MEINES LEBENS.«

Edward »Ed« White bei der Rückkehr in die Gemini-3-Kapsel

PORTRÄT

DER ZWEITE AUSSTEIGER
EDWARD WHITE

Edward Higgins »Ed« White, II (1930–1967) schwebte zwar am 3. Juni 1965 als erster US-Astronaut von der Gemini-4-Kapsel aus frei ins All, war aber nach dem sowjetischen Kosmonauten Alexej Leonow (am 18. März 1965) nur der zweite »Aussteiger«. Dafür jedoch waren die Fotos dieser Mission ungleich brillanter und faszinierender.

White war schon als Kind mit der Fliegerei in Berührung gekommen, denn sein Vater war West-Point-Absolvent und Pilot der US-Luftwaffe. Er hatte den Jungen auf einen Trainingsflug mitgenommen und ihm das Steuer der Maschine überlassen – eine Erfahrung, die Edward White sein Leben lang nicht mehr vergaß.

White studierte wie sein Vater in West Point, und dort kamen noch andere seiner Qualitäten zum Vorschein: Er war ein hervorragender Hürdenläufer und verpasste nur knapp die Nominierung für die Olympischen Spiele 1952.

Nach seinem Studium ging White zur US Air Force, wo er den Pilotenschein machte und anschließend in die Bundesrepublik Deutschland versetzt wurde. 1959 schrieb er sich an der Edwards Air Force Base zur Testpilotenschulung ein, und nach deren Beendigung arbeitete White an der Wright-Patterson Air Base in Ohio. Hier testete er neue Waffensysteme, schrieb technische Handbücher und half bei der Weiterentwicklung im Flugzeugbau.

Als die NASA 1962 neue Astronautenstellen für das anlaufende Gemini-Programm ausschrieb, bewarb sich White und wurde genommen. Zusammen mit seinem Freund James McDivitt (*1929) wurde er für den Gemini-4-Flug ausgewählt. Während dieses Fluges sollte White auch die Kapsel verlassen. Der Ausstieg fand während der dritten Erdumrundung über Hawaii statt. Dabei bewegte sich White mit Hilfe einer in der Hand zu haltenden Steuerungseinheit für 20 Minuten im All. Gemini 4 landete nach 62 Erdumkreisungen im Atlantik, und Präsident Johnson beförderte daraufhin beide Astronauten in den Rang eines Oberstleutnants.

Nach diesem Erfolg wurde Ed White zusammen mit dem Mercury-Gemini-Astronauten Virgil Ivan »Gus« Grissom (1927–1967) und Roger Bruce Chaffee (1935–1967) für den ersten Flug einer Apollo-Kapsel ausgewählt. Als Apollo-Saturn 204 war er im Frühjahr 1967 geplant.

Allerdings war die Apollo-Kapsel längst nicht so ausgereift wie die Gemini, was sich dann am 27. Januar 1967 zeigte: Während eines Tests auf der Startrampe fing das Innere der Kapsel plötzlich Feuer, das sich rasend schnell ausbreitete. Die starke Rauchentwicklung verhinderte schnelle Hilfe von außen. Auch konnte die Einstiegsluke nicht von innen geöffnet werden, sodass alle drei Astronauten in der Kapsel ums Leben kamen.

Rendezvous und Ausstiege im Orbit

Ziel der nächsten Gemini-Flüge war es, die für die Mondflüge notwendigen Rendezvous- und Kopplungstechniken zu erproben. Man schoss unbemannte Raketenstufen ins All und versuchte sie mit bemannten Raumkapseln anzusteuern und im Idealfall dort anzukoppeln. Die frühen Gemini-Flüge hatten gezeigt, dass vor allem die Präzision beim Manövrieren noch verbesserungswürdig war. Auch Gemini 5 mit Gordon Cooper (1927–2004) und Charles »Pete« Conrad, Jr. (1930–1999) am 23. August 1965 offenbarte dies beim Verfehlen eines angepeilten Zielsatelliten, zeigte jedoch auch, dass fast neun Tage im Orbit der Crew keine Schwierigkeiten bereiteten.

Auch Gemini 6 mit Walter Schirra (1923–2007) und Thomas Patten »Tom« Stafford (*1930) sollte im Oktober 1965 ein solches Rendezvous-Manöver mit einem unbemannten Zielobjekt, einer Agena-Raketenstufe, durchführen; die Aktion scheiterte jedoch, weil der Zielsatellit nicht wie geplant starten konnte. Das sollte dann mit Gemini 7 unter Frank Borman und Jim Lovell, die ursprünglich vor allem zwei Wochen in der Umlaufbahn bleiben sollten, beinahe nachgeholt werden. Gemini 7 startete am 4. Dezember 1965, elf Tage später folgte der Flug von Gemini 6. Schirra näherte sich mit seinem Raumschiff der Gemini 7 bis auf 30 Zentimeter, sodass die Astronauten einander zuwinken und sich über handgeschriebene Zettel im Fenster verständigen konnten. Ein Kopplungsmanöver gab es allerdings nicht.

Erst im März 1966 sollten Neil Armstrong und David Randolph Scott (*1932) mit Gemini 8 eine Kopplung mit einer Agena-Oberstufe durchführen. Das erste Kopplungsmanöver gelang problemlos, jedoch musste

15. Dezember 1965: **Gemini 7 während des Rendezvous** mit Gemini 6 A, von Schirra und Stafford gemacht. Gemini 7 hielt sich zu diesem Zeitpunkt bereits seit elf Tagen im Orbit auf.

Tradition: Wie bei den Starts der Mercury-Flüge nahmen bei den Gemini-Flügen die Astronauten vor dem Start (hier am 16. März 1966 die Crew von Gemini 8) mit ihren Betreuern ein ausgiebiges Frühstück ein.

Armstrong wegen gefährlicher Probleme mit der Steuerung das Raumschiff wieder von der Agena trennen und vorzeitig den Rückflug antreten.

Trotz dieser Panne plante die NASA für den 17. Mai 1966 mit Gemini 9 einen erneuten Dockingflug. Die Crew bestand aus Tom Stafford und Eugene Cernan. Wieder versagte die Atlas-Trägerrakete, und der Agena-Zielsatellit gelangte nicht in den Orbit. Darauf entschloss sich die NASA, ein neues Kopplungsziel einzusetzen und am 1. Juni 1966 mit der Atlas zu starten. Gemini 9 A folgte zwei Tage später.

Aber das geplante Dockingmanöver scheiterte erneut: Das Zielobjekt hatte sich nicht richtig geöffnet. So flog die Besatzung stattdessen drei Rendezvous-Manöver, und Cernan unternahm einen zwei Stunden dauernden Außeneinsatz. Gemini 9 landete nach 44 Umläufen. Das Foto der halboffenen Verkleidung des Zielsatelliten ging als das »Krokodil im Orbit« in die Geschichte ein.

Der Flug von Gemini 10 mit dem Start am 18. Juli 1966 war dann ein Doppelrendezvous. John Young und Michael Collins koppelten mit dem Agena-Zielsatelliten und zündeten dessen Triebwerk. Dadurch gelangten sie auf 760 Kilometer Höhe. Dann verminderte Young die Flughöhe auf 385 Kilometer und leitete dort das Rendezvous mit der zurückgebliebenen Agena des Gemini-8-Fluges ein, bevor der Flug nach 43 Erdumkreisungen erfolgreich zu Ende ging. Auch der am 12. September 1966 gestartete Gemini-11-Flug mit Pete Conrad und Richard Francis »Dick« Gordon, Jr. (1929–2017) verlief planmäßig und brachte wichtige Erkenntnisse.

Am 11. November 1966 flogen Buzz Aldrin und Jim Lovell mit Gemini 12 in den Orbit, um während dieser viertägigen Mission noch einmal die für die Apollo-Mission benötigten Manöver und Materialien zu testen. Der wohl eindrucksvollste Teil des Fluges waren die drei insgesamt über fünfstündigen Außenbordaktivitäten Aldrins. Gemini 12 wasserte nach 59 Umläufen, was den erfolgreichen Abschluss eines großen Projektes bedeutete. Die Apollo-Flüge konnten beginnen.

»Nun schau dir diesen Mist an!«, entfuhr es Gemini-9-A-Astronaut Stafford, als sie sich dem Zielsatelliten ADTA näherten: Dessen Verkleidung hatte sich nicht vollständig gelöst, und es wäre zu riskant gewesen, die Kapselnase in die Öffnung zu schieben. »Es sieht aus **wie ein ärgerlicher Alligator**, der hier draußen rotiert!«, beschrieb Stafford die Lage am 3. Juni 1966.

Raumsonden zum Mond

Doch bevor die USA und die Sowjetunion Menschen auf den Mond bringen konnten, mussten sie dessen Oberfläche erst einmal genauer erkunden. Die Amerikaner hatten schon 1961 begonnen ein umfangreiches Raumsondenprogramm zu starten. Die Namen dieser Missionen waren Ranger, Surveyor und Lunar Orbiter.

Die Ranger-Sonden 1 bis 9 sollten zum Mond fliegen und kurz vor ihrem Aufschlag detaillierte Bilder des Zielgebietes liefern. Doch die ersten Ranger-Missionen waren allesamt Fehlschläge. Erst Ranger 7 war erfolgreich und funkte am 31. Juli 1964 vor ihrem Aufschlag im Mare Cognitum 4.300 beeindruckende Bilder zur Erde. Am 20. Februar 1965 schlug Ranger 8 im Mare Tranquillitatis auf und übertrug 7.300 Bilder, und die Sonde Ranger 9 ging am 24. März im Krater Alphonsus nieder und übermittelte 5.800 Bilder, die auch live im US-Fernsehen übertragen wurden.

Schließlich musste die Tragfähigkeit des Mondbodens für bemannte Landefahrzeuge getestet werden. Die Wissenschaft wusste, dass der atmosphärelose Mond eine von Staub bedeckte Oberfläche haben musste. Nur wie hoch war die Staubschicht? Die dreibeinigen Surveyor-Sonden (Landvermesser) und die Lunar Orbiter sollten das zwischen 1966 und 1968 herausbekommen, außerdem eine Kartierung des Mondes vornehmen und dabei auch schon nach potenziellen Landeplätzen Ausschau halten.

Den Anfang sollte Surveyor 1 machen und am 30. Mai 1966 starten, um drei Tage später im Oceanus

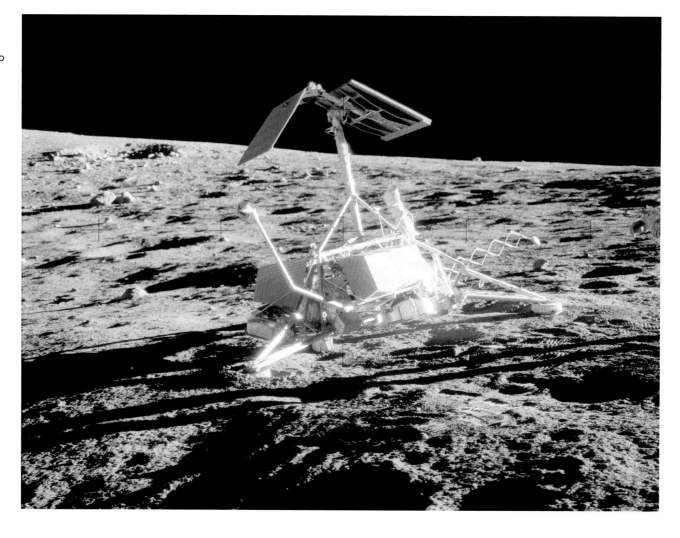

Mit den Surveyor-Sonden testete die NASA die Tragfähigkeit des Mondbodens und fertigte Panoramafotos von der Umgebung des Landeplatzes an. Hier **Surveyor 3** im Meer der Stürme, das die Astronauten von Apollo 12 im November 1969 besuchten, nachdem sie 30 Monate auf dem Mond überstanden hatte.

DAS RENNEN ZUM MOND

Links: Das tellerförmige Landebein der **Surveyor-Sonden** (1967) zeigt, dass der Mondboden nicht von einer meterhohen Staubschicht bedeckt ist. Mitte: Die russische **Luna-14-Sonde** (1968) umrundete den Mond. Rechts: Was die weiche Landung auf dem Mond betraf, so kam die **UdSSR mit Luna 9** (hier eine Computeranimation) am 3. Februar 1966 den Amerikanern wie so oft zuvor.

Procellarum weich zu landen. Doch die Sowjetunion kam den USA wieder einmal zuvor: Am 3. Februar 1966 landete sie mit Luna 9 im selben wie von den USA vorgesehenen Gebiet und übertrug die ersten Bilder der Umgebung. Sie zeigten, dass die Mondoberfläche nicht so dick mit Staub bedeckt war wie vorher angenommen. Die USA zogen (wieder einmal) nach, und ihr Lander arbeitete dann rund sechs Wochen auf der Mondoberfläche, wobei er 11.200 Bilder zur Erde übertrug.

Erst Surveyor 3 gelang wieder eine erfolgreiche Landung im selben Gebiet. Sie blieb dort bis zum 4. Mai 1967 aktiv und übermittelte 6.300 Bilder. Es folgte die Raumsonde Surveyor 5 (gestartet am 8. September 1967), die bis zum 14. Dezember im Mare Tranquillitatis aktiv war und 15.000 Bilder schoss. Surveyor 6 (gestartet am 7. November 1967) landete im Sinus Medii, wo sie bis 14. Dezember 19.000 Bilder aufnahm. Den Abschluss des Programms bildete Surveyor 7 (gestartet am 7. Januar 1968), die drei Tage später in der Nähe des Kraters Tycho niederging und bis zum 21. Februar 21.000 Fotos machte.

Das Surveyor-Programm wurde 1966 und 1967 durch die Lunar-Orbiter-Missionen ergänzt, um die Mondoberfläche vor den Apollo-Landungen zu kartieren. Die fünf Missionen waren allesamt erfolgreich. Bei Abschluss des Programms waren 99 Prozent der Mondoberfläche in einer hohen Auflösung fotografisch erfasst. Nach diesem Erfolg schien der Weg zur ersten bemannten Mondlandung innerhalb des von Kennedy gesetzten Zeitrahmens zum Greifen nahe.

Schon 1961 war als Verfahren das Lunar Orbit Rendezvous (LOR) festgelegt worden. Als Rakete sollte die Saturn V (entwickelt von Wernher von Braun und seinem Team in Huntsville) verwendet werden, und auch die Entwicklung des Raumschiffs für die Mondlandung selbst schritt voran. Es sollte einen Kommandoteil geben, bestehend aus Comand Module (CM) und Service Module (SM), der im Mondorbit kreisen sollte, und ein separates Lunar Module (LM). Das war die Mondlandefähre, mit der die Astronauten auf dem Mond landen und wieder zurück zum Kommandoteil fliegen sollten. Alles schien trotz des Zeitdrucks gut zu laufen. Doch es sollte anders kommen. Die Hektik der Vorbereitungen des Rennens zum Mond forderte 1967 auf russischer wie auch auf amerikanischer Seite Todesopfer.

1966: die Crew von Apollo 1, v.l.n.r.: Edward H. White, II, Virgil I. Grissom, Roger B. Chaffee.

Die Katastrophe von Apollo 1

Am 27. Januar 1967 wurden die drei Astronauten Gus Grissom, Ed White und Roger Chaffee für einen Vorbereitungstest in der Apollo-Kapsel eingeschlossen, die auf der startbereiten Saturn-IB-Trägerrakete saß. Es handelte sich um einen sogenannten »plugs out«-Test, eine Startsimulation, bei der wie bei einem richtigen Start alle elektrischen Verbindungen nach außen gekappt waren. Der Test begann um 13:00 Uhr, zog sich aber über den ganzen Nachmittag hin, weil er aus verschiedenen Gründen immer wieder unterbrochen werden musste.

Um 18:20 Uhr wurde der Countdown erneut angehalten, um 18:31 Uhr meldete plötzlich einer der Astronauten Feuer an Bord. Dann kam es, wie sich in der anschließenden Untersuchung des Falles herausstellte, zu einer Verkettung zahlreicher kleiner Pannen und unglücklicher Umstände, die alle zusammen zu einer Katastrophe führten. Alle drei Astronauten erstickten bzw. verbrannten in der Kapsel. Das Feuer war offensichtlich durch ein technisches Versagen in der Elektrik entstanden. Schadhafte Kabelisolierungen hatten wahrscheinlich Funkenschlag verursacht und zur Entzündung des Sauerstoffs in der Kapsel geführt, auch im Kühlsystem hatte man später gravierende Mängel festgestellt. Dazu kam, dass sich die Ausstiegsluke aufgrund eines Konstruktionsfehlers während des Brandes nicht öffnen ließ. Zudem hatte sich das Nylon-Material der Raumanzüge der Astronauten als ungeeignet erwiesen, ebenso wie viele der eingebauten Materialkomponenten in der Kapsel, die nicht feuerfest waren. Und schließlich waren die Sicherheitsvorkehrungen bei diesem Test unzureichend gewesen: Feuerwehr und Sicherheitskräfte standen nicht bereit und hatten zum Beispiel keine ausreichende Atemschutzausrüstung.

Die Apollo-Raumschiffe erhielten daraufhin Startverbot, um sie umfassend zu überarbeiten: 1.697 Änderungen zur Verbesserung der Sicherheit wurden vorgeschlagen, 1.341 letztlich umgesetzt. Trotz aller Kritik an den Sicherheitsmängeln gab es aber in der amerikanischen Öffentlichkeit keinen Meinungsumschwung gegen die NASA. Das Programm der Apollo-Flüge wurde leicht abgewandelt weitergeführt, der verunglückte Test bekam rückwirkend, im Gedenken an die gestorbenen Astronauten, die Nummer 1, und es folgten einige unbemannte Testflüge. Am 24. April 1967 erfuhr man, dass auch die Sowjetunion in ihrem Raumfahrtprogramm ein tödliches Unglück hinzunehmen hatte.

APOLLO 1

Auf Bitten von Grissoms Witwe und um die toten Astronauten auf diese Weise zu ehren, bekam die Apollo-Startübung die Nummerierung Apollo 1

Die Kapsel von Apollo 1 wurde **nach der Brandkatastrophe** im Januar 1967 untersucht, und man stellte unter anderem fest, dass sich die Luke während des Brands nicht von innen hatte öffnen lassen.

Die Bruchlandung der Sojus 1

Auch die Russen planten natürlich einen bemannten Flug zum Mond. Sergej Koroljow, der am 14. Januar 1966 gestorben war, hatte sich für den sowjetischen Mondflug für das Erdorbit-Rendezvous entschieden und dafür einen dreiteiligen Sojus-Raumschiff-Komplex geplant. Auch mit dieser neuen Konfiguration hatte es bei Testflügen verschiedene Fehlschläge gegeben, und Konstrukteure und Kosmonauten wussten, auf welch gefährliches Abenteuer sie sich einließen, als auf politischen Druck von höchster Ebene ein »Weltraumspaziergang-Schauspiel« angeordnet wurde. Es sollte die Sowjetunion wieder an die erste Stelle im All bringen.

Dazu sollte Wladimir Komarow, der zuvor mit Woschod I geflogen war, am 23. April 1967 allein mit Sojus 1 starten und im Orbit auf Sojus 2 treffen, die nach ihm starten sollte. Von Sojus 2 sollten dann Kosmonauten im Orbit zu Sojus 1 umsteigen. Doch aufgrund technischer Probleme auf Sojus 1 wurde der Start von Sojus 2 abgesagt. Schließlich musste die ganze Mission vorzeitig abgebrochen und Sojus 1 zur Erde zurückgeholt werden. Bei der Landung versagte jedoch der Bremsfallschirm, die Kapsel stürzte ungebremst in ein Feld, und Komarow kam ums Leben. Die folgenden Flüge von Sojus 3 (26. Oktober 1968) bis Sojus 9 (1. Juni 1970) verliefen mit ihren Rendezvous-, Kopplungsmanövern und Kosmonautenausstiegen dann jedoch überwiegend erfolgreich. Da jedoch neue spektakulare Rekorde und Premieren ausblieben, hörte man aufgrund der Geheimhaltung auf russischer Seite im Westen vorerst nichts Neues.

Apollo 7: Fast perfekt

Am 11. Oktober 1968 sollte auf amerikanischer Seite nun Apollo 7 erstmals nach der Brandkatastrophe starten, und zwar mit der kleineren Saturn IB, da die Mondlandefähre noch nicht mit an Bord war. Es sollte lediglich ein elftägiger Flug zur Erprobung der Technik, der Rendezvous-Manöver und der Belastung der Crew sein. Außerdem war zum ersten Mal eine Kamera an Bord installiert, die Live-Bilder aus der Kapsel senden sollte. Kommandant war der ehemalige Mercury-Astronaut Walter Schirra, die beiden anderen Crewmitglieder hießen Ronnie Walter »Walt« Cunningham (*1932) und Donn Fulton Eisele (1930–1987). Das Raumschiff selbst funktionierte ohne größere Probleme, innerhalb der Besatzung kam es allerdings zu Spannungen.

TECHNIK

EIN RAUMSCHIFF FÜR DIE BEMANNTEN MONDFLÜGE

DAS APOLLO-KOMMANDO- UND SERVICEMODUL

Allgemein wird bei den Apollo-Raumschiffen oft nur von der »Apollo-Kapsel« gesprochen, aber das trifft nicht genau den Sachverhalt; denn sie bestanden aus zwei Einheiten: der konischen Apollo-Kapsel, in der die drei Mondfahrer starteten, den Erdtrabanten umkreisten und nach der Landung zweier Crewmitglieder wieder zur Erde zurückflogen, um dort auf dem Ozean zu wassern; und dem zylindrischen Versorgungsteil mit den lebenserhaltenden und Energieversorgungseinheiten sowie dem Triebwerk für den Flug zum Mond, den Eintritt in die Kreisbahn und die Rückkehr zur Erde. Vor dem Wiedereintritt wurde es dann abgesprengt. Deshalb hatte dieser Teil auch keinen Hitzeschutz. Dagegen war die Apollo-Kapsel an der Unterseite mit einem Hitzeschild aus Epoxidharz ausgerüstet. So lautet denn auch die technisch richtige Bezeichnung »Apollo-Kommando- und Servicemodul«, englisch abgekürzt CSM.

Das Kommandomodul hatte eine Höhe von 3,23 Metern, einen Durchmesser von 3,91 Metern und wog 5.900 Kilogramm. In seinem Vorderteil lag der Stauraum für Stabilisierungsfallschirme und die drei großen Hauptfallschirme. Diese entfalteten sich nach dem Wiedereintritt in 2,5 Kilometer Höhe. Weiterhin fanden sich im oberen Teil zwei Steuerdüsen des Lagekontrollsystems für den Wiedereintritt, das Kopplungssystem und die Luke für die Mondlandefähre (Lunar Module, LM). Und hier war auch der Platz der Antennen und Signalleuchten, um die Kapsel leichter bergen zu können, sowie der aufblasbaren Ballons. Sie sollten die Kapsel aufrichten, für den Fall, dass sie nach der Wasserung mit der Spitze nach unten schwamm.

Der mittlere Teil enthielt die Kabine für die Astronauten. Hier waren die Instrumente für die Kontrolle und Steuerung des Raumschiffs und der Lebenserhaltungssysteme sowie Stauraum für Material untergebracht. In der Kabinenwand waren fünf kleine Fenster sowie die Ein-

Das Innere des Apollo-Raumschiffs war erheblich geräumiger als die beiden Vorgänger Mercury und Gemini. Konzept-Studie der Apollo-12-Kapsel.

und Ausstiegsluke eingelassen, die im Notfall durch einen Spezialhebel sekundenschnell von innen geöffnet werden konnte.

Die Kabineninnentemperatur betrug 22 Grad Celsius; die Atmosphäre während des Fluges bestand aus reinem Sauerstoff, bei einem Druck von etwa 33 Prozent des irdischen Luftdrucks. Nur in der Startphase wurden 40 Prozent Stickstoff hinzugefügt.

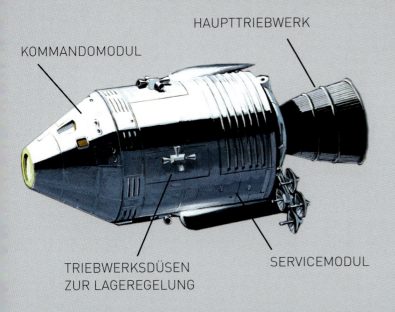

KOMMANDOMODUL
HAUPTTRIEBWERK
TRIEBWERKSDÜSEN ZUR LAGEREGELUNG
SERVICEMODUL

Das Apollo-Raumschiff mit **Kommandokapsel und Servicemodul** wird im VAB auf jenen Teil der Saturn-V-Rakete gesetzt, in dem die Mondlandefähre untergebracht ist. (Foto: 1969)

Das CM-Heck war mit zehn zusätzlichen Steuerdüsen des Lagekontrollsystems für den Wiedereintritt, inklusive Treibstoff, ausgerüstet. Weiterhin lagen hier die Helium- und Wassertanks.

Wenn die Astronauten in die Kapsel stiegen, nahmen sie in den drei Konturliegen unter der Hauptinstrumentenkonsole wie folgt ihre Plätze ein: links der Kommandant, rechts der Pilot der Mondlandefähre und in der Mitte der Pilot des Kommandomoduls. Entsprechend war die Hauptkonsole gegliedert, die auch mit Handschuhen bedient werden konnte: Die Flugkontrolle mit den Instrumenten für die Stabilisierung, Steuerung, Schub und Landung, die Notfallsysteme sowie dem Steuerungs- und Navigationscomputer waren für den Kommandanten erreichbar; die Warnsysteme sowie Kontrollinstrumente für die Lebenserhaltungssysteme und die Tanks lagen über dem CM-Piloten, und die Kontrollsysteme für Elektrik, Kommunikation, Datenspeicher sowie Brennstoffzellen über dem Piloten der Mondlandefähre.

Unter der Kommandokapsel war das zylinderförmige 7,50 Meter lange und 3,91 Meter durchmessende Servicemodul befestigt. Es gliederte sich, durch Wände getrennt, in eine Mittel- und sechs weitere Außensektionen. Hier waren die Tanks für den Antrieb, die Lageregelung, die Stromerzeugung und Lebenserhaltungssysteme, die Steuertriebwerke und das Haupttriebwerk untergebracht. An der Außenseite lagen vier Baugruppen mit je vier Steuerdüsen, Positionslichtern, drei Antennen und vier Parabolantennen für die Kommunikation sowie die Radartransponder.

Das Triebwerk hatte eine Leistung von 97,50 Kilonewton und konnte bis zu 50 Zündvorgänge vornehmen. Es funktionierte mit sogenannten hypergolen Treibstoffen, d. h. die beiden Komponenten entzündeten sich allein durch ihr Zusammentreffen und nicht mit Hilfe einer Pumpe. Es war auch jenes Teil des Servicemoduls, das durch seine große herausragende Kegeldüse hervorstach. Sie war immerhin 2,80 Meter lang und hatte einen Durchmesser von 2,10 Metern.

Apollo 8: Die Weihnachtsbotschaft aus dem Mondorbit

Eigentlich hätte mit dem nächsten Flug die Mondlandefähre im Erdorbit getestet werden sollen, aber sie würde nicht vor 1969 einsatzbereit sein. Und die NASA wusste auch nicht, ob die Sowjets nicht eine Mondumkreisung vor einer bemannten Landung vornehmen wollten. Um dem zuvorzukommen, entschied die NASA, mit Apollo 8 zu Weihnachten 1968 zum ersten Mondflug zu starten und dabei den Erdtrabanten zu umkreisen. Dafür sollte zum ersten Mal die fertige und erfolgreich getestete Saturn V eingesetzt werden, was nicht ohne Risiko war.

Am 21. Dezember 1968 starteten Frank Borman, James »Jim« Lovell und William Anders zum ersten Flug zum und um den Mond. Alle drei hatten zuvor bei den verschiedenen Flügen des Gemini-Projekts wichtige Erfahrungen gesammelt: Borman hatte als Kommandant des Fluges von Gemini 7 vom 4. bis 18. Dezember 1965 zusammen mit Jim Lovell einen Erdorbit-Langzeitrekord aufgestellt, der erst

Morgenstimmung am Kennedy Space Center: Am 21. Dezember **1968 startete Apollo 8** mit dem Ziel der ersten bemannten Mondumrundung.

1970 von der sowjetischen Besatzung der Sojus 9 gebrochen wurde. Beide gehörten zur zweiten Astronautengruppe, die die NASA am 17. September 1962 der Öffentlichkeit präsentiert hatte, und waren vorher erfahrene Testpiloten.

Borman hatte bei der NASA auf dem Spezialgebiet »Raketen, die Raumschiffe in die Erdumlaufbahn bringen« sollten gearbeitet, Lovell hatte sich um »Bergung der Landekapsel nach der Wasserung« gekümmert. Und Borman war nach dem Gemini-7-Flug auch Mitglied der Kommission, die die Apollo-1-Katastrophe untersucht hatte. Er bekam dann auch die Aufgabe, den Umbau der Apollo-Kapsel zu leiten. So kannte Borman nicht nur seinen Apollo-8-Crewpartner Lovell gut, und hatte mit ihm Erfahrungen in Langzeitflügen, sondern auch das neue Apollo-Raumschiff.

Die Besatzung umkreiste den Erdtrabanten zehnmal. Dabei konnten die Astronauten den Mond und seine Oberfläche genau betrachten, inklusive der Stelle auf der Mondvorderseite, wo die erste Landung stattfinden sollte. Sie waren außerdem die ersten Menschen, die die Rückseite des Mondes mit eigenen Augen und die Erde über dem Mondhorizont aufgehen sahen. Apollo 8 war für 36 Minuten hinter dem Mond verschwunden und dabei fast genauso lange ohne Funkkontakt zur Bodenstation. Zu dieser Mission gehörten auch verschiedene Fernsehübertragungen aus dem All in bisher nicht gekannter Bildqualität. In einer TV-Liveübertragung sahen die Menschen erstmals die gesamte Erde aus 325.000 Kilometer Entfernung. Damals schoss Anders das legendäre Foto vom Aufgang der Erde über dem Mond. Das Bild wurde später zur Ikone der Umweltbewegung und markierte den Beginn der interdisziplinären Wissenschaft der Geoforschung.

In einer weiteren Fernsehübertragung am 24. Dezember aus der Mondumlaufbahn lasen die Astronauten zu den faszinierenden Bildern der kahlen

Vor Sonnenaufgang: **Borman, Lovell und Anders** am 17. Dezember 1968 auf dem Weg zur Startrampe.

Während des Apollo-8-Mondfluges konnten Menschen zum ersten Mal selbst die bis dahin nur von Raumsonden fotografierte **Rückseite des Mondes** in Augenschein nehmen.

APOLLO 8: DIE WEIHNACHTSBOTSCHAFT AUS DEM MONDORBIT | 137

Mondoberfläche und der über ihr schwebenden Erde die ersten Worte aus der Schöpfungsgeschichte »Am Anfang erschuf Gott Himmel und Erde ... « und wünschten anschließend allen Menschen ein frohes Weihnachtsfest. Mit dieser Mission hatten sie außerdem einen neuen Rekord aufgestellt: Noch nie zuvor waren Menschen so weit von der Erde entfernt.

Nach dem erfolgreichen Flug verließ Frank Borman 1970 die NASA, um einen Leitungsposten bei einer Fluggesellschaft anzutreten. William Anders, der bereits ein Jahr vorher ausgeschieden war, ging in den Staatsdienst, wechselte nach 26 Jahren in die Wirtschaft, bevor er sich 1994 zur Ruhe setzte. Jim Lovell setzte seine Astronautenkarriere fort und wurde Kommandant von Apollo 13, dem Flug, der 1970 nach der Explosion eines Sauerstofftanks fast in einer Katastrophe geendet hätte.

Die Crew von Apollo 8 (v. l. n. r.): Borman, Lovell und Anders vor der geöffneten Luke ihres Raumschiffs.

Erdaufgang über dem Mond. »Ein blauer Saphir auf schwarzem Samt«, so James Lovell, der dieses Foto während der Mondumrundung von Apollo 8 zu Weihnachten 1968 schoss. Es wurde nicht nur zu einem wichtigen Bild für die Umweltbewegung, sondern auch für den Beginn der interdisziplinären Geoforschung.

TECHNIK

EINE RIESENRAKETE FÜR DEN
BEMANNTEN FLUG ZUM MOND: DIE SATURN V

RETTUNGSTURM
SERVICEMODUL
KOMMANDOMODUL
LANDEMODUL
WASSERSTOFFTANK
SAUERSTOFFTANK
KEROSINTANK
F1 TRIEBWERKE
TRIEBWERKE DER TRENNUNGSRAKETE

Die Saturn V war nicht nur die größte und schubstärkste Rakete, die je gebaut wurde. Sie war auch die einzige Trägerrakete, die rein für zivile Zwecke entworfen wurde. Die Höhe einschließlich der Apollo-Konfiguration betrug 110,60 Meter, der größte Durchmesser 10,10 Meter, die Startmasse 3.038,50 Tonnen – dagegen war sie unbetankt »nur« 183,40 Tonnen schwer.

Damit mussten auch das Montagegebäude, in dem sie senkrecht zusammengebaut wurde, und der Raupenschlepper, der sie mit ihrer Startplattform und dem Serviceturm von dort zur 5,50 Kilometer entfernten Startrampe bringen sollte, entsprechende Dimensionen haben (VAB: 160,30 Meter; Startturm: 120 Meter).

Sie und ihre kleineren Vorläufer Saturn I und Saturn IB waren die Antwort der NASA auf den Sputnik-Schock. Sie hatte angekündigt, eine neue Generation von Trägerraketen zu entwickeln, die von der Schubkraft her die sowjetischen bei weitem übertreffen würden. Das wurde, nachdem Kennedy den bemannten Mondflug 1961 zum nationalen Ziel erklärt hatte, in die Tat umgesetzt.

Die technische Leitung lag in den Händen des deutschen Raketeningenieurs Wernher von Braun und seiner Peenemünder Gruppe, die nach ihrer Übernahme vom Army Redstone Arsenal nun im Marshall Space Flight Center an der Verwirklichung dieser Rakete arbeiteten. Die Konzeptionen, auf denen von Braun aufbauen konnte, gab es einmal in den Peenemünder Zukunftsplänen einer aus der A4 zu entwickelnden A10, 11 und 12 und in den strategischen US-Army-Raketen des Typs Jupiter, von denen auch der Name Saturn herrührte. Weitere an der Entwicklung beteiligte Firmen waren Boeing, North American Aviation, Douglas Aircraft Company und IBM.

Am 20. Januar 1962 wurde die Entwicklung der Saturn V beschlossen. Die kleineren Saturn I und IB wurden für Systemstudien gebaut, dann aber auch als Träger für die Apollo-Kapsel ohne Servicemodul oder des LM in der Erdumlaufbahn. Die Technik dieser Träger bildete die Grundlage, ohne sie zu kopieren, d. h.: Die ganze Saturn V war zum größten Teil eine Neukonstruktion, die sich aus drei Stufen aufbaute.

Die unterste Stufe S-IC war eine Neukonstruktion von 42 Meter Länge mit einem Durchmesser von 10 Metern. Sie enthielt einen Tank, der mit 810.000 Liter Kerosin gefüllt war. Durch ihn liefen, ausgehend

Start einer Saturn V, hier als **Trägerrakete der Apollo 11** am 16. Juli 1969.

Die **Saturn V** kurz nach dem Start. Selbst aus der Entfernung war der Start dieser mächtigen Trägerrakete noch beeindruckend. Sie zog einen rund 200 Meter langen Feuerstrahl hinter sich her. (Foto: 1969)

von den mächtigen fünf F-1-Triebwerken, auf direktem Weg die Leitungen zum darübersitzenden Sauerstofftank, der ein Fassungsvermögen von 1,3 Millionen Litern besaß.

Die zweite Stufe S-II war ebenfalls eine Neukonstruktion von 24 Meter Länge und demselben Durchmesser wie die erste. Sie wurde mit flüssigem Wasserstoff und Sauerstoff angetrieben, die sich zwar in einem Tank befanden, aber durch einen Zwischenboden getrennt waren. Sie waren entsprechend der Dichte der beiden Treibstoffe angeordnet: Der 1 Million Liter fassende Wasserstofftank oben, der Sauerstofftank unten. Diese Stufe war mit fünf ebenso wie in der ersten Stufe angeordneten J-2-Triebwerken von North American Aviation ausgerüstet.

Beide Stufen waren mit einem 10 Meter durchmessenden Zwischenring verbunden, der erst nach Zündung der S-II-Triebwerke abgeworfen wurde, um so eine Kollision mit den sehr nahesitzenden Triebwerken zu vermeiden. Und: Beide Stufen konnten wegen großer Abmessungen nur mit Spezialschiffen auf dem Seeweg vom Süden bzw. der Westküste der USA zu ihrem Montageort ins Kennedy Space Center Florida transportiert werden.

Die dritte Stufe S-IVB hatte schon als Zweitstufe bei der Saturn IB gedient und war nur leicht verändert worden, indem man die Tanks so isoliert hatte, dass der Treibstoff (253.000 Liter Wasserstoff und 92.500 Liter Sauerstoff) mehrere Stunden flüssig blieb. Dadurch sollte diese Stufe auch nach mehreren Erdumläufen mit ihrem J-2-Triebwerk erneut zünden. Diese Stufe hatte gegenüber den beiden unteren kleinere Ausmaße. Sie war 17,20 Meter lang und hatte einen Durchmesser von 6,60 Metern. Hier saß am Übergang zum Stauraum mit dem LM auch der ringförmige Bereich mit den Steuerungselementen für die Saturn V.

Gebaut hatte die dritte Stufe für den Einschuss auf Mondkurs die Douglas Aircraft Company in Long Beach, Kalifornien, von wo aus sie mit einem speziellen Transportflugzeug auf dem Luftweg an die Ostküste gebracht wurde. Auch die Triebwerke hatten gigantische Ausmaße. Jedes war 5,80 Meter hoch, bei einem maximalen Durchmesser von 3,72 Metern und einem Gewicht von 8.361 Kilogramm. Seine Startleistung betrug 8.750 Megawatt. Alle fünf Triebwerke verbrannten rund 13 Tonnen Treibstoff pro Sekunde, sodass in weniger als drei Minuten 2,1 Millionen Kilogramm Treibstoff verbraucht waren – in einem Feuerstrahl von rund 300 Meter Länge.

Apollo 9: LM-Test im Erdorbit

Die NASA konnte nun darangehen, die endlich fertig gewordene Mondlandefähre zu testen, und zwar erst einmal im Erdorbit. Am 3. März 1969 starteten James McDivitt, Russell Louis »Rusty« Schweickart (*1935) und David Randolph Scott (*1932) auf einer Saturn V mit der ersten kompletten Apollo-Mondflugeinheit. Zum ersten Mal sollten das Apollo-Kommandomodul (CSM) und die Mondlandefähre (LM) voneinander getrennt werden, weshalb sie eigene Funkrufnamen erhielten: »Gumdrop« (»Gummibonbon«) wegen der Zellophanverpackung, mit der sie auf dem Weg zum Kennedy Space Center transportiert wurde, und »Spider« (»Spinne«), weil das Aussehen der Mondlandefähre einer Spinne ähnelte.

Die Besatzung übte die An- und Abdockmanöver und zündete das Abstiegstriebwerk der Mondlandefähre und später das Aufstiegstriebwerk bei einem simulierten Abheben. Dabei entfernte sich die Mondlandefähre 180 Kilometer von der Kommandokapsel und dockte anschließend wieder an. Alles funktionierte perfekt, inklusive Außenarbeiten und Umsteigen der Astronauten vom CSM ins LM.

Bei der Mission von Apollo 9 am 3. März 1969 war das Landemodul endlich einsatzbereit und konnte im Erdorbit mit den für den Mondflug notwendigen Kopplungs- und Eigenflug-Manövern getestet werden. Hier steht David Scott 190 km über der Erde **in der Luke des Kommandomoduls**, wobei der Vordergrund des Fotos vom Oberteil des Landemoduls eingenommen wird.

David R. Scott, Pilot des Kommandomoduls, während des Apollo-9-Fluges im März 1969.

7. März 1969: das Landemodul während des Apollo-9-Fluges über der Erde, gesehen vom Kommandomodul. Hier wurden **Trennungs- und Kopplungsmanöver** geübt.

Apollo 10: Die Generalprobe

Der nun folgende acht Tage dauernde Flug von Apollo 10 war der letzte Test für den Flug von Apollo 11 und die erste bemannte Mondlandung. Es sollte noch der Test von Kommandokapsel und Landefähre im Mondorbit durchgeführt werden. Dazu wurden die Astronauten Thomas Stafford, John Young und Eugene Cernan am 18. Mai 1969 auf denselben Kurs geschickt, wie er für Apollo 11 vorgesehen war. Sie umrundeten den Erdtrabanten 31-mal. Während Young über der Mondoberfläche in der Kommandokapsel zurückblieb, näherten sich Cernan und Stafford im LM der Mondoberfläche bis auf 14,50 Kilometer. Dann stießen sie das LM ab und flogen zur Erde zurück. Bei dem Manöver klappte nicht alles wie geplant, die Computersteuerung der Kapsel und auch die Triebwerkszündung der Landefähre arbeiteten nicht ganz einwandfrei. Die Astronauten konnten jedoch durch die Umstellung auf manuelle Steuerung alle Probleme lösen. Insofern war diese Generalprobe trotz allen Zeitdrucks außerordentlich wichtig gewesen, und zeigte, dass das Apollo-Programm mit drei erfolgreichen Starts seit Apollo 7 nun soweit war, dass man eine bemannte Mondlandung angehen konnte. Nebenbei stellte Apollo 10 noch zwei Rekorde auf. Mit 408.950 Kilometern erreichte sie die bisher größte Entfernung zur Erde, und mit einer Geschwindigkeit von 39.897 km/h beim Wiedereintritt die bisher höchste Geschwindigkeit, die je ein Mensch erreicht hatte.

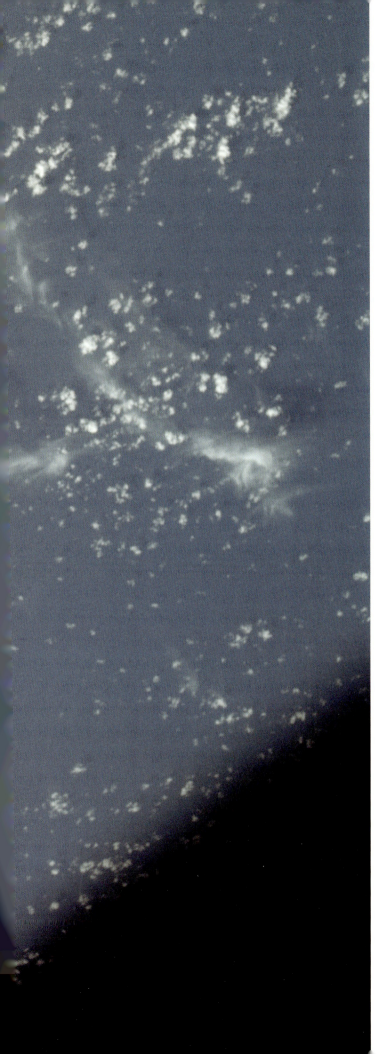

Kopplungsmanöver im Mondorbit: **Das Apollo-10-Kommandomodul,** gesehen vom Landemodul am 22. Mai 1969.

TECHNIK

NICHT SCHÖN, ABER PRAKTISCH
DIE MONDLANDEFÄHRE

Mit ihren vier ausklappbaren Beinen der Landeeinheit und dem unförmigen Kopf des auf ihr thronenden Rückkehrteils mit der Pilotenkabine ähnelte das Lunar Module der Apollo-Konfiguration eher einer Spinne als einem stromlinienförmigen Raumfahrzeug wie aus Science-Fiction-Filmen. Zu Recht wurde es bei der Apollo-9-Mission auf den Namen »Spider« (Spinne) getauft.

Aber das LM – in der Frühzeit seiner Planung und Entwicklung LEM (Lunar Excursion Module) abgekürzt – musste nicht schön und glatt sein, da es ausschließlich auf einem atmosphärelosen Himmelskörper eingesetzt wurde. Es brauchte auch keine robusten Wände, da ja sämtlicher Luftdruck fehlte. Und so waren seine mit einer goldenen Folie überzogenen Wände nicht viel dicker als eine Haushalts-Alufolie. Dennoch boten sie genügend Schutz vor Mikrometeoriten und den extremen Temperaturunterschieden auf der Mondoberfläche.

Selbst die Landebeine mit der Leiter waren für irdische Verhältnisse zierlich, aber bei nur einem Sechstel der Erdschwerkraft stabil genug, um die bei der Landung auftretenden Stöße abfedern zu können. Und sie mussten einziehbar sein, damit die Fähre in die für sie vorgesehene Transporthülle auf der dritten Stufe der Saturn V passte.

Den Auftrag für den Bau der Landefähre hatte 1963 die Firma Grumman in Bethpage, New York, erhalten. Als ihr Konstrukteur gilt der Luft- und Raumfahrtingenieur Thomas Joseph Kelly (1929–2002). Aber es waren auch die ursprünglich für die Mondlandung vorgesehenen Apollo-Astronauten Scott Carpenter, Charles Conrad und Donn Eisele mit eingebunden.

Mit einer Höhe von 6,98 Metern, einer diagonalen Breite von 9,50 Metern sowie einem ursprünglichen Gewicht von 15,06 Tonnen übertraf das LM in seinen Dimensionen alle bis dahin bemannten Raumfahrzeuge. Doch auch hier musste Gewicht gespart werden, denn die Saturn V transportierte außerdem das Apollo-Kommando- und Servicemodul für den Hin- und Rückflug der Astronauten und musste deshalb noch genug Raum für die drei Crewmitglieder sowie die Versorgungssysteme haben. Trotzdem mußte das LM in seiner Kabine Platz für zwei Astronau-

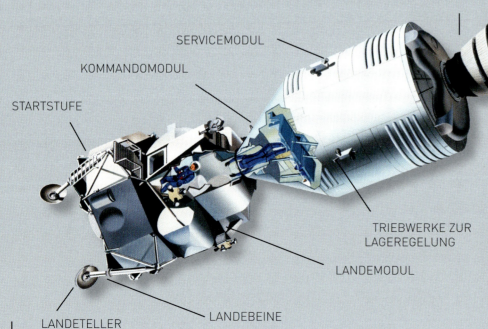

TRIEBWERKDÜSE
SERVICEMODUL
KOMMANDOMODUL
STARTSTUFE
TRIEBWERKE ZUR LAGEREGELUNG
LANDEMODUL
LANDEBEINE
LANDETELLER

Zwei Perspektiven des LM: links im Inneren der Aufstiegsstufe konnten die beiden Astronauten nur stehend fliegen. In der Startstufe war noch Raum für die wissenschaftlichen Instrumente und später für den zusammengefalteten Lunar-Rover.

ten haben, die mit ihm zur Mondoberfläche ab- und auch wieder aufsteigen sollten; sie mussten sich hier auch ohne Raumanzüge aufhalten und sie für Exkursionen anlegen können. Ebenso musste Stauraum für die Bodenproben vom Mond vorhanden sein, und die Astronauten mussten während mehrtägiger Mondaufenthalte im LM leben können.

Um so viel Gewicht wie möglich zu sparen, baute man auch keine Pilotensitze ein. Sie hätten nicht nur viel Platz weggenommen und zu viel gewogen, sie hätten auch größere Fenster erfordert. Die Lösung war, die Astronauten in Haltegurten stehend vor den Fenstern zu positionieren. In dem Fenster vor dem Platz des Kommandanten war noch eine Strichplatte angebracht. Ihre Markierungen halfen dem Kommandanten, den berechneten Landeplatz auf der Mondoberfläche zu lokalisieren.

Die Mondfähre bestand aus zwei Stufen: Den unteren Teil bildete die Abstiegsstufe. Sie enthielt das Triebwerk und die Tanks für Sauerstoff, Wasser und Helium sowie die Batterien für die Bordstromversorgung. An der Außenseite waren die vier Landebeine befestigt, die in verbreiterten runden Tellern endeten und darunter noch mit Oberflächenfühlern versehen waren. Außerdem gab es ein Fach mit der Ausrüstung für die Expeditionen auf der Mondoberfläche. Bei den letzten beiden Apollo-Flügen war hier auch der Lunar Rover untergebracht. Die Abstiegsstufe diente als Startplattform für den Rückflug der Mondfähre zur Kommandokapsel und blieb auf der Mondoberfläche zurück. Zur Sicherheit arbeitete das Triebwerk mit hypergolischen Treibstoffen, sie zündeten also bei Kontakt selbstständig, sodass ein Zündsystem, das ja versagen konnte, überflüssig war.

Der obere Teil des LM war die Aufstiegsstufe mit der Kabine für zwei Astronauten. Ihr Platz war im vorderen Teil des LM. Dabei stand, aus der Perspektive der Astronauten, links der Kommandant und rechts der Pilot. Der mittlere Abschnitt enthielt alle Bedienungselemente und das Haupttriebwerk, dessen Abdeckung in die Kabine hineinragte. Im hinteren Teil war der Platz der Elektronik.

Die Fähre hatte zwei Zugänge. Der eine war eine fast quadratische Luke, 82 Zentimeter hoch und breit, und lag im vorderen Fußbereich der Astronauten. Durch sie verließen sie nach der Landung die Fähre, wobei sie sich mit dem Rücken und dem Tornister voran für das Lebenserhaltungssystem zwängten, auf einer kleinen Plattform knieten, um dann über die Leiter zur Oberfläche hinabzusteigen. Die zweite Luke lag in der Decke des LM und hatte einen Durchmesser von rund 84 Zentimetern. Sie war Teil des Verbindungstunnels zwischen dem LM und dem Kommandomodul, durch den die Astronauten zwischen beiden Teilen des Apollo-Mondflugsystems hin und her wechselten. Das LM wurde nach der Rückkehr der Mondlandecrew abgestoßen und zerschellte auf der Mondoberfläche.

Apollo 11: Die ersten Menschen auf dem Mond

Am 16. Juli 1969, um 13:32 UTC = Weltzeit, startete Apollo 11 mit Neil A. Armstrong, Michael Collins und Edwin »Buzz« Aldrin zu ihrem historischen Flug. Mehr als eine Million Menschen hatten sich am Kennedy Space Center in Florida versammelt, und an die 600 Millionen Menschen verfolgten das Ereignis live im Fernsehen oder im Rundfunk.

Nach nur viereinhalb Erdumläufen ging Apollo 11 auf Mondkurs. Dann trennte sich das Kommandomodul mit dem Namen Columbia von der dritten Raketenstufe, drehte sich um 180 Grad, koppelte sich an das Landefahrzeug Eagle (Adler) an und zog es aus der letzten Raketenstufe. Nach drei Tagen schwenkte diese Konfiguration in den Mondorbit ein, und nach mehreren Umrundungen trennten sich Kommando- und Landeeinheit. Während Michael Collins an Bord der Columbia in der Mondumlaufbahn zurückblieb, flogen Armstrong und Aldrin der Mondoberfläche entgegen. Während des Abstiegs gab der Navigationscomputer Alarm, weil das Rendezvous-Radar noch eingeschaltet war, was den Bordcomputer überlastet hatte. Der Landeanflug konnte jedoch fortgesetzt werden. Durch diesen Zwischenfall waren die Astronauten aber wohl so abgelenkt, dass sie den vorgesehenen Landepunkt nicht genau trafen und etwa 4,50 Kilometer weiter westlich niedergingen. Und dann tauchte wirklich ein Problem auf: Die Eagle sank auf ein Gebiet hinab, das mit großen Felsbrocken übersät war. Außerdem steuerte die Landefähre genau auf einen 4 Meter tiefen Krater zu. Deshalb übernahm Armstrong die manuelle Steuerung und setzte mit Aldrins Hilfe um 20:17 UTC am 20. Juli 1969 die Mondlandefähre 60 Meter neben dem Krater behutsam auf – mit einem Resttreibstoffvorrat für nur noch 15 Sekunden. »Houston, Tranquillity-Base here, the Eagle has landed« – »Houston, Tranquillity-Basis hier. Der Adler ist gelandet« waren Armstrongs erste historische Worte, die die unerträgliche Spannung im Kontrollzentrum in grenzlosen Jubel verwandelte.

 EHRENGÄSTE

Auf der Ehrentribüne verfolgten an diesem Tag aus respektvoller Entfernung Gäste wie Charles Lindbergh, Hermann Oberth und US-Expräsident Johnson den Start der Saturn V mit dem Apollo-11-Mondschiff.

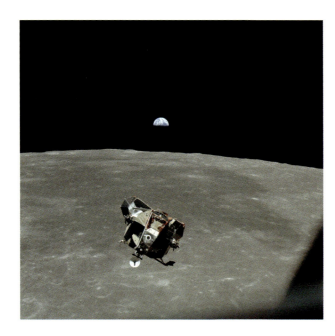

21. Juli 1969: Der **Lander Eagle** kehrt nach erfolgreicher Mission auf der Mondoberfläche mit den beiden ersten Menschen auf dem Erdtrabanten Armstrong und Aldrin zur Kommandokapsel Columbia zurück.

Buzz Aldrin während des Hinflugs in der Mondlandefähre. Zwei Tage später trennte sich das LM, und Collins blieb für 22 Stunden allein im Mondorbit zurück.

Ein Traum wird wahr: Die Saturn V mit Apollo 11 beim Start von Cape Canaveral am 16. Juli 1969 zu der 1,5 Millionen km langen Reise und der ersten bemannten Landung auf dem Mond.

Kennedy Space Center **am Morgen des 16. Juli 1969**: Neil Armstrong und Buzz Aldrin auf dem Weg zum Einstieg in die Apollo-11-Kapsel.

»ALS WIR ZUM EINSTIEG BEREIT WAREN, WOLLTEN SIE UNS NICHT ALLE DREI ZUGLEICH IM WEISSRAUM HABEN. ... SO BLIEB ICH UNTEN ALLEIN ZURÜCK ... AUF DER SATURN V LAG MORGENREIF, UND IN KÜRZE WÜRDE DIE SONNE ÜBER FLORIDA AUFGEHEN. DAS MEER WAR GANZ RUHIG UND FRIEDLICH, NIEMAND WAR IN DER NÄHE; DIE NÄCHSTEN MENSCHEN WAREN DREI, VIER, FÜNF MEILEN WEIT WEG ... DIESEN MOMENT WILL ICH MIR UNBEDINGT BEWAHREN. «

Edwin »Buzz« Aldrin, 1969

HELDEN DES 20. JAHRHUNDERTS
DIE CREW DER ERSTEN BEMANNTEN MONDLANDUNG

Der Flug der drei US-Astronauten Neil Armstrong (1930–2012), Buzz Aldrin (*1930) – eigentlich Edwin Eugene Aldrin, Jr. – und Michael Collins (*1930) zum Mond im Rahmen der Apollo-11-Mission ist eine der »Sternstunden der Menschheit«. Nach der Landung am 20. Juli 1969 um 20:17 Weltzeit (UTC) verließ Neil Armstrong sechs Stunden später die Landefähre und betrat am frühen Morgen des 21. Juli 1969 um 02:56 UTC als erster Mensch die Mondoberfläche, gefolgt von seinem Kollegen Buzz Aldrin.

Der Ausbildungs- und Berufsweg der drei Apollo-11-Astronauten war den NASA-Anforderungen entsprechend: Armstrong, Kommandant von Apollo 11, war, bevor er am 17. September 1962 als Mitglied der zweiten Astronautengruppe vorgestellt wurde, Kampfflugzeugpilot bei der US Navy im Koreakrieg. Danach hatte er sein zwangsweise unterbrochenes Flugzeugingenieurstudium abgeschlossen. Er hatte sich dann als Testpilot beim National Advisory Committee Aeronautics (NACA) beworben, musste aber erst eine andere Stelle antreten, bevor er Testpilot an der High Speed Flight Station (HSAFS) auf der Edwards Air Force Base in Kalifornien wurde. Hier flog Armstrong unter anderem die Raketenflugzeuge Bell X-1 und North American X-15.

Noch bevor die NASA gegründet wurde und dann alle US-amerikanischen Raumfahrtaktivitäten übernahm, gehörte Armstrong zu den Testpiloten, die die US Air Force im Juni 1958 für ihr Projekt »Man in Space Soonest« (MISS) ausgewählt hatte. Im März 1966 absolvierte er mit Gemini 8 seinen ersten Weltraumflug – und das gleich als Kommandant. Als Armstrong dann für das Apollo-Programm trainierte, wäre er durch den Absturz eines der Mondlandungstrainingsgeräte fast umgekommen. Bei der Mondlandung übernahm er die Steuerung der Eagle und lenkte die Mondfähre nach einer kleinen Kursabweichung mit dem letzten Tropfen Treibstoff zu einer sicheren Landestelle.

Pilot der Mondlandefähre war Edwin »Buzz« Aldrin. Den Namen »Buzz« hatte er von seiner Schwester bekommen, die das Wort »brother« nicht richtig aussprechen konnte und deshalb zu dieser Kurzform gegriffen hatte. Seinen eigentlichen Namen Edwin Eugene Aldrin, Jr. legte er 1988 ab. Nach seinem Abschluss als Maschinenbauingenieur an der Militärakademie West Point war Aldrin Kampfpilot bei der US Air Force und wurde im Koreakrieg eingesetzt. Ab 1959 studierte Aldrin Luft- und Raumfahrttechnik und promovierte. Er gehörte 1963 zu den 14 Astronauten der dritten

Raumfahrergruppe und war der erste Astronaut mit Doktorgrad. Seinen ersten Raumflug absolvierte er am 11. November 1966 mit Jim Lovell auf Gemini 12. Er meisterte die drei geplanten Außenbordeinsätze mit Bravour und stellte dabei einen Rekord auf. Insgesamt verbrachte er 5 Stunden und 30 Minuten frei im Weltall. Am 21. Juli 1969 betrat er um 03:15 UTC als zweiter Mensch den Mond.

Dritter Astronaut der Apollo-11-Mission war der Pilot Michael Collins, der ebenfalls in West Point studiert hatte. Auch er gehörte zur dritten Astronautengruppe von 1963. Zusammen mit John Watts Young (1930–2018) flog er die Gemini-10-Mission 1966, bei der er als erster Astronaut das Raumschiff zweimal verließ und vom Agena-Zielsatelliten eine Platte zur Bestimmung der Mikrometeoritenaktivität demontierte. Dabei entstand das berühmte Foto seines »Rittes« auf diesem Objekt.

Beim Apollo-11-Flug war er der Pilot des Raumschiffs und umkreiste allein den Mond, während seine beiden Kollegen ihre historischen Expeditionen auf der Oberfläche des Erdtrabanten unternahmen. Einsam sei er aber nicht gewesen, beteuerte er später in einem Interview: »Ich habe mich als Teil dessen gefühlt, was auf dem Mond passiert!«

Nach dem Apollo-11-Flug bot die NASA Collins an, möglicherweise als Kommandant von Apollo 17 selbst den Mond zu betreten, was Collins aber ablehnte. Er verließ 1970 die NASA, um als Staatssekretär für Öffentlichkeitsarbeit beim US-Außenministerium zu arbeiten. Anschließend wurde Collins der erste Direktor des National Air and Space Museum der Smithsonian Institution in Washington, D.C., und später Geschäftsmann.

Aldrin verließ die NASA 1971 und wurde Leiter des Astronautenausbildungsprogramms in der Edwards Air Force Base, Kalifornien. Dann aber verfiel er in Depressionen und Alkoholmissbrauch. Er begab sich in Therapie und konnte seine Krise 1978 überwinden. Seitdem schrieb Aldrin mehrere Bücher und hatte zahlreiche öffentliche Auftritte.

Helden des 20. Jahrhunderts: **Armstrong, Collins und Aldrin** auf dem offiziellen Mannschaftsfoto. Im Hintergrund das Ziel ihrer Reise: der Mond.

Armstrong, der 1970 stellvertretender Leiter des Washingtoner Aeronautikbüros wurde, seinen Master der Luft- und Raumfahrttechnik und einen Ehrendoktortitel der Ingenieurwissenschaften erhielt, schied 1971 aus der NASA aus. Bis 1979 war er Dozent für Luft- und Raumfahrttechnik an der University of Cincinnati, wechselte dann in die Wirtschaft und wurde zu einem erfolgreichen Unternehmer.

Als zweiter Vorsitzender war Armstrong 1986 Mitglied jener Kommission, die die Challenger-Katastrophe untersuchte. Nach einer Herzoperation verstarb er am 25. August 2012. Unvergessen bleibt sein erster Satz beim Betreten der Mondoberfläche: »That's one small step for (a) man, one giant leap for mankind!«

»THAT'S ONE SMALL STEP FOR (A) MAN, ONE GIANT LEAP FOR MANKIND!«

Neil Armstrong, 21. Juli 1969

Am 21. Juli 1969 um 03:15 UTC und damit 19 Minuten später als Neil Armstrong steigt Edwin »Buzz« Aldrin die Leiter der Mondfähre Eagle hinab und betritt als **zweiter Mensch die Mondoberfläche**.

Ein kleiner Schritt ...

Sechseinhalb Stunden nach der Landung stieg Armstrong in seinem klobigen Raumanzug rückwärts durch die Luke nach draußen. Nachdem er die Leiter an einem der Landebeine hinabgeklettert war, machte er eine kurze Pause, um den an der Unterseite des Landefahrzeugs liegenden Ausrüstungsbehälter mit der Fernsehkamera zu öffnen. Er richtete sie so aus, dass nun über eine Milliarde Menschen auf der Erde zusehen konnten.

Um 02:56 UTC am 21. Juli 1969 berührte Armstrong mit seinem Stiefel die Mondoberfläche und sprach die historischen Worte: »Dies ist ein kleiner Schritt für die (oder »einen«) Menschen, doch ein großer Sprung für die Menschheit.« Danach untersuchte er die Fähre, machte ein paar Panorama-Aufnahmen und sammelte schnell einige Bodenproben für den Fall, dass sie im Notfall überstürzt hätten starten müssen.

Aldrin folgte etwa 19 Minuten später. Beide Astronauten stellten jetzt eine Fernsehkamera etwa 20 Meter entfernt von der Fähre auf, sodass die Zuschauer auf der Erde die Aktivitäten der beiden »Mondmänner« am Landeplatz verfolgen konnten.

Sie erprobten verschiedene Fortbewegungstechniken, von denen sich das federnde Hüpfen bei der geringen Anziehungskraft auf dem Mond als die schnellste und sicherste Methode der Fortbewegung erwies. Sie entrollten eine Folie an einer Halterung, um Teilchen des Sonnenwindes einzufangen, und erst danach die amerikanische Fahne, bei der sie auch Erinnerungsstücke an die toten Raumfahrer von Apollo 1 und Sojus 1 deponierten. Sie ließen sich über eine telefonische Live-Schaltung von Präsident Nixon zu ihrer gelungenen Landung gratulieren. Anschließend sammelten die beiden Astronauten die wichtigen Gesteinsproben. Als sie nach zweieinhalb Stunden zur Eagle zurückkehrten, luden sie 21,55 Kilogramm Material an Bord. Im Gegenzug ließen die Astronauten einige Ausrüstungsgegenstände auf dem Mond zurück, um Gewicht zu sparen. Auch verschiedene Versuchsanordnungen und Messgeräte blieben auf dem Mond, wie zum Beispiel ein Laserreflektor zur Abstandsmessung zwischen Mond und Erde, der heute noch benutzt wird und Daten liefert. Nach ihrem Außeneinsatz ruhten sich die beiden Astronauten zunächst aus, bevor sie nach insgesamt 21 Stunden und 36 Minuten auf dem Mond den Start zurück zur Kommandokapsel einleiteten.

Der Rückstart erfolgte durch das Absprengen der Pilotenkabine vom unteren Teil des LM. Sie stieg in den schwarzen Mondhimmel und ging auf Kurs zum Rendezvous mit der Kommandokapsel. Die beiden »Mondbegeher« reinigten vor ihrem Überwechseln sorgfältig ihre Raumanzüge und ihre Ausrüstung. Es sollte einerseits kein Mondstaub in die Kommandokapsel gelangen und deren Funktion beeinträchtigen und zum anderen sollten keine unbekannten Viren nach der Rückkehr zur Erde dort eine Epidemie auslösen, wie es in einigen Science-Fiction-Geschichten als Horrorszenarium ausgemalt wurde. Deshalb reichten sie die Kästen mit den Gesteinsproben zu Collins hinüber und verließen die Kabine des LM. Sie wurde abgesprengt und stürzte später zurück auf die Mondoberfläche.

HISTORISCHER FUSSABDRUCK

»Ich wollte die Beschaffenheit dieses Staubs dokumentieren. Dazu machte ich ein Foto von einer ebenen Fläche, stellte meinen Fuß genau in die Mitte und fotografierte ihn. Das sah jedoch irgendwie einsam aus, fand ich, und ich machte lieber ein Foto von einem Fußabdruck mit dem Stiefel daneben.« (Buzz Aldrin)

Wasserung der Apollo-11-Kapsel am 24. Juli 1969 im Pazifik. Sie ist durch einen Schwimmkragen gesichert, und die Astronauten in Quarantäneanzügen haben sie bereits in einem Schlauchboot verlassen.

Triumph und Erleichterung: Im Mission Control Center in Houston wurde die Ankunft der Apollo-11-Crew auf dem Flugzeugträger USS Hornet und die Begrüßung durch Präsident Nixon, die faktisch den erfolgreichen Abschluss der Mission darstellte, auf Großleinwände übertragen.

Apollo 11 wasserte am 24. Juli 1969 im Pazifik, wo Präsident Nixon auf dem Flugzeugträger USS Hornet auf sie wartete. Allerdings mussten sie sofort für drei Wochen, bis zum 10. August 1969, in Quarantäne gehen. Dieser Tag wurde, wie bei großen Anlässen in den USA üblich, mit Paraden und Konfetti landesweit gefeiert. Danach begaben sich die Mondfahrer auf eine 45-tägige Rundreise, die sie in 25 Länder der Erde führte. Doch es blieben nicht nur überwältigende Bilder und ein Triumph für die amerikanische Raumfahrt, sondern mit den Untersuchungen der Gesteinsproben und mit den Ergebnissen der Experimente und Messungen auf dem Mond begann ein neues Zeitalter der Erforschung des Weltraums – und auch der Erde.

DER VERGESSENE ASTRONAUT

Dass Michael Collins als Pilot des Apollo-11-Raumschiffs in der Kapsel zurückbleiben und den Mond allein umkreisen musste, während Armstrong und Aldrin als erste Menschen den Erdtrabanten betraten und diesen Ruhm ernteten, wurde von vielen Menschen als undankbares Schicksal angesehen. Das wurde auch durch US-Präsident Nixons Verhalten während seines Telefonats mit den beiden »Mondbesuchern« noch verstärkt. Während er mit ihnen sprach, erwähnte er Collins kein einziges Mal. Collins ging deshalb als der »vergessene« Astronaut in die Geschichte ein.

Aus Angst, dass die Apollo-11-Astronauten unbekannte Erreger eingeschleppt hatten, mussten sie auf dem Flugzeugträger gleich nach ihrer Bergung in eine **mobile Quarantänestation**, sodass sie Präsident Nixon nur durch die Scheibe begrüßen konnte.

EIN KLEINER SCHRITT ...

Helden der Nation: Nach ihrer Entlassung aus der Quarantäne wurde die Apollo-11-Crew am 13. August 1969 in New York mit der größten Konfetti-Parade gefeiert, die die Stadt je gesehen hatte. Sie war nur eine von vielen Feierlichkeiten für die Astronauten, die in den USA und verschiedenen Ländern der Welt folgten.

EIN KLEINER SCHRITT ...

Apollo 12: Souvenirs vom Mond

Nach dem Erfolg von Apollo 11 sollte noch im selben Jahr Apollo 12 auf dem Mond landen. Man wollte dabei aus den Erfahrungen der ersten Mondmission lernen, d.h. die Landung präzisieren, noch mehr Gesteinsproben mitbringen und auch ein Paket neuer Messgeräte (ALSEP, Apollo Lunar Surface Experiment) aufstellen, die unter anderem seismografische Erschütterungen noch genauer messen sollten.

HIGHTECH AUF DEM MOND

Beim Aufstellen der ALSEP-Geräte klemmte ein Verbindungsteil. Al Bean schlug kurzerhand einmal kräftig mit seinem Geologenhammer davor, und das Problem war behoben. Seither wird als Zitat von ihm überliefert: »Verlass das Haus nie ohne Hammer!«

Schon der Start von Apollo 12 mit Charles »Pete« Conrad, Jr. (1930–1999), Richard Francis Gordon, Jr. (1929–2017) und Alan LaVern Bean (*1932) am 14. November 1969 war spektakulär: Kurz nach dem Abheben wurde die Trägerrakete zwei Mal vom Blitz getroffen. Jedoch hatte er an der Saturn V keinen Schaden angerichtet, sodass die Reise zum Mond wie geplant angetreten werden konnte. Die drei Astronauten waren ein eingespieltes Team, hatten jahrelang zusammen trainiert und waren schon als Ersatzmannschaft für Apollo 9 zusammengestellt worden. Möglicherweise lag es daran, dass sie alle von der Marine kamen, jedenfalls hatten sie die Kommandokapsel auf den Namen Yankee-Clipper und die Mondfähre Intrepid getauft. Nach dem Start verlief der Flug problemlos, und die Landung fand nur 183 Meter von Surveyor 3 statt, die 31 Monate zuvor auf der Mondoberfläche niedergegangen war. Dieses Gebiet war ausgewählt worden, weil man durch die von Surveyor 3 übermittelten Daten und Bilder die Umgebung gut einschätzen konnte.

Conrad und Bean bauten die Fernsehkamera und andere Teile von der Sonde ab, um sie für Untersuchungen mit zur Erde zu nehmen. Dort zeigte die Analyse, dass irdische Mikroben, die offenbar damals auf der Erde in die Fernsehkamera gelangt waren, auf dem Mond überlebt hatten. Diese Geschichte hielt sich jahrzehntelang, bis John Rummel (Chairman of the Committee on Space Research, COSPAR) 2010 dem Internet-Magazin SPACE.com bestätigte, dass die besagten Mikroben tatsächlich erst durch eine Kontamination bei der Laboruntersuchung nach der Rückkehr von Apollo 12 in die Kamera gelangt waren.

Die beiden »Mondbegeher« sammelten auf einer geologischen Exkursion mehr als 34 Kilogramm Mondgestein und Bodenproben. Nach einem Aufenthalt auf dem Mond von 31 Stunden und 31 Minuten starteten die Astronauten zurück zur Kommandokapsel. Das Landefahrzeug ließen sie auf dem Mond zerschellen, wo das ALSEP-Seismometer noch über eine Stunde lang die Einschlagsschwingungen aufzeichnete. Am 24. November wasserte Apollo 12 im Pazifik und wurde vom Flugzeugträger USS Hornet geborgen.

Der Start der Saturn V von Apollo 12 am 14. November 1969 war spektakulär: Kurz nach dem Abheben wurde **die Riesenrakete zweimal vom Blitz getroffen**, was die Datenübertragung aus dem Raumschiff durcheinanderbrachte. Doch die Flugleitung konnte zum Glück das System neu hochfahren.

They did it again: Am 19. November 1969 landet Apollo 12 auf dem Mond. Al Bean beim Ausstieg aus dem Landemodul. Die Abläufe kurz nach der Landung ähnelten sich: Kontrolle des LM nach Beschädigungen, Aufbau der wissenschaftlichen Instrumente, Sammeln von Staub- und Gesteinsproben. Nur die Aufenthalte wurden länger und das wissenschaftliche Programm ausgedehnter.

Ein Bild des Schreckens: Als am 14. April 1970 kurz vor der Rückkehr zur Erde das Servicemodul des Apollo-13-Raumschiffs abgesprengt wurde, kam das gesamte Ausmaß der Explosion des Sauerstofftanks ins Bild. Dadurch wurde allen bewusst, wie leicht die Reise in einer Katastrophe hätte enden können.

Apollo 13: Die erfolgreiche Katastrophe

Am 11. April 1970 startete Apollo 13 mit den drei Astronauten Jim Lovell, Fred Wallace Haise, Jr. (*1933) und John Leonard »Jack« Swigert, Jr. (1931–1982) die Apollo 13 Mission. Mit dem Raumschiff Odyssey und der Landefähre Aquarius sollte Apollo 13 im Fra-Mauro-Hochland, einem Gebiet mit besonders interessanten Gesteinsformationen und Kratern landen. Der Start und die erste Flugphase verliefen planmäßig. Nach den erfolgreichen Flügen von Apollo 11 und 12 war das öffentliche Interesse auch schon merklich abgeflaut.

Das änderte sich 56 Stunden später, als das Raumschiff bereits mehr als 300.000 Kilometer von der Erde entfernt und damit näher zum Mond als zur Erde war. Plötzlich wurde es durch eine Explosion erschüttert. Es kam zu einem jähen Leistungsabfall und Sauerstoffmangel im Raumfahrzeug. In eher lapidarem Tonfall meldete Swigert dem Kontrollzentrum: »Okay Houston, we've had a problem here.« (»Okay, Houston, wir hatten hier ein Problem.«)

Beide Seiten wussten, dass die Situation äußerst brisant und die Astronauten in Lebensgefahr waren: Das Servicemodul hatte einen derart schweren Schaden erlitten, dass die Strom- und Sauerstoffversorgung für das Kommandomodul nicht mehr gegeben war. Die Mission musste sofort abgebrochen werden, doch für eine direkte Rückkehr zur Erde reichte der Treibstoff nicht mehr aus. Die Lösung des Problems war eine Schleife um den Mond zu fliegen und dabei die Anziehungskraft des Mondes zu nutzen, um dem Raumschiff dadurch den nötigen Schwung für die Rückkehr zur Erde zu geben. Die Manöver, die dazu geflogen werden mussten, konnte indessen nur die Mondfähre durchführen, die eine eigene, unabhängige Versorgung hatte. Alle drei Astronauten stiegen also in die eigentlich nur für zwei Personen ausgelegte Mondfähre um. Das warf allerdings ein anderes Problem auf: Der Umweg um den Mond wurde etwa 90 Stunden dauern, und die Vorräte in der Mondfähre reichten maximal für 50 Stunden aus.

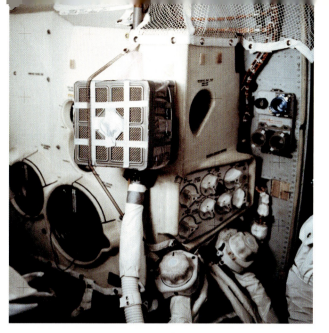

Als beim Flug von Apollo 13 die **Luftfilter** ihren Dienst zu versagen drohten, mussten die Astronauten einen improvisierten Filter bauen.

Außerdem herrschte in der Aquarius bald ein feucht-kaltes Klima. Dazu kam, dass die chemischen Luftfilter, die das giftige Kohlendioxid aus der Luft beseitigen sollten, begannen, ihren Dienst zu versagen – und das war das schlimmere Problem. Houston spielte verschiedene Lösungen durch, und die Besatzung baute schließlich nach Anleitung der Bodenkontrolle aus Bordmitteln und mit Klebeband einen improvisierten Filter. Die Astronauten waren sogar noch so kaltblütig, während ihrer außerplanmäßigen Mondumrundung Fotos von der Mondrückseite zu machen. Die Flugleitung in Houston, unter Gene Kranz, berechnete die alternative Flugroute und organisierte die Rettung von Apollo 13 mit höchstem Einsatz und größter Professionalität. Kranz war klar, dass es nur die eine Möglichkeit gab, und die musste funktionieren. Inzwischen verfolgten die Menschen rund um die Welt über Fernsehen und Radio die Sonderberichte der Rettungsaktion. Und die wurde schließlich ein Erfolg.

Am 17. April war die Zeit für den Anflug auf die Erde gekommen. Die Crew wechselte zurück ins Kommandomodul, wo sie die stillgelegten Systeme wieder hochfuhr. Sie sprengten das beschädigte Servicemodul ab und ebenso die Mondlandefähre. Die Apollo-13-Mission ging als die »erfolgreiche Katastrophe« in die Geschichte der Raumfahrt ein. Später stellte sich heraus, dass falsche Thermostate zu einer Überhitzung der Sauerstofftanks und der darauffolgenden Explosion geführt hatten.

PORTRÄT

»FAILURE IS NOT AN OPTION«
GENE KRANZ – FLUGDIREKTOR VON APOLLO 13

»Ein Fehlschlag ist keine Option« hat Eugene Francis »Gene« Kranz (*1933) so nie gesagt, er stammt aus dem Spielfilm *Apollo 13*, hätte aber durchaus von ihm sein können. Deshalb nahm er ihn auch als Titel seiner Autobiografie. Dagegen ist folgende Instruktion an die Flugleiter in Houston verbürgt: »Die Flugleitung wird nie einen Amerikaner im All verlieren. Ihr müsst daran glauben, dass diese Crew nach Hause kommen wird.« Durch sein überlegtes Handeln während der Katastrophe des Apollo-13-Fluges (11.–17. April 1970) wurde Kranz zum bekanntesten Flugleiter der NASA. Markenzeichen waren seine weißen Westen, die seine Frau für ihn genäht hatte.

Erleichterung: Nach der erfolgreichen Wasserung und Bergung der Apollo-13-Crew wurde das auch in der Flugleitung in Houston von Gene Kranz begeistert gefeiert, indem er sich eine lange Zigarre ansteckte. Heute müsste er dazu nach draußen gehen.

Apollo 14: Im Fra-Mauro-Hochland

Eigentlich hätte Apollo 13 im Fra-Mauro-Hochland am Ozean der Stürme auf dem Mond landen sollen. Inzwischen hatten jedoch Budgetkürzungen den Wegfall der geplanten Flüge von Apollo 15 und Apollo 19 erzwungen und damit Apollo 14 Anlass gegeben, dieses Gebiet als Landungsziel zu bestimmen.

Apollo 14 startete am 31. Januar 1971. Kommandant war Alan Shepard, der erste Mercury-Astronaut. Die beiden anderen Crewmitglieder hießen Stuart Allen »Stu« Roosa (1933–1994) und Edgar Dean »Ed« Mitchell (1930–2016). Die Kommandoeinheit und Mondlandefähre hatten die Namen Kitty Hawk und Antares erhalten.

Shepard und Mitchell blieben 33 Stunden auf der Mondoberfläche. In dieser Zeit unternahmen sie zwei lange Exkursionen: eine, um Gesteinsproben zu sammeln, das ALSEP und andere Experimente aufzubauen, die auf der Mondoberfläche zurückgelassen werden sollten; dazu kam die Untersuchung des Mondregoliths mit Hilfe kleiner Sprengladungen, die die seismischen Erschütterungen des Untergrunds registrierten.

Während der zweiten Außenbordaktivität, die ähnlich wie bei Apollo 12 eine geologische Exkursion war, sollten die Astronauten zum nahe gelegenen Cone-Krater gehen, um seinen 100 Meter hohen Rand näher zu untersuchen. Aber das erwies sich als zu schwierig, und sie brachen auf dem immer steiler werdenden Gelände den Aufstieg ab. Erst später stellte sich heraus, dass sie eigentlich nur 30 Meter von ihrem Ziel entfernt waren. Beide Außeneinsätze waren etwas problematisch, weil die Astronauten Schwierigkeiten mit den langen Wegen und der Orientierung hatten. Außerdem gab es Probleme im persönlichen Verhältnis zwischen Mitchell und Shepard wegen dessen Eigenwilligkeiten. Dennoch war die Mission ein Erfolg. Es wurden interessante Gesteinsproben mitgebracht, brillante Fotos und wertvolle Beobachtungen zukünftiger Landestellen gemacht. Der Rückflug verlief problemlos, und am 9. Februar 1971 wasserte die Kapsel im Pazifik. Nach ihrer Rückkehr zur Erde musste sich die Apollo-14-Crew, wie die anderen Mannschaften vorher, einer Quarantäne unterziehen. Doch als sie, wie alle ihre Vorgänger, wieder keine Anzeichen unerwarteter Krankheiten zeigte, wurde diese Vorsichtsmaßnahme für die folgenden Mannschaften aufgehoben.

Orientierung: Astronaut Edgar Mitchell, der mit Alan Shepard mit Apollo 14 im Fra-Mauro-Hochland am Rand des Ozeans der Stürme gelandet war, studiert am 6. Februar 1970 vor dem Aufstieg zum Cone-Krater die Landkarte.

ABSCHLAG AUF DEM MOND

Am Schluss seines zweiten Außeneinsatzes wurde am 5. Februar 1971 Alan Shepard, der erste Amerikaner im All, auch noch zum ersten Golfspieler auf dem Mond. Wie Edgar Mitchell später berichtete, schlug Shepard zwei Bälle mit einem aus dem Kopf eines Eisen 6 und einem Mondwerkzeug improvisierten Schläger. Das Ganze sah chor unbeholfen aus, doch die Anekdote wird bis heute gern erzählt.

Apollo 15: Mit dem Auto unterwegs

Nach den Problemen der Apollo-14-Besatzung, die, nur mit einem Handwagen ausgerüstet, auf dem Mond nur langsam vorankam und in ihrer wissenschaftlichen Arbeit dadurch eingeschränkt war, sollte Apollo 15 mit einer umfangreicheren Ausrüstung und vor allem mit einem Fahrzeug ausgestattet werden, das ihren Radius erweitern sollte.

Als dann Apollo 15 am 26. Juli 1971 mit dem Raumschiff Endeavour und der verbesserten Landefähre Falcon auf einer ebenfalls verstärkten Saturn V von der Startrampe abhob, hatten die Astronauten das Lunar Roving Vehicle (LRV) mit an Bord. Dieses vierrädrige, elektrisch angetriebene Mondfahrzeug konnte zwei Astronauten samt ihrer Ausrüstung und Gesteinsproben über viele Stunden mit relativ hoher Geschwindigkeit (10 km/h) transportieren.

Die Mannschaft bestand diesmal aus dem Kommandanten David Randolph Scott (*1932), dem Piloten der Kommandoeinheit Alfred Merrill Worden (*1932) und dem Piloten der Mondlandefähre James Benson »Jim« Irwin (1930–1991).

Falcon ging am 30. Juli nahe der sogenannten Hadley-Rille nieder, ein rund 1,50 Kilometer breites und zwischen 180 und 270 Meter tiefes Tal am Fuß der Montes Apenninus, des mächtigsten Gebirges auf dem Mond. Hier unternahmen Scott und Irwin drei Exkursionen auf der Mondoberfläche, bei denen sie eine Entfernung von insgesamt 28 Kilometern zurücklegten.

Eine ihrer Exkursionen brachte sie auch an den Mount Hadley, einen über 4.000 Meter hohen, beeindruckenden Berg. Scott war kein Geologe, aber sehr interessiert an Gesteinsstrukturen und Gebirgsformationen. Unter den 77 Kilogramm gesammelter Mondproben fand sich als besonderes Stück der sogenannte Genesis-Stein. Wie sich später herausstellte, war er fast so alt wie der Mond selbst: über vier Milliarden Jahre. Aus wissenschaftlicher Sicht war die Apollo-15-Mission die bis dahin erfolgreichste.

Um den Aktionsradius der Astronauten zu erweitern, wurde ihnen ab Apollo 15 ein Fahrzeug mitgegeben: **das Lunar Roving Vehicle (LRV)**. Es kam zusammengefaltet in der Unterstufe des LM zum Erdtrabanten. Hier belädt es Jim Irwin vor dem Hintergrund des Mount Hadley am 31. Juli 1971 mit Ausrüstung.

Während der Apollo-16-Mission wurden Sternaufnahmen mit einer an einem Teleskop **montierten UV-Kamera** gemacht.

Apollo-16-Kommandant John Young landete mit Thomas K. Mattingly **am 20. April 1971 im Descartes-Hochland**.

Apollo 16: Im Descartes-Hochland

Die wissenschaftlichen Ergebnisse von Apollo 15 sollten von der Nachfolgemission Apollo 16 jedoch noch übertroffen werden. Für den Kommandanten John Young war der Mondflug nichts Neues, hatte er doch den Erdtrabanten mit Apollo 10 schon einmal besucht. Co-Astronauten waren Thomas Kenneth »Ken« Mattingly II (*1936) als Pilot der Kommandoeinheit Casper und Charles Moss »Charlie« Duke, Jr. (*1935) als Pilot der Mondlandefähre Orion.

Nach dem Start am 16. April 1972 verlief der Flug ohne Probleme. Aber als es an die Landung auf dem Mond ging, wäre die Mission wegen einer nicht richtig funktionierenden Steuerdüse am Kommandomodul fast abgebrochen worden. Zwar ließ Houston die Mondlandung weiterlaufen; aber der Aufenthalt im Orbit nach dem Wiederaufstieg wurde verkürzt, sodass die Landung auf der Erde einen Tag früher als vorgesehen geschah.

Bis dahin erkundeten die Astronauten drei Tage lang die Mondoberfläche. In dieser Zeit waren sie über zwanzig Stunden außerhalb des LM. Alles lief perfekt: Die Raumanzüge waren verbessert worden, sodass sich die Astronauten leichter bewegen konnten. Sie legten mit dem Rover 26,90 Kilometer zurück und fuhren dabei mit 22 km/h einen neuen Geschwindigkeitsrekord. Die Astronauten waren im Vorfeld für ihre geologischen Aufgaben noch besser geschult worden und sammelten 95,70 Kilogramm Proben. Rückblickend wurde Apollo 16 als wissenschaftlich erfolgreichste Mission bewertet.

Apollo 17: Die letzten Menschen auf dem Mond

Eigentlich waren mit Apollo 11 die von Präsident Kennedy Anfang der 1960er Jahre verkündeten Ziele erreicht: Die Nation hatte noch vor dem Ende der Dekade Menschen zum Mond gebracht, sie dort landen und danach heil wieder zurückkehren lassen. Und: Die USA hatten in der Raumfahrttechnik die UdSSR nicht nur eingeholt, sie im Wettrennen zum Mond nicht nur geschlagen, sondern in dieser Technologie sogar überholt. Wie also sollte es weitergehen?

 FAMILIE DUKE AUF DEM MOND

Der Besatzung von Apollo 16 war es erlaubt, persönliche Gegenstände mitzunehmen. Charlie Duke deponierte ein Familienfoto auf dem Mond.

Start der Saturn-V-Rakete mit Apollo 17 zur letzten bemannten Mondlandung **kurz nach Mitternacht** am 7. Dezember 1972. Mit an Bord war zum ersten Mal ein Wissenschaftler: der Geologe Jack Schmitt.

Die politischen Entwicklungen in den USA gaben die Antwort vor: Das Land hatte sich in den umstrittenen und immer teurer werdenden Vietnamkrieg verstrickt, sodass bei diversen Haushaltsposten Abstriche gemacht werden mussten. Einer davon war das NASA-Budget, das seit Beginn des Apollo-Programms ständig gewachsen war: von 500 Millionen Dollar im Jahre 1960 auf 5,2 Milliarden Dollar 1965. Die Regierung entschied deshalb, bemannte Raumfahrt in Zukunft näher bei der Erde zu betreiben. Sie strich zwei Missionen, sodass die NASA den Apollo-17-Mondflug als letztes Unternehmen für dieses Reiseziel planen musste.

Und so tat sie es auch, nämlich in der Hinsicht, dass sie zum ersten Mal einen Wissenschaftler mit auf Expedition schickte: den Geologen Harrison Hagan »Jack« Schmitt (*1935). Er war auch gleichzeitig Pilot der Mondlandefähre. Damit gab die NASA endlich jenen Stimmen aus der Wissenschaftsgemeinde nach, die das Apollo-Progamm als zu wenig wissenschaftlich kritisiert hatten. Die Apollo-17-Mannschaft, zu der neben Jack Schmitt noch Kommandant Eugene Andrew »Gene« Cernan und Kommandomodul-Pilot Ronald Ellwin »Ron« Evens, Jr. gehörten (1933–1990), startete am 7. Dezember 1972 spektakulär während der Nacht vom Raumhafen Cape Kennedy mit der Kommandoeinheit America und dem LM Challenger.

Das Ziel war die Taurus-Littrow-Region: ein Tal am Rand des Mare Serenitatis. Das Gebiet war schon auf den Fotos von Apollo 15 als geologisch interessant aufgefallen. Hier hoffte man, möglichst junges vulkanisches Gestein zu finden, mit dessen Hilfe man die geologischen Entwicklungen auf dem Mond besser einordnen konnte. So wurden, wie bei den drei vorangegangenen Missionen, drei lange Exkursionen unternommen, mit dem Ziel, auf den Fahrten mit dem Lunar Rover Vehicle (LRV) professionell ausgesuchte Gesteinsproben zu sammeln. Am Rand des nahen Shorty-Kraters fand man selt-

sam orangefarbenen Boden, über dessen Ursprung die Wissenschaftler ausgiebig diskutierten: Er war, wie man später herausfand, vulkanisches Glas, das in Feuerfontänen an die Oberfläche geschleudert worden war und sich dabei innerhalb kürzester Zeit abgekühlt hatte. So kristallisierte es nicht zu Stein, sondern erstarrte zu Glas. Die orangene Färbung rührte von einem hohen Anteil eines Titanoxids in dem geschmolzenen Material her.

Am Ende ihrer Mondexkursionen enthüllten die beiden letzten Astronauten auf dem Erdtrabanten eine Plakette an einem der Landebeine des LM, die an ihren Besuch erinnerte. Anschließend verstauten sie die gesammelten Proben in der Aufstiegsstufe des LM. Bevor sie Cernan als Letzter bestieg, salutierte er noch vor der US-Flagge mit den Worten: »Wenn wir nun den Mond von Taurus Littrow aus verlassen, so verlassen wir ihn, wie wir gekommen sind, und so Gott will, werden wir zurückkehren, mit Frieden und Hoffnung für die gesamte Menschheit.«

Jack Schmitt untersucht am 13. Dezember 1972 während der letzten Mondexkursion im **Tal der Taurus-Littrow-Region** einen haushohen Gesteinsbrocken hoch oben am Hang des sogenannten Nordmassivs.

KLEBEBAND HILFT IMMER
Als der Rover am 12. Dezember 1972 während eines Außeneinsatzes einen Teil seines rechten hinteren Kotflügels verlor, ersetzten die Astronauten ihn mit einer Mondkarte, die sie mit reichlich Klebeband befestigten.

APOLLO 17: DIE LETZTEN MENSCHEN AUF DEM MOND

Die Sowjets und der Mond

Das Heck der Sojus-Rakete, die als Träger der schweren Kapseln gleichen Namens diente. Sie bestand wie ihr Vorgänger Wostok aus zwei Hauptstufen mit vier rund um die untere Stufe angeflanschten Boostern. Die Sojus hat sich als so zuverlässig erwiesen, dass sie noch heute als Transporter zur Internationalen Raumstation ISS eingesetzt wird.

Jahrzehntelang blieben die sowjetischen Aktivitäten um eine bemannte Mondlandung streng geheim. So wusste beispielsweise niemand im Westen, dass die UdSSR zwei Mondflugprogramme parallel betrieb und Alexej Leonow der erste Russe auf dem Mond sein sollte. Erst mit dem Amtsantritt von Michail Gorbatschow und seiner Glasnost-Perestroika-Politik ab 1985 änderte sich die Lage: Nach und nach gelangten Informationen über das geplante bemannte Mondlandeprogramm an die Öffentlichkeit. Und als im Laufe der 1990er Jahre die Archive geöffnet wurden und die Historiker auch Zeitzeugen befragen konnten, wurden der gesamte Umfang und die Strategie, aber auch die Gründe des Scheiterns der sowjetischen Anstrengungen auf diesem Gebiet der Raumfahrt offenbar.

Die Sowjetunion wusste auch ohne Kennedys programmatische Rede in Washington, dass der Mond als nächster Himmelskörper nicht nur für unbemannte Raumsonden, sondern noch mehr für bemannte Raumschiffe ein prestigeträchtiges Ziel sein würde. Deshalb begann man mit den Arbeiten an einer neuen Trägerrakete mit der Bezeichnung N 1. Sie sollte die R-7 ablösen und genauso leistungsfähig sein wie die amerikanische Saturn V. Anders als in den USA gab es in Russland keine übergeordnete Institution wie die NASA, sondern hier arbeiteten unterschiedliche Konstrukteure für verschiedene Ministerien an verschiedenen Raketen. Koroljow arbeitete mit seinem Team an der N 1, einer dreistufigen Rakete, die mit 105 Meter Höhe, einer Nutzlast von 75 Tonnen, einem maximalen Durchmesser an der Basis von 16,90 Metern und 42

Die sowjetische Trägerrakete **Proton auf dem Weg zur Startrampe**. Im Gegensatz zu den USA, die ihre Raketen senkrecht montierten und transportierten, weil sie sie als Flugkörper sahen, wurden die Trägerraketen der UdSSR waagerecht zusammengebaut und (wie ein Geschoss) auf besonders konstruierten Eisenbahnwaggons auf der Schiene zum Startplatz gebracht, wo sie dann mit einer Hebeanlage aufgerichtet wurden.

Triebwerken die größte bisher gebaute russische Rakete werden sollte, aber immer noch nicht so stark war wie die amerikanische Saturn V. Deshalb plante Koroljow zunächst, drei Raketen zu starten und in einem Rendezvous-Manöver im Erdorbit die Einzelteile des Sojus-Raumschiffes zusammenzusetzen.

Neben Koroljow mischte sich Wladimir Tschelomei immer mehr in die Diskussion ein, der Raketen für das sowjetische Militär entwickelte. Er schlug eine Superrakete mit dem Namen Proton vor, die ab 1962 ursprünglich als militärische Interkontinentalrakete entwickelt wurde, ab 1965 dann aber als Trägerrakete für die bemannte Raumfahrt dienen sollte.

1964 fiel die offizielle Entscheidung, den Mond auf zweierlei Weise zu erobern: Ein einzelner Kosmonaut sollte 1967/68 auf dem Mond landen, also noch vor Apollo 11. Hierfür sollte Koroljow seine N 1 bauen und das Sojus-Raumschiff planen.

1965 wurde die Rendezvous-Technik von Apollo übernommen, und das Rendezvous wurde aus technischen Gründen in den Mondorbit verlegt. Das für dieses Unternehmen erforderliche Raumfahrzeug setzte sich aus einem Raumschiff auf der Grundlage der Sojus zusammen und war in etwa mit der Apollo-Kommandoeinheit vergleichbar. Die zweite Komponente war das Ein-Mann-Mondschiff Lunij Korabl (LK) für die Mondlandung des Kosmonauten und den Rückstart.

Das zweite Projekt war die bemannte Mondumrundung unter Leitung von Tschelomei 1967 zum 50. Jahrestag der Oktoberrevolution. Dafür sollte die neue Proton-Rakete eingesetzt werden. Als Kosmonaut für diese Mission war Wladimir Michailowitsch Komarow vorgesehen.

Doch es gab schwere Rückschläge. Am 14. Januar 1966 starb Sergej Koroljow bei einer Operation. Seinem Nachfolger Wassili Pawlowitsch Mischin (1917–2001) gelang es nicht, sich gegen Koroljows alten Widersacher Valentin Petrowitsch Gluschko (1908–1989) durchzusetzen, der inzwischen Chef des wichtigsten Raketenherstellers der UdSSR geworden war. Zwar wurde das Mondlandeprogramm weiter vorangetrieben, in der Hoffnung, dass sich die erste Apollo-Mondlandung verzögern würde, doch erhielten die sowjetischen Anstrengungen einen gewaltigen Schlag, als die N-1-Trägerrakete beim ersten Startversuch am 21. Februar 1969 kurz nach dem Abheben explodierte. Auch der zweite Start am 3. Juli 1969 wurde zum Desaster; und nicht viel besser verliefen die Starts am 26. Juni 1971 und 23. November 1972, als die USA schon Apollo 17 vorbereiteten, um ihr Mondprogramm mit diesem Flug erfolgreich abzuschließen.

DIE SOWJETS UND DER MOND

Der sowjetische **Mondlander Luna 16** sammelte im September 1970 mit einem Greifer automatisch Bodenproben vom Mond und sandte sie mit einer speziellen Aufstiegsstufe zur Erde zurück. Ähnliches ist auch in den 2020er Jahren von den großen Raumfahrtagenturen für den Mars geplant.

Auch das Projekt der bemannten Mondumkreisung wurde zum Desaster. Der Start der Proton-Rakete mit einem Sojus-Raumschiff und Komarow an Bord am 23. April 1967 verlief planmäßig, und die Kapsel umkreiste 18-mal die Erde, doch bei der Landung versagte der Fallschirm, und Komarow stürzte in den Tod. Danach folgten noch weitere Flüge mit weiterentwickelten Sojus-Raumschiffen. Doch diese Missionen hatten nicht mehr den Mond zum Ziel, sondern trainierten Rendezvous-Manöver im Erdorbit, Gruppenflüge und stellten 1970 mit Sojus 9 einen Rekord für den bis dahin längsten Aufenthalt im All auf.

1974 stellte die Sowjetunion ihr Mondlandeprogramm ein – allerdings nicht ohne vorher offiziell verlautbaren zu lassen, dass es ein bemanntes Mondlandeprogramm nie gegeben habe, weil die UdSSR nicht das Leben ihrer Kosmonauten für eine Propagandashow habe riskieren wollen. Stattdessen habe sie all ihre Kräfte eingesetzt, um eine große permanente Raumstation im Erdorbit zu verwirklichen.

Erfolge mit unbemannten Mondsonden

Trotz zahlreicher von Politik und Technik verursachter Fehl- und Rückschläge in der bemannten Raumfahrt kamen die Sowjets doch noch zu einer eigenen Erkundung der Mondoberfläche und sogar zur Rückführung von Bodenproben. Es gelang ihnen mit einer Reihe dafür äußerst komplex ausgerüsteter Luna-Sonden. Die erste von ihnen mit der Bezeichnung Luna 15 hatte schon bei den Amerikanern und in den westlichen Medien für Unruhe gesorgt, weil sie sich genau zur Zeit der Apollo-11-Mission dem Mond näherte. Aber die Bremsra-

Das sowjetische **Mondauto Lunochod** mit seinen Antennen und Kameras war 1970 der erste ferngesteuerte Rover zur Erkundung und zur Untersuchung von Bodenproben auf einem anderen Himmelskörper. Ähnliche Entwicklungen wurden später von den USA erfolgreich auf dem Mars eingesetzt.

keten versagten, und Luna 15 prallte im Meer der Gefahren ungebremst auf die Mondoberfläche.

Die am 12. September 1970 gestartete Mondsonde Luna 16 war erfolgreicher. Sie konnte im Meer der Fruchtbarkeit 100 Gramm Gestein sicherstellen und zur Erde zurückschicken. Am 17. November 1971 landete Luna 17 im Meer des Regens und vollbrachte in der unbemannten Erforschung des Mondes eine zweite Pioniertat: An Bord hatte sie ein automatisch arbeitendes Fahrzeug namens Lunochod 1 (Gewicht: 756 kg, Höhe: 1,35 m, Länge: 2,21 m und Breite: 2,15 m). Das Fahrzeug war solargetrieben, wurde von der Erde aus ferngesteuert, war 322 Tage aktiv und legte in dieser Zeit 10,54 Kilometer zurück. Dabei machte es rund 20.000 Aufnahmen und 206 Panoramen. An 500 Stellen wurden mit einem Spezialgerät (Penetrometer) die physikalischen Eigenschaften der Mondoberfläche gemessen.

Das Nachfolgefahrzeug Lunochod 2 kam am 15. Januar 1973 mit der Raumsonde Luna 21 zum Mond. Die Mission dieses 840 Kilogramm schweren Fahrzeugs dauerte nur fünf Monate; aber dabei wurden über 37 Kilometer zurückgelegt. Allerdings musste der Rover aufgegeben werden, nachdem er in einen Krater gefahren war und die nun mit Staub bedeckten Solarzellen ihn nicht mehr mit ausreichend Strom versorgen konnten.

Das Luna-Programm wurde bis Luna 24 bis 1976 fortgeführt: Zumindest Luna 20 und Luna 24 sammelten Bodenproben, während Luna 18 und Luna 23 aus verschiedenen Gründen scheiterten. Luna 19 und Luna 22 waren Forschungssatelliten im Mondorbit. Inzwischen gibt es allerdings russische Pläne, mit Luna 25 bis 29 die Mondmissionen wieder aufzunehmen.

Das Space Shuttle wurde auch zur Versorgung und zum Transport der Astronauten zur Raumstation ISS eingesetzt. Hier die **Endeavour** im August 2007.

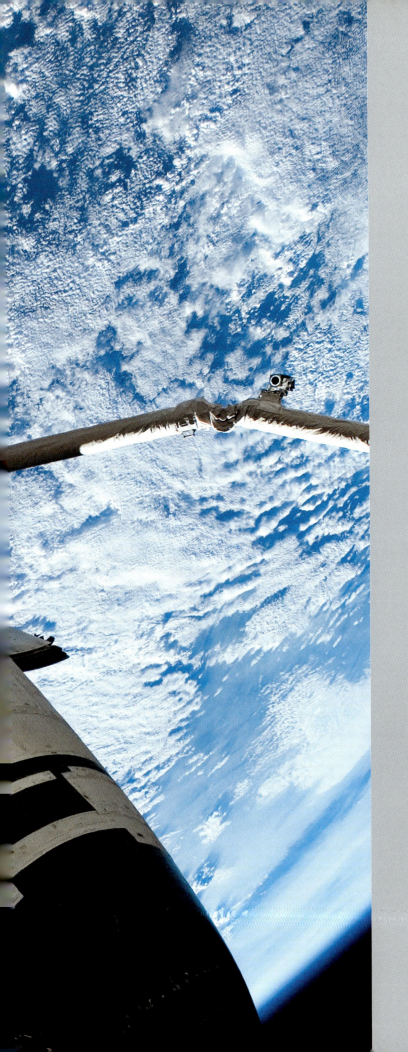

DIE SHUTTLE-ÄRA

Nachdem das Wettrennen zum Mond entschieden und das Apollo-Programm beendet war, besannen sich beide Großmächte aus Kostengründen auf bereits ältere Pläne für wiederverwendbare Raumfahrzeuge und entwickelten Raumgleiter für den Orbit. Doch während der sowjetische Raumgleiter Buran nach kurzem Debüt auf dem Abstellgleis der Geschichte landete, prägte das Space Shuttle eine neue Ära der Raumfahrt. Zwischen 1981 und 1993 stellte die NASA eine Flotte von fünf Shuttles in Dienst, die bis 2011 insgesamt 135 Missionen flogen und dabei 350 Astronauten und Astronautinnen ins All brachten. Space Shuttles flogen im Pendelverkehr zu Raumstationen, waren Startrampen für Satelliten und beförderten Astronauten und Material. Mit ihnen wurde der Raumflug zur Routine, sie brachten Wissenschaftler und sogar die ersten Touristen ins All.

DIE SHUTTLE-ÄRA

Nachdem das Apollo-Programm mit seinen Mondlandungen aus finanziellen Gründen zu einem vorzeitigen Ende gekommen war, griff die NASA auf Pläne zurück, die es schon in der »Vor-Sputnik-Zeit« gegeben hatte: die Entwicklung eines wiederverwendbaren Raumfahrzeugs. Hier gab es auch schon praktikable und getestete Projekte wie das Raketenflugzeug X-15 mit seinen Forschungsflügen Anfang der 1960er Jahre. Doch wieder spielten finanzielle Erwägungen eine Rolle, nämlich bei der Entscheidung, ob ein ganz oder nur teilweise wiederverwendbares Weltraum-Transportsystem entwickelt werden sollte. Das Ergebnis war das Space Shuttle, dem auch die Sowjetunion nachzueifern versuchte. Es sollte den Flug in den Orbit zur Routine und vor allem billiger werden lassen.

Vorfahren des Shuttles

Schon in den 1930er Jahren hatten Raumfahrtpioniere wie Eugen Sänger (1905–1964) erkannt, dass Raketen, wie sie in Deutschland, den USA und der Sowjetunion entwickelt wurden, eigentlich nicht wirtschaftlich waren. Auch wenn es damals schon Versuche mit der Landung und Bergung an Fallschirmen gab: Raketen waren und blieben »Einwegtransporter« mit hohen Frachtkosten.

Sänger, der zunächst Bauingenieurswesen studiert hatte, wandte sich 1926 der Raumfahrt zu. Nach seiner Promotion hatte er als wissenschaftlicher Assistent über den Flüssigkeitsraketenantrieb geforscht. 1936 zog der geborene Österreicher Sänger dann nach Deutschland, wurde deutscher Staatsbürger und errichtete für das Reichsluftfahrtministerium die Raketentechnische Forschungsstelle Trauen in der Lüneburger Heide. Hier führte er 1939 erste Versuche mit sogenannten Überschall-Raketenschlittenbahnen durch, denen bis 1945 erste Flugschleppversuche mit Hochtemperatur-Staustrahltriebwerken folgten.

Noch bekannter sind Sängers Arbeiten für einen raketengetriebenen Orbitalbomber oder Antipodengleiter: den Silbervogel. Er sollte mit einem Raketenschlitten starten, einen kurzen Flug ins Weltall unternehmen und durch Gleitsprünge in der Atmosphäre New York erreichen, um dort eine 4.000-Kilogramm-Bombe abzuwerfen. Das Projekt wurde aber 1943 eingestellt. Nach dem Zweiten Weltkrieg setzte sich Sänger für eine friedliche Nutzung des Weltraums ein. Von 1961 bis 1964 konzipierte Sänger

Der Raumfahrtpionier Eugen Sänger arbeitete auch am sogenannten **Staustrahl-Triebwerk**, das für Raketen und Flugzeuge als Hilfsantrieb verwendet werden sollte. Hier auf einer Dornier Do 217 E-2 im Jahre 1944.

Die für die US Air Force zu Forschungszwecken gebaute und dann für die NASA fliegende **X-15 war Anfang der 1960er Jahre das erste Raketenflugzeug**, das auch für kurze Zeit die Grenze zum Weltraum überschritt.

für die Junkers-Werke einen vollständig wiederverwendbaren Raumtransporter. Die dabei gewonnenen Erkenntnisse sollten beim späteren Space Shuttle genutzt werden und waren sozusagen eine der Wurzeln des zukünftigen Raumgleiters.

Seine zweite Wurzel entsprang den mit Überschallgeschwindigkeit fliegenden X-Flugzeugen der US Air Force, die als die eigentlichen Vorläufer des Space Shuttle gelten. Mit dem X-1-Hochgeschwindigkeitsflugzeug hatte Chuck Yeager am 14. Oktober 1947 als erster Mensch die Schallmauer durchbrochen. Seine Weiterentwicklung war das pfeilförmige, meist schwarz lackierte Raketenflugzeug X-15, mit dem vom Ende der 1950er bis Mitte der 1960er Jahre zahlreiche Geschwindigkeits- und Höhenrekorde aufgestellt wurden.

Gebaut wurde das 15,24 Meter lange, 4,12 Meter hohe und 6,71 Meter breite einsitzige Experimentalflugzeug (daher auch der Buchstabe X in der Bezeichnung) in drei Exemplaren von North American Aviation (NAA). Blättert man in der Konzept- und Entwicklungsgeschichte der X-15 zurück, so gleicht sie in vielen Punkten der von Wernher von Braun geplanten Weiterentwicklung der A4/V2 zur bemannten A9, in Peenemünde, wo Walter Dornberger militärischer Leiter war. Er hatte nach dem Krieg und Wechsel in die USA für die NACA (National Advisory Committee for Aeronautics), einem Vorläufer der NASA, ein Konzept für ein Hyperschall-Forschungsflugzeug erarbeitet, das mit der X-15 Realität wurde.

Der Start geschah von einem speziellen Trägerflugzeug aus: einem umgebauten B-52-Bomber. Er schleppte das Raketenflugzeug auf 11.450 Meter Höhe, wo es ausgeklinkt wurde und seinen Höhenflug unternahm. Schon bei den Erstflügen 1959 wurde eine Geschwindigkeit von 2.242 km/h erreicht. 1960 wurden alle drei Maschinen mit einer leistungsfähigeren Version des bisherigen Raketentriebwerks umgerüstet, sodass Geschwindigkeiten von mehr als Mach 4 (1.200 m/s oder 4.320 km/h) geflogen werden konnten. Am 19. Juli 1963 erreichte die X-15 mit 107.960 Metern ihren Höhenrekord.

Darauf aufbauende Planungen sahen immer leistungsfähigere Flugzeuge dieser Art vor, die schrittweise zu einem wiederverwendbaren Raumfahrzeug führen sollten. So wollten sich die Luft- und Raumfahrtingenieure langsam in den Weltraum vortasten. Doch die Entwicklung wurde aus Kostengründen nicht vorangetrieben.

Scott Crossfield (1921-2006) vor der X-15, mit der er 14 Flüge unternahm. Seit 1955 flog er als Testpilot bei der North American Aviation, die diese Maschine baute.

Und das änderte sich auch während jenes Abschnitts des Raumfahrtzeitalters nicht, der als »Wettlauf zum Mond« in die Geschichte eingegangen ist. Im Gegenteil: Der von Kennedy gesetzte Zeitrahmen ließ keinen Spielraum für die Entwicklung eines wiederverwendbaren Raumfahrzeugs, zumal die Konstruktion der »Einwegraketen« gewaltige Fortschritte gemacht hatte und von Raumfahrtingenieuren wie Wernher von Braun auf amerikanischer und Sergej Koroljow auf sowjetischer Seite mit aller Macht vorangetrieben wurde.

Das STS-System: Start des Space Shuttle auf dem externen Tank und den zwei Boostern, freier Flug im Orbit und Landung im Gleitflug. (Fotos: 2001–2003)

Wie das STS-System entstand

Nach dem Ende des Apollo-Programms und unter der immer drängenderen Erkenntnis, dass der Raumtransport mit den bisher entwickelten Trägerraketen, wie der mächtigen Saturn V (bis heute die größte und schubstärkste Trägerrakete), extrem teuer ist, dachten die NASA-Ingenieure erneut über ein wiederverwendbares Raumtransportersystem nach.

Und hier standen zwei Möglichkeiten zur Auswahl: ein zu hundert Prozent wiederverwendbares System mit einer bemannten Unterstufe. Sie sollte einen Raumgleiter bis an den Rand der Atmosphäre tragen und selbst wie ein Flugzeug wieder landen, während der Raumgleiter weiter in den Orbit aufstieg. Ein solches System hätte an die 12 Milliarden Dollar gekostet. Die wollte der Kongress nicht bewilligen, weil damals schon die Kosten des Vietnamkriegs in immer neue Höhen stiegen.

Deshalb entschied sich die NASA für ein nur teilweise wiederverwendbares Raumtransportsystem, mit einem pilotengesteuerten Orbiter, der aus dem Weltraum im Gleitflug zur Erde zurückkehrte. Als Starthilfe sollten schubstarke Feststoffraketen dienen, die dann an Fallschirmen im Ozean niedergingen. Dort wurden sie von Spezialschiffen geborgen, um sie an Land für einen neuen Einsatz aufzuarbeiten. Das eigentliche Raumfahrzeug, das Shuttle (»Fähre«), sollte auf einem riesigen Tank, zwischen den beiden Feststoffboostern montiert, in den Himmel reiten. Mit rund 6 Milliarden Dollar war dieses abgespeckte Konzept um die Hälfte billiger. Allerdings mussten auch die Forderungen der Militärs berücksichtigt werden, die zugesagt hatten, sich an den Kosten zu beteiligen; und das hieß: Das Space Shuttle sollte über einen möglichst großen Laderaum verfügen, um Beobachtungssatelliten in den Erdorbit bringen zu können. Es entstand jenes Shuttle in der dann bekannten Form mit den kleinen Tragflächen, einer großen geräumigen Ladebucht und den charakteristischen Deltaflügeln. Das ganze Fahrzeug war ungefähr so groß wie ein mittleres Verkehrsflugzeug.

Für die Startvorbereitungen zu den zivilen Missionen konnten das VAB und der Crawler des Apollo-Programms weiterverwendet werden, wobei wegen der geringeren Höhe der Shuttle-Konfiguration der Servicetower gekürzt wurde. Die Militärs bauten für ihre Missionen den Startplatz Vandenberg an der kalifornischen Küste entsprechend um.

Am 5. Januar 1972 wurde dieses abgespeckte Konzept – das »Space Transportation System (STS)« – von Präsident Nixon offiziell verkündet.

Start der Endeavour im September 1992: **Mit einer gewaltigen Flammensäule** steigt das Shuttle auf den beiden Feststoffraketen in den Himmel. Auf seinem Flug in die Umlaufbahn verbrennt das Space Shuttle 700 Tonnen Treibstoff.

TECHNIK

EIN KOMBI-TAXI FÜR DEN ERDORBIT
DAS SPACE SHUTTLE

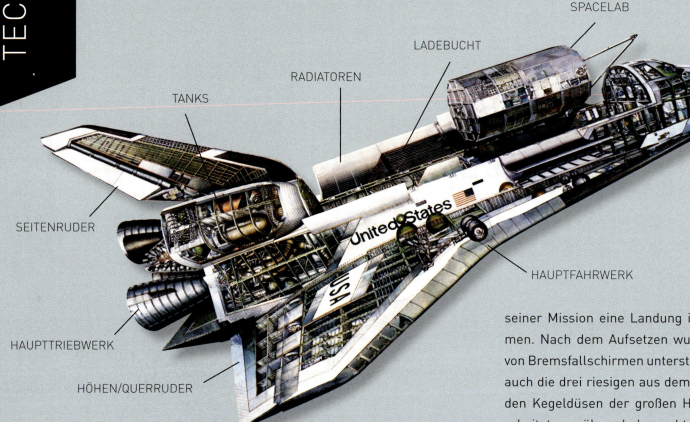

Das Space-Shuttle-Transportation System (kurz: STS) war das erste wiederverwendbare Raumfahrzeug. Es sollte die hohen Kosten durch die »Einwegraketen« senken und das Raumfahrt-Transportsystem der Zukunft werden – eine Hoffnung, die sich jedoch nicht erfüllte.

Das Shuttle war eine Mischung aus Flugzeug und Rakete und bestand aus drei Komponenten: einem raketengetriebenen Raum-Gleitflugzeug (das Shuttle oder Orbiter) auf einem riesigen Tank (External Tank; ET) mit zwei seitlich angebrachten Feststoffraketen (Booster).

Die Hauptkomponente war der Shuttle-Orbiter. Mit einer Länge von 37,24 Metern, einer Höhe von 17,27 Metern, einer Spannweite von 23,79 Metern und einem Leergewicht von 37,19 Tonnen hatte der Orbiter etwa die Größe eines Kurzstrecken-Passagierflugzeugs. Die äußere Form wurde durch den aerodynamischen Rumpf mit Deltaflügeln und Seitenleitwerk geprägt. Dadurch konnte der Shuttle-Orbiter nach dem Ende seiner Mission eine Landung im Gleitflug vornehmen. Nach dem Aufsetzen wurde das Abbremsen von Bremsfallschirmen unterstützt. Markant waren auch die drei riesigen aus dem Heck herausragenden Kegeldüsen der großen Haupttriebwerke. Sie arbeiteten während des achtminütigen Aufstiegs und wurden dabei mit flüssigem Wasserstoff und Sauerstoff aus dem Außentank versorgt. Deshalb konnten die Triebwerke nach ihrem Abschalten und dem Abtrennen des Tanks während einer Mission nicht erneut gezündet werden. Daneben besaß der Orbiter 46 mittlere und kleinere Triebwerke, die im Heck und in der Nase des Raumgleiters untergebracht waren. Sie wurden für Kurs- und Lagekorrekturen eingesetzt und vor dem Wiedereintritt in die Erdatmosphäre, um den Shuttle vor der Bremszündung in Flugrichtung zu drehen.

Die Mannschaftsräume waren in zwei Etagen unterteilt. Die obere war das sogenannte Flugdeck und damit das eigentliche Cockpit, wo der Pilot und der Kommandant ihre Sitze hatten. Darunter kam das Mitteldeck. Hier lag der Wohn- und Arbeitsbereich der Crew mit Toilette, Schlafabteilen und einer »Küche«. Ferner gab es ein Ergometer, mit dem die Astronauten einer Verringerung der Muskelmasse durch die Schwerelosigkeit entgegenwirken konnten; und hier lag auch die Luftschleuse. Das Klima im Shuttle war so beschaffen, dass die Astronauten sich während des Orbits in leichter Kleidung bewegen konnten.

Hinter den Mannschaftsräumen folgte die 18,38 Meter lange und 4,57 Meter durchmessende Nutzlastbucht. Dieser Bereich konnte durch zwei große Tore nach oben aufgeschwenkt werden. Sie blieben die ganze Zeit bis zur Rückkehr geöffnet, da ihre Innenseiten die Radiatoren für die Kühlung enthielten. In der Nutzlastbucht war auch der in Kanada hergestellte Roboterarm montiert, der zum Einfangen von Satelliten diente. Er war 15 Meter lang, wog 410 Kilogramm und konnte Massen von bis zu 29 Tonnen verschieben. Ebenfalls in der Ladebucht untergebracht war das Orbiter Docking System, mit dem das Shuttle an die Raumstationen andocken konnte.

Um die große Hitze beim Wiedereintritt abzuleiten, war das Shuttle mit speziellen Hitzeschutzverkleidungen versehen. Hauptbestandteil waren über 20.000 mit einem Hohlraum zusammengesetzte Kacheln aus Siliziumdioxid auf der Unterseite des Orbiters. Sie konnten Temperaturen bis zu 1.260 Grad Celsius standhalten. Nase und Flügelvorderkanten des Orbiters waren mit einem speziellen Werkstoff (kohlenstofffaserverstärktem Kohlenstoff) überzogen.

Die beiden seitlich angebrachten 45 Meter langen Feststoffbooster lieferten während des Starts drei Viertel des benötigten Schubes. Jeder Booster war mit über 500 Tonnen Feststoff-Treibstoff gefüllt und brannte zwei Minuten. In einer Höhe von 45 Kilometern wurden sie abgesprengt und gingen an Fallschirmen im Meer nieder, wo sie dann für eine weitere Verwendung geborgen wurden.

Vor dem Start wird das Space Shuttle von starken Stütz-Klammern auf der mobilen Startplattform gehalten. Es ist **in der charakteristischen Konfiguration** zu sehen: zentraler Treibstofftank und der auf ihm sitzende Orbiter sowie die beiden seitlich angeflanschten Feststoffbooster. (Hier die Discovery 2011)

Die größte STS-Komponente war jedoch der zigarrenförmige Außentank, auf dem das Shuttle vorn an einem und hinten an zwei Punkten befestigt war. Er versorgte die Haupttriebwerke des Orbiters mit Treibstoff.

Was von außen wie ein Behälter erschien, waren in Wirklichkeit zwei: ein größerer Wasserstofftank im unteren Teil und ein kleinerer Sauerstofftank im oberen. Da die beiden Treibstoffkomponenten in flüssigem Zustand vorlagen und deshalb eine Minustemperatur von unter 200 Grad Celsius hatten, war der External Tank mit einem besonderen Schaumstoff isoliert, der ihm seine charakteristische orange Farbe verlieh. Bei den ersten beiden Flügen war dieser Behälter weiß gestrichen, doch aus Gewichtsgründen wurde bei den späteren Flügen auf diesen Anstrich verzichtet. Der Tank war die einzige nicht wiederverwendbare Komponente: Nach dem Brennschluss der Haupttriebwerke wurde er abgeworfen und verglühte in der Atmosphäre.

Testflüge

Jetzt musste eine erste Version des Shuttles hergestellt werden, mit der sich die Systeme, die Flugeigenschaften und das Landeverhalten testen ließen. Den Auftrag für die Entwicklung des Shuttles übertrug die NASA der Firma North American Rockwell in Kalifornien. Am 17. September 1976 war der erste Prototyp startbereit, allerdings vorerst nur für Testflüge in der Atmosphäre. Der Rollout geschah unter großer Anteilnahme der Öffentlichkeit und der Medien. Das öffentliche Interesse ging so weit, dass auf ihr Drängen hin noch vor dem Jungfernflug des Raumgleiters der Name »Constitution« (»Verfassung«) in »Enterprise« umgeändert wurde – nach dem Raumschiff der Science-Fiction-Fernsehserie *Star Trek* (in Deutschland: *Raumschiff Enterprise*).

Im selben Jahr begannen die Gleitflugtests auf dem Luftwaffenstützpunkt Edwards in der kalifornischen Mojave-Wüste. Für sie wurde der 68 Tonnen wiegende Orbiter auf eine umgebaute Boeing 747 gesetzt. Nach ihrem Steigflug auf 6.900 Meter Höhe wurde das Test-Shuttle durch Sprengbolzen vom Trägerflugzeug getrennt, und beide setzten ihren Flug allein fort. Am Heck, wo normalerweise die Haupttriebwerke herausragten, war das Shuttle mit einer aerodynamischen Verkleidung versehen, um den Luftwiderstand zu verringern. Es unternahm in dieser Form fünf Gleitflüge – den letzten ohne die besondere Heckverkleidung.

1977: **Das Shuttle auf einer Boeing 747**: Die Gleitflugtests fanden über der kalifornischen Wüste statt. Um den Luftwiderstand zu verringern, war das Heck des Shuttles, aus dem die Haupttriebwerke herausragten, mit einer aerodynamischen Verkleidung versehen.

Mit der Columbia ins All

Der erste betriebsfähige Orbiter namens Columbia sollte im Juni 1979 starten. Das aber wurde wegen zahlreicher technischer Schwierigkeiten, vor allem mit dem Hitzeschutzschild, immer wieder verschoben. Er bestand nicht wie bei den Raumkapseln aus einem sogenannten ablativen Schild, sondern aus rund 25.000 hitzebeständigen Glasfaserkacheln, die mit einem Spezialklebstoff am Orbiter befestigt waren.

Schließlich wurde der 12. April 1981 als Starttermin für den ersten von vier Testflügen festgesetzt. Als Besatzung wurden der Astronaut John Young, der schon im Gemini- und Apollo-Programm geflogen war, und der noch relativ unerfahrene Robert Laurel »Bob« Crippen (*1937) bestimmt. Sie sollten bei diesem ersten Flug die technischen Systeme – die Triebwerke, Steuerungssysteme und vor allem den Mechanismus zum Öffnen und Schließen der Ladebucht – überprüfen.

Das Space Shuttle Columbia war das erste Transportsystem der fünf Exemplare umfassenden Flotte, das in den Weltraum starten konnte – hier am 12. April 1981. **Die gewaltigen Rauchwolken** werden durch die Unmengen von Wasser erzeugt, die die Plattform fluten, um Beschädigungen durch den heißen Abgasstrahl vorzubeugen.

Story Musgrave (STS-6) bei der Arbeit in der offenen Ladebucht während des ersten Fluges des **Shuttles Challenger** im April 1983.

Der Flug von STS-1 verlief erfolgreich, obwohl die Hitzeschutzkacheln wieder Probleme bereiteten. Viele waren, wie schon bei den Tests zuvor, während des Fluges beschädigt worden oder hatten sich gelöst.

Das war auch einer der Gründe, warum sich der zweite Flug des STS bis zum 12. November 1981 verzögerte. Es mussten aber nicht nur die Schäden analysiert und die beschädigten Hitzeschutzkacheln ausgetauscht werden, sondern es wurde auch noch der für die Ladebucht vorgesehene Roboterarm (Remote Manipulator System, RMS) eingebaut, den die beiden Astronauten Joe Henry Engele (*1932) und Richard Harrison »Dick« Truly (*1937) bei diesem Flug zum ersten Mal testen sollten. Die Mission dauerte statt der geplanten fünf Tage dann aber nur drei, weil die Brennstoffzellen für die Stromerzeugung nicht richtig funktionierten. Nach dem Wiedereintritt flogen die Astronauten zu Testzwecken die einzige manuell gesteuerte Landung eines Space Shuttle.

STS-3 startete am 22. März 1982 mit den beiden Astronauten Jack Robert Lousma (*1936) und Charles Gordon Fullerton (1936–2013). Während dieser Mission sollten die Temperatur- und Strahlungsbeständigkeit des Shuttles im All untersucht und erneut der Roboterarm getestet werden. Außerdem fanden erste wissenschaftliche Experimente statt. Aufgrund einer schlechten Wetterlage konnte die Columbia nicht wie geplant nach sieben Tagen auf der Edwards Air Force Base in Kalifornien landen – dort war die Landebahn überflutet –, sondern erst einen Tag später in White Sands.

Mit STS-4, dem letzten Testflug am 27. Juni 1982, wurde eine geheime Fracht des Pentagons sowie mit einem medizinischen Experiment im Auftrag von McDonnell Douglas die erste bezahlte Fracht in den Orbit gebracht. Der Flug verlief erfolgreich,

EIN LANDEPLATZ FÜR DAS SPACE SHUTTLE

Der Hauptlandeplatz der Space-Shuttle-Flotte war das Kennedy Space Center (KSC)/Florida. Daneben gab es aber – zum Beispiel falls die Wetterbedingungen es nicht zuließen – Ausweichlandeplätze. Es waren die Edwards Air Force Base in Kalifornien (EAFB) und White Sands in New Mexico. Der Hauptlandeplatz Shuttle Landing Facility (SLF) am KSC lag rund fünf Kilometer vom Startplatz entfernt. Die Landebahn hat eine Länge von 4.572 Metern und eine Breite von 90 Metern.

Die geöffnete Ladebucht (Cargobay) des Shuttles Atlantis 1996 von oben gesehen mit dem von Europa gebauten Spacelab und dem Zugangstunnel. Die **Klappen der Nutzlastbucht** stehen im Orbit immer weit offen, da ihre Innenseiten als Kühler für die Temperaturregelung dienen.

am 4. Juli 1982 konnte Präsident Ronald Reagan (1911–2004) auf der Edwards Air Force Base eine reibungslose Landung sehen und die NASA das Shuttle für einsatzbereit erklären.

Das Shuttle im Speditionsdienst

Die folgenden Flüge dienten dem eigentlichen Zweck, für den die NASA das Space Shuttle hatte bauen lassen: Die US-Raumfahrtbehörde bot sich interessierten Ländern und Institutionen als »Spediteur« an, und das auf drei Feldern: Transport kommerzieller Satelliten, ihre Bergung und ihr Rücktransport zur Erde für Reparaturen. Und da das Shuttle über einen größeren Laderaum als alle bisherigen Raumfahrzeuge verfügte, konnten umfangreiche Experimentiereinrichtungen ins Weltall gebracht werden. Das begann mit dem Flug von STS-5 am 11. November 1982, dem ersten Flug mit vier Astronauten, als die Columbia zwei kommerzielle Satelliten erfolgreich aussetzte.

Es folgte knapp fünf Monate später der nächste Satellit mit der Mission STS-6. Sie war auch der erste Flug des zweiten Shuttle-Orbiters Challenger und seiner Crew. Sie sollten einen neuartigen Bahnverfolgungs- und Datenrelaissatelliten für die Shuttle-Missionen (TDRS-A: Tracking and Data Relay Satellite) aussetzen. Das Aussetzen gelang nur mit großen Problemen, was das folgende TDRS-Programm und auch die Starttermine anderer größerer Satelliten verzögerte. Dafür waren die Astronauten auf einem anderen Gebiet erfolgreich: Story Franklin Musgrave (*1935) und Donald Herold Peterson (*1933) testeten während dieser Mission erstmals die neuen von der NASA für Außenaktivitäten angefertigten Raumanzüge.

DIE SHUTTLE-FLOTTE

Außer der Enterprise wurden insgesamt fünf Raumfähren gebaut, die die Namen historischer Schiffe trugen:
Columbia (1981–2003, verunglückt am Ende des 28. Einsatzes, sieben Todesopfer), Challenger (1983–1986, zu Beginn des 10. Einsatzes auseinandergebrochen, sieben Todesopfer), Discovery (1984–2011, 39 Einsätze), Atlantis (1985–2011, 33 Einsätze) und Endeavour (1992–2011, 25 Einsätze).

RÜSTUNGEN FÜR DIE LEERE
RAUMANZÜGE

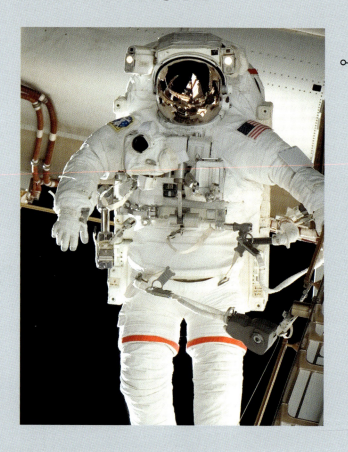

Im Laufe der Geschichte der bemannten Raumfahrt wurden für die verschiedenen Missionen und Einsätze von beiden Raumfahrtgroßmächten unterschiedliche Typen von Raumanzügen entwickelt. So waren sie für Außenaktivitäten in vielen Bereichen anders konstruiert als für Kapselflüge im Orbit. Hier ein typischer **EVA-Raumanzug mit weißer Beschichtung** und vergoldetem Helmvisier.

Raumanzüge müssen komplexe Anforderungen erfüllen. Sie sollen ihre Träger vor der lebensfeindlichen Umgebung des Weltalls schützen: vor kosmischer Strahlung, starker Hitze, extremer Kälte, Mikrometeoriten. Sie sollen außerdem die Sauerstoffzufuhr gewährleisten, die Druckverhältnisse regulieren, die Möglichkeit zur Nahrungs- und Getränkeaufnahme bieten, Abluft und Körperausscheidungen abführen und die Kommunikationstechnik aufnehmen. Für den Notfall muss der Raumanzug auch feuerfest sein. Gleichzeitig soll er seinem Träger aber genug Bewegungsfreiheit lassen.

Es gab und gibt je nach Einsatzzweck verschiedene Ausführungen, grundsätzlich kann man aber zwei Anwendungen unterscheiden. Es gibt die Rettungsanzüge, die die Astronauten in Risikosituationen wie Start, Landung, Kopplungsmanöver etc. tragen und die bei Beschädigungen des Raumschiffs oder Druckabfall in der Kabine die Sauerstoffzufuhr sichern. Sie schützen ihren Träger nur für eine gewisse Zeit, sind aber auch erheblich leichter. Früher hatten sie die Bezeichnung Launch Entry Suit (LES), nach den Erfahrungen des Challenger-Unglücks wurden sie verbessert und hießen bei den Space-Shuttle-Missionen dann Advanced Crew Escape Suit (ACES). Es sind Druckanzüge mit Belüftungssystem, Anschlüssen für Sauerstoff und Abluft sowie gasdichten Anschlussringen für Handschuhe und Helm. Die äußere Schicht besteht aus einer feuerfesten Aramidfaser, die Temperaturen von bis zu 400 Grad Celsius standhält. Sie ist leuchtend orange, damit der Astronaut bei einer möglichen Bergung im Ozean besser gesehen werden kann. Außerdem haben die Anzüge außen einen Notrucksack, der einen Fallschirm, ein kleines Schlauchboot und 2 Liter Trinkwasser enthält.

Im Unterschied dazu gibt es Raumanzüge für Außenaktivitäten, die NASA nennt sie Extravehicular Mobility Unit (EMU). Sie haben eine eigene mobile Sauerstoffversorgung und zusätzliche Schutzschichten gegen die Umgebungseinflüsse. Auch diese Anzüge bestehen aus verschiedenen Schichten und Materialien. Die innerste Schicht ist von Schläuchen durchzogen, in denen Wasser zirkuliert, um den Astronauten vor Überhitzung zu bewahren. Darüber liegt eine Schicht aus Neopren. Sie ist gasdicht und kann so den im Anzug herrschenden Überdruck halten. Hier wird auch die Anzug-Atmosphäre aufgebaut. Sie hat einen Druck von 0,3 bar, was etwa den Verhältnissen auf der Spitze des Mount Everest entspricht. Im anderen Fall würde sich der Anzug im Vakuum des Weltraums aufblähen, wie beim ersten Weltraumspaziergang von Leonow, der dadurch fast nicht mehr zurück ins Raumschiff kam. Bei Raumanzügen für Außenbordarbeiten ist die Außenseite noch mit einer aus Aluminium oder anderen Materialien zusammengesetzten Schicht verstärkt und ist in der Regel weiß, um die Sonnenstrahlung zu reflektieren. Außen auf dem Anzug befinden sich die Anschlüsse für die Sauerstoffzufuhr und -abfuhr und den Funk sowie die Kontroll- und Steuerungsinstrumente für die im Rucksack untergebrachten Lebenserhaltungssysteme.

Den Kopf des Astronauten umgibt ein aufwendig konstruierter Helm. Er ist gasdicht an den Raumanzug angeschlossen und hält den Druck auf etwa dem gleichen Level wie im Raumschiff. Er hat ein klappbares, mit Gold bedampftes Visier gegen das UV-Licht der Sonne. Außerdem enthält er Mikrofone und Kopfhörer sowie Schläuche für die Getränke- und Nahrungszufuhr. Am Helm sind rechts und links Lampen angebracht, damit der Astronaut auch im Schatten arbeiten kann.

Bis zu neun Stunden halten sich die Astronauten für externe Arbeiten im Weltraum auf. Da gerät man schon mal ins Schwitzen – nicht zu vergessen die anderen Körperausscheidungen. So tragen die Astronauten eine spezielle, den Schweiß absorbierende Unterwäsche und für den Toilettengang eine Art Erwachsenenwindel bzw. einen Urintank, der nach außen durch ein Ventil entleert werden kann.

Natürlich geht die Entwicklung der Raumanzüge weiter, denn nach den bemannten Mondlandungen und den zahlreichen ISS-Unternehmungen steht schon das nächste große Ziel an: die bemannte Landung auf dem Mars. Sie wird wieder einen anderen Schutzanzug erfordern, der viel leichter und auch bequemer sein wird. Schon geistert der Begriff Bio-Suit durch die Entwicklungsbüros. Um ihn zu entwerfen und auszuprobieren, werden die Ingenieure viel Zeit haben, denn vor dem Jahr 2030 ist an eine bemannte Landung auf dem roten Nachbarplaneten nicht zu denken.

Die beim Start und Wiedereintritt getragenen Rettungsanzüge sind erheblich einfacher ausgelegt. Sie müssen den Träger »nur« **gegen Druckabfall und Brand** schützen sowie sein Aufspüren nach einer Notlandung erleichtern.

19. Juni 1983 – während der STS-7-Mission: der Moment, in dem der **Shuttle Pallet Applications Satellite** aus der Ladebucht der Challenger ausgesetzt wird.

Mit der Challenger-Mission STS-7 am 18. Juni 1983 wurden dann zwei andere Nachrichtensatelliten in den Orbit gebracht. Und als zusätzliche Fracht wurde der in Deutschland gebaute Shuttle Pallet Applications Satellite (SPAS) mitgeführt. Sein Aussetzen und Wiedereinholen mit dem Roboterarm galt gleichzeitig als Test für die Bergung größerer Satelliten. Dieser Flug konnte zudem eine dreifache Premiere aufweisen: Das Shuttle hatte zum ersten Mal eine fünfköpfige Besatzung, und mit Sally Kristen Ride (1951–2012) war nun, auf den Tag genau 20 Jahre nach der russischen Kosmonautin Tereschkowa, endlich auch die erste Amerikanerin im Weltraum und mit 32 Jahren auch das jüngste Mitglied einer Astronautencrew. Mit den Bildern, die die Kamera des SPAS machte, gab es die ersten Fotos eines kompletten Space Shuttle im Weltraum.

Die STS-8-Mission mit derselben Raumfähre war das erste Shuttle, dessen Start und Landung in der Nacht stattfanden. Es setzte im September 1983 einen indischen Satelliten aus, an Bord wurden verschiedene medizinische Experimente durchgeführt, unter anderem wurde die Raumkrankheit untersucht, die schon einigen Shuttle-Fliegern zu schaffen gemacht hatte. Außerdem war auf der STS-8-Mission mit Guion Bluford (*1942) zum ersten Mal ein Afro-Amerikaner im All.

ERSTE AMERIKANERIN IM ALL
SALLY KRISTEN RIDE

PORTRÄT

Die Astrophysikerin und Laser-Anwendungsspezialistin Sally Kristen Ride (1951–2012) flog zwar nach den Russinnen Valentina Tereschkowa und Swetlana Sawizkaja als dritte Frau in den Weltraum, aber sie war zumindest die erste US-Amerikanerin, die sich im Erdorbit und auf einem Space Shuttle aufhielt.

Dafür hatte sie sich 1977 bei der NASA beworben und gehörte seit Januar 1978 der achten Astronautengruppe an, die sich durch drei Besonderheiten auszeichnete: Es waren seit 1969 die ersten Raumfahrer, die ausgebildet wurden, und dazu noch für das neue Space-Shuttle-Programm. Und es waren in diesem Lehrgang zum ersten Mal weibliche Aspiranten zugelassen. Neben Ride betraf das noch fünf weitere Frauen. Sie erhielten ein allgemeines Astronautentraining, dem sich dann die Ausbildung zur Missionsspezialistin anschloss, d. h. sie waren für den Ablauf verantwortlich, der sich aus den speziellen Aufgaben der Mission ergab. Beispielsweise sollten sie wissenschaftliche Experimente betreuen, Satelliten aussetzen oder Außenbordeinsätze unternehmen.

Als Ride zu ihrem ersten Raumflug am 18. Juni 1983 als Mitglied der Mission STS-7 mit der Raumfähre Challenger startete, war sie mit 32 Jahren die jüngste Astronautin – ein Rekord, der bis heute gültig ist. Ihren zweiten Raumflug unternahm sie im Oktober 1984 mit derselben Raumfähre, sodass ihr Weltraumaufenthalt mehr als 343 Stunden betrug. Sie hätte auch noch einen dritten Raumflug als Mitglied der Mission STS-61-M unternehmen sollen, aber die wurde nach der Challenger-Katastrophe von 1986 gestrichen.

Ride wurde danach Mitglied der von US-Präsident Ronald Reagan eingesetzten Untersuchungskommission. Durch ihre Informationen kam auch ans Tageslicht, dass die schadhaften O-Dichtungsringe als Ursache galten. Wahrscheinlich wurde sie deshalb auch Mitglied der Untersuchungskommission, die die Columbia-Katastrophe 2003 aufzuklären hatte.

Nach ihrem Abschied von der NASA 1987 arbeitete Ride am Zentrum für Internationale Sicherheit und Waffenkontrolle der Stanford University, forschte wieder auf dem Gebiet der Astrophysik, bekam eine Professur für Physik an der University of California und gründete ein Unternehmen, das Lehrmaterial für Kinder über das Weltall anbietet. Sie schrieb außerdem Bücher zu Weltraumthemen. Sally Ride kämpfte ihr Leben lang mit viel Energie gegen Vorurteile und für die Anerkennung von Frauen in einer männergeprägten Branche. Dabei nutzte sie alle medialen Kanäle. Ihre Privatsphäre dagegen schützte sie, und so erfuhr die Öffentlichkeit erst nach ihrem Tod, dass sie die letzten 27 Jahre ihres Lebens mit einer Frau zusammmengelebt hatte.

Eine neue Astronautengeneration

Dass nun nicht mehr nur männliche weiße Amerikaner, die zudem vorher fast ausnahmslos Kampf- oder Testpiloten waren, ins All flogen, war Ausdruck einer neuen Politik der NASA und hing mit den neuen Aufgaben der Space-Shuttle-Missionen zusammen. War mit Apollo 17 zum ersten Mal ein Geologe auf dem Mond, so erforderte das Space Shuttle mit seinen neuen Möglichkeiten jetzt auch eine neue und anders ausgebildete Generation von Astronauten. Teile der Space-Shuttle-Besatzung waren jetzt nur noch für die bezahlte Ladung der Auftraggeber zuständig oder dafür, die mitgeführten wissenschaftlichen Experimente zu betreuen. Es waren die sogenannten Missionsspezialisten. Im Astronautenausbildungsgang von 1978 waren dann unter den 35 neuen Kandidaten erstmals 6 weibliche.

AN ALLES GEDACHT

»Die Ingenieure der NASA hatten in ihrer unermesslichen Weisheit entschieden, dass weibliche Astronauten ja Make-up bräuchten, und so entwarfen sie ein Make-up-Set. Können Sie sich die Diskussionen der größtenteils männlichen Ingenieure darüber vorstellen, was in ein solches Set hineingehört?« (Sally Ride)

Sally Ride war beim siebten Flug des Space Shuttle die erste Amerikanerin im All. Hier **schwebt sie am 21 Juni 1983 entspannt** im Cockpit zwischen Flugunterlagen, Taschenrechnern und anderen Utensilien.

Spacelab: Das Labor im Orbit

Mit dem Space-Shuttle-Programm trat die Raumfahrt auch in ein Zeitalter der internationalen Kooperation. Die Wissenschaftsgemeinschaft war ohnehin schon an eine weltweite Zusammenarbeit gewöhnt, und in der Raumfahrt waren es nicht zuletzt die ungeheuren Kosten und das Spezialistenwissen in einzelnen Nationen, die es nahelegten zu kooperieren. So hatten sich bereits 1973 die ESRO (European Space Research Organisation) – die Vorläuferin der ESA (gegr. 1975) – und die NASA geeinigt, ein Labormodul, das Spacelab, für den Laderaum des Shuttles zu entwickeln, und zwar zu folgenden Konditionen: Die Europäer bauen das Modul und stellen es der NASA kostenlos zur Verfügung, und im Gegenzug fliegen ESA-Astronauten als Nutzlastspezialisten an Bord des Shuttles.

Geplant war dafür die Mission STS-9. Trotz des immer noch nicht einwandfrei funktionierenden TDRS-Satelliten für die Datenübermittlung startete am 28. November 1983 die erste internationale Spacelab-Mission mit dem Shuttle Columbia, zum ersten Mal mit einer sechsköpfigen Crew. An Bord waren John Young als Kommandant und Pilot Brewster Hopkinson Shaw (*1945) sowie die Missionsspezialisten Owen Kay Garriott (*1930), Robert Allan Ridley Parker (*1936), Byron Kurt Lichtenberg (*1948), Biomediziner vom MIT, und der Deutsche Ulf Dietrich Merbold (*1941) von der ESA. Merbold war zwar nicht der erste Deutsche im All – diesen Rang hatte er Sigmund Werner Paul Jähn (*1937) überlassen müssen, der als DDR-Kosmonaut am 26. August 1978 zur Raumstation Saljut geflogen war –, doch er war immerhin der erste Europäer, der in einem Space Shuttle flog.

Ulf Merbold, der erste ESA-Astronaut, der mit dem Space Shuttle flog, im November 1983 bei der Arbeit im Spacelab.

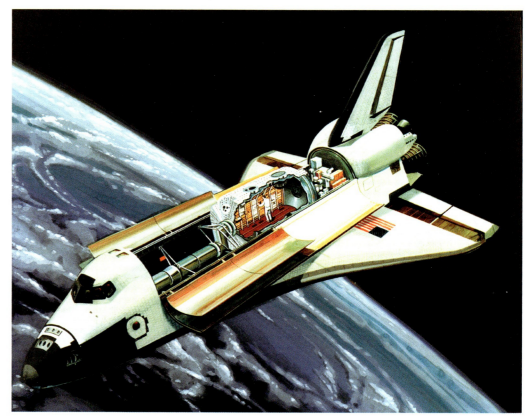

Das Spacelab war **integrierter Teil des Shuttle-Systems**, mit Verbindungstunnel zur Luftschleuse und den Mannschaftsunterkünften. (Konzeptstudie)

Die Astronautin **Mae Jemison im Spacelab-J-Modul** der Endeavour am 22. Oktober 1992. Sie war die erste afro-amerikanische Frau, die in den Weltraum reiste.

Bruce McCandless erprobt während des STS-41B-Fluges im Februar 1984 das Rucksacksteuergerät **Manned Maneuvering Unit (MMU)**. Er entfernte sich damit bis zu 100 Meter vom Shuttle und bewegte sich als erster Astronaut bei einem Außenbordeinsatz ohne Sicherheitsleine.

Das Spacelab gliederte sich in mehrere Module: die Druckkabine, die in zwei verschiedenen Längen (mit 4,27 Metern oder 6,96 Metern) eingesetzt werden konnte, einen Verbindungstunnel, durch den man über die Luftschleuse in die Mannschaftskabinen gelangte, und eine Reihe von Paletten, auf denen Teleskope und Experimente standen, die im Vakuum stattfinden mussten. Sie waren außerhalb der Druckkabine, aber ebenfalls in der Ladebucht untergebracht.

Die Wissenschaftler Merbold und Lichtenberg arbeiteten in Schichten mit den Astronauten rund um die Uhr.

Diese Mission hatte deutlich die Vielseitigkeit des Spacelab gezeigt, was nicht ohne Eindruck bei der NASA geblieben war. Sie beauftragte deshalb die ESA, ein zweites Spacelab zu bauen. Als das Spacelab 1998 außer Dienst gestellt wurde, konnten die Konstrukteure für dieses Orbitallabor 22 Einsätze verbuchen. Bei 16 wurde das Druckmodul verwendet, 6 wurden ohne durchgeführt; und die Paletten wurden bei 19 Missionen benutzt, um zum Beispiel Radarantennen in den Weltraum zu bringen, Bauteile für die ISS anzuliefern oder 2009 das Weltraumteleskop Hubble in der Ladebucht zur Reparatur zu verankern – besser ließen sich die Fähigkeiten auch dieses Teils der Spacelab-Konfiguration nicht demonstrieren, durch dessen Einsatz wertvolle Daten auf den Gebieten Astronomie, Medizin, Geophysik und Werkstoffkunde gesammelt werden konnten.

Neue Missionen – neue Passagiere

Das Shuttle war so erfolgreich, dass sich die NASA entschloss, eine weitere Art von Passagieren mit auf Missionen zu schicken, um zu zeigen, dass Shuttle-Flüge sich zum Alltagsgeschäft entwickelt hatten. Diese Gruppe wurde unter der Bezeichnung »Payload Specialists« (»Nutzlastspezialisten«) geführt. Sie hatten die Aufgabe, bestimmte Frachten zu begleiten und deren Einsatz im Orbit zu überwachen; denn beispielsweise als Angehörige der Auftragsfirmen, der Militärs oder anderer Nationen besaßen sie Spezialwissen, wie die transportierten Frachten zu handhaben waren. So unterstützten sie das Aussetzen von Satelliten oder führten spezielle Experimente durch. Von 1984 bis Dezember 1985 flogen die Orbiter Columbia, Challenger und ab August 1984 auch die neue Discovery 14 Missionen ins All und bargen und reparierten in kommerziellem Stil Satelliten unterschiedlichster Auftraggeber. Diese Flüge nach der STS-9 hatten jetzt alle eine neue, sehr bürokratische Kennung, die sich aus der letzten Ziffer der Jahreszahl, für die der Start zuerst geplant war, einer Kennziffer für den Startort (1 für Florida, 2 für Kalifornien) und einem Buchstaben für den Startrang im Haushaltsjahr bestand. Nach der STS-9 folgte im Februar 1984 die erste Mission mit der Nummer STS-41B. Auf diesem Flug schwebte zum ersten Mal ein Astronaut ohne Verbindungskabel zum Raumschiff im All.

 GEBRAUCHTE SATELLITEN ZU VERKAUFEN
Beim Flug STS-51A mit der Discovery wurden 1984 zwei defekte Fernmeldesatelliten geborgen und zur Reparatur und zum Wiederverkauf zur Erde gebracht. Astronaut Dale A. Gardner schaltete aus dem Orbit schon mal die erste Anzeige.

DEUTSCHE RAUMFAHRER AUS EINEM GETEILTEN LAND
SIGMUND JÄHN
ULF MERBOLD

Als Sigmund Werner Paul Jähn (*1937) und Ulf Dietrich Merbold (*1941) zu ihren Raumflügen starteten, waren sie zwar die ersten deutschen Raumfahrer, aber sie kamen aus zwei unterschiedlichen Systemen. Das zeigt sich an ihren Karrieren: Sigmund Jähn hatte eine Lehre als Buchdrucker abgeschlossen, bevor er Offiziersschüler bei der DDR-Luftwaffe wurde und eine Pilotenausbildung absolvierte. Später studierte er an der sowjetischen Militärakademie J. A. Gagarin bei Moskau.

Merbold war, weil er in der DDR nicht studieren durfte, nach West-Berlin geflohen und von dort nach Stuttgart gewechselt, wo er als Physiker am Max-Planck-Institut für Metallforschung arbeitete.

Beide wurden im Rahmen der von der UdSSR und den USA ins Leben gerufenen internationalen Weltraumforschungsprogramme zu Raumfahrern ausgebildet: Oberstleutnant Sigmund Jähn wurde mit zwei anderen Kandidaten von der DDR als deutscher Kosmonaut für das Interkosmos-Programm benannt und im Sternenstädtchen bei Moskau trainiert.

Merbold bewarb sich auf eine Ausschreibung der Deutschen Forschungs- und Versuchsanstalt für Luft- und Raumfahrt für das Raumlabor Spacelab. Unter den drei europäischen Kandidaten konnte er die Wahl für sich entscheiden und startete unter dem Kommando von John Young (1930–2018) am 28. November 1983 zur Mission STS-9, womit er der erste Nicht-US-Bürger auf einer Raumfähre war. Das wog jedoch nicht die Tatsache auf, dass er nur der zweite Deutsche im All war.

Sigmund Jähn war bereits am 26. August 1978 mit Waleri Fjodorowitsch Bykowski (*1934) in der sowjetischen Sojus 31 zur Raumstation Saljut 6 geflogen und hatte auf dem 7 Tage, 20 Stunden und 49 Minuten dauernden Flug zahlreiche Experimente durchgeführt, unter anderem mit der von Zeiss Jena in der DDR gebauten Multispektralkamera MKF 6.

Ulf Merbold hatte während seines 10 Tage, 7 Stunden und 47 Minuten dauernden Fluges ebenfalls ein arbeitsintensives Programm zu bewältigen. Es umfasste 72 Experimente in verschiedenen Bereichen.

Beide wurden nach ihrer Rückkehr gefeiert. Jähn wurde unter anderem als Held der DDR und Sowjetunion ausgezeichnet, zum Oberst befördert und zum stellvertretenden Leiter des Zentrums für Kosmische Ausbildung ernannt, dessen Chef er später wurde.

Merbold war an der Planung des europäischen ISS-Raumlabors Columbus beteiligt und forschte 1993 als erster gesamtdeutscher Raumfahrer im All während der STS-42-Mission. Im Oktober 1994 arbeitete er mit Sojus TM-20 als erster ESA-Astronaut auf der russischen Raumstation Mir. 1995 übernahm Merbold die Leitung des DLR-Astronautenbüros in Köln und arbeitete drei Jahre später im Direktorat für bemannte Raumfahrt im Europäischen Weltraumforschungs- und Technologiezentrum Noordwijk. Seit 2004 ist Merbold im Ruhestand, jedoch weiterhin beratend für die ESA tätig.

Blick in die Ladebucht des Shuttles Columbia (STS-35) im Dezember 1990. Man sieht Teile der Fracht, des Astro-1: **Elemente des Hopkins Ultraviolet Telescope (HUT)** und andere. Sie dienten zur Messung der ultravioletten Strahlung von Himmelskörpern.

Das Challenger-Unglück

Mit einer Mission im Jahre 1986, der STS-51L, schickten die NASA-Verantwortlichen mit Christa McAuliffe eine Sozialkundelehrerin an Bord, damit sie TV- Unterricht aus dem Orbit gab, um das Interesse an der Raumfahrt bei den Schülern zu stärken. Schon aus diesem Grund fand der Start der Challenger-Mission STS-5L am 28. Januar 1986 ungewöhnlich große Beachtung in der Öffentlichkeit. An Bord waren außer Christa McAuliffe: Michael John »Mike« Smith (*1945), Francis Richard »Dick« Scobee (*1939), Judith Arlene »Judy« Resnik (*1949), Ronald Erwin »Ron« McNair (*1950), Ellison Shoji »El« Onizuka (*1946), Gregory Bruce »Greg« Jarvis (*1944).

Doch nur 73 Sekunden nach dem Abheben geschah das Unglück: Die Challenger explodierte bei voller Beschleunigung mitten im Steigflug. Die Ursache war auch in den Fernsehbildern zu sehen: Kurz nachdem sich ein eher kleines Rauchwölkchen an der Naht eines der Feststoffbooster gebildet hatte, stach plötzlich ein Flammenstrahl aus der Seite der Hilfsrakete. Der Booster löste sich und schlug gegen den riesigen Außentank, auf dem der Orbiter saß. Die Explosion von mehr als 2.000 Kubikmeter Wasserstoff entfachte einen gewaltigen Feuerball. Anschließend regneten die Teile der Challenger brennend zur Erde nieder. Das, was sich da vor den Augen der entsetzten Zuschauer und Journalisten sowie auf den Bildschirmen der Flugkontrolle abspielte, ließ sich nur mit der Katastrophe von Lakehurst (New Jersey) am 6. Mai 1937 vergleichen, als das Luftschiff Hindenburg kurz nach der Landung explodierte.

Die von Präsident Reagan eingesetzte Untersuchungskommission fand heraus, dass der Flammenstrahl durch einen Riss in einer Naht des rechten Boosters verursacht worden war. In der Nacht vor dem Start waren die Temperaturen unter den Gefrierpunkt gefallen. Dadurch war ein Dichtungsring aus Gummi brüchig geworden, was zu dem Leck führte. Aber es wurde auch die gesamte Führungsstruktur der NASA einer kritischen Analyse unterzogen. Ausufernde Bürokratie, Selbstgefälligkeit, schlechte interne Kommunikation und sträfliche Nachlässigkeit wurden den Verantwortlichen vorgeworfen. Die Untersuchungen des Unglücks zeigten aber noch etwas anderes: Die Kabine mit den Astronauten hatte das Zerbrechen des Shuttles relativ unversehrt überstanden. Wahrscheinlich starben die Astronauten erst, als sie 2.45 Minuten nach dem Auseinanderbrechen des Shuttles in ihrem Cockpit auf dem Atlantik aufschlugen. Ein aus Kostengründen eingespartes Rettungssystem mit Fallschirmen hätte das Leben der Astronauten wahrscheinlich retten können. Die Untersuchungskommission forderte eine lange Liste von Konstruktions- und Verfahrensänderungen. Die nächsten geplanten Space-Shuttle-Starts wurden dann für 32 Monate ausgesetzt.

 EINE LEHRERIN IM ORBIT

Christa McAuliffe (1948–1986) war Lehrerin für Sozialkunde der Concord High School in New Hampshire. Als Präsidentin der Lehrerinnengewerkschaft von New Hampshire kämpfte sie gegen den schlechten Zustand der öffentlichen Bildung in den USA. Am 19. Juli 1985 wurde sie aus 11.500 Bewerbern für das NASA-Projekt »Lehrer im Weltraum« ausgewählt. Sie nahm ihr Training im Herbst 1985 auf und wurde für die dem Untergang geweihte Mission STS-51L eingeteilt.

28. Januar 1986, der Moment der Katastrophe: 73 Sekunden nach dem Start sieht man vom Boden aus nur noch die riesigen Abgaswolken von der Explosion des Außentanks und der Feststoffbooster.

»WIR TRAUERN UM DIE SIEBEN HELDEN ... DIE CREW DES SPACE SHUTTLE CHALLENGER EHRTE UNS, WIE SIE IHR LEBEN LEBTE. WIR WERDEN SIE NIE VERGESSEN, AUCH NICHT, WIE WIR SIE HEUTE MORGEN DAS LETZTE MAL SAHEN, ALS SIE SICH AUF IHRE REISE VORBEREITETEN UND WINKTEN UND DIE ENGEN FESSELN DIESER ERDE ABSCHÜTTELTEN, UM DAS ANTLITZ GOTTES ZU BERÜHREN.«

Präsident Ronald Reagen am 28. Januar 1986 in einer bewegenden Traueransprache statt seiner geplanten Rede zur Lage der Nation

Die Nach-Challenger-Missionen

Erst am 29. September 1988 wurden mit der Discovery die Shuttle-Flüge wieder aufgenommen. In typischer NASA-Bürokratie wurden dabei die Missionsbezeichnungen erneut geändert. Der erste Discovery-Flug am 29. September 1988 hatte den Namen STS-26. Gleichzeitig bewilligte der Kongress die Mittel für den Bau des Ersatz-Orbiters Endeavour, der 1992 seinen Jungfernflug unternahm. Mit verbesserter Technik und wachsenden Erfahrungen wurden die Shuttle-Flüge in den Orbit im Laufe der nächsten Jahre eine alltägliche Angelegenheit, der die Öffentlichkeit nur noch wenig Aufmerksamkeit schenkte. Dennoch gab es einige STS-Flüge, deren Beginn, aber auch späterer Verlauf mit einer gewissen Spannung verfolgt wurden:

- 1989 startete die Venussonde Magellan von der Raumfähre Atlantis aus, um von 1990 bis 1992 den zweiten Planeten des Sonnensystems mit Radar zu 98 Prozent zu kartieren.
- Im selben Jahr vom selben Shuttle wurde die Raumsonde Galileo zum Jupiter geschickt, um den größten Planeten des Sonnensystems und seine Monde für längere Zeit zu untersuchen.
- 1990 brachte das Shuttle Discovery das schon seit vier Jahren auf seinen Start wartende Hubble-Weltraumteleskop in den Orbit.
- 1993 erfolgte die Reparatur des Hubble-Weltraumteleskops.
- 1994 flog zum ersten Mal ein sowjetischer Kosmonaut – Sergej Konstantinowitsch Krikaljow (*1958) – auf einem Space Shuttle (Discovery) und damit erstmals auf einem amerikanischen Raumschiff im Rahmen des Shuttle-Mir-Programms.

Das **Hubble Space Telescope** über der Ladebucht des Orbiters kurz vor seinem Aussetzen in 608 km Höhe. Es wurde am 24. April 1990 mit der STS-31-Mission von der Discovery dort hingebracht und war von der Form und den Abmessungen genau auf die Ladebucht zugeschnitten.

Spektakuläre Wartungsarbeiten im All: Die beiden Astronauten Story Musgrave und Jeffrey Hoffman während der letzten fünf Außenbordaktivitäten von STS-61 (2.–13. Dezember 1993). Musgrave schwebt am Greifarm der Endeavour und bereitet die Installation eines Magnetometers am Hubble-Teleskop vor.

EIN OBSERVATORIUM IM ORBIT
DAS HUBBLE-WELTRAUMTELESKOP

TECHNIK

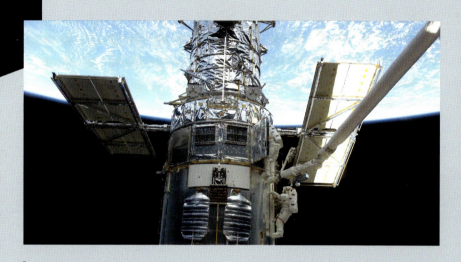

Das Hubble Space Telescope bei Wartungsarbeiten: ein Aufwand, der sich gelohnt hat, wie die zahlreichen brillanten Aufnahmen zeigen.

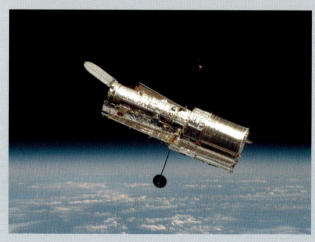

Das Hubble-Teleskop **mit geöffneter Klappe** für den Lichteinfall.

Als das von NASA und ESA gemeinsam entwickelte Hubble-Weltraumteleskop (benannt nach dem US-Astronomen Edwin Hubble) am 24. April 1990 mit der Space-Shuttle-Mission STS-31 gestartet und am folgenden Tag von der Discovery in 612 Kilometer Höhe mit dem Greifarm ausgesetzt wurde, ging für die Astronomen ein langgehegter Traum und Wunsch in Erfüllung: Zum ersten Mal in der Geschichte der Astronomie hatten sie die Möglichkeit, mit einem Fernrohr ins Weltall zu schauen, ohne von der Atmosphäre mit ihren vielfältigen meteorologischen Erscheinungen gestört zu werden, d. h., immer glasklare und scharfe Bilder zu erhalten.

Auf den ersten Blick ähnelt diese erste Weltraumsternwarte mehreren aufeinander gesetzten Blechzylindern unterschiedlichen Durchmessers, wobei die vorderen schmaler sind als der hintere und die Öffnung mit einem Klappdeckel verschlossen werden kann.

Seine Gesamtlänge beträgt 13,20 Meter, der Durchmesser bis zu 4,30 Meter und das Gewicht 11,11 Tonnen. Das optische System besteht aus dem Haupt-(oder Primär-)spiegel mit den verschiedenen Zusatzinstrumenten und ist im hinteren dickeren Teil der Zylinderkonstruktion platziert, der dazugehörende Umlenk- oder Sekundärspiegel im schmaleren vorderen Teil.

Der Klappdeckel zum Schutz gegen einfallendes Sonnenlicht, das die empfindlichen wissenschaftlichen Instrumente beschädigen würde, hat einen Durchmesser von drei Metern und ist außen mit einer reflektierenden Schutzschicht überzogen. Das auf das Teleskop fallende Sonnenlicht wird von mehreren Sensoren ständig überwacht. Stellen sie fest, dass die Sonne weniger als 20 Grad von der Ausrichtungsachse des Teleskops entfernt ist, schließt sich die Klappe innerhalb von 60 Sekunden.

Die Spiegelkonstruktion ist ein sogenanntes Ritchey-Chrétien-Cassegrain-System und besteht aus zwei Spiegeln: dem hyperbolisch geformten Hauptspiegel mit 2,40 Meter Durchmesser. Er sammelt das eintreffende Licht des zu beobachtenden kosmischen Objekts und reflektiert es zum 30 Zentime-

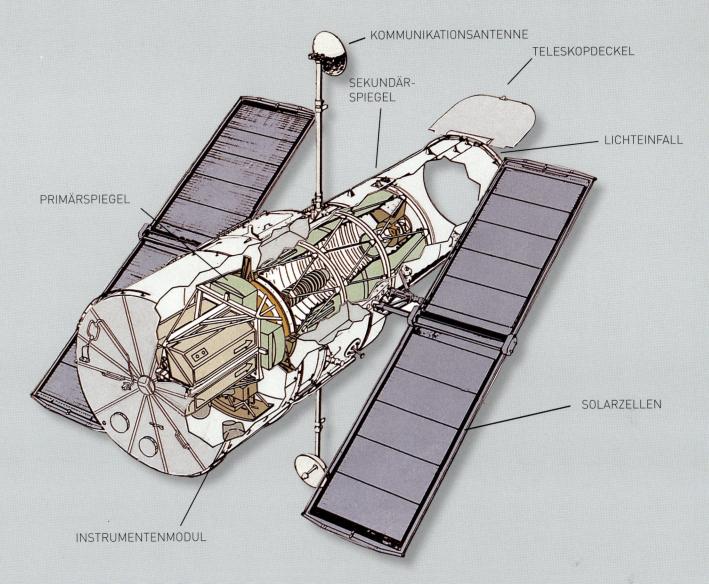

KOMMUNIKATIONSANTENNE
SEKUNDÄRSPIEGEL
TELESKOPDECKEL
LICHTEINFALL
PRIMÄRSPIEGEL
SOLARZELLEN
INSTRUMENTENMODUL

ter großen Sekundärspiegel, der es zu den hinter dem Hauptspiegel sitzenden fünf wissenschaftlichen Instrumenten und den um sie angeordneten drei »Fine Guidance Sensors« weiterleitet. Sie bilden das verdickte hintere Zylinderteil. Die gesamte optische Konstruktion ist 6,40 Meter lang, was eine Brennweite von 57,60 Metern ergibt.

Im Gegensatz zu zahlreichen anderen Teleskopkonstruktionen erhalten beim Hubble-Teleskop alle Instrumente einen festen Teil des gesammelten Lichtes, sodass sie zur gleichen Zeit arbeiten können. Üblich ist allgemein das Umschalten zwischen verschiedenen Sensoren, sodass zu einem bestimmten Zeitpunkt immer nur eine Messung vorgenommen werden kann. Das HST beobachtet zwar hauptsächlich im sichtbaren Licht, was für den Betrachter den Reiz der übermittelten Fotos ausmacht, aber darüber hinaus auch im Infrarot- und Ultraviolettbereich. Neben dem optischen System und seinen Zusatzgeräten verfügt das Hubble-Weltraumteleskop noch über die technischen Systeme zu seiner Steuerung, Energiespeicherung und Kommunikation. Sie sind in einem hohlen Ring in der Mitte der Zylinderkonstruktion in mehreren Fächern untergebracht, die von außen durch Klappen leicht zugänglich sind. Das Teleskop ist so konstruiert, dass es in die Ladebucht des Space Shuttle passt und dort auch von den Astronauten gewartet werden kann, was mehrmals geschehen ist.

Die Energieversorgung geschieht über zwei mittig am Tubus angebrachte flügelartige Solarmodule, die für den Transport aufgerollt werden mussten. Denn das HST wurde von der Form und den Maßen auf Shuttle-Nutzlastbucht zugeschnitten, sodass eine Flügelkonstruktion, wie bei anderen Satelliten üblich, nicht in Frage kam. Die für die Kommunikation notwendigen parabolförmigen Hochleistungsantennen gehören mit ihren Auslegern ebenfalls zu den charakteristischen Elementen des Hubble Space Telescope.

Der **Kosmonaut Waleri Poljakow**, fotografiert von der Besatzung der Discovery, als sie sich im Februar 1995 der Raumstation Mir näherte. Der Weltraummediziner hatte zu dieser Zeit einen fast 14-monatigen Rekordaufenthalt an Bord der ehemaligen Raumstation hinter sich.

Kooperation im Weltall

Die 1990er Jahre wurden dann zu einem Jahrzehnt der internationalen Zusammenarbeit im Weltraum. Diese Kooperation entwickelte sich nicht zuletzt aus der prekären politischen und finanziellen Situation des sowjetischen Raumfahrtprogramms. Die Geschichte der beiden Kosmonauten Alexander Wolkow (*1948) und Sergej Konstantinowitsch Krikaljow (*1958) wurde zum Ausdruck der Lage: Die beiden Kosmonauten gehörten zur damaligen Besatzung der Raumstation Mir, als im Dezember 1991 die Sowjetunion endgültig aufgelöst wurde. Aus Geldmangel und wegen politischer Streitigkeiten zwischen den beiden frisch geschiedenen Staaten Russland und Kasachstan konnten sie nicht ausgetauscht werden und mussten erheblich länger als vorgesehen auf der Mir bleiben. Während unten die Sowjetunion zerfiel, umkreisten die Kosmonauten die Erde. Erst im März 1992 konnten sie zurückgeholt werden. Da hatte Krikaljow dann zehn Monate im Orbit auf der halb fertiggestellten Raumstation zugebracht.

Vor diesem historischen Hintergrund verkündeten der russische Präsident Boris Jelzin und US-Präsident George Bush im Juni 1992 die Kooperation beider Staaten in ihren Raumfahrtprogrammen. Beide sollten voneinander profitieren: Die Russen konnten mit finanzieller Unterstützung der NASA und mit Hilfe des Space Shuttle die Mir fertigstellen, und die Amerikaner von der Langzeit-Erfahrung der Russen im All lernen. Außerdem sollten russische Kosmonauten an Bord des Space Shuttle mitfliegen.

Das erste Weltraum-Rendezvous zwischen dem Shuttle und der Raumstation Mir fand Anfang 1995 statt, wobei das Shuttle erstmals von einer Frau, Eileen Collins, geflogen wurde. Allerdings kam es noch nicht zum Andocken, denn dazu musste der Orbiter mit einem speziellen Adapter ausgerüstet werden. Am 29. Juni 1995 war es dann soweit: Die Atlantis dockte an der Mir an, um Nachschub zu bringen und zum Austausch von Besatzungsmitgliedern.

Es folgte ein reger Austausch russischer und amerikanischer Crews, der als Vorstufe für den beschlossenen gemeinsamen Aufbau und Betrieb der Internationalen Raumstation ISS diente. Denn parallel zu den Shuttle-Mir-Flügen gab es Anfang und Mitte der 1990er Jahre einige Flüge, um Verfahren für den Bau der ISS zu entwickeln. So übten die Astronauten zum Beispiel während der Außenbordaktivitäten, wie große Fachwerkkonstruktionen und Rahmen für die zukünftige ISS zusammenzusetzen waren. Dem Aufbau der Internationalen Raumstation mit permanenter Logistik durch die Space-Shuttle-Flotte (und auf sie waren die ISS und auch das Hubble-Weltraumteleskop zugeschnitten) schien nichts mehr im Wege zu stehen. Das Space Shuttle schien doch noch zur Erfolgsstory zu werden.

Das **Space Shuttle Atlantis** mit geöffneter Ladebucht 1996 beim Andocken im Rahmen des Shuttle-Mir-Programms aus einem der Fenster der Mir gesehen.

Während des Shuttle-Mir-Programms koppelte der US-Orbiter zu mehreren Missionen an die russische Raumstation Mir an – hier am 4. Juli 1995 während des STS-71-Fluges. Die **Mir-Raumstation und das Shuttle Atlantis** bildeten in dieser Kombination die größte bis dahin von Menschen geschaffene Struktur im All.

Das kurze Leben des Buran

Als die Sowjetunion 1976 begann, ein Shuttle ähnlich dem amerikanischen zu entwickeln, geschah das hauptsächlich, um technologisch mit der NASA gleichzuziehen – besonders, was eine mögliche militärische Verwendung betraf; denn das US-Shuttle wurde teilweise von den Militärs finanziert.

Der Buran ähnelte äußerlich dem amerikanischen Space Shuttle. Und auch der Hitzeschild bestand aus Tausenden von kleinen Kacheln. Die Form des Orbiters war aber nicht, wie man vermuten könnte, ein Ergebnis der Spionagetätigkeit. Versuche sowjetischer Ingenieure im Windkanal hatten gezeigt, dass es keine bessere Form für den Raumgleiter gab. Konzeptionell allerdings gab es einige markante Unterschiede: Buran hatte, anders als das Space Shuttle, keine eigenen Haupttriebwerke, sondern wurde von der separaten Energia-Trägerrakete angetrieben. Das hätte durch die Gewichtsersparnis bedeutet, dass Buran mehr Nutzlast hätte transportieren können. Außerdem waren beim Buran zwei eigene Marschtriebwerke vorgesehen, damit der Raumgleiter bei der Landung nicht nur gleiten, sondern auch aus eigener Kraft aktiv fliegen konnte. Auch im Sicherheitsbereich gab es einige wichtige Unterschiede. Die Kacheln des Hitzeschildes waren anders angeordnet als beim Space Shuttle, die Treibstoffmischung für die Triebwerksdüsen zum Manövrieren im Orbit war anders und ungefährlicher zusammengesetzt, und schließlich waren beim Buran von Anfang an Druckanzüge und Schleudersitze mit Fallschirm für die Besatzung vorgesehen.

Der Jungfernflug im November 1988 verlief perfekt, doch das Programm wurde wegen der zunehmenden politischen und finanziellen Probleme der Sowjetunion abrupt gestoppt und 1993 endgültig eingestellt. Die noch im Bau befindlichen Raumgleiter wurden in einem Hangar in Baikonur eingelagert. Im Mai 2002 stürzte das Dach dieser Halle ein und zerstörte den Orbiter, wobei sieben Arbeiter starben. Dramatischer war jedoch das Ende des amerikanischen Space-Shuttle-Programms durch ein erneutes Unglück.

Das noch zu Sowjetzeiten entwickelte Raumtransportsystem, bestehend aus dem **Orbiter Buran** (Schneesturm) und der Trägerrakete Energia, wurde wie alle vorherigen Raketen und ihre Raumschiffe auf einem speziellen Eisenbahnwaggon zur Startrampe gerollt. (Foto: Oktober 1988)

Aerodynamisch bedingte Ähnlichkeiten: Das **Buran-Energia-Raumtransportsystem** kurz vor seinem Abheben von der Startrampe in Baikonur im November 1988.

Die Columbia-Katastrophe

Nach dem, was wir heute wissen, hätte sich auch der Verlust der Columbia-Raumfähre vermeiden lassen, wenn die NASA den drohenden Anzeichen dieser Katastrophe mehr Beachtung geschenkt hätte. Was war am 1. Februar 2003 geschehen?

Die altgediente Raumfähre Columbia (300 Tage Weltraumaufenthalte, 4.808 Erdumrundungen, 160 in den Orbit beförderte Passagiere) war auf dem Rückflug von ihrer 21. Mission. Für umgerechnet 110 Millionen Euro hatte die NASA sie 2001 nicht nur überholt, sondern für die geplanten Dockingmanöver mit der ISS auch umgebaut. Aber sie kam nie dazu, diese neuen Fähigkeiten unter Beweis zu stellen.

Am Morgen dieses Februartages, als die Columbia San Francisco überflog und sich zum Landeanflug bereitmachte, bemerkte die Bodenkontrolle auf ihren Monitoranzeigen, dass es mit der Hydraulik der linken Tragfläche ein Temperaturproblem gab. Sechs Minuten später wurde Kommandant Rick Husband gemeldet, dass die Temperaturen der Reifen im dortigen Fahrwerk alarmierende Werte erreicht hatten. Doch Husband konnte keine Antwort mehr geben, denn Funk- und Datenverbindung brachen um 8:59 Uhr plötzlich ab. Die Columbia hatte sich beim Flug durch die immer dichter werdende Atmosphäre zerlegt und ihre siebenköpfige Besatzung mit in den Tod gerissen: Rick Douglas Husband (*1957), Kommandant, Pilot William Cameron »Willie« McCool (*1961) und die Missionsspezialisten Kalpana Chawla (*1962), Laurel Blair Salton Clark (*1961), David McDowell Brown (*1956), Michael Philip Anderson (*1959) und Ilan Ramon (*1954).

Hauptursache des Unglücks, so die späteren Untersuchungen, war ein Teil der Isolation des Außentanks, das sich schon beim Start gelöst hatte. Dieses Teil war kurz nach dem Abheben gegen die linke Tragfläche des Shuttles geprallt und hatte ein Loch in die Flügelvorderkante geschlagen. Als nun die Columbia in die Atmosphäre eintauchte, dran-

Die Crew der Shuttle-Mission STS-107 vom Februar 2003: von links nach rechts: David Brown, Commander Rick Husband, Laurel Clark, Kalpana Chawla, Michael Anderson, Pilot William McCool und Ilan Ramon.

gen die heißen Gase der Reibungshitze durch das Loch in die Tragfläche und zerstörten ihre Struktur: In 70 Kilometer Höhe riss sie schließlich ab, und die Columbia zerbarst in viele Teile.

Wie schon bei der Challenger-Katastrophe ging auch in diesem Fall eine Untersuchungskommission schonungslos allen technischen Versäumnissen und denen des Managements auf den Grund. Es dauerte natürlich einige Zeit, bis alle Trümmer entlang des Wiedereintrittsweges – darunter auch der Flugschreiber – geborgen und ausgewertet waren. Die Unglücksursache konnte geklärt werden. Das Tragische daran war, dass man von der Beschädigung beim Start gewusst, aber die Folgen unterschätzt hatte. Es kam zu einem erneuten Startverbot für die restliche Shuttle-Flotte. Wieder wurden konstruktive Veränderungen vorgenommen, wieder musste sich das NASA-Management wegen seiner mangelhaften internen Kommunikation die heftigsten Vorwürfe gefallen lassen. Diesmal allerdings wurde das gesamte Space-Shuttle-Programm infrage gestellt: sicherheitstechnisch und wirtschaftlich. Schließlich musste man inzwischen akzeptieren, dass Versorgungsflüge zu Raumstationen preiswerter und sicherer mit unbemannten Raketen geleistet werden konnten. So wurde der Bau der ISS vorübergehend gestoppt, ihre Versorgung übernahmen in der Folgezeit russische Raumschiffe, und schließlich entschied die US-Regierung unter Präsident George W. Bush 2004, dass das Shuttle außer Dienst gestellt würde, sobald der Bau der ISS abgeschlossen sei. Das dauerte noch ein paar Jahre, aber im Juli 2011 flog mit der Atlantis das letzte Space Shuttle zur ISS.

So war das Space-Shuttle-Programm im Rückblick sehr ambivalent: außerordentlich wichtig für die bemannte Raumfahrt, besonders für den Bau der ISS, dabei aber gefährlich und extrem teuer.

Um das Columbia-Unglück zu rekonstruieren, ließ die Untersuchungskommission rund **82.000 der herabgeregneten Trümmerteile** aufsammeln und 753 davon in den auf dem Boden eines Hangars im Kennedy Space Center aufgezeichneten Umrissen des Orbiters einsortieren. (Foto: Mai 2003)

Das Ende einer Ära: Am 8. Juli 2011 startet mit der Atlantis (STS-135) das letzte Space Shuttle zu seiner dreizehntägigen Mission zur ISS.

Die Geschichte der Internationalen Raumstation ISS ist eine Geschichte des Auf- und Ausbaus des größten Außenpostens der Menschheit im erdnahen Orbit. Der Großteil der **Bauarbeiten geschah bis 2011 in langen Außenbordeinsätzen** vom Space Shuttle aus. Hier der Astronaut Robert L. Curbeam Jr. (STS-116) bei Montagearbeiten im Dezember 2006. Dieser Außenbordeinsatz dauerte 6 Stunden und 36 Minuten.

RAUMSTATIONEN

Schon den Raumfahrtpionieren war klar, dass sich Raumfahrt und Weltraumforschung nicht in Raketenflügen erschöpfen konnten. Wollte der Mensch wirklich den Weltraum erobern, dann musste er einen permanenten Stützpunkt im All errichten: eine Weltraumstation in der Erdumlaufbahn, von der aus man Expeditionen zu weiter entfernten Zielen schicken konnte. Schon Wernher von Braun hatte in den 50er Jahren einen visionären Entwurf für eine solche Raumstation vorgelegt. Doch mit dem Wettrennen zum Mond wurden dann in den 1960er Jahren zunächst andere Schwerpunkte gesetzt. Erst mit dem Ende des Apollo-Programms wurden entsprechende Pläne von der NASA und der Sowjetunion aus der Schublade geholt und verwirklicht. Zuerst geschah das noch in Konkurrenz, später aus finanziellen Erwägungen in Zusammenarbeit in Form der Internationalen Raumstation ISS.

RAUMSTATIONEN

Visionen von Raumstationen als permanente Stützpunkte der Menschheit im Weltall sind nicht so neu, wie man annehmen könnte. Schon in der frühen Science-Fiction um die Jahrhundertwende oder später in den Arbeiten von Konstantin Ziolkowski findet man die Idee. Den konkreten Begriff der Raumstation hat dann Hermann Oberth geprägt, und Werner von Braun hatte schon Anfang der 1950er Jahre eine futuristische Konstruktion entworfen. Von diesem Stützpunkt im Orbit sollten Mond- und sogar Marsexpeditionen ihren Ausgang nehmen.

Die Raumstation wird wieder aktuell

Eigentlich hätte die bemannte erdumkreisende Raumstation der erste Schritt bei der Eroberung des Weltalls sein sollen. Doch dieser langfristige Plan für die Eroberung des Weltraums wurde durch das von Kennedy angestoßene Wettrennen zum Mond mit der engen Zeitvorgabe zunichtegemacht. Auch andere Vorläufer, wie das auf dem Gemini-Projekt basierende Manned Orbiting Laboratory der US Air Force (MOL), wurden ab Mitte der 1960er Jahre nicht weiterverfolgt.

Das änderte sich nach der ersten bemannten Mondlandung und dem sich abzeichnenden Ende des Apollo-Programms. Nun wurden in den Planungsbüros der NASA alte Projektstudien wieder aus der Schublade geholt – und zwar auch im Zusammenhang mit einem wiederverwendbaren Raumtransportsystem. Allerdings war bei der angespannten Finanzlage die Regierung nicht bereit, der NASA beide Wünsche zu finanzieren. Deshalb hatte sich die Raumfahrtbehörde zunächst für die Entwicklung des Raumtransportsystems entschieden.

Montage der sowjetischen Langzeit-Orbital-Station DOS. Das Projekt hatte im Februar 1970 die Freigabe erhalten und wurde im April 1971 mit dem Namen Saljut 1 in die Erdumlaufbahn gebracht.

Ein Sowjetposten im All

Dagegen hatte die Sowjetunion den Plan einer Raumstation nie aus den Augen verloren. Während ihre prestigekräftigen Pionierleistungen im Orbit liefen, trieb sie die Entwicklung bemannter Beobachtungsposten in der Erdumlaufbahn voran. Die Gruppenflüge, Rendezvous-Manöver und Außenbordaktivitäten dienten nun sozusagen als Vorbereitung für den Aufbau einer Raumstation. Dabei standen in erster Linie militärische Zwecke im Vordergrund. Schon seit 1964 gab es Pläne für das geheime Projekt Almas. Sie sahen eine Raumstation in drei Modulen vor, bestehend aus einem abgestuften Zylinder von 4,15 und 3 Meter Durchmesser sowie 11,60 Meter Länge für drei Mann Besatzung. Diese Station sollte Aufklärungsfotos von militärischen Anlagen auf der Erde anfertigen. Der Bau wurde 1967 genehmigt, als die Sowjetunion erkennen musste, dass sie die USA mit ihren bemannten Mondflügen nicht mehr einholen konnte. Das Mondflugprojekt wurde gestrichen, und zwar mit dem über die Medien verbreiteten Hinweis, dass es das Projekt einer bemannten sowjetischen Mondlandung nie gegeben habe. Damit wurde das Raumstationsprojekt Gegenstand verstärkter Anstrengungen. 1970 waren zwei Almas-Hüllen fertiggestellt, mit Wohn- und Arbeitsbereich, Andocköffnung für Raumschiffe und einem Ausstieg für Außenbordaktivitäten. Dann jedoch änderten sich die Pläne der sowjetischen Führung in der Weise, dass sie die Prioritäten zugunsten eines zivilen Raumfahrtprojektes setzte, für das die Module des Almas-Konzepts genutzt werden sollten. Dabei sollte doppelgleisig verfahren werden: Während eines der Almas-Gehäuse in eine zivile Raumstation verwandelt wurde, um wissenschaftliche Studien zu betreiben, wurden gleichzeitig die Arbeiten am militärischen Programm weitergeführt. Beide Projekte wurden dann unter demselben Namen fortgesetzt: Saljut (Salut). Und als am 19. April 1971 Saljut 1 auf einer Proton-Rakete in den Weltraum transportiert wurde, bestand diese Station im Prinzip aus einer Almas-Hülle und Elementen des Sojus-Raumschiffs.

Das Saljut-Programm

Das Saljut-Programm verlief dann von 1971 bis 1986 mit den Stationen 1 bis 7 als ebensolches Wechselspiel zwischen zivilen und militärischen Missionen. Während die zivilen Missionen großen Niederschlag in den Medien fanden, blieben die militärischen geheim.

Saljut und Sojus 11 gekoppelt (Modell). Als Transportmittel zur und von der Raumstation Saljut diente das Sojus-Raumschiff, das während des Aufenthalts der Kosmonauten-Crew mit der Station verbunden blieb.

Es gab je nach Verlauf der bemannten Missionen, wenn erforderlich, mehr oder weniger starke Veränderungen in der technischen Ausrüstung, um aufgetretene Probleme zu beseitigen und auch die Lebens- und Arbeitsbedingungen der Kosmonauten zu verbessern. Die bekamen später Gäste nicht nur aus der Sowjetunion, sondern aus den sogenannten sozialistischen Bruderländern und auch aus dem westlichen Ausland. Sie flogen mit Sojus-Raumschiffen zu der Station und blieben für eine wissenschaftliche Zusammenarbeit mit den sowjetischen Kosmonauten auf der Saljut. Auch Pannen blieben nicht aus. Kurz nachdem Saljut 1 am 19. April 1971 auf der Spitze einer Proton-Rakete unbemannt in den Orbit gestartet war, wurde

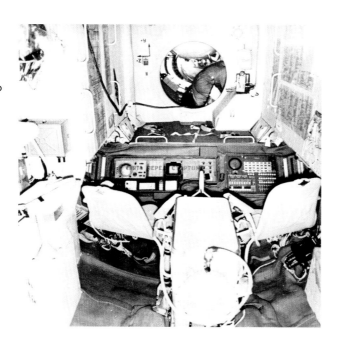

Das Innere der **Saljut-Raumstation mit Blick auf die Verbindungsschleuse zur Sojus-11-Kapsel.** Ein Nachbau, in dem alle Handgriffe und Abläufe geübt werden konnten, befand sich im Sternenstädtchen bei Moskau. Gegen technische Pannen waren die Missionen trotzdem nicht gefeit. (Foto: 1971)

Die erste Besatzung der Saljut-Raumstation beim Training: Wiktor Iwanowitsch Pazajew, Wladislaw Nikolajewitsch Wolkow und Georgi Timofejewitsch Dobrowolski. Ihre Mission endete 1971 durch ein geöffnetes Druckventil bei der Landung tödlich.

sie von einer Pannenserie heimgesucht, die das Vertrauen der Kosmonauten in die Funktionsfähigkeit und Sicherheit der Station nicht gerade stärkte. Dabei hatte mit Saljut 1 eine neue Ära in der sowjetischen Raumfahrt und Weltraumforschung beginnen sollen. Ein Zeichen dieser neuen Entwicklung war, dass die Kosmonauten auf ihren Flügen zur und von der Station keine Raumanzüge trugen, sondern in bequemen Sportanzügen flogen. Was dabei verschwiegen wurde, war die Enge der Sojus-Kosmonautenkabine. Sie hätte einer Besatzung in Raumanzügen kaum noch Bewegungsfreiheit geboten. Aber wieder einmal ging es darum, die Öffentlichkeit zu beeindrucken, und das sollte sich bei dem Flug von Sojus 11 als verhängnisvoll erweisen.

Schon der erste Flug von Sojus 10 vier Tage nach dem Start der Saljut 1 wurde zu einem Misserfolg: Die Besatzung konnte wegen eines Fehlers in der Andockvorrichtung nicht an der Station ankoppeln. Sie musste die Mission abbrechen. Beim Flug von Sojus 11 zwei Monate später lagen die Probleme woanders: Wieder wurde der Flug ohne Raumanzüge unternommen, um mehr Platz im engen Sojus-Raumschiff zu haben. Die Kosmonauten waren die erste Besatzung einer Raumstation. Drei Wochen verbrachten die Kosmonauten Georgi Timofejewitsch Dobrowolski (1928–1971), Wladislaw Nikolajewitsch Wolkow (1935–1971) und Wiktor Iwanowitsch Pazajew (1933–1971) an Bord der Station, bevor sie am 29. Juni 1971 wieder den Rückflug zur Erde antraten.

Nach der Landung und dem Öffnen der Luke der Sojus-Kapsel bot sich den Bergungsmannschaften jedoch ein entsetzliches Bild: Die drei Kosmonauten lagen tot in der Kabine. Ein Druckventil hatte sich während der Wiedereintrittsphase beim Absprengen der Landekapsel vom Versorgungsteil geöffnet. Die Atemluft war aus der Kapsel entwichen, und die drei Kosmonauten waren erstickt. Alle nachfolgenden Besatzungen flogen deshalb wieder in Raumanzügen. Das Ziel war aber nicht mehr Saljut 1. Aufgrund des Unglücks wurden alle weiteren Flüge zu der Station für zwei Jahre ausgesetzt. Sie konnte über den langen Zeitraum nicht mehr gehalten werden und verglühte im Oktober 1971 beim Wiedereintritt in die Erdatmosphäre.

Ein ähnliches Schicksal ereilte die im April 1973 in den Erdumlauf gebrachte militärische Version der Almas-Raumstation Sojus 2, die nach drei Wochen abstürzte; und auch der im darauffolgenden Monat gestarteten DOS-3, der ersten wirklich zivilen Raumstation, erging es nicht besser, denn sie verglühte bereits nach 11 Tagen. Diesen Fehlschlag spielte die Sowjetführung in der Weise herunter, dass sie die Station einfach als »Forschungssatellit Kosmos 557'« bezeichnete.

Erfolgreicher waren dagegen wieder die Stationen Saljut 3, 4 und 5, auf denen sich insgesamt fünf Besatzungen aufhielten. Die Technik der Stationen wurde dabei ständig verbessert.

Saljut 6 war von den sowjetischen Ingenieuren erneut gründlich überarbeitet worden und startete im September 1977. Sie bekam einen zweiten Kopplungspunkt, sodass auch Progress-Raumschiffe an ihr andocken und sie versorgen konnten. Aber auch hier gab es beim Anflug von Sojus 25 eine Panne, und zwar wieder mit dem Kopplungsmechanismus, sodass die Mission abgebrochen werden musste. Dagegen stieg die Crew von Sojus 26 mit Georgi Michailowitsch Gretschko (1931–2017) und Juri Wiktorowitsch Romanenko (*1944) erfolgreich um und blieb als erste Langzeitbesatzung einer Raumstation gleich 96 Tage an Bord von Saljut 6. Sie bekamen Besuch von Sojus 27 und später von einer unbemannten Progress-Fähre, die die Crew mit Nachschub versorgte. Im weiteren Verlauf ihres Aufenthalts begrüßten sie eine Gastmannschaft mit dem tschechischen Kosmonauten Vladimír Remek (*1948).

Die gründlich überarbeitete und im September 1977 gestartete Raumstation Saljut 6 im Erdorbit. Sie hatte einen zweiten Kopplungsadapter bekommen, sodass auch die Progress-Raumschiffe anlegen und die Besatzung mit Nachschub versorgen konnten.

DER KLASSIKER IM ALL
DAS SOJUS-RAUMSCHIFF

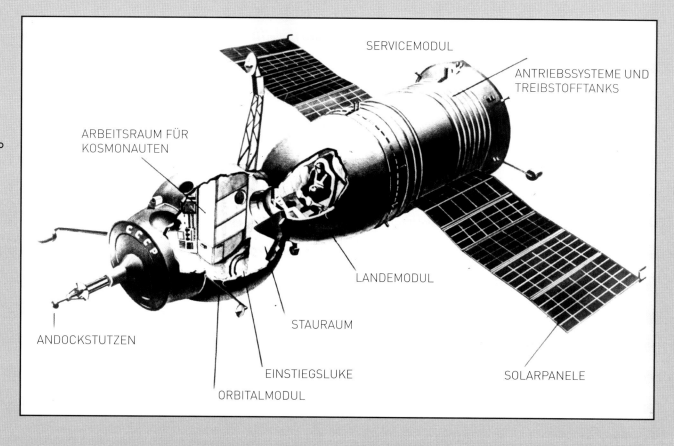

Das **Sojus-Raumschiff** im Schnitt mit den beiden Crew-Bereichen: vorn der Arbeitsraum der Kosmonauten, daran anschließend das Landemodul, in dem die Raumfahrer starteten und zur Erde zurückkehrten. Das Sojus-Raumschiff übernahm nach dem Wegfall des Space Shuttle den alleinigen Crew-Transport zur ISS.

Das Sojus-Raumschiff ist ein echter Klassiker. Es wurde noch während der 1960er Jahre von dem sowjetischen Raketenkonstrukteur Sergej Koroljow entwickelt und ist seit 1967 im Einsatz – zuerst als bemannte Fähre für die Raumstationen der Reihe Saljut, später für die große Orbitalstation Mir und nach dem Ende des US-Space-Shuttle-Programms im Transportdienst zur Internationalen Raumstation ISS. Die Sojus gilt als eines der verlässlichsten und sichersten Raumschiffe, ebenso die gleichnamige Trägerrakete.

Das Sojus-Raumschiff besteht aus drei Teilen: dem Servicemodul, dem Landemodul und dem Orbitalmodul. Sie haben während des Fluges unterschiedliche Aufgaben. Nur das Landemodul kehrt auf die Erde zurück. Die beiden anderen Module verglühen nach ihrer Abtrennung vom Landemodul beim Wiedereintritt in die Erdatmosphäre.

Im 2,26 Meter langen Servicemodul, dessen Durchmesser von 2,15 bis 2,72 Meter reicht, sind die Servicesysteme und das Antriebssystem für die Regelungs- und Bremszwecke inklusive Treibstoff untergebracht. Die Aufnahmekapazität lag bei den ersten Sojus-Modellen bei 500 Kilogramm, bei den neueren bereits bei 800 Kilogramm. Auch das Energieversorgungssystem mit Solarpanelen und Akkumulatoren ist im Servicemodul untergebracht. Ursprünglich betrug die Spannweite der Solarpanele 9,80 Meter, die Fläche 14 Quadratmeter und die mittlere Leistung etwa 500 Watt. Sie wurden nach dem Unfall von Sojus 11 entfernt, um die Konstruk-

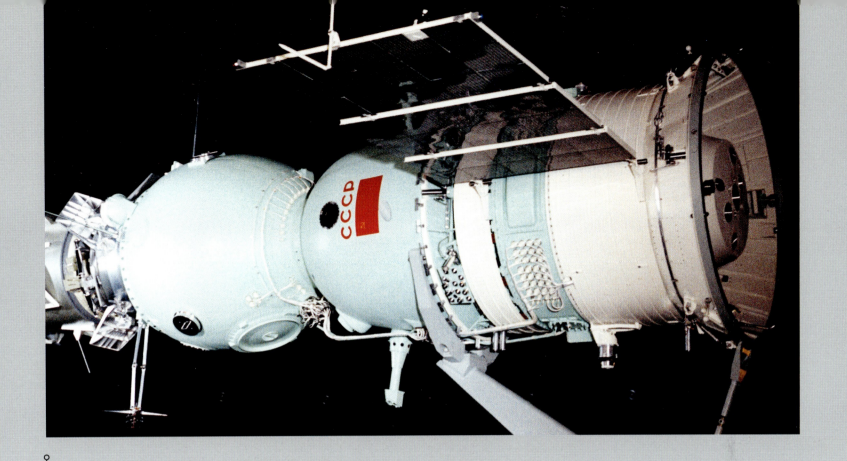

Das Sojus-Raumschiff, mit dem 1975 das erste russisch-amerikanische Rendezvous stattfand, wurde 1973 auf der **International Aeronautics and Space Exhibition** in Paris ausgestellt. Links am Bildrand ist das Docking-Modul zu erkennen, mit dem die Sojus-Kapsel mit der Apollo-Kapsel verbunden wurde.

tion leichter zu machen, sodass die Stromversorgung allein durch die Akkumulatoren sichergestellt wurde. Beim Apollo-Sojus-Programm kamen dann Solarpanele mit einer Fläche von 8,33 Quadratmetern und 8-Kilowattstunden-Akkumulatoren zum Einsatz, und die neueren Sojus-Raumschiffe verfügen über Solarpanele mit einer Spannweite von 10,60 Metern und einer Leistung von rund 1 Kilowatt.

Im 2,24 Meter langen und 2,17 Meter durchmessenden Landemodul befinden sich die Plätze der Kosmonauten sowie die technischen Systeme und die Fallschirme. Außerdem können im Landemodul noch bis zu 100 Kilogramm Nutzlast mitgeführt werden. Die Oberfläche des Landemoduls ist gegen die Reibungswärme mit einem ablativen Hitzeschild bedeckt. Unter dem Hitzeschild liegen die Bremstriebwerke, die wenige Meter vor dem Aufsetzen der Landekapsel in Aktion treten. Auf der Oberfläche der Kapsel sind 24 Lageregelungstriebwerke montiert. Mit ihnen kann die Lage der Kapsel während des Fluges durch die Atmosphäre gesteuert und die Kapsel in die optimale Wiedereintrittsposition gebracht werden.

Die Landung der Kapsel nach dem Wiedereintritt in die Atmosphäre geschieht in folgenden Phasen: In 9.000 Meter Höhe wird durch Hilfsschirme der 16 Quadratmeter große Bremsfallschirm geöffnet, danach in 7.500 Meter Höhe der 518 Quadratmeter große Hauptfallschirm. Er bremst die Geschwindigkeit der Kapsel bis auf 6 Meter pro Sekunde herunter. Unmittelbar über dem Boden verringern dann die sechs Bremsraketen nochmals die Geschwindigkeit auf 2 bis 4 Meter pro Sekunde.

Das Orbitalmodul (3 Meter lang, Durchmesser 2,26 Meter) ist der vorderste Teil des Sojus-Raumschiffes. Hier liegen der Andockstutzen und das Annäherungssystem sowie vier Triebwerke für das Anlegen und die Lageregelung. Vor dem Start wird das Raumschiff durch eine Luke in diesem Modul bestiegen.

Der Raum dieses Moduls steht wie der des Landemoduls unter atmosphärischem Druck. Es enthält Staufächer, ausklappbare Arbeitsflächen für die Kosmonauten und auch eine Toilette.

Zur Sicherheit ist jedes Sojus-Raumschiff beim Start auf der Rakete noch mit einer Rettungsrakete ausgerüstet. Sie soll, falls nötig, während der Startphase das Raumschiff mit der Besatzung aus der Gefahrenzone katapultieren.

Swetlana Sawazkaja bei ihrer Außenbordaktivität während ihres zweiten Besuchs auf Saljut 7 im Juli 1984. Sie war nach Valentina Tereschkowa **die zweite Frau im All** und die erste, die einen Weltraumausstieg unternahm.

Der DDR-Kosmonaut **Sigmund Jähn** flog am 26. August 1978 mit Waleri Fjodorowitsch Bykowski zur sowjetischen Raumstation Saljut 6. Neben den zahlreichen Experimenten während der 125 Erdumkreisungen gab es auch die auf diesem Foto festgehaltene und im TV übertragene Puppenhochzeit des von Jähn mitgebrachten DDR-Sandmännchens mit der sowjetischen Fernsehpuppe Mascha.

Das Besuchsprogramm wurde fortgesetzt, denn inzwischen hatte die Sowjetunion das sogenannte Interkosmos-Programm ins Leben gerufen, das den sozialistischen Bruderländern aus den Warschauer-Pakt-Staaten den Zugang zur bemannten Weltraumforschung bieten sollte. So erhielt die nächste Besatzung, die mit Sojus 29 im Juni 1978 kam, Wladimir Wassiljewitsch Kowaljonok (*1942) und Alexander Sergejewitsch Iwantschenkow (*1940), während ihres Aufenthalts nicht nur Nachschub durch drei Progress-Fähren, sondern auch Besuch von ausländischen Kosmonauten wie dem Polen Mirosław Hermaszewski (*1941) und Siegmund Jähn (*1937) aus der DDR. Der war damit noch vor Ulf Merbold aus der Bundesrepublik der erste Deutsche im All. Auch aus anderen Staaten des Warschauer Paktes kamen Kosmonauten: aus Ungarn, Bulgarien, Rumänien, Vietnam, Kuba und Polen. Die letzte Besatzung verließ im Mai 1981 die Station.

Besucher aus dem Westen beherbergte dann die nochmals überarbeitete Saljut 7, die die Sowjetunion am 19. April 1982 ins All gebracht hatte. Es war der französische ESA-Astronaut Jean-Loup Jacques Marie Chrétien (*1938). Im August kam mit Sojus T 7 Swetlana Sawizkaja als zweite Frau ins Weltall. Insgesamt taten während der vierjährigen Betriebszeit zehn Besatzungen auf der Station ihren Dienst. Dann, Anfang 1985, schien es so, als müsste Saljut 7 aufgegeben werden: Während ihres automatischen Betriebes hatten sich durch einen Fehler in der Elektrik alle Batterien entladen. Doch der Besatzung von Sojus T 13 gelang es, die Station für zwei weitere Missionen zu reaktivieren.

Die letzte Saljut-7-Besatzung bestand aus Leonid Denissowitsch Kisim (1941–2010) und Wladimir Alexejewitsch Solowjow (*1946). Für sie war Saljut 7 aber nur noch eine Zwischenstation; denn ihr neuer Aufenthaltsort war seit 13. März 1986 die neue in 300 Kilometer Höhe kreisende Raumstation Mir, die sich seit dem 19. Februar 1986 dort befand. Von ihr aus besuchte die erste Mir-Besatzung Saljut 7 noch einmal für 50 Tage, bevor sie am 26. Juni 1986 wieder zur Mir zurückkehrte und Saljut 7 ihrem Schicksal überließ. Sie verglühte am 7. Februar 1991 in der Erdatmosphäre.

Skylab im Erdorbit am 1. Februar 1974. Deutlich sind das für die Sonnenbeobachtung konstruierte Spezialteleskop, das Apollo Telescope Mount (ATM), und das aufgespannte Sonnenschutzsegel zu sehen. Man erkennt auch, dass einer der beiden Solarzellenflügel fehlt.

Skylab: Die erste US-Raumstation

Eigentlich hatte die NASA schon 1965, noch vor der Mondlandung, darüber nachgedacht, wie man das Apollo-Programm für die bemannte Raumfahrt weiterentwickeln konnte. Das eigens dafür gegründete Saturn/Apollo Applications Office sollte verschiedene Möglichkeiten erarbeiten. Einer der Vorschläge war der Bau einer Raumstation aus Teilen der Saturn-Trägerrakete und des Apollo-Raumschiffs. So überlegte man trotz der Konzentration auf das Space-Shuttle-Programm und des Verzichts auf ein größeres Raumstationen-Programm bei der NASA, wie man aus der Technik und dem Material der Apollo-Raumschiffe und -Raketen doch noch eine preiswerte Raumstation konstruieren konnte. Recht früh griff die NASA Vorschläge auf, die Oberstufe einer Saturn-Trägerrakete zu einer Weltraumstation umzubauen und bisher nicht verwendete Apollo-Raumschiffe und Saturn-IB-Raketen zum Transport einzusetzen.

Der Astronaut Owen Garriott während eines Außenbordmanövers im Rahmen der Mission Skylab 3 im Januar 1973 am Sonnenteleskop der Raumstation. Das Fernrohr konnte zwar vom Inneren der Station aus gesteuert werden, aber **das Wechseln der Filmkassetten** musste durch ein EVA (Extra Vehicular Activity) geschehen.

Raketenrecycling: Skylab wurde mit einer modifizierten Saturn-V-Trägerrakete in den Orbit gebracht. Sie wurde auf die zweite Stufe der einstigen Mondrakete von 1967 gesetzt. Das Apollo-Raumschiff mit der Stationsbesatzung wurde auf einer Saturn IB gestartet.

Den ursprünglichen Plan, die leergebrannte S-IVB-Oberstufe in mehreren Flügen zu einer Raumstation auszubauen, ließen die NASA-Ingenieure fallen, nachdem sie erkannt hatten, dass dieses Konzept zu aufwendig war. Sie schwenkten im Sommer 1969 auf den Plan um, die Raumstation am Boden zusammenzubauen und mit einer Saturn V, bei der nur die beiden unteren Stufen zum Antrieb beitrugen, zu starten. Ab Februar 1970 bekam die Raumstation offiziell den Namen Skylab.

Der Start von Skylab (Missionsname Skylab 1) erfolgte planmäßig am 14. Mai 1973 mit einer modifizierten Saturn V: An Stelle der dritten Stufe transportierte sie die Raumstation mit einer kegelförmigen Verkleidung an der Spitze. Dieser Flug war der letzte einer Saturn V. Bereits kurz nach dem Start gab es die ersten Pannen. Während des Überschallfluges hatte sich der gesamte Mikrometeoritenschutzschild gelöst und dabei auch zwei Solarmodulträger beschädigt. Zwar erreichte die Raumstation ihre geplante Umlaufbahn, aber zwei Solarmodule konnten nicht richtig ausgefahren werden, mit der Folge, dass für die ganze Station nur etwa die halbe elektrische Leistung zur Verfügung stand. Hinzu kam, dass der Meteoritenschutzschild auch als Wärmeschutz gedacht war und durch sein Fehlen jetzt die Innentemperatur stark anstieg.

Am 15. Mai 1973 sollte die erste Besatzung (Missionsname Skylab 2) mit einer Saturn IB zur Raumstation starten. Die Flugleitung stand in der Zwischenzeit vor der Frage, wie sie die Station am günstigsten ausrichten konnte, denn: Drehte sie sich mit den funktionsfähigen Solarzellen zur Sonne, war Skylab zwar mit genügend Energie versorgt, heizte sich aber gleichzeitig stark auf. Wurde die Station so gedreht, dass die Stelle mit dem fehlenden Schutzschild im Schatten lag, hätte das eine geringere Leistung der intakten Solarzellen nach sich gezogen.

SKYLAB: DIE ERSTE US-RAUMSTATION | 225

TECHNIK

VOM RAKETENRECYCLING ZUR RAUMSTATION
SKYLAB

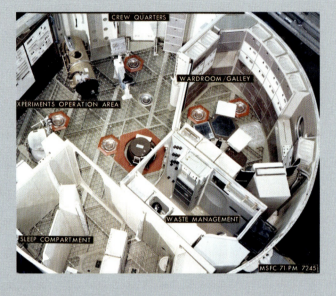

Skylab von innen: links ein Überblick über den Orbital Workshop, rechts ein Blick in den Ward Room, den Bereich, in dem die Astronauten ihre Mahlzeiten zu sich nahmen.

Skylab, in der Planungs- und Konstruktionsphase zunächst nur Orbital Workshop genannt, war die erste und auch einzige Raumstation, die die USA in den Orbit schickten. Dabei war ihr Auftakt für die Bodenkontrolle und die Astronauten wenig erfreulich, weil er durch zahlreiche Pannen kurz nach dem Start (am 14. Mai 1973) und dem Erreichen der Umlaufbahn geprägt war, die fast zur Aufgabe der noch unbemannten Station geführt hätten. Am Ende ihrer Mission konnte sie dann aber eine stolze Bilanz an Forschungsergebnissen vorweisen.

Die Überlegungen für ihren Bau reichen bis in die 1960er Jahre zurück, als die NASA darüber nachdachte, welche Programme nach den Mondlandungen folgen sollten, bei denen auch verbliebene Bauelemente der Saturn und des Apollo-Programms für Experimente in der Erdumlaufbahn verwendet werden konnten. Ergebnis dieser Überlegungen war das Apollo Applications Program (Apollo-Anwendungsprogramm), und ein Bestandteil sollte der Bau einer Raumstation im Erdorbit sein. Sie erhielt 1972 offiziell den Namen Skylab (Himmelslabor), und ihre Vorbereitungen liefen als eigenes Projekt parallel zu den Apollo-Flügen. Die Bezeichnung Orbital Workshop galt dann nur noch für den Teil der Station, in dem die Astronauten lebten und arbeiteten.

Eine große Montageaktion mit zahlreichen Frachtraketenflügen, wie sie Wernher von Braun für seine 1952 der Öffentlichkeit präsentierte Raumstation vorgesehen hatte, war nicht nötig, denn Skylab bestand nur aus der umgebauten dritten Raketenstufe der Saturn V. Sie hatte eine Länge von 35,70 Metern – inklusive der Apollo-Kommando- und Serviceeinheit –, einen größten Durchmesser von 6,70 Metern, bei einer Gesamtmasse von 90,60 Tonnen. Der bewohnbare Raum für die Besatzung betrug 354 Kubikmeter.

Da sie nur mit der ersten und zweiten Stufe der Saturn V in den Orbit getragen wurde, konnte die zukünftige Station bereits auf der Erde mit den notwendigen Vorräten und Ausrüstung versehen werden. Im OWS (Orbital Workshop) waren die Aus-

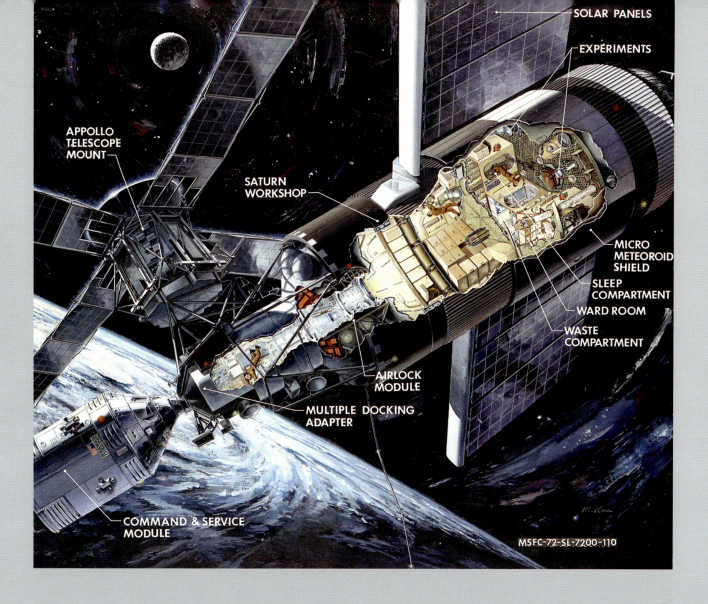

rüstung, alle Lebensmittelvorräte, die gesamten Wasservorräte und die Drucktanks für den Treibstoff zur Lageregelung untergebracht. Hier war neben den Schlaf- und Sanitärräumen auch der Bereich für die Experimente, zu denen die Erdbeobachtung und medizinische Untersuchungen gehörten. Der OWS war zudem mit zwei kleinen Schleusen für Experimente auf der sonnenzu- und abgewandten Seite der Station ausgerüstet.

Der bewohnbare Raum war in verschiedene Ess- und Ruhezonen unterteilt, wobei es mehrere individuelle Schlafkabinen gab. Der Boden bestand aus einer Gitterstruktur, sodass sich die Astronauten mit besonderen Schuhen dort festhaken konnten.

An den OWS folgte der Instrumentenring mit den Steuerungselementen der Saturn V, der der Einfachheit halber beibehalten wurde. Danach kam die 22 Tonnen schwere Luftschleuse für Ausstiege, die gleichzeitig den OWS vom Docking-Adapter abriegelte. Hier lagen auch die Steuerung für die Teleskope und die Drucktanks für die Gase der Station. Die Länge betrug 5,20 Meter und ihr Innenvolumen 17,40 Kubikmeter. Ihre Breite reduzierte sich von 6,70 auf 3,04 Meter.

Der nächste Bestandteil war der Multiple Docking Adapter (MDA) mit einer Breite von 3,04 Metern und einer Länge von 5,20 Metern. Er besaß zwei Andockstellen für die Apollo-Kommandokapseln.

Für die Sonnenbeobachtung gab es ein Observatorium, das Apollo Telescope Mount (ATM). Es befand sich seitlich am MDA und wurde nach dem Erreichen des Orbits dort ausgefahren. Das ATM war 6 Meter breit, 4,40 Meter hoch und 11.066 Kilogramm schwer. Die Sonnenteleskope konnten auf 2,5 Bogensekunden genau ausgerichtet werden. Die Steuerung erfolgte vom OWS aus, allerdings konnten die Filme nur durch ein Außenbordmanöver gewechselt werden. Die Energieversorgung erfolgte über drei Solarpanele mit einer Spannweite von 31 Metern, von denen eins beim Start abgerissen war. Durch seine Gesamtabmessungen konnte Skylab bei günstigem Sonnenstand mit dem bloßen Auge als leuchtender Punkt am Taghimmel wahrgenommen werden.

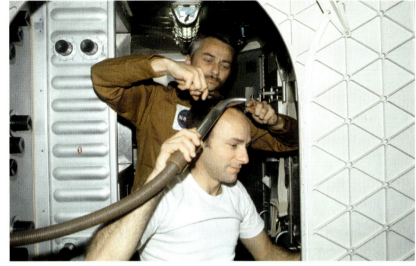

Mit einem Innenvolumen von 275 m³ bot Skylab der Crew mehr Platz als alle bisherigen Raumfahrzeuge. So konnte **Gerald Carr 1974 während der Mission von Skylab 4** einige Flugübungen zum Besten geben.

Alan Bean (Mission 3) 1973 beim Friseur: Das **Haareschneiden** in der Schwerelosigkeit funktioniert nur mit Hilfe eines Staubsaugers.

 SPACE GOURMET

Verglichen mit der Verpflegung früherer Raumfahrer war das Essen für die Skylab-Besatzung etwas für Gourmets. Sie musste sich nicht mehr mit Flüssignahrung aus der Tube zufriedengeben, sondern sie bekam ein »Serving Tray«, mit dem sie sich individuelle Menüs zusammenstellen und erhitzen konnte, dazu ein Getränk und richtiges Besteck.

Die NASA-Ingenieure mussten schnellstens eine Antwort auf die Frage finden, wie Energiereserven, Treibstoffreserven und Temperatur der Raumstation im Rahmen gehalten werden konnten, weil ansonsten der Verlust von Skylab drohte. Schließlich gelang es den Mannschaften der Missionen Skylab 2 und Skylab 3, die Schäden zu reparieren, sodass die Station danach voll einsatzfähig war.

Zu den Aufgaben der Besatzungen zählte zunächst die Reparatur der beschädigten Raumstation. Drei Besatzungen aus jeweils drei Astronauten verbrachten insgesamt 513 Manntage im All. Da der Start von Skylab als Mission 1 gezählt wurde, beginnen die bemannten Missionen mit der Nummer 2. Sie dauerte vom 25. Mai bis 22. Juni 1973; an Bord waren Charles »Pete« Conrad, Jr. (1930–1999), Paul Joseph Weitz (1932–2017) und Dr. Joseph Peter Kerwin (*1932).

Skylab 3 ging vom 28. Juli bis 25 September 1973 mit den Astronauten Alan LaVern Bean (1932–2018), Owen Kay Garriott (*1930) und Jack Robert Lousma (*1936) in den Orbit; und Skylab 4 vom 16. November 1973 bis 8. Februar 1974 mit der Besatzung Gerald Paul Carr (*1932), Edward George Gibson (*1936) und William Reid Pogue (1930–2014).

Die Ziele der drei Skylab-Missionen waren, neben den Reparaturarbeiten, zusammengefasst: Sonnen-

Owen Garriott (Mission 3) 1973 bei der **Arbeit am Apollo Telescope Mount**.

Jack R. Lousma (Mission 3) **nach dem Duschen:** Während das Wasser lief, musste der umlaufende Duschvorhang immer komplett geschlossen sein, damit keine Wassertropfen entweichen und in der Raumstation herumfliegen konnten.

beobachtungen mit dem Apollo Telescope Mount (ATM), Erdbeobachtungen mit den speziellen Erdsensoren, um Studien zur Kartierung salzhaltigen Bodens, Erntebeständen, Ökosystemen und Mineralvorkommen zu ermöglichen; die Beobachtung des Kometen Kohoutek, der erst kurz zuvor entdeckt worden war, sowie biomedizinische Forschungen, um Erkenntnisse über Auswirkungen des Langzeitaufenthalts in der Schwerelosigkeit zu gewinnen.

Nachdem drei Besatzungen Skylab 28, 59 und 84 Tage bewohnt hatten, begann der letzte Akt des insgesamt 2,6 Milliarden Dollar teuren Projektes: Am 8. Februar 1974 verließ die Besatzung von Skylab 4 die Raumstation. Sie sollte dann durch ihr Apollo-Raumschiff in eine höhere Umlaufbahn gehoben werden. Nach den Berechnungen der NASA sollte Skylab dann noch etwa neun Jahre in Funktion bleiben. Es gab daher Überlegungen, die Station durch eine Space-Shuttle-Mission mit einem Antriebsmodul auszurüsten, sodass das Weltraumlabor wieder in eine höhere Umlaufbahn befördert werden könnte. Doch aufgrund der Verzögerungen im Space-Shuttle-Programm wurde daraus nichts.

Außerdem hatten die Ingenieure der NASA bei ihren Planungen nicht den Anstieg der Sonnenaktivität berücksichtigt. Der führte zu einer unerwarteten Ausdehnung der irdischen Hochatmosphäre, wodurch Skylab stärker als gedacht abgebremst wurde. So sank die Raumstation schneller der Erdoberfläche entgegen. Am 19. Dezember 1978 gab die US-Raumfahrtbehörde deshalb bekannt, dass Skylab nicht gerettet werden könne. Der Absturz erfolgte dann am 11. Juli 1979. Der letzte Orbit von Skylab verlief hauptsächlich über Wasserflächen. Versuche der NASA, die Absturzzone auf ein möglichst unbewohntes Gebiet im Indischen Ozean zu verlegen, funktionierten nur noch teilweise und so gingen die Trümmer in einem Gebiet südöstlich von Perth in West-Australien nieder.

 BUSSGELDBESCHEID FÜR WELTRAUMMÜLL

Die NASA erhielt im Nachhinein von den Behörden der australischen Gemeinde Esperance Shire noch einen Bußgeldbescheid in Höhe von 400 Dollar wegen illegaler Abfallentsorgung. Die Raumfahrtbehörde lehnte jedoch eine Bezahlung ab. 2009 wurde der Betrag von einer US-Radiostation beglichen.

VOM REICH DER MITTE INS WELTALL
DIE RAUMFAHRT IN CHINA

Yang Liwei, **Chinas erster Taikonaut**, nach seiner Landung am 16. Oktober 2003.

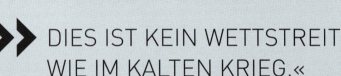

» DIES IST KEIN WETTSTREIT WIE IM KALTEN KRIEG.«

(Hu Shixiang, 2005 Vizedirektor des chinesischen Raumfahrtprogramms)

Die Volksrepublik China entwickelt seit etwa 1960 eigene Trägerraketen. Doch als Raumfahrtnation hat das riesige Land erst relativ spät öffentliche Aufmerksamkeit erregt. Am 15. Oktober 2003 startete das Raumschiff Shenzhou 5 (Gottesschiff) mit dem Taikonauten Yang Liwei (so werden die chinesischen Raumfahrer im Westen genannt) vom Kosmodrom Jiuquan (Region Innere Mongolei) zu einem 21-stündigen Flug. Es war das erste Mal, dass China mit eigenen Mitteln einen Astronauten ins All beförderte. Am 12. Oktober 2005 folgte der zweite bemannte Raumflug, bei dem erstmals zwei Taikonauten die Erde umkreisten; und am 25. September 2008 wurden drei Taikonauten mit Shenzhou 7 ins All geschickt, wobei auch der erste Weltraumausstieg eines chinesischen Raumfahrers unternommen wurde. Eindrucksvoller als durch diese Aktion ließ sich der Weltöffentlichkeit kaum demonstrieren, dass das »Reich der Mitte« auf dem Weg zu einer vierten Weltraum-Großmacht war.

Die Geschichte der chinesischen Raumfahrt begann am 8. Oktober 1956 mit der Gründung des Raketenforschungsinstituts Nr. 5. Als Vater gilt der Wissenschaftler Tsien Hsue-Shen (1911–2009). Er war 1935 mit einem Stipendium in die USA gekommen, hatte dort an zum Teil geheimen Luft- und Raumfahrtprojekten mitgearbeitet. Ebenso war er am Aufbau des Jet Propulsion Laboratory beteiligt, bevor er während der McCarthy-Ära 1950 verhaftet und 1955 nach China abgeschoben wurde. Hier wurde er Mitglied der kommunistischen Partei und baute besagtes Institut auf, um dort die Entwicklung ballistischer Raketen und Trägersysteme zu leiten. Dieser Prozess wurde durch die damals noch guten Beziehungen zur Sowjetunion sogar noch beschleunigt; denn durch ein 1956 geschlossenes Abkommen zwischen beiden kommunistischen Staaten erhielten die Chinesen Zugang zu Technologie und Fachwissen der Sowjets.

Die Verschlechterung der Beziehungen ab 1960 und schließlich der Bruch zwischen beiden Ländern 1962 verursachten eine Wende. Nun waren die Chinesen gezwungen, die Entwicklung einer eigenen Trägerrakete noch intensiver als bisher voranzutreiben. Am 19. Februar 1960 starteten sie ihre erste flüssigkeitsgetriebene Höhenforschungsrakete. Ihr folgte am 24. April 1970 der Start des ersten eigenen Satelliten mit Namen Dong Fang Hong-1 mit der Trägerrakete Chang Zheng (»Langer Marsch«, abgekürzt CZ oder LM). Diese geht auf die Arbeit von Tsien zurück und bot den Chinesen die Möglichkeit, ab 1985 auf dem Markt für kommerzielle Satelliten ihre Dienste anzubieten. Das wurde am 7. April 1990 mit dem Start des Satelliten AsiaSat-1 in

Der chinesische Taikonaut Jing Haipeng am 19. Oktober 2016 auf der **Raumstation Tiangong 2**.

Start einer Rakete des Typs Langer Marsch 5 vom chinesischen **Weltraumbahnhof Wenchang in der Provinz Hainan** am 28. Oktober 2016.

die Tat umgesetzt. Als es aber 1996 zu einem Fehlstart der Rakete des Typs CZ-2B mit einem Intelsat-Satelliten kam, verzichteten danach viele Kunden auf die chinesischen Transportdienste.

Die Planung bemannter Raumflüge begann 1992 unter dem Namen Projekt 92-1, und ein Jahr später erfolgte die Gründung der chinesischen Weltraumbehörde CNSA (China Nation Space Administration), die seitdem die Raumfahrtaktivitäten koordiniert und kontrolliert. Sie sind durch ambitionierte bemannte Flüge und ein ebenso ehrgeiziges Mondprogramm geprägt.

Ziel des bemannten Programms ist die Entwicklung einer eigenen großen Raumstation, zumal das Land wegen eines Widerspruchs der USA nicht an der Internationalen Raumstation beteiligt ist. Einige entscheidende Schritte für die Verwirklichung dieses Zieles um das Jahr 2022 waren: der Start einer kleinen Raumstation Tiangong 1 am 29. September 2011. Sie wurde von den Raumschiffen Shenzhou 8, 9 und 10 angeflogen, und während dieser Missionen wurden 5 Kopplungen erfolgreich durchgeführt; dazu kam eine Vielzahl von Bahnkorrekturen und der mehrtägige Aufenthalt von zwei dreiköpfigen Besatzungen, darunter jeweils einer Frau. Zu Tiangong bestand nach Meldung der CNSA am 21. März 2016 kein Kontakt mehr, sodass es nicht möglich war, die Station gezielt über einem Ozean abstürzen zu lassen. Sie trat am 2. April 2018 in die Erdatmosphäre und zerbrach über dem Südpazifik in mehrere Teile. Was nicht verglühte, ging laut Angaben der US-Luftwaffe rund hundert Kilometer nordwestlich von Tahiti im Meer nieder.

Im September 2016 wurde die Raumstation Tiangong 2 gestartet, und im Oktober bekam sie mit den Taikonauten Jing Haipeng und Chen Dong, die mit dem Raumschiff Shenzhou 11 dort andockten, ihre erste Besatzung. Tiangong 2 ist besser ausgestattet als ihre Vorgängerin und kann durch unbemannte Frachtschiffe versorgt werden. Die Erfahrungen mit der aktuellen Raumstation dienen indessen vor allem als Vorbereitung für den Bau einer größeren chinesischen Raumstation, die 2022 in Betrieb gehen soll. Das wäre ein strategischer Schachzug im Orbit, denn wenn 2024 die ISS wie geplant außer Dienst genommen würde, dann hätte China den einzigen besetzten Außenposten im Weltall.

Für die unbemannte chinesische Raumfahrt ist der Mond ähnlich wie beim historischen Wettlauf das nächste Ziel, um die Leistungsfähigkeit ihrer Raumfahrttechnologie auch in ferneren Regionen zu demonstrieren. Zu diesem Zweck wurden drei Chang'e-Raumsonden in der Zeit vom 27. Oktober 2007 bis 14. Dezember 2013 auf den Weg gebracht. Chang'e 1 untersuchte den Mond monatelang aus der Umlaufbahn, Chang'e 2 fertigte hochauflösende Fotos der gesamten Mondoberfläche an und flog anschließend zu einem Rendezvous mit dem Asteroiden Toutatis, um auch von ihm Bilder zur Erde zu senden; Chang'e 3 landete auf dem Mond im Mare Imbrium und setzte das Fahrzeug Yutu (Jadehase) frei, das 100 Meter zurücklegte; im Oktober 2014 gelang die Rückführung einer Landekapsel nach einem Vorbeiflug hinter dem Mond. Und auch eine bemannte Mondlandung ist für das Jahr 2024 geplant.

Eine geschichtsträchtige Mission soll aber noch 2018 stattfinden: Die CNSA will das Landemodul Chang'e 4 mit einem Roboterfahrzeug auf der Rückseite des Mondes absetzen. Ein im Mai 2018 gestarteter Satellit namens Queqiao soll als Relaisstation für die Kommunikation dienen. Gelingt dieses gesamte Unternehmen, hat auch China einen Meilenstein in der Raumfahrtgeschichte gesetzt.

Die **Raumstation Mir**, aufgenommen im Juni 1998 von der Discovery (STS-91) während der letzten Shuttle-Mir-Mission, war nach Skylab lange der größte Orbitalkomplex in der Erdumlaufbahn. Doch die Zeit hinterließ nach 12 Jahren ihre Spuren, und mit dem Aufbau der ISS wurde der Weiterbetrieb der Mir obsolet.

Die Raumstation Mir

Von allen sowjetischen Raumstationen ist die Mir am bekanntesten und war auch am längsten im Orbit. Ihr Name Mir, was übersetzt »Frieden« oder auch »Welt« bedeutet, war Programm. Sie diente im Verlauf ihrer Existenz rein zivilen Zwecken, und unter ihren internationalen Besuchern im Rahmen des Shuttle-Mir-Programms waren selbst US-Astronauten an Bord.

Geplant war, dass ein sogenannter Basisblock stufenweise durch weitere Module ergänzt werden sollte, die die wissenschaftlichen Ausrüstungen enthielten. Durch dieses Vorgehen gab es in diesem Teil der Raumstation mehr Platz, denn Mir war als erste ständig besetzte Raumstation im Orbit geplant. Das Basismodul (DOS 7) hatte eine Startmasse von 20,40 Tonnen bei einer Gesamtlänge von 13,30 Metern und einem Durchmesser von 4,20 Metern. Die Energieversorgung erfolgte über Solarmodule. Dieser zentrale Teil der Mir war der Wohn- und Aufenthaltsbereich der Mannschaften. Hier lagen die hygienischen Einrichtungen sowie die technischen Anlagen zur Steuerung, Lagekontrolle und Kommunikation.

Die Stammbesatzung bestand aus zwei oder drei Kosmonauten, die sich die Räumlichkeiten auf der Mir zeitweise mit einer dreiköpfigen Gastmannschaft teilten. Es gab sechs Andockportale, wo die bemannten Sojus-TM-Fahrzeuge wie auch die unbemannten Progress-M-Raumtransporter ankoppelten. Sie brachten Nachschub und entsorgten aber auch den Müll. Durch die freien Kopplungsadapter konnte die Mir für Außenbordeinsätze verlassen werden. Die Transporter sollten auch, wenn erforderlich, die Bahn der Mir wieder anheben. Ein ständig angedocktes Sojus-Raumschiff war als »Rettungsboot« für die Besatzung gedacht, um im Notfall zur Erde zurückzukehren. Es musste aus Sicherheitsgründen auch aufgesucht werden, wenn ein anderes Raumschiff andockte.

Am 13. März 1986 wurde die Mir in Betrieb genommen. Ein Jahr später, am 9. April 1987, koppelte das zweite Hauptelement der Mir, das Modul Kwant 1, an die Station, wodurch sie zum ersten Mal erweitert wurde. Kwant diente wissenschaftlichen Arbeiten auf dem Gebiet der Astrophysik. Seine Startmasse betrug 11 Tonnen, die Länge 5,30 Meter und der Durchmesser 4,35 Meter.

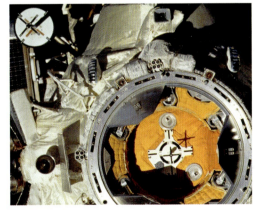

Das Andocken an der Mir war schon mit den Sojus-Raumschiffen und Progress-Raumfrachtern nicht einfach, aber mit dem noch größeren Space Shuttle wirklich eine Herausforderung, die nur durch einen speziell entwickelten Adapter gemeistert werden konnte. Seinen Kopplungsring zu treffen – **hier drei Phasen dieses Manövers** – war eine Meisterleistung, die achtmal gelang.

Das Modul Kwant 2 (mit einer Startmasse von 19,60 Tonnen und einer Länge von 12,20 Metern) koppelte Ende 1989 an den Basisblock an. Es war für die optische Beobachtung der Erde und für biotechnologische Experimente eingerichtet.

Als drittes Modul wurde am 10. Juni 1990 das Modul Kristall gestartet. Kristall war ein Wissenschafts- und Schleusenmodul für Experimente der Biologie, Biowissenschaften und Erdbeobachtungen sowie Untersuchungen zur Materialkunde. Es enthielt außerdem zwei zusätzliche Andockstutzen für die geplante Raumfähre Buran, die aber nie dafür zum Einsatz kamen. Hier lag später auch das spezielle Shuttle-Andockmodul.

Am 1. Juni 1995 wurde das Wissenschaftsmodul Spektr mit dem Basisblock verbunden. Sein Startgewicht von 20 Tonnen entsprach dem der anderen Module, aber mit rund 14 Metern war Spektr das längste aller sechs Module. Durch seine x-förmig angeordneten vier Solarpanele hob sich Spektr äußerlich stark von den anderen Modulen ab. Es verfügte über Einrichtungen zur Erforschung der Erdatmosphäre, geophysikalischer Prozesse und kosmischer Strahlung.

Das bereits erwähnte Space Shuttle Docking Module kam im November 1995 zur Mir. Es kam während der elf Shuttle-Mir-Missionen achtmal zum Einsatz.

Mit dem 12 Meter langen und 19 Tonnen schweren Modul Priroda (»Natur«) erreichte am 6. April 1996 der Ausbau der Mir seine letzte Stufe. Priroda war mit Einrichtungen zur Fernerkundung und Forschung zur Mikrogravitation ausgerüstet. Damit war die Mir auf eine Gesamtmasse von rund 135 Tonnen und eine Gesamtlänge von 33 Metern angewachsen.

Der Kosmonaut Wasili V. Tsibiljew bei Außenbordarbeiten an der Mir am 29. April 1997. Unten links ist das Modul Kwant 1 zu erkennen.

DIE RAUMSTATION MIR

Links: **Willkommenszeremonie:** Russische und amerikanische Astronauten treffen sich im März 1996 auf der Mir und tauschen Geschenke aus.
Rechts: November 1995. **Der deutsche Astronaut Thomas Reiter** (hinten rechts) bekam mit STS-74 Besuch von Chris Hadfield und vier anderen Astronauten.

Menschen auf der Mir

Insgesamt wurde die Mir von 96 Kosmonauten besucht. Die ersten waren 1986 Leonid Kisim (1941–2010) und Wladimir Solowjow (*1946). Als erste Besatzung nahmen sie die Station am 15. März 1986 in Betrieb. Sie blieben bis zum 16. Juli 1986. Danach war die Station allerdings für Monate unbesetzt. Erst im Februar 1987 folgte mit der Mission Sojus TM-2 die nächste Besatzung. Von da an war die Station für die folgenden zwei Jahre durchgehend bemannt und wurde Schritt für Schritt ausgebaut. Von April bis September 1989 war die Mir dann erneut nicht besetzt, danach jedoch waren bis 1999 ständig Astronauten auf der Station.

OUT OF THE PRESENT

Der rumänische Regisseur Andrei Ujica hat den unfreiwilligen Langzeitaufenthalt von Sergei Krikaljow auf der Mir in seinem faszinierenden Dokumentarfilm *Out of the Present* (1995) thematisiert. Dazu hat er Originalaufnahmen der Besatzung mit Filmbildern vom August-Putsch des Jahres 1991 in Moskau zusammenmontiert. Der Film dauert 92 Minuten – genauso lange wie eine Erdumkreisung der Mir.

Als im Dezember 1991 die Sowjetunion aufgelöst wurde, konnten aufgrund der politischen Situation und aus Geldmangel die beiden Kosmonauten Alexander Wolkow und Sergei Krikaljow nicht wie geplant ausgetauscht werden und zur Erde zurückkehren. Sie verbrachten Monate auf der Mir, und als sie im März 1992 dann endlich wieder zurückgeholt werden konnten, waren sie als Sowjetbürger gestartet und als Russen gelandet.

Nach der politischen Wende in den Staaten der Sowjetunion besuchten auch Astronauten westlicher Staaten die Station, deren Betrieb durch Russland weitergeführt wurde. Die Reihe der deutschen Astronauten begann 1992 mit Klaus-Dietrich Flade (*1952). Ihm folgte im Oktober/November 1994 Ulf Merbold (*1941). Vom 3. September 1995 bis zum 29. Februar 1996 war Thomas Reiter (*1958) Teil der Langzeitbesatzung der Mir, und im Februar/März 1997 machte Reinhold Ewald (*1956) seinen ersten Raumflug zur Mir. Mit 679 Tagen verbrachte der russische Kosmonaut und Arzt Waleri Wladimirowitsch Poljakow (*1942) die längste Zeit an Bord der Mir. Von Januar 1994 bis Mai 1995 stellte er mit

Links: Januar 1997. Die amerikanische **Astronautin Marsha S. Irvins (STS-81)** und der russische Kosmonaut Valeri G. Korzun beim Abgleich der Frachtlisten. Rechts: Mai 1997. Kosmonaut Alexander I. Lazutkin begrüßt den amerikanischen Astronauten Carlos I. Noriega, der **auf seinem ersten Weltraumflug** mit der Space-Shuttle-Mission STS-84 Versorgungsgüter zur Mir brachte.

438 Tagen einen neuen Rekord für den menschlichen Aufenthalt im Weltraum auf.

Natürlich blieben bei einer so langen Betriebsdauer dieser Raumstation Zwischenfälle nicht aus: Am 24. Februar 1997 gab es einen gefährlichen Brand, bei dem jedoch die Astronauten aus Russland, den USA und Deutschland in einer dramatischen Aktion das Feuer löschen und sich und die Station retten konnten.

Auch in der Folgezeit gab es immer wieder Pannen im Versorgungssystem, fiel der Strom aus und stürzten Computer ab. Zu einem der schlimmsten Zwischenfälle kam es am 25. Juni 1997, als das Progress-M-34-Versorgungsraumschiff durch einen Andockfehler mit dem Stationsmodul Spektr kollidierte. Das Modul Spektr musste daraufhin isoliert und aufgegeben werden. Ferner fiel durch Schäden an den Solarpanelen des Moduls die Energieversorgung teilweise aus. Zweifel an der Zuverlässigkeit der Raumstation wurden laut.

Am 20. November 1998 begann mit dem Start des von der NASA finanzierten und in Russland gebauten Moduls Sarja (Morgenröte) der Bau der Internationalen Raumstation (ISS). Deshalb versuchte die NASA-Führung die russische Regierung zu überreden, die Mir möglichst bald aufzugeben. Vorerst entschied sich Russland dagegen, verzichtete aber darauf, die am 28. August 1999 gelandete Crew von Sojus TM-29 durch eine neue zu ersetzen. In den Niederlanden hatte sich 1999 das Unternehmen MirCorp gegründet, das die Mir privatwirtschaftlich nutzen wollte, unter anderem als Weltraumhotel für zahlungskräftige Touristen. Die Pläne zerschlugen sich aber, und am 23. Oktober 2000 kam das offizielle Aus. In den frühen Morgenstunden des 23. März 2001 begann der letzte Akt: der kontrollierte Wiedereintritt der Mir in die Atmosphäre. Um 6:57 Uhr stürzten mehr als 1.500 nicht verglühte Trümmer (ca. 40 Tonnen) der Station südöstlich der Fidschi-Inseln in den Pazifischen Ozean.

Mit dem Verglühen der Mir ging nach 15 Jahren mit 86.325 Erdumkreisungen eine ruhmreiche Geschichte zu Ende, die so gar nicht geplant war. Denn ursprünglich hatten die sowjetischen Ingenieure diese Station nur für eine Lebensdauer von sieben Jahren ausgelegt.

Das historische Rendezvous zwischen dem Apollo- und Sojus-Raumschiff kurz vor dem Kopplungsmanöver am 1. Juli 1975 (grafische Darstellung). Damit beide Fahrzeuge überhaupt miteinander verbunden werden konnten, war wegen der unterschiedlichen technischen Systeme ein spezieller Adapter – hier auf der US-Kapsel sitzend – notwendig.

Rückblick: Zusammenarbeit im Orbit

Die Mir war ein Ort intensiver Zusammenarbeit beider Großmächte im Rahmen des Shuttle-Mir-Programms. Es umfasste elf Missionen des Space Shuttle der NASA in den Jahren von 1994 bis 1998, wobei bei neun das Shuttle an die russische Mir-Raumstation andockte. Außerdem flogen insgesamt sieben US-Raumfahrer Langzeitmissionen auf der Mir mit einer Dauer von jeweils etwa einem halben Jahr. Dieses Programm galt als erste Stufe für den Bau und Betrieb der Internationalen Raumstation (ISS).

Dabei gerät leicht in Vergessenheit, dass es ein Zusammentreffen der Raumfahrer beider Großmächte bereits 1975 im Rahmen des Apollo-Sojus-Test-Projektes (ASTP) gegeben hatte: Am 1. Juli 1975 unternahmen ein Apollo- und ein Sojus-Raumschiff in der Erdumlaufbahn ein Andockmanöver, sodass die Raumfahrer von einem Raumschiff ins andere umsteigen konnten. Es war Ausdruck eines zeitweisen Tauwetters zwischen beiden Machtblöcken. An

Für das Treffen im All lernten die Raumfahrer unter anderem **die Sprache der anderen Crew**. Hier die Kosmonauten Waleri N. Kubassow (links) und Alexej A. Leonow im Juni 1975 im Sprachlabor.

Hand in Hand: Alle notwendigen Abläufe wurden gemeinsam im Testmodell der Sojus-Kapsel geübt, das im NASA Johnson Space Center stand. Links der US-Astronaut Vance D. Brand, rechts der Kosmonaut Waleri N. Kubassow.

East meets West: Am 17. Juli 1975 kam es in 225 Kilometer Höhe **zum historischen Händedruck** zwischen den beiden Kommandanten Stafford und Leonow.

Bord der Apollo flogen Kommandant Thomas Patten »Tom« Stafford (*1930), der Pilot Vance D. Brand (*1931) und der Docking-Module-Pilot Deke Slayton. Das Sojus-19-Raumschiff war mit Kommandant Alexej Leonow, dem ersten »Aussteiger«, und Waleri Nikolajewitsch Kubassow (1935–2014) bemannt. Beide Besatzungen hatten vorher die Flugkontrollzentren und Trainingseinrichtungen der anderen Seite besucht, wo sie sich auf diese (auch politisch) besondere Mission vorbereitet und dabei auch persönlich Freundschaft geschlossen hatten. Allerdings mussten vorher noch einige technische Probleme gelöst werden: Das amerikanische und das sowjetische Kopplungssystem passten nicht zueinander und die Bordatmosphären waren ebenfalls inkompatibel. So wurde für diesen Einsatz ein Universalkopplungssystem mit entsprechenden Stutzen an beiden Enden und einer Luftschleuse in der Mitte entwickelt.

Am 15. Juli 1975 startete Sojus 19 vom Kosmodrom Baikonur. Zum ersten Mal wurde ein sowjetischer Raketenstart international live im Fernsehen gezeigt. Genau 7,5 Stunden später hob in Cape Canaveral das Apollo-Raumschiff ab. Da sich zu dieser Zeit zwei weitere Kosmonauten an Bord der sowjetischen Raumstation Saljut 4 aufhielten, waren damit sieben Raumfahrer gleichzeitig im All.

Am 17. Juli hatten die beiden Raumschiffe Sichtkontakt. Gegen 19:19 UTC trafen sich Stafford und Leonow am Eingang zum Andockmodul, um sich in 225 Kilometer Höhe mit einem symbolträchtigen Händedruck zu begrüßen.

Danach wechselten die Raumfahrer mehrmals von einem Raumschiff ins andere, trennten sich nach 44 Stunden gemeinsamen Fluges für 30 Minuten und dockten danach wieder an. Allerdings wurde nicht mehr ins andere Raumschiff hinübergewechselt. Drei Stunden später kam es zur endgültigen Trennung von Apollo und Sojus 19. Letztere landete am 21. Juli 1975 in der Wüste von Kasachstan, während die Apollo-Kapsel am 24. Juli 1975 im Pazifischen Ozean wasserte.

RÜCKBLICK: ZUSAMMENARBEIT IM ORBIT

EUROPAS VORSTOSS INS ALL
DIE EUROPEAN SPACE AGENCY (ESA)

Start der ESA-Trägerrakete Ariane 5 vom europäischen Weltraumbahnhof Kourou in Französisch-Guayana. Sie ist eine der großen Konkurrenten für die NASA und Roskosmos auf dem »Weltraum-Speditionsmarkt«. (Foto: 2016)

>> **THE EUROPEAN SPACE AGENCY (ESA) IS EUROPE'S GATEWAY TO SPACE.«**

Website der ESA

Die europäische Raumfahrt – die in ihren Anfängen kaum öffentliche Aufmerksamkeit erregte – war ein Spätzünder. Das hing auch mit den Folgen des Zweiten Weltkrieges zusammen. Viele Wissenschaftler und Ingenieure sahen auf lange Zeit keine Zukunft für ihre Arbeit. Sie stellten sich freiwillig oder gezwungen in den Dienst der Siegermächte, wobei sie in den USA die besseren Chancen sahen. Hinzu kam, dass in den vom Krieg zerstörten Staaten Europas zunächst einmal der Wiederaufbau finanziert werden musste.

Selbst als durch den Aufschwung in den 1950er Jahren in den westeuropäischen Ländern die Möglichkeit bestand, in Forschung und Zukunftstechnologien wie Raumfahrt oder Atomenergie zu investieren, erkannte man, dass die einzelnen Nationen und Projekte zu schwach waren, um mit den USA und der Sowjetunion zu konkurrieren. Dort wurden wegen des Wettlaufs zum Mond riesige Summen aus dem Staatshaushalt in Raumfahrt und Weltraumforschung investiert. Wie im wirtschaftlichen Bereich blieb den westeuropäischen Nationen auch in der Wissenschaft nichts anderes übrig, als sich zusammenzuschließen.

Doch statt eine Raumfahrt-Agentur zu schaffen, wie es die USA mit der NASA getan hatten, entschieden sich die westeuropäischen Staaten für zwei getrennte Behörden: die ELDO (European Launcher Development Organisation), die sich mit dem Bau von Trägerraketen beschäftigen sollte, und die ESRO (Europäische Weltraumforschungsorganisation), gegründet am 20. März 1964, deren Aufgabe in der Entwicklung wissenschaftlicher Satelliten lag. Sie brachte zwischen 1968 und 1972 sieben Forschungssatelliten ins All, alle mit Hilfe amerikanischer Trägerraketen.

Aus dieser Abhängigkeit wollten sich die Europäer durch eine eigene Trägerrakete lösen. Immerhin gab es unter ihnen zwei Nationen, deren Forschungen auf diesem Gebiet schon weit fortgeschritten waren: die Franzosen, die zwischen 1965 und 1975 mit mehreren erfolgreichen Starts ihrer Rakete Diamant aufwarten konnten, und Großbritannien mit dem erfolgreichen Start seiner Black Arrow 1971.

Doch die erste von Großbritannien, Frankreich und der Bundesrepublik Deutschland gemeinsam entwickelte Europa-Rakete war ein Misserfolg. Geplant waren drei Modelle: Europa 1, Europa 2 und Europa 3. Sie bestanden aus drei Stufen. Nach verschiedenen Testflügen einzelner Stufen in den 1960er Jahren kam es 1970 im australischen Woomera zu drei Starts von kompletten Europa-1-Raketen, die aber alle misslangen. Unter diesem Eindruck wurde von neun Staaten am 30. Mai 1975 in Paris die ESA (European Space Agency) gegründet, in die ESRO und ELDO aufgingen. Ihr Ziel ist, die Raumfahrt- und -forschungsaktivitäten ihrer Mitgliedsstaaten (heute: 22 und 13 weitere Staaten mit Assoziierungs- oder Kooperationsstatus) zu koordinieren, um technologisch gleichberechtigt gegenüber den beiden großen Raumfahrtnationen auftreten zu können. Dazu kam der Anspruch, Raumfahrt ausschließlich zu friedlichen Zwecken zu betreiben.

Der Erfolg dieser Gründung zeigte sich in den kommenden Jahren auf verschiedene Weise: Von 1973 bis 1986 wurde die Ariane-Rakete mit ihren drei Versionen entwickelt, denen 1988 die Ariane 4 und 1996 die Ariane 5 folgten. Mit ihnen konnte die ESA sich als ernstzunehmender Konkurrent im Satellitentransportgeschäft etablieren. Hinzu kam 2012 die Trägerrakete Vega für den Transport kleinerer Nutzlasten.

Für die Starts wurde das französische Abschussgelände Kourou in Französisch-Guayana, das von allen anderen Weltraumbahnhöfen die größte Äquatornähe und damit günstigsten Abflugbedingungen hat, zum europäischen Weltraumbahnhof ausgebaut. Neben dem Startkomplex für die ESA-Ariane-Trägerraketen, der zur Zeit durch einen weiteren für die neue Ariane 6 ergänzt wird, gibt es seit 2011 auch einen für die russische Sojus 2. Von hier wurden die Galileo-Navigationssatelliten in den Erdorbit geschossen.

Historischer Start 1983: Vorläufer der neuen europäischen Großraketen waren die Ariane 1 bis 4, mit deren Konstruktion sich die ESA von den beiden Raumfahrt-Großmächten USA und UdSSR/Russland unabhängig machte.

Startplatz der Ariane 5 am europäischen **Weltraumbahnhof Kourou** in Französisch-Guayana. (Foto: 2017)

Zwei ESA-Trägerraketen der neuen Generation: links die neue Schwerlast-Rakete Ariane 6 und rechts die vierstufige VEGA, die am 13. Februar 2012 ihren Jungfernflug absolvierte, um Lasten bis zu 2,50 Tonnen in eine erdnahe Umlaufbahn zu bringen.

Kourou ist nur einer von 11 Standorten der ESA, von denen drei in Deutschland liegen: Das European Space Operations Centre (ESOC) in Darmstadt, von wo aus sämtliche ESA-Satelliten überwacht werden und wo das dafür notwendige Netz an Bodenstationen betrieben wird; das Europäische Astronautenzentrum (EAC) in Köln, in dessen Verantwortung die Auswahl und Ausbildung der europäischen Astronauten liegt, und das Columbus-Kontrollzentrum (Col-CC) in Oberpfaffenhofen, welches das an die ISS gekoppelte europäische Columbus-Modul betreut. Mit dem Bau dieses Moduls und seines Vorläufers Spacelab sowie deren Bemannung öffnete sich für die ESA das Tor zur bemannten Raumfahrt. ESA-Astronauten flogen und fliegen auf zahlreichen Sojus-, Spacelab- und ISS-Missionen mit. Im Oktober 2009 bekam die ISS mit dem belgischen ESA-Astronauten Frank De Winne den ersten europäischen und im Oktober 2018 mit Alexander Gerst den ersten deutschen Kommandanten.

Dazu kamen spektakuläre Satelliten- und Raumsondenmissionen. Sie begannen 1975 mit dem Satelliten COS-B zur Untersuchung der kosmischen Gammastrahlung. Ihr folgte in Zusammenarbeit mit der NASA und der britischen Forschungsorganisation SERC 1978 der International Ultraviolet Explorer (IUE): das erste Weltraumteleskop in der Erdumlaufbahn, das bis 1996 arbeitete.

Mit der Giotto-Mission schrieb die ESA dann Raumfahrtgeschichte. Die Raumsonde flog 1986 am Kometen Halley vorbei und fotografierte zum ersten Mal seinen Kern. Ebenso spektakulär war 2005 das Absetzen das Landers Huygens auf dem verschleierten Saturnmond Titan.

Und um ihre Kompetenz in der Kometenforschung zu verstärken, schickte die ESA nicht nur eine Raumsonde namens Rosetta in den Orbit um den Kometen Churyumov-Gerasimenko, sondern brachte 2014 auch einen Lander namens Philae auf dessen Oberfläche.

Auch bei der Erforschung des Mars und der Vorbereitung einer bemannten Landung war die ESA im Rahmen des ExoMars-Projekts beteiligt und brachte 2016 mit der Mission ExoMars Trace Gas Orbiter (TGO) den Lander Schiaparelli auf den Mars. Die Landung misslang zwar, aber diese und auch viele andere der jüngsten Missionen zeigen, wie stark die ESA inzwischen eigene Projekte vorantreibt und wie breit sie in ihren Aktivitäten aufgestellt ist. Die Tätigkeitsbereiche der ESA umfassen heute alle Bereiche: Human Spaceflight and Exploration, Navigation, Observing the Earth, Research and Technology, Space Science und Telecommunications. Und die Planungen weisen weit in die Zukunft: 2019 soll der Solar Orbiter (SolO) bis auf 45 Sonnenradien der Sonne nahekommen, 2021 soll mit der Mission MTG eine neue Generation der Meteosat-Wetterbeobachtungssatelliten gestartet werden und 2022 mit der Mission JUpiter ICy moons Explorer (JUICE) ein Orbiter zu den Jupitermonden Europa, Kallisto und Ganymed geschickt werden. 2024 begibt man sich mit dem Projekt PLATO (Planetary Transits and Oscillations of Stars) auf die Suche nach extrasolaren erdähnlichen Planeten.

Dezember 2017: **Verladung von vier neuen Galileo-Satelliten** in den Frachtcontainer einer Ariane 5.

Die **Galileo-Navigationssatelliten** werden in 23.222 Kilometer Höhe im Orbit platziert. Wenn alle 30 geplanten Satelliten in Position sind, können von jedem Punkt auf der Erde immer mindestens vier von ihnen erkannt und genutzt werden. (Grafische Darstellung: 2018)

Für die neue Ariane 6 (mit vier Boostern) wird ein 90 Meter hoher und 8.200 Tonnen schwerer **mobiler Montageturm** entwickelt. (Foto: 2018)

Die ISS: Außenposten der Menschheit im All

Die Internationale Raumstation (ISS), die heute für die Zusammenarbeit der Nationen im Weltall steht, hatte eine längere Vorgeschichte mit verschiedenen Wendungen. Nachdem die USA mit der ersten bemannten Mondlandung als Gewinner aus dem Wettlauf zum Erdtrabanten hervorgegangen war, wollten sie auch auf dem Gebiet der dauerhaft bemannten Raumstation mit der UdSSR gleichziehen. Aus Kostengründen hatten sie sich zunächst für das Space-Shuttle-Konzept entschieden. Skylab war nur kurz im Orbit und 1979 abgestürzt. Unter den gegebenen Umständen war es nun also auch höchste Zeit für eine westliche permanent bemannte Raumstation als Antwort auf die russische Saljut. Das kündigte am 25. Januar 1984 Präsident Ronald Reagan in seiner alljährlichen Rede zur Lage der Nation vor dem Kongress an. Innerhalb eines Jahrzehnts sollte die NASA eine permanent besetzte Raumstation entwickeln und befreundete Länder zur Mitarbeit einladen. Sie wurde Mitte 1985 von Kanada, Japan und Europa prinzipiell angenommen. Die Konstruktion für diese geplante Raumstation mit dem symbolträchtigen Namen Freedom (Freiheit) sollte während künftiger Shuttle-Missionen erprobt werden.

Nach dem Zerfall der Sowjetunion und dem Ende des Kalten Krieges sah der Kongress dann aber keinen dringenden Grund mehr, die beantragten Mittel zu bewilligen; und fast wäre die ISS im Juni 1993 ganz aufgegeben worden, wenn der Kongress nicht mit einer Stimme Mehrheit dafür plädiert hätte, das Projekt fortzuführen.

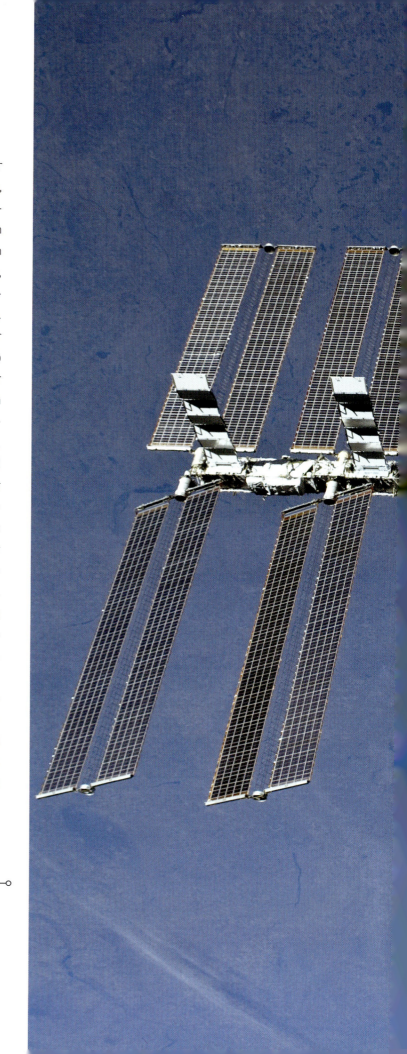

Die ISS, wie sie zur Zeit die Erde umkreist: Gut zu erkennen sind die zentrale **Gitterstruktur mit den großen Solarzellenauslegern** zur Energieerzeugung, ebenso die Radiatoren für die Kühlung sowie die Wohn- und Arbeitsmodule der Crew aus den beteiligten Nationen – unten: das Sojus-Raumschiff für den Transport der heute sechs Mitglieder umfassenden Crew.

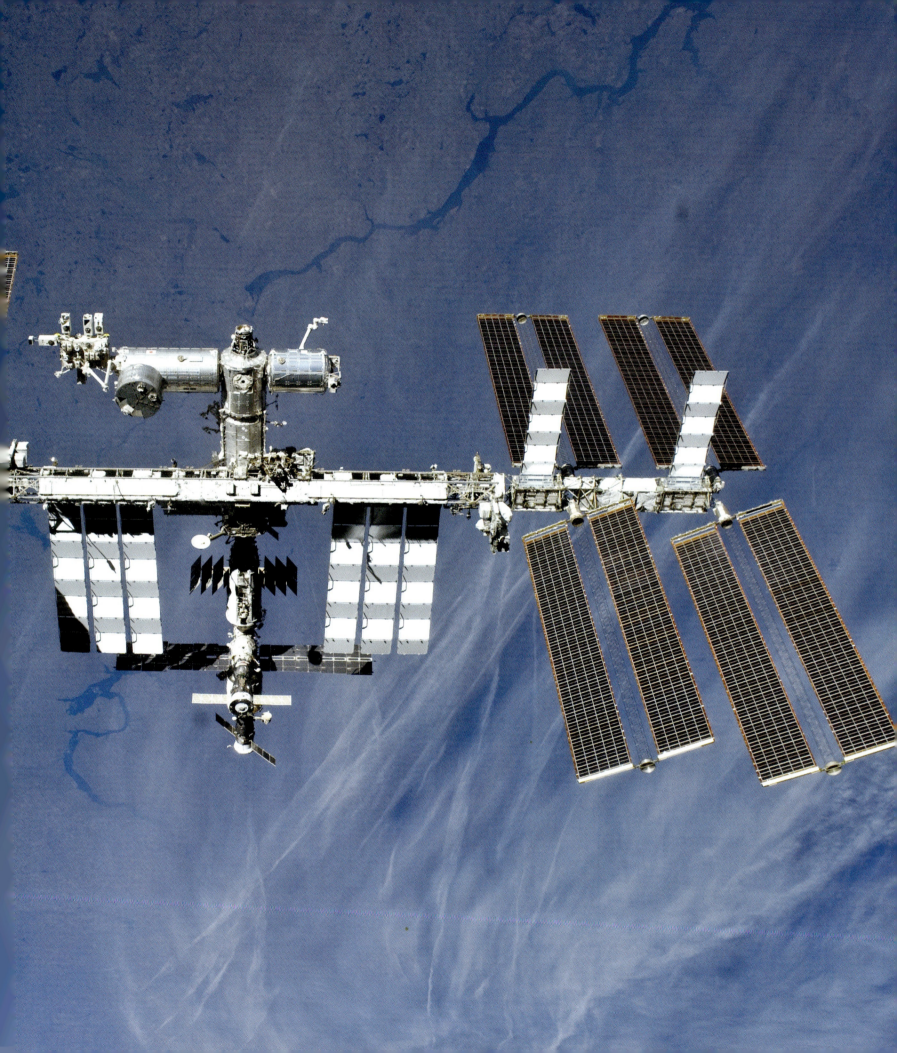

Blick in **das Innere der ESA-Cupola** (»Kuppel«). Sie ist nach ihrer Montage 2010 der bekannteste Teil der ISS geworden; von hier schossen viele der Astronauten ihre faszinierenden Fotos der Erdoberfläche.

Hinzu kam, dass sich im Oktober eine neue Situation ergab, als Vertreter der Russischen Raumfahrtagentur mit der NASA in Kontakt traten, um die bestehende Kooperation weiter zu vertiefen. Zwar war die russische Wirtschaft marode, aber in der Raumfahrt verfügten die Russen über Erfahrungen mit Raumstationen und Langzeitaufenthalten, von denen die NASA profitieren konnte.

So beschlossen beide Seiten, eine internationale Raumstation zu bauen, an der sich ohne Beschränkung andere Länder aktiv beteiligen sollten. Außer den beiden Initiatoren mit ihren Raumfahrtbehörden NASA und Roskosmos sowie den Raumfahrtagenturen Europas (ESA), Kanadas (CSA) und Japans (JAXA) beteiligten sich folgende europäische Länder: Belgien, Dänemark, Deutschland, Frankreich, Italien, die Niederlande, Norwegen, Schweden, die Schweiz und Spanien. Ein entsprechendes Abkommen dazu wurde 1998 unterzeichnet. Diese neue internationale Raumstation erhielt von der NASA die inoffizielle Bezeichnung Space Station Alpha, aber dieser Name konnte sich nie durchsetzen – zumal die Russen ihre Mir als die erste permanente Raumstation sahen. Stattdessen wurde sie einfach unter der Abkürzung ISS geführt, und dabei ist es bis heute geblieben.

Mit einer Spannweite von 109 Metern, einer Länge von 80 Metern, einer Tiefe von 25,50 Metern, einem Rauminhalt von 932 Kubikmetern und einer Masse von 455 Tonnen ist die Internationale Raumstation ISS zurzeit das größte künstliche Objekt im Erdorbit. Ihre Bahn liegt zwischen 370 und 460 Kilometer Höhe. In unregelmäßigen Abständen muss die Höhe der Raumstation durch Beschleunigung in Flugrichtung ausgeglichen werden – beispielsweise, um Weltraummüll auszuweichen. Sie umkreist in östlicher Richtung in rund 92 Minuten einmal die Erde.

Die ISS ist in Modulbauweise errichtet. Ihr charakteristisches äußeres Bild wird durch die Gittersegmente, die großen Solarzellenflächen und die zylinderförmigen Wohn- und Arbeitsmodule geprägt: Das russische Modul Sarja (Morgenröte) war das

Hauptzweck der Cupola (seit 2010) ist der eines **Beobachtungspostens**, um beispielsweise den Roboterarm der ISS zu steuern, hier vorn links im Bild zu sehen.

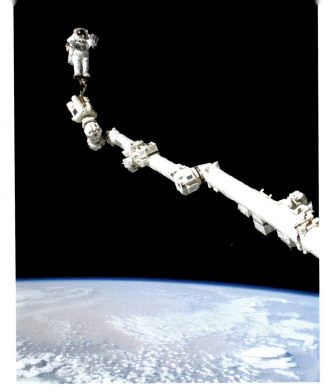

Der kanadische Beitrag zur ISS ist 2001 wieder ein **Roboterarm, Canadarm 2** genannt. Er ist der Hauptgreifarm der ISS, modular aufgebaut und 17,60 Meter lang.

erste Modul der ISS und dient heute als Frachtmodul für die Zwischenlagerung von Ausrüstungsteilen. Das ebenfalls russische Modul Swesda (Stern) ist das Wohn- und Servicemodul der Station. Destiny (Schicksal) ist das US-amerikanische Labormodul. Columbus, das europäische, und Kibo (Hoffnung), das japanische Forschungsmodul, bilden ein System aus mehreren Modulen, zu dem noch ein Roboterarm und ein Außenbereich gehören. Alle Wohn- und Arbeitsmodule sind durch sogenannte Nodes (Knoten) miteinander verbunden, so zum Beispiel der russische Teil mit dem Rest der Station über den Verbindungsknoten Unity (Node 1). Harmony (Node 2) verbindet das US-Labormodul Destiny mit dem ESA-Columbus-Modul und dem japanischen Kibo-Modul. Tranquility (Node 3) ist am Unity-Verbindungsknoten angedockt und enthält Systeme zur Wasser- und Luftaufbereitung, zusätzlichen Stauraum sowie Kopplungsstutzen zum Andocken von weiteren Modulen. Vor allem ist es Sitz der Cupola (ital. für Kuppel). Sie hat sechs große seitliche Fenster und ein großes Mittelfenster mit 80 Zentimeter Durchmesser. Hauptzweck ist in erster Linie der eines Beobachtungspostens, der von zwei Crew-Mitgliedern gleichzeitig besetzt werden kann. Von hier aus kann der Roboterarm der Station gesteuert werden, die Kommunikation mit den Astronauten bei einem Außeneinsatz laufen und die Erde beobachtet werden. Die Cupola dient auch als »Fotostudio«. Viele der Filme und Fotos von den faszinierenden Ansichten der Erdoberfläche sind hier entstanden, aber auch die Videobotschaften und Selfies für die sozialen Medien werden häufig hier geschossen.

An den Enden der markanten Gittersegmente sitzen die Solarzellenflächen mit einer Spannweite von 73,20 Metern. Jedes Flügelpaar hat eine Länge von 35 Metern und eine Breite von 11,90 Metern. Sie werden durch einen Rotationsmechanismus der Sonne nachgeführt. Darüber hinaus gibt es noch kleinere Zusatzsolarzellen. Allerdings beruht die Energieversorgung der ISS nicht allein auf den Solarzellen, da sich die Station über 40 Prozent ihrer Umlaufzeit im Erdschatten befindet. Deshalb wird sie auch von Batterien versorgt, die auf der Tagseite aufgeladen werden.

Der Bau der ISS

Die Geschichte der ISS ist die Geschichte ihres Aufbaus. Der begann am 20. November 1998 und erfolgte bis November 2000 noch unbemannt. An diesem Tag starteten die Russen das für die Amerikaner gebaute Steuermodul Sarja. Zwei Wochen später flog die Raumfähre Endeavour mit dem Verbindungsmodul Unity in den Orbit, das mit Sarja gekoppelt werden sollte. Im Juni 1999 und im Mai 2000 wurde die Montage der dritten Hauptkomponente der ISS, des Wohn- und Servicemoduls Swesda, vorbereitet. Seine Ankopplung erfolgte am 26. Juli 2000. Im Oktober 2000 wurde das erste Gittersegment als Verbindungsstück zwischen einem Solarzellenträger und dem bewohnten Teil der ISS montiert.

Am 2. November 2000 traf dann mit einem Sojus-Raumschiff die Expedition 1 bei der ISS ein: der Amerikaner William McMichael »Bill« Shepherd (*1949), die Russen Sergei Konstantinowitsch Krikaljow (*1958) und Juri Pawlowitsch Gidsenko (*1962). Sie nahmen die ISS sozusagen in Betrieb und bereiteten alles für die Arbeit der folgenden Expeditionen vor. In den nächsten zwei Jahren wurden wichtige Bereiche der ISS aufgebaut.

Im Februar 2001 wurde das amerikanische Labormodul Destiny angedockt, und im März folgte die Discovery mit der Crew von Expedition 2: Juri Wladimirowitsch Ussatschow (*1957), Susan Jane »Sue« Helms (*1958) und James Shelton »Jim« Voss (*1949). Sie führten weitere Aufbauarbeiten durch und beschäftigten sich bereits auch mit Experimenten zum Strahlenschutz.

Am 21. April 2001 bekam die ISS den in Kanada entwickelten ersten Roboterarm Canadarm 2, und am 14. Juli wurde die US-Luftschleuse Quest angeliefert. So war jetzt die ISS-Besatzung in der Lage, Weltraumausstiege direkt von der Raumstation durchzuführen und beim Aufbau mitzuhelfen.

Am 14. September 2001 wurde das russische Kopplungsmodul Pirs zur ISS gebracht. Jetzt konnten sowohl Sojus- als auch Progress-Raumschiffe andocken. Es folgten drei weitere Gittersegmente, an denen später die nächsten Ausleger mit den dazugehörigen Solarzellen montiert wurden. Das war von September 2006 bis August 2007 der Fall.

Eine neue Phase im ISS-Aufbau begann am 11. Februar 2008, als das europäische Forschungsmodul Columbus installiert wurde. Es ist der größte Beitrag der ESA zur ISS. Seine Länge beträgt 6,87 Meter, der äußere Durchmesser 4,47 Meter und der innere 4,21 Meter. Im Innern des Forschungszylinders gibt es 16 sogenannte Payload Racks, d. h. auswechselbare Nutzlast-Schränke mit einem Gewicht von bis zu 500 Kilogramm je Rack.

Es folgte am 3. Juni 2008 die Installation des japanischen Hauptmoduls Kibo und im März 2009 das vierte und letzte Solarmodul. Im November kam

Baufortschritte der ISS
Links: Juni 1999
Mitte: Januar 2001
Rechts: August 2007

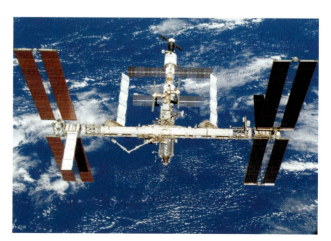

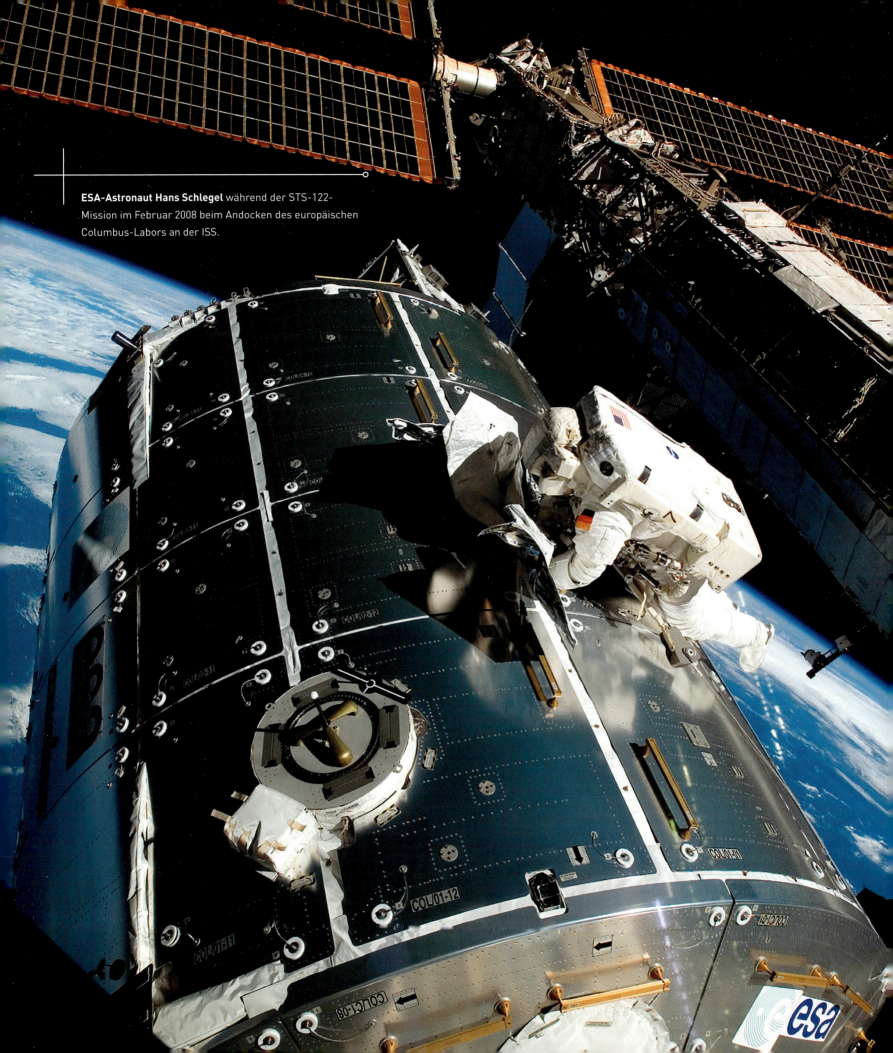

ESA-Astronaut Hans Schlegel während der STS-122-Mission im Februar 2008 beim Andocken des europäischen Columbus-Labors an der ISS.

das russische Kopplungsmodul Poisk an die Station, und im Februar 2010 mit der Installation des Verbindungsknotens Tranquility (Node 3) auch die Aussichtskuppel Cupola.

Zu diesem Teil kamen im Mai 2010 das russische Modul Rasswet und im März 2011 das Permanent Multipurpose Module (PMM) Leonardo. Ursprünglich hieß es MPLM (Multi-Purpose Logistics Module, »Mehrzwecklogistikmodul«) und diente für den Frachttransport in einem unter Luftdruck stehenden Raum mit dem Shuttle zur ISS. Später wurde es von seinen italienischen Konstrukteuren in Zusammenarbeit mit der NASA in ein permanentes Stationsmodul umgewandelt und am 24. Februar 2011 mit der Discovery zur ISS transportiert, wo es seitdem den Astronauten als Arbeits-, Wohn- und Stauraum dient.

In den folgenden fünf Jahren wurden keine weiteren Module mehr angebaut. Erst im April 2016 kam das Bigelow Expandable Activity Module (BEAM) der privaten Raumfahrtfirma Bigelow Aerospace hinzu, die dort neue Technologien für entfaltbare Raumstationsmodule entwickelt.

Zahlreiche lange Außenbordeinsätze, wie dieser im Oktober 2002, waren nötig, um die einzelnen Elemente der ISS zu montieren. Dafür hatte die NASA einen neuen Raumanzug entwickelt.

Die zentrale Gitterstruktur der ISS ist nicht nur der Verankerungspunkt für die Solarzellenflügel, die Radiatoren und die Labor- und Wohnmodule, sondern es können hier zusätzliche Instrumentenkästen montiert werden. (Foto: 2002)

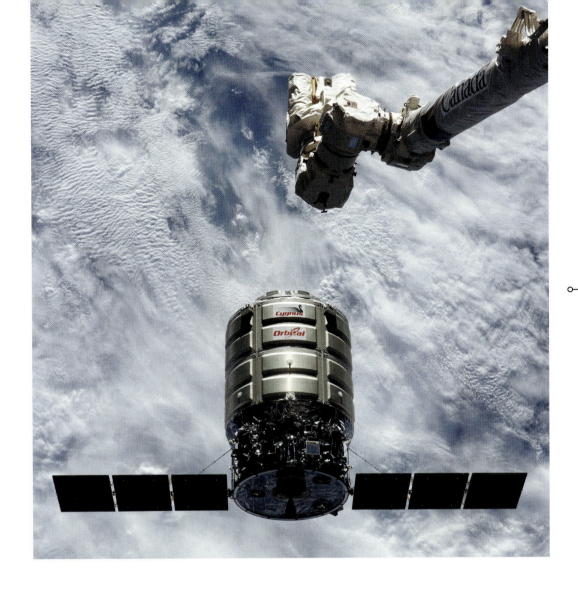

Das **Transport-Raumschiff Cygnus** der Firma Orbital Sciences Corporation nähert sich im Juli 2014 dem Canadarm 2.

Logistik für die ISS

Bis März 2008 hatten russische Progress-Frachter und amerikanische Space Shuttles die Versorgung der ISS-Besatzung sichergestellt. Aber ab April 2008 traten durch entsprechende technische Entwicklungen in einigen der Partnerländer weitere »Spediteure« auf den Plan, was vor allem nach dem letzten Shuttle-Flug 2011 eine gewisse Entlastung brachte: So stand bis August 2014 das europäische Automated Transfer Vehicle (ATV) zur Verfügung; im September 2009 gab es den Jungfernflug des japanischen Versorgungsschiffes H-2 Transfer Vehicle (HTV) zur ISS.

Von Oktober 2012 bis Ende 2014 brachte der Frachter Dragon des US-amerikanischen Unternehmens SpaceX insgesamt 14 Mal Versorgungsgüter zur ISS; und von 2019 bis 2024 sollen im Auftrag der NASA im Rahmen des Commercial-Resupply-Services-2-Programms mindestens sechs weitere Flüge folgen. Ebenfalls auf privatwirtschaftlicher Basis war der 2013 gestartete nicht wiederverwendbare Frachter Cygnus. Ihn hatte die Firma Orbital Sciences Corporation als Teil des Commercial-Orbital-Transportation-Services-Programms (COTS) entwickelt.

Es war ein lohnendes Geschäft: Der Firma wurde für ihren Entwurf ein Preisgeld von 70 Millionen Dollar gezahlt, und sie erhielt einen Vertrag über die Lieferung von annähernd zwanzig Tonnen Versorgungsgüter zur ISS. Dafür ist der Einsatz von acht Raumtransportern geplant. Im Fall eines Erfolges gibt es eine schrittweise Zahlung von 1,9 Milliarden Dollar. Seit dem ersten Einsatz im September 2013 hat Cygnus acht erfolgreiche Missionen zur Raumstation geschickt. Eine Mission scheiterte durch die Explosion der Trägerrakete (Orb-3 im Oktober 2014)

Die erste Besatzung der ISS betand aus (von links) Sergei Krikaljow, William Shepherd und Juri Gidsenko. Sie traf im März 2001 auf der ISS ein.

Dennis Tito (links) war im Mai 2001 **der erste Weltraumtourist** auf der ISS.

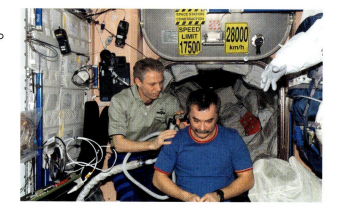

November 2006: Der deutsche **ESA-Astronaut Thomas Reiter** schneidet seinem russischen Kollegen Michail Tjurin die Haare.

Der deutsche ESA-Astronaut Hans Schlegel bei der Arbeit im **Columbus-Labor** im Februar 2008.

Menschen auf der ISS

Die ISS ist seit 2. November 2000 Ort ständiger Langzeitaufenthalte von Raumfahrern. Anfangs bestand die Crew aus drei Mitgliedern. Ihr geplanter Aufenthalt betrug sechs bis sieben Monate.

Nach der Columbia-Katastrophe am 1. Februar 2003 standen die Space Shuttles zunächst nicht mehr für die Versorgung der Station zur Verfügung. Deshalb wurde die Anzahl der Crew-Mitglieder ab der ISS-Expedition 7, die vom 28. April bis zum 27. Oktober 2003 dauern sollte, auf zwei Personen reduziert und der Transport der Besatzungen von Sojus-Raumschiffen übernommen.

Die Shuttle-Mission STS-121 führte im Juli 2006 den Deutschen Thomas Reiter als ersten ESA-Astronauten zu einem 171-tägigen Langzeitaufenthalt auf die ISS, sodass die Station wieder drei Besatzungsmitglieder hatte.

Aber seit November 2009 geschieht der Mannschaftsaustausch ausschließlich über Sojus-Raumschiffe. Sechs Monate zuvor – am 29. Mai – hatte mit der Sojus TMA-15 die ISS-Expedition 20 begonnen und sich damit die dauerhafte Besatzungsstärke von drei auf sechs Mitglieder erhöht. Bestanden die ersten zwölf Expeditionen nur aus russischen und amerikanischen Raumfahrern, so besuchten seit der ISS-Expedition 13 (1. April bis 28. September 2006) auch regelmäßig einzelne Astronauten der ESA, JAXA und CSA die ISS für Langzeitaufenthalte.

Neben diesen Besatzungen (Expeditionen) aus 18 Nationen waren auch andere Raumfahrer verschiedener Nationalität auf der ISS zu Gast, um dort für einen bestimmten Zeitraum zu arbeiten und dann wieder zur Erde zurückzukehren. Insgesamt haben bereits mehr als 230 Personen die ISS besucht. Sieben davon waren Weltraumtouristen: Dennis Tito (US-Amerikaner, Abflug: 28. April 2001), Mark Shuttleworth (Südafrikaner, Abflug: 25. April 2002), Gregory Olsen (US-Amerikaner, Abflug: 1. Oktober 2005), Anousheh Ansari (US-Amerikanerin, Iranerin, Abflug: 18. September 2006), Charles Simonyi

EINE FRAU, DIE SICH AUSKENNT
PEGGY WHITSON

Wenn sich eine Frau im Weltraum auskennt, dann ist es die US-Astronautin Peggy Annette Whitson (*1960). Sie kann auf 10 Außenbordeinsätze zurückblicken, und mit 60 Stunden und 21 Minuten hält sie den Rekord für die längste Gesamtzeit, die eine Frau außerhalb eines Raumfahrzeugs verbracht hat. Außerdem arbeitete sie wegen ihrer fachlichen Reputation häufig in der Ausbildung von Astronauten. Ihre Laufbahn ist beeindruckend.

Auch Whitson hatte ein Schlüsselerlebnis: die erste Mondlandung am 20. Juli 1969. Und als die NASA neun Jahre später erstmals Frauen in ihr Astronautencorps aufnahm, war das ein zusätzlicher Ansporn. Whitson studierte Biologie und Chemie, schloss mit summa cum laude ab und wurde wissenschaftliche Mitarbeiterin des Johnson Space Center. Anschließend erhielt sie einen Ruf als Projektwissenschaftlerin für das Shuttle-Mir-Programm.

Im Mai 1996 wurde Whitson außerdem als Mitglied der 16. Astronautengruppe der NASA vorgestellt. Nach ihrer zweijährigen Ausbildung wurde sie mehrmals nach Russland entsandt, wo sie zweisprachige Handbücher für die ISS schrieb und die im Juri-Gagarin-Kosmonautenausbildungszentrum trainierenden US-Astronauten betreute.

Am 5. Juni 2002 startete sie dann mit dem Space Shuttle Endeavour (STS-111) zur ISS und bildete mit ihrem Kommandanten Valeri Grigorjewitsch Korzun (*1953) gleich die fünfte Langzeitbesatzung. Während dieser Zeit verließen Whitson und Korzun die ISS für Außenarbeiten, bei denen sie in viereinhalb Stunden sechs Schilde gegen Mikrometeoriten montierten. Einen Monat später ernannte sie die NASA zum Wissenschaftsoffizier, um die Forschung auf der ISS mehr in den Vordergrund zu stellen.

Im Sommer 2003 wechselte Whitson im Rahmen des NEEMO-Programms (NASA Extreme Environment Mission Operations) in das Unterwasserlabor Aquarius, wo sie Astronauten ausbildete.

Ab 2005 wurde Whitson Vizechefin des Astronautenbüros und trainierte daneben für ihren nächsten Flug ISS-Expedition 16. Als erste Kommandantin der Expedition startete sie am 10. Oktober 2007 und kehrte am 19. April 2008 nach 192 Tagen zur Erde zurück. Im Oktober 2009 übernahm Peggy Whitson die Leitung des Astronautenbüros, gab das Amt dann im Juli 2012 ab, um am 17. November 2016 ihren dritten Langzeitaufenthalt auf der ISS anzutreten. Zunächst war sie Bordingenieurin der Expedition 50; am 30. März 2017 verließ Whitson zum insgesamt achten Mal die ISS für einen Außeneinsatz.

Am 10. April 2017 wurde sie Kommandantin der ISS-Expedition 51 und verbrachte drei zusätzliche Monate mit der Expedition 52 an Bord der ISS. Whitson war insgesamt 665 Tage im Weltraum (mit Ende ihrer 3 Missionen).

Sergej Prokopjew (v. l.), Alexander Gerst und Serena Auñón-Chancellor kurz nach ihrer **Ankunft auf der ISS** am 6. Juni 2018 mit der bisherigen Besatzung, den US-Astronauten Andrew Feustel und Richard Arnold sowie dem Kosmonauten Oleg Artemjew in Hawaii-Hemden.

(US-Amerikaner, Ungar, Abflug: 7. April 2007, erneut 26. März 2009), Richard Garriot (US-Amerikaner, Brite, Abflug: 12. Oktober 2008) und Guy Laliberté (Kanadier, Abflug: 30. September 2009). Sie hatten sich für rund 20 Millionen US-Dollar einen Flug mit einem Sojus-Raumschiff gekauft und sich jeweils etwa eine Woche auf der Station aufgehalten – Charles Simonyi sogar zweimal.

Am 6. Juni 2018 ist mit Sojus MS-09 die Expedition 56 gestartet. Mit ihr ist der deutsche Astronaut Alexander Gerst zum zweiten Mal auf der ISS und soll dort für 6 Monate bleiben. Am 11. Oktober folgt mit dem Start von Sojus MS-10 die Expedition 57. Während damit Teile der Besatzung ausgetauscht wurden, bleibt Gerst noch bis Dezember 2018 auf der ISS und übernimmt als erster Deutscher für drei Monate das Kommando. Die Mission, für die Gerst verantwortlich ist, ist eine Mission der ESA mit starker Beteiligung des Deutschen Zentrums für Luft- und Raumfahrt (DLR) und trägt den Namen Horizons. Teil dieser Mission sind 50 Experimente von deutschen Forschungseinrichtungen, Unternehmen und dem DLR. Sie befassen sich mit medizinischer, biologischer, physikalischer und materialwissenschaftlicher Grundlagenforschung. Doch dabei sind auch industriebezogene Experimente, Technologiedemonstrationen und Bildungsaktivitäten wie ein Schüler- und Studentenwettbewerb zu Themen der Raumfahrt.

Die Planung der NASA sieht weitere konkrete Expeditionen bis Juni 2020 (Expedition 62) vor. Und auch darüber hinaus soll die ISS weiter bemannt bleiben. Die Namen der jeweiligen ISS-Besatzungen verschwinden im Gegensatz zu denen der Astronauten in der Pionierzeit der Raumfahrt heute jedoch schnell aus den Medien. Dazu sind es einfach zu viele geworden. Einigen gelingt es, durch ihre Aktivitäten in den sozialen Medien einen größeren Bekanntheitsgrad zu erreichen.

SYMPATHISCHES MULTITALENT UND REKORDHALTERIN
SAMANTHA CRISTOFORETTI

Die sympathische Mailänderin ist ein echtes Multitalent: Sie hat in München, Toulouse und Moskau Ingenieurswissenschaften und in Neapel Luft- und Raumfahrttechnik studiert. Seit 2001 ist sie außerdem Kampfpilotin bei der italienischen Luftwaffe. Sie spricht fünf Sprachen und vertreibt sich ihre knappe Freizeit mit Bergsteigen, Tauchen und Höhlenforschung. Und als die ESA am 20. Mai 2009 die sechs neuen Mitglieder des Europäischen Astronautencorps vorstellte, überraschte es nicht, dass Samantha Cristoforetti (*1977) sich zusammen mit den anderen fünf Kollegen gegenüber 8.400 Bewerbern durchgesetzt hatte.

Am 3. Juli 2012 gab die ESA dann bekannt, dass Cristoforetti 2014 als Bordingenieurin für einen Langzeitaufenthalt auf der ISS nominiert worden sei, zu dem sie am 23. November startete. Mit an Bord waren der russische Kosmonaut Anton Nikolajewitsch Schkaplerow (*1972) und der US-amerikanische Astronaut Terry Wayne Virts (*1967). Zur Freude der dort schon arbeitenden Besatzung, die aus dem US-Amerikaner Barry Eugene »Butch« Wilmore (*1962), Alexander Michailowitsch Samokutjajew (*1970) und Jelena Olegowna Serowa (*1976) bestand, hatte Cristoforetti eine Kaffeemaschine mit dem Spitznamen »ISSpresso« und 15 Dosen Kaviar für die Silvesterfeier im Gepäck. Dazu kamen Äpfel, Orangen, Tomaten und schwarzer Tee.

Sie wurde dann Mitglied der ISS-Expeditionen 42 und 43 und führte die Experimente fort, die zuvor der deutsche ESA-Kollege Alexander Gerst installiert hatte. Mit ihrem 195. Missionstag am 7. Juni 2015 und einer Aufenthaltsdauer von 199 Tagen und 16 Stunden löste Cristoforetti die US-Amerikanerin Sunita Lyn »Suni« Williams (*1965) ab, die mit 194 Tagen und 18 Stunden bis dahin den Rekord für Langzeitflüge von Frauen im Weltall gehalten hatte.

Samantha Cristoforetti hat es mit ihrer sympathischen Art und ihren kurzen Videos und Fotos, die sie regelmäßig von der ISS hochgeladen hat, geschafft, eine Fangemeinde für den Alltag auf der Raumstation zu begeistern. Sie tritt außerdem auf zahlreichen Veranstaltungen auf und wirbt für Ausbildung und Chancengleichheit für Frauen.

Samantha Cristoforetti präsentiert im Mai 2015 das wohl wichtigste Gerät auf der ISS: die **Kaffeemaschine »ISSpresso«**.

FEATURE

HOW DO I BECOME AN ASTRONAUT?
ASTRONAUTENAUSBILDUNG BEI DER ESA

Pressekonferenzen gehören zum Astronautenalltag. Die ISS-Crew der Expedition 40 im Mai 2014, v.l.n.r.: Alexander Gerst (ESA), Maxim Surajew (Roskosmos), Reid Wiseman (NASA), Terry Virts (NASA), Anton Schkaplerow (Roskosmos) und Samantha Cristoforetti (ESA).

Ein Arbeitstag von 12 Stunden. Ein spektakulärer Anfahrtsweg. Und wenn einem die Kollegen und Kolleginnen so richtig auf die Nerven gehen, kann man nicht mal kurz vor die Tür gehen. Wer würde so einen Job haben wollen? 18.300 Menschen. So viele bewarben sich, als die NASA 2016 nach neuen Astronauten und Astronautinnen suchte. Der Andrang war noch nie so groß.

Die ersten amerikanischen Astronauten wurden 1959 vom Militär ausgewählt. Sie mussten Erfahrung als Düsenjet-Piloten und einen ingenieurwissenschaftlichen Hintergrund haben. Heutzutage ist Flugerfahrung aber nicht mehr so wichtig, um in die Astronautenausbildung aufgenommen zu werden.

Um für die Europäische Weltraumorganisation (ESA) ins All zu fliegen, muss man nicht unbedingt Luft- und Raumfahrttechnik studiert haben – es ist aber ein großer Vorteil. Grundvoraussetzung, um bei der ESA überhaupt eine Chance zu haben, ist dagegen ein abgeschlossenes Studium (oder etwas Gleichwertiges) in einer Naturwissenschaft, einer Ingenieurwissenschaft oder der Medizin, erklärt die ESA. Der deutsche Astronaut Alexander Gerst ist zum Beispiel Geophysiker und hat vor seiner Astronautenkarriere unter anderem Vulkane erforscht. Außerdem sollten die Bewerber und Bewerberinnen am besten schon drei Jahre Berufserfahrung oder Flugerfahrung als Pilot oder Pilotin haben. »Was Sie auch studiert haben, Sie sollten vor allem gut in Ihrem Fach sein«, schreibt die ESA auf ihrer Website. Doch die fachlichen Kenntnisse sind nur das eine. Raumfahrer müssen unter sehr belastenden Bedingungen arbeiten können. Dazu muss man fit sein – auch im Kopf. Die ESA sucht Menschen, die unter anderem ein gutes Urteilsvermögen, Gedächtnis und auch gute räumliche Orientierung haben. Aggressive, unflexible Einzelkämpfer haben keinen Platz in einem Raumschiff. Extrem durchtrainiert darf man auch nicht sein, denn die große Muskelmasse, wie sie zum Beispiel

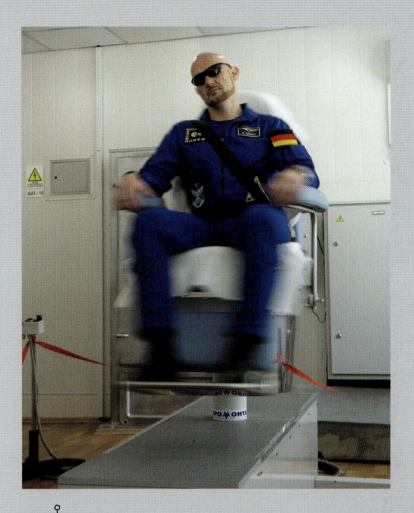 

Alexander Gerst beim Training auf dem **Rotationsstuhl** im Mai 2018. Die Raumfahrer müssen auch unter extremen physischen Belastungen richtig reagieren.

Seit den US-Gemini-Flügen gehört das **Unterwasser-Training** im Houston-Raumflugzentrum zum Vorbereitungsprogramm aller Raumfahrer, also auch der zukünftigen ISS-Besatzungen – hier Reid Wiseman 2012 vor dem Einstieg ins Wasserbecken.

Spitzensportler haben, kann in der Schwerelosigkeit ein Nachteil sein. Die Astronauten sollten aber regelmäßig Sport machen und sich fit halten.

Wer sich gegen die anderen Bewerber durchsetzt – beim letzten ESA-Auswahlverfahren 2008 waren es 8.413 –, beginnt mit dem Training. Dabei lernen die zukünftigen Astronauten zum Beispiel, wie die Internationale Raumstation (ISS) funktioniert und wie man sie wartet. Sie absolvieren Unterwasser- und Überlebenstrainings und lernen auch Russisch. Astronauten und Astronautinnen, die gerade nicht in der Vorbereitung für eine Mission im Weltraum stecken, machen häufig auch Öffentlichkeitsarbeit.

Doch auch wenn man all diese Fähigkeiten in sich vereint, die perfekte Kandidatin, der ideale Raumfahrer wäre – ein bisschen Glück gehört auch dazu. Idealerweise sollte man zwischen 27 und 37 Jahre alt sein, wenn man sich bei der ESA bewirbt. Nur, die Weltraumorganisation sucht nicht regelmäßig neue Astronauten – das letzte Mal war es 2008. Zurzeit hat es also überhaupt keinen Sinn, eine Bewerbung zu schicken. Für einige aussichtsreiche Kandidaten könnte die vergangene Auswahlrunde daher zu früh gekommen und die nächste zu spät sein.

Aber auch die Nationalität ist wichtig. Für die ESA auf der ISS arbeiten, das können nur Menschen, die aus einem ESA-Mitgliedstaat kommen. Die NASA schickt dagegen nur Menschen aus den USA ins All. Aber vielleicht ändert sich das bald, wenn SpaceX und andere private Weltraumunternehmen ebenfalls Menschen ins All schicken.

Peggy Whitson bei der Arbeit im Destiny-Labor der ISS, Juli 2002.

Freizeit im All: Während der Fußballweltmeisterschaft 2014 hatten Alexander Gerst (hier im Trikot der Nationalmannschaft) und seine beiden amerikanischen Kollegen Zeit, um die Spiele zu verfolgen. Besonders spannend war für sie die Begegnung Deutschland – USA, da die Crew untereinander eine haarsträubende Wette abgeschlossen hatte.

Alltag auf der ISS

Auf der ISS regiert die Schwerelosigkeit. »Oben« und »Unten« verlieren im Erdorbit ihre Bedeutung. Auch einen ruhigen Ausblick auf die Erde gibt es nicht. Vielmehr ziehen ihre Kontinente und Meere schnell unter dem Betrachter hinweg; denn die ISS muss, um überhaupt in der Erdumlaufbahn zu verbleiben, ständig in Bewegung sein – und das mit 28.000 Stundenkilometern. Überhaupt sucht man Ruhe hier vergebens. Es ist laut, was an den ständig laufenden Lebenserhaltungssystemen (Luftfilter, Klimaanlage) liegt, aber auch an den permanent arbeitenden Experimenten.

Selbst wenn die Besatzungen auf diese Verhältnisse durch jahrelanges Training vorbereitet wurden, benötigen sie nach ihrer Ankunft eine gewisse Zeit, sich an die neue schwerelose Situation zu gewöhnen. Das beginnt schon damit, dass sich bei manchen Ankömmlingen erst einmal Orientierungslosigkeit und Übelkeit einstellen, da das Gleichgewichtssystem nicht mehr richtig funktioniert. Es sind die Anzeichen der sogenannten Raumkrankheit, die jedoch nach einigen Tagen verschwunden sind. Was aber bleibt, ist, dass der Körper Schwerstarbeit leisten muss. Blutkreislauf und Körpertemperatur werden in der Schwerelosigkeit beeinträchtigt, gleichzeitig wird Muskelmasse abgebaut und die Schleimhäute schwillen an. Das Schweben in der Schwerelosigkeit ist nicht nur amüsant und gewöhnungsbedürftig, sondern kann in der Enge der Raumstation auch schnell zu Unfällen und Kollisionen mit anderen Crewmitgliedern, Gegenständen oder technischen Einrichtungen führen. Das Gewirr von Kabeln, Gerätschaften, Bildschirmen und Experimenten ist scheinbar unüberschaubar. Außerdem ist eine gewisse Disziplin und Ordnung erforderlich, damit Gegenstände, die benutzt wurden, danach nicht durch den Raum schweben.

Essen, Trinken, der Gang zum WC, Schlafen und Waschen unterliegen ebenfalls besonderen Gesetzen. Die Mahlzeiten werden auf der Erde vorgekocht und kommen gefriergetrocknet oder in Alubeuteln sterilisiert zur ISS. Hier müssen sie nur noch befeuchtet und in einem Konvektionsofen erwärmt werden. Getrunken wird mit Strohhalmen.

Das WC arbeitet mit Unterdruck: Urin wird durch einen kleinen Trichter angesaugt und wieder aufbereitet, denn Trinkwasser ist kostbar. Die Toilette für das »große Geschäft« hat Anschnallgurte, mit denen sich die Astronauten so lange wie nötig fixieren können. Statt zu duschen, müssen sich die ISS-Besatzungen mit feuchten Handtüchern abreiben, denn es gibt bisher noch keine Dusche, die unter den Bedingungen der Schwerelosigkeit funktioniert.

Zum Schlafen gibt es kleine Kabinen. Sie sind der persönliche Rückzugsbereich der Crewmitglieder und mit persönlichen Gegenständen bestückt. Dort hängt auch der Schlafsack, in den die Astronauten hineinklettern und wo sie sich auch festschnallen können, um den Druck auf eine feste Unterlage zu simulieren.

Der Tag ist voll ausgelastet. Er beginnt um 6:00 Uhr mit dem Aufstehen und Frühstück, um 7:00 ist die Konferenz mit der Bodenkontrolle, ab 9:15 bis 12:00 Uhr läuft die Arbeit an den Experimenten. Sie wird bis 13:00 Uhr von der Mittagspause unterbrochen. Danach geht die Arbeit bis 19:00 Uhr weiter, und abschließend findet eine zweite Konferenz mit der Bodenkontrolle statt. Um 19:30 ist Feierabend, dem sich um 20:00 Uhr das Abendessen anschließt. Außer der Arbeit trainieren die Astronauten täglich mit Spezialgeräten, um den Muskelabbau in Grenzen zu halten. Etwa 65 Stunden beträgt die Arbeitszeit pro Woche. Natürlich gibt es auch Freizeit. Die nutzen die Astronauten, um zu telefonieren, in den sozialen Medien zu kommunizieren, zu lesen, Musik zu hören oder durch die Panoramafenster des Aussichtsmoduls Cupola einfach auf die unter ihnen vorbeiziehende die Erde hinabzuschauen.

Samantha Cristoforetti 2014 im **Schlafsack in ihrer Schlafkabine** auf der ISS. Um nicht in der Schwerelosigkeit davonzuschweben und auch um das Gefühl zu haben, auf einer Matratze zu liegen, schlafen die Astronauten angeschnallt.

Das **Trinken kann in der Schwerelosigkeit** nur aus Beuteln und mit einem Trinkhalm geschehen, wie Samantha Cristoforetti 2015 im Unity-Modul der ISS demonstriert. Hier sind die Speisen und Getränke der Crew untergebracht.

SPACEBOOK
SOCIAL MEDIA AUS DEM ALL

 ASTRO_ALEX HAT UNS EBEN DAS BILD GESCHICKT!«

Screenshot von der **ESA-Website im Juni 2018**: Alexander Gerst ist einer der Astronauten, die über die sozialen Medien die Menschen an ihren Weltraumerfahrungen teilhaben lassen.

Im Mai 2009 ließ Mike Massimino die Welt wissen, dass es ihm gut gehe: »Aus dem Orbit: Der Start war großartig!! Ich fühle mich sehr gut, arbeite hart und genieße die herrliche Aussicht, das Abenteuer eines Lebens hat begonnen!«, twitterte er. Es war der erste Tweet eines Astronauten, der gerade im All war. Massimino hatte den Text für seinen Tweet erst per Mail an das Johnson Space Center geschickt, von wo die Nachricht dann auf seinem Account veröffentlicht wurde. Kurz darauf seien Massimino mehr als 247.000 Menschen auf Twitter gefolgt, schrieb die NASA.

Seitdem sind aus den Astronauten echte Social-Media-Stars geworden – und zwar nicht nur, wenn sie gerade im All sind. Als sich der deutsche Astronaut Alexander Gerst auf seine zweite Mission zur Internationalen Raumstation vorbereitete, folgten ihm dabei rund eine Millionen Menschen auf Twitter. @Astro_Alex postete Bilder von den Startvorbereitungen und veröffentlichte zum Beispiel die Playlist, die er vor dem Start hören würde. »L-2 Std 25 min. Letzte Nachricht vor dem Start, steigen gleich in die Rakete. Nächster Halt #ISS in zwei Tagen, wenn alles glattgeht. Passt auf euch auf, meine Freunde! #horizons«, twitterte Gerst kurz vor dem Start.

Aber auch von ihrer Arbeit auf der ISS berichten die Astronauten und Astronautinnen auf den verschiedenen Social-Media-Plattformen, veröffentlichen Fotoaufnahmen von der Erde oder nehmen kurze Videos auf. Gerst macht dazu den Tag über

Fotos und schreibt seine Gedanken auf. Abends schickt er die Bilder und Notizen per E-Mail an sein Team auf der Erde, das sie dann veröffentlicht.

Für die Weltraumorganisationen wie NASA und ESA ist Social Media ein wichtiges Werkzeug zur Kommunikation mit der Öffentlichkeit. Viele Menschen lassen sich so schnell und einfach erreichen. Dem Instagram-Account der NASA folgen beispielsweise mehr als 30 Millionen Menschen. Dort veröffentlicht die Raumfahrtorganisation Aufnahmen des Hubble-Weltraumteleskops, berichtet über Raketenstarts und postet kurze Videos. Insgesamt ist die amerikanische Weltraumorganisation auf zahlreichen Plattformen aktiv: von Twitter über Facebook bis zu Snapchat.

Auch die ESA macht Öffentlichkeitsarbeit über Social Media. Dabei informiert sie auch in unterschiedlichen Sprachen – mit @ESA_de zum Beispiel auf Twitter auch auf Deutsch. Doch nicht nur Astronauten und Astronautinnen können twittern. Unter @MarsCuriosity berichtet der Rover Curiosity von seinen Abenteuern auf dem Mars.

Bilder für die Follower: US-Astronaut Terry Virts und Samantha Cristoforetti jonglieren am 15. Januar 2015 im Unity Node mit Äpfeln.

Musik aus dem Orbit: **Der Kanadier Chris Hadfield** spielte 2013 auf seiner Gitarre den bekannten Song *Space Oddity* von David Bowie. Das Video von der ISS ging dann auf Youtube viral und wurde von Millionen Menschen geklickt.

Auch die amerikanische Astronautin Karen Nyberg dokumentierte 2013 ihren Alltag auf der ISS mit der Kamera und **schickte ihre Bilder über Twitter** und Facebook in die sozialen Netzwerke.

In Memoriam Mr. Spock: Am 28. Februar 2015 erweist Samantha Cristoforetti dem Schauspieler Leonard Nimoy, der am Tag zuvor gestorben war, einen letzten **Vulkanier-Gruß von der ISS**.

Die Zukunft der ISS

Zur Zeit ist die ISS im alltäglichen Arbeitsmodus, d. h. die Experimente der internationalen Partner werden von den jeweiligen Besatzungen mitbetreut, und die erforderlichen Wartungsarbeiten an der Station sind zur Routine geworden. Das betrifft auch die Ausstiege ins All.

Auch der Auf- und Ausbau sowie die Wartung der ISS gehen unverändert und fortlaufend weiter. Damit gleicht sie fast den großen Kathedralen auf der Erde, die auch immer permanente Baustellen waren und sind. So soll die ISS im März 2019 mit dem Andocken des russischen Labormoduls Nauka (Wissenschaft), eines Mehrzweck-Forschungssegments, weiter ergänzt werden. Das Modul wird aus zwei Sektionen bestehen: einem zylindrischen Hauptteil und einem kugelförmigen Übergangsadapter. Sein unter Druck stehendes Volumen beträgt dann 71 Kubikmeter. Im Hauptteil Naukas sollen sich laut Planung ein Schlafplatz befinden (der dritte im russischen Stationsteil) sowie Wasch- und Toilettenanlagen. Dazu kommen Räume für die Lagerung von Frachten und Ersatzteilen, und für 3 Tonnen wissenschaftlicher Geräte sind 4 Kubikmeter Volumen vorgesehen.

KOSTEN

Wie viel die Entwicklung und der Betrieb der ISS kosten, lässt sich nicht genau sagen. Der Anteil der einzelnen beteiligten Staaten ist unterschiedlich und die Kostenstruktur zu komplex. Allein die NASA hat zum Beispiel die Kosten für das Jahr 2014 mit rund 3 Milliarden US-Dollar angegeben und schätzt hochgerechnet bis 2020 die Gesamtkosten auf etwa 100 Milliarden US-Dollar. Beispielsweise hat das ESA-Forschungsmodul Columbus nur in der Entwicklung 1 Milliarde Euro gekostet.

Zusammen mit Nauka wird, wie 2005 zwischen der russischen Raumfahrtbehörde Roskosmos und der europäischen Raumfahrtagentur ESA vertraglich vereinbart, der europäische Roboterarm ERA gestartet werden. Er soll neben Wartungs- und Überwachungsarbeiten Experimente durch eine Luftschleuse in den Weltraum aussetzen. Weiterhin ist ab 2018 ein spezielles knotenförmiges Kopplungsmodul namens Pritschal vorgesehen, sodass ab 2021 weitere Forschungsmodule (die Wissenschafts- und Energiemodule NEM 1 und 2) montiert werden können und das Ankoppeln bemannter und unbemannter Raumschiffe möglich ist.

Nach Absprache der NASA mit den internationalen Partnern am 8. Januar 2014 soll die ISS noch bis mindestens 2024 weiter betrieben werden. Zwar wurde wegen des Ostukraine-Konflikts im Mai 2014 die Zusammenarbeit zwischen der NASA und der russischen Raumfahrtbehörde Roskosmos zum Teil eingestellt, aber nicht was den Betrieb der ISS betrifft.

Nach russischen Angaben könnte das eigene ISS-Segment nach 2020 zwar auch allein weiter betrieben werden, aber das amerikanische nicht unabhängig vom russischen. Allerdings ließ Roskosmos am 24. Februar 2015 verlauten, sich bis etwa 2024 weiterhin am Betrieb der ISS zu beteiligen, um danach mit den vorhandenen eigenen Modulen eine nationale Raumstation aufzubauen. Von den technischen Gegebenheiten her könnte die ISS bis 2028 betrieben werden.

Sollte das jedoch nicht möglich sein, denn auch die ISS ist nicht gegen Materialermüdung gefeit, planen die Betreiber einen gezielten Wiedereintritt in die Erdatmosphäre über dem Pazifik. Der soll zum einen Weltraumschrott vermeiden helfen und zum anderen sicherstellen, dass die Reste der Station über unbewohntem Gebiet niedergehen. Angesichts der gewaltigen Dimensionen und zahlreichen Komponenten der ISS dürfte die Durchführung dieses Vorhabens aber wohl nicht ganz einfach werden.

ERSTER DEUTSCHER ISS-KOMMANDANT

ALEXANDER GERST

PORTRÄT

Als »Astro_Alex« twitterte Alexander Gerst (*1976) schon 2014 bei seinem ersten Aufenthalt auf der ISS. Mit seinen Fotos und Botschaften aus dem All begeisterte Gerst selbst diejenigen Zeitgenossen, die sich sonst kaum für Raumfahrt interessieren.

Dabei galt sein Interesse zunächst auch erst mal der Erde. Er begeisterte sich für Vulkane und studierte Geophysik in Karlsruhe und Geowissenschaften in Wellington, Neuseeland. 2005 schloss er dort mit dem Master of Science ab. Aber schon ein Jahr später, im Rahmen eines Stipendiums des Deutschen Zentrums für Luft- und Raumfahrt (DLR), wurde endgültig sein Interesse für die Raumfahrt geweckt. Schließlich setzte er sich beim Auswahlverfahren der Europäischen Weltraumorganisation ESA gegen 8.407 andere Bewerber durch und wurde als einziger Deutscher unter sechs Astronauten der Öffentlichkeit vorgestellt. 2010 wurde Gerst in einer offiziellen Zeremonie zum Astronauten ernannt.

Am 28. Mai 2014 startete er zusammen mit dem Russen Maxim Wiktorowitsch Surajew (*1972) und dem US-Amerikaner Gregory Reid Wiseman (*1975) mit Sojus TMA-13M von Baikonur. Als Bordingenieur der ISS-Expeditionen 40 und 41 war Gerst bis zum 10. November 2014 im All und nach Thomas Reiter und Hans Wilhelm Schlegel (*1951) der dritte Deutsche auf der ISS. Neben zahlreichen Experimenten, die unter anderem die Bereiche Materialphysik, Humanphysiologie, Strahlenbiologie und Astrophysik umfassten, war Gerst auch verantwortlich für das Andocken des europäischen Raumfrachters ATV-5. Und er unternahm gemeinsam mit Reid Wiseman einen Außenbordeinsatz von 6 Stunden und 13 Minuten Dauer.

Gersts Mission lief damals unter dem Namen Blue Dot (nach dem von Voyager 1 geschossenen Foto »Pale Blue Dot«, das 1990 die Erde aus sechs Milliarden Kilometer Entfernung zeigt). Am 6. Juni 2018 startete Gerst zu seiner zweiten Mission während der Expedition 56 und 57. Hier wird er dann für zweieinhalb Monate als erster Deutscher auch die Aufgabe des Kommandanten übernehmen.

Der Name der aktuellen Mission lautet Horizons. Gerst erläutert ihn in seinem Blog wie folgt: »Damit führen wir den Blue-Dot-Gedanken fort: Der Blick von außen zurück auf die Erde hat uns bewusst gemacht, wie empfindlich und einzigartig unser Heimatplanet ist. Jetzt wollen wir mehr in die andere Richtung schauen – über unsere bisherigen Horizonte hinaus, nach außen, nach vorn. Wir Erdenbewohner sind ein Inselvolk, umgeben vom schwarzen Kosmos. Und genau wie auf einer Insel tun wir gut daran, die Weite unserer Umgebung genauer kennenzulernen und zu verstehen, um zu überleben.« Und natürlich kann man auch diese Mission per Twitter live verfolgen.

»**A place they call home**«: Der Mars als erdähnlichster Planet des Sonnensystems war immer auch Gegenstand der Zukunftspläne bemannter Raumfahrt. Diese grafische Darstellung aus dem Jahr 2012 zeigt eine imaginäre Marskolonie mit den überlebenswichtigen Elementen der Infrastruktur und den ersten Marskolonisten.

ZU NEUEN HORIZONTEN

Die Erforschung der Körper des Sonnensystems ist bis in seine Grenzbereiche geschehen, wenn auch durch unbemannte, aber spektakuläre Raumsondenmissionen. Und so gibt es neue Pläne und Visionen: das Monddorf, die bemannte Landung auf dem Mars, den Asteroidenbergbau, den Weltraumtourismus bis hin zur unbemannten Erkundung des uns nächsten Exoplaneten Proxima Centauri b. Wann und ob diese Visionen verwirklicht werden, hängt von der Bewältigung der noch zahlreichen Probleme ab, an deren erster Stelle die Reduzierung der Kosten steht. Ob das gelingt, wird die Zukunft zeigen.

ZU NEUEN HORIZONTEN

Astronauten und Wissenschaftler, die heute auf der ISS arbeiten, denken schon in anderen Dimensionen. Neue Visionen beherrschen die Planungen der staatlichen Raumfahrtagenturen, aber auch die der seit einigen Jahren immer aktiver gewordenen privaten Investoren: eine permanente Raumstation in der Mondumlaufbahn, der bemannte Flug zum Mars, Weltraumtourismus und Weltraumbergbau. Unternehmer, die im Internet-Geschäft große Vermögen gemacht haben und als Visionäre Kultstatus genießen, sind bereits seit geraumer Zeit erfolgreich im Raumfahrtgeschäft tätig. Und die Voraussetzungen für das Erreichen neuer Ziele im Weltraum sind gut. Unbemannte Raumsonden haben schon seit vielen Jahren Vorarbeit geleistet.

Lander und Rover auf dem Mars

Mit dem 1976 geglückten Aufsetzen der beiden Vikingsonden 1 und 2 und ihrer jeweiligen Lander auf der Marsoberfläche wurde nicht nur ein neues Kapitel in der Erforschung des Roten Planeten aufgeschlagen, sondern auch in der Erforschung des Sonnensystems: Zum ersten Mal konnte eine Planetenoberfläche direkt vor Ort untersucht werden. Trotzdem gibt es bis heute keine eindeutige Aussage darüber, ob in der Vergangenheit organisches Leben auf dem Mars existiert hat.

Der nächste logische Schritt war nach dem Absetzen eines Landers das Aussetzen eines Fahrzeugs (Rover) auf dem Mars, um mit ihm die nähere Umgebung des Landeplatzes zu erkunden. Der NASA gelang das im Juli 1997 mit dem Mars Pathfinder und seinem Roboterfahrzeug Sojourner. Die Mission war so erfolgreich, dass die NASA im Januar 2004 zwei größere baugleiche sogenannte Exploration Rover (MERs) namens Spirit und

Drei Generationen von Marserkundungsfahrzeugen (Rover) im Größenvergleich. Vorn Sojourner (1997), links MER (2004) und rechts Curiosity (2012).

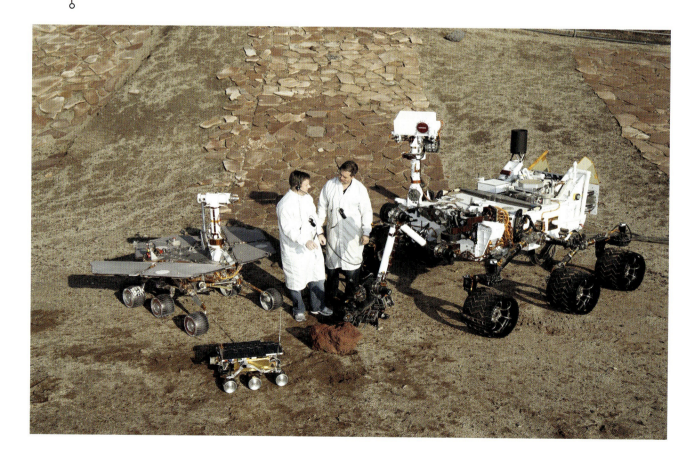

Opportunity auf der Marsoberfläche absetzte. Ursprünglich sollte Spirits Mission 90 Tage dauern, aber der Rover hat diese Zeit mit 2.210 Marstagen (Sols) weit übertroffen. So legte er eine Gesamtstrecke von 7.730 Metern zurück. Seine beiden Kameras machten insgesamt 156.002 Aufnahmen. Hinzu kamen 1.299 Messungen mit zwei Spektrometern. Und vielleicht wäre Spirits Mission noch weitergegangen, hätte sich der Rover nicht im April 2009 im Marssand festgefahren. Sämtliche Befreiungs- und Kommunikationsversuche scheiterten in der Folgezeit. Am 22. März 2010 fand die letzte Kommunikation mit Spirit statt.

Der Erfolg der bisherigen Exkursionen spiegelt sich in der Zahl der zur Erde gefunkten Bilder wider. Es sind rund 225.000 Aufnahmen, die auf einer Gesamtstrecke von mehr als 42 Kilometern gewonnen wurden. Und das, obwohl das Fahrzeug unter anderem in einen Sturm geraten, im Sand steckengeblieben war und sich mehrmals selbst abgeschaltet hatte, weil die Akkus einen kritischen Ladestand aufwiesen. Trotzdem arbeitet der Mars-Rover unermüdlich weiter.

BRUCHLANDUNG AUF DEM MARS

Am 19. Oktober 2016 ging auf dem Mars der von der Raumsonde ExoMars Trace Gas Orbiter mitgeführte Lander Schiaparelli nieder, der Teil des ESA-Roskosmos-ExoMars-Projektes ist. Allerdings zerschellte der Lander auf der Oberfläche, da der hintere Hitzeschild und die Fallschirme zu früh abgeworfen und auch die Bremstriebwerke für das Aufsetzen des Landers zu früh abgeschaltet wurden.

Grafische Darstellung des Mars-Rovers Opportunity von 2003. **Opportunity und Curiosity sind bis heute aktiv.**

Der Mars Exploration Rover Spirit während seiner Exkursion an den Hängen des Husband Hill, 2005.

Mars-Rover Curiosity und die Suche nach Wasser

Schon die Landung des mobilen Forschungsroboters Curiosity auf dem Mars am 6. August 2012 war eine Sensation: Anders als bei seinen Vorgängern wurden keine Airbags verwendet – vielmehr wurde er von einem mit acht Raketentriebwerken über der Oberfläche schwebenden Gestell, der Abstiegsstufe, an 8 Meter langen Seilen wie mit einem Baukran (Skycrane) sanft auf dem Marsboden abgesetzt.

Mit einer Masse von 900 Kilogramm und der Größe eines Kleinwagens ist der Mars-Rover Curiosity das bisher mit Abstand schwerste Objekt auf der Marsoberfläche. Bei seiner Entwicklung flossen die Erfahrungen, die die NASA mit ihren früheren Mars Exploration Rovern gemacht hatte, mit ein. Seit seiner Landung steht der Rover Curiosity mit seinen zehn wissenschaftlichen Instrumenten im Fokus der Aufmerksamkeit. Das 3,10 Meter lange, 2,70 Meter breite und 2,10 Meter hohe Fahrzeug wird nicht von den üblichen Solarzellen, sondern einer Radionuklidbatterie mit Energie versorgt. Der Rover bewegt sich auf sechs Rädern mit jeweils 51

Allerdings ist inzwischen eines der Räder festgefahren, und der Instrumentenarm ist nur noch eingeschränkt bewegungsfähig. Auch das Spektrometer arbeitet nicht mehr zuverlässig. Schwerwiegender ist, dass der Flash-Speicher nicht mehr einwandfrei funktioniert. Seit 2015 müssen deshalb alle gesammelten Mess- und Bildinformationen sofort zur Erde gefunkt werden, andernfalls sind sie für immer verloren.

Dennoch: Im August 2016 hat es eine zehnte Missionsverlängerung gegeben. Jetzt soll der Rover einen Kanal namens Perseverence Valley untersuchen, von dem Forscher meinen, dass bei seiner Entstehung Wasser eine Rolle gespielt hat.

Zentimeter Durchmesser. Gelenkt wird der Rover über die beiden Radpaare vorne und hinten. Da sie sich um 90 Grad nach links oder rechts drehen können, ist es dem Rover möglich, sich auch auf der Stelle um 360 Grad zu drehen. Seine Geschwindigkeit beträgt 4 Zentimeter pro Sekunde, und er kann Neigungen von bis zu 45 Grad sowie bis zu 75 Zentimeter hohe Hindernisse bewältigen.

Sein wohl auffälligstes Merkmal ist der 1,10 Meter hohe Mast (Remote-Sensing-Mast). Er enthält in seinem oberen Teil fast alle Instrumente und hat einen Bewegungsradius von 360 Grad. Auf ihm befinden sich die Mast Camera (Mastcam), mit zwei hochauflösenden Kameras zur Aufnahme von Topografie, Oberflächenstrukturen und Atmosphäre im optischen und nahen infraroten Spektrum, und die Chemistry Camera (ChemCam), die aus einem starken Laser, einem Spektrometer und einer speziellen Kamera besteht. Mit ihr kann der Marsboden bis auf eine Entfernung von 7 Metern mit hoher Genauigkeit analysiert werden. Die Rover Environmental Monitoring Station (REMS) macht meteorologische Messungen: Luft- und Bodentemperatur, Luftdruck, Windgeschwindigkeit, relative Luftfeuchtigkeit und Ultraviolettstrahlung.

Andere wissenschaftliche Instrumente auf dem Rover sind beispielsweise das CheMin-Instrument (Chemistry & Mineralogy) – ein weiteres Spektrometer, das Bodenproben analysieren soll – und das RAD-Instrument zur Bestimmung der kosmischen Strahlung. Das schwerste und leistungsfähigste Instrument von Curiosity ist der SAM-Komplex (Sample Analysis at Mars) mit seinen Sensorsystemen zur Untersuchung des Mars als Lebensraum. Schließlich gibt es noch ein weiteres charakteristisches Element von Curiosity: einen etwa zwei Meter langen Roboterarm. Er hat drei Gelenke, die ähnlich wie beim Menschen aus Schulter-, Ellenbogen- und Handgelenk bestehen, was diesen Arm sehr beweglich macht. An der »Hand« sind verschiedene Werkzeuge befestigt – darunter Schaufeln, Siebe und Proportionierer sowie ein Bohrer, der ein Loch von 1,60 Zentimeter Duchmesser und bis zu 5 Zentimeter Tiefe in den Boden treiben kann.

Curiosity soll herausfinden, ob der Mars in der Vergangenheit geeignete Bedingungen für Leben besaß und inwiefern das heute noch der Fall ist. Seit seiner Landung rollt er durch die Landschaft des Gale-Kraters und erforscht seit Ende 2014 den Mount Sharp – immer auf der Suche nach flüssigem Wasser und damit einem lebensfreundlicheren Mars. Bis heute ist diese Suche jedoch erfolglos geblieben.

Immerhin wurden Wassereis und zahlreiche Hinweise auf flüssiges Wasser entdeckt, so beispielsweise Bodenformen und Sedimente, die auf frühere Gewässer hindeuten. Es wurde ein ganzes System ausgetrockneter Flüsse und Seen gefunden. Im Krater selbst hat es einmal einen riesigen See gegeben.

Curiositys aktuelles Expeditionsziel (die Mission wurde bis 2020 verlängert) ist die Untersuchung des Bergrückens des Mount Sharp, wobei ein Höhenunterschied von 65 Metern und eine Strecke von insgesamt 570 Metern bewältigt werden muss.

Der Mars-Rover Curiosity
2011 vor seinem ersten Einsatz im Labor. Gut zu erkennen sind der Mast und der Roboterarm mit den zahlreichen Messgeräten. Auf den berühmt gewordenen Selfies von Curiosity sieht man den Roboterarm, von dem die Aufnahmen gemacht wurden, nie.

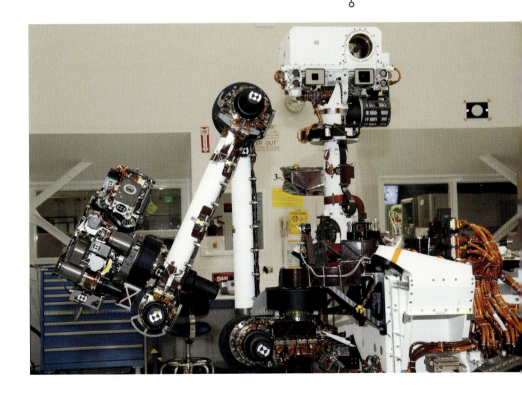

Curiosity's Dusty Selfie: Eines der berühmten Selfies des Mars-Rovers Curiosity, hier vom 15. Juni 2018. An diesem Tag hat ein marsianischer Sandsturm die Region um den Gale Krater verdunkelt und eine surreale Atmosphäre geschaffen.

Grafische Darstellung der **NASA-ESA-Raumsonde Cassini-Huygens** mit der von der ESA gebauten Landekapsel Huygens kurz vor dem Eintauchen in die Saturnatmosphäre im September 2017.

Cassini-Huygens und die Landung auf Titan

Am 15. Oktober 1997 wurde die NASA-Raumsonde Cassini-Huygens gestartet. Das Ziel war Titan – der größte Saturnmond und auch der geheimnisvollste Mond des Sonnensystems. Denn als einziger Trabant ist er von einer dichten, undurchdringlichen Atmosphäre umgeben. Deshalb sollte Titan nicht nur aus dem Orbit erforscht werden, sondern durch Absetzen eines von der ESA konstruierten Landers direkt vom Boden aus.

Allerdings musste Cassini-Huygens, um trotz ihres sehr großen Gewichts die notwendige Fluggeschwindigkeit zum Saturn zu erreichen, sich mehrerer Swing-by-Manöver bedienen. Deshalb dauerte auch der Flug zum Saturn über sechs Jahre, in denen Cassini an den Planeten Venus (zweimal), Erde und Jupiter vorbeiflog. Im Juli 2004 erreichte Cassini einen Orbit um den Saturn.

Huygens trennte sich am 25. Dezember von Cassini und erreichte am 14. Januar 2005 Titan. Schon während des Abstiegs hatten die Bildübertragung und die spektroskopischen Untersuchungen begonnen, die nach der Landung dann vor Ort fortgesetzt wurden.

Titans Oberfläche ist durch Berge, Täler, zahlreiche Kanäle und bis zu 1.500 Kilometer lange Dünen geprägt. Die übermittelten Daten zeigten, dass die Atmosphäre des Mondes sich hauptsächlich aus Stickstoff und Methan zusammensetzt. Sie bilden einen Kreislauf mit Regen, Flüssen und Seen, der die Erosion des Reliefs verursacht. Der Landeplatz selbst war eine flache Ebene mit kiesartigem Untergrund.

Computeranimation der ESA-Forschungskapsel Huygens auf der Titanoberfläche am 14. Januar 2005 – eine weitere historische Pionierleistung der europäischen Raumfahrtorganisation.

Der Cassini-Orbiter begann nach Ende der Huygens-Mission eine Art Grand Tour durch das Saturnsystem. Dafür wurde die vier Jahre dauernde Primärmission mehrmals verlängert, sodass der Orbiter bis zum 15. September 2017 aktiv war. In dieser Zeit wurde beispielsweise der Saturnmond Enceladus intensiv untersucht, dessen Oberfläche vollständig mit hochreinem Wassereis bedeckt ist. Hier wurden Eis-Vulkanismus und dunkle »Tigerstreifen« entdeckt, aus denen Tiefenwasser aufsteigt und dieses Phänomen hervorruft. Saturn selbst zeigte in seiner Atmosphäre gewaltige Blitze und an seinem Nordpol einen sechseckigen Sturm, der um diese Region rotiert.

Wegen Treibstoffmangels wurde Cassinis Mission durch kontrollierten Absturz in die Saturnatmosphäre am 15. September 2017 beendet. Auf diese Weise sollte auch eine Kontaminierung der Monde Titan und Enceladus durch mögliche an der Sonde haftende irdische Bakterien verhindert werden.

Rosetta: Landung auf einem Kometen

Ein Exemplar der immer noch seltsamen, wenn nicht mehr ganz so geheimnisvollen Kometen war Ziel einer ehrgeizigen Raumsondenmission der Europäischen Raumfahrtagentur ESA. Sein Name lautet Churyumov-Gerasimenko, kurz »Tschuri« genannt. Zu ihm sollte nicht nur eine Raumsonde im Vorbeiflug geschickt werden, wie es 1986 mit Giotto am Kometen Halley erfolgreich gelungen war. Vielmehr sollte diesmal in einen Orbit um den Kometen gegangen und ein Lander auf dessen Oberfläche abgesetzt werden.

Am 2. März 2004 wurde die 3 Tonnen schwere Raumsonde Rosetta mit einer Ariane-5-Trägerrakete von Kourou in Französisch-Guayana gestartet. Aber der Weg Rosettas führte wegen der großen Entfernung nicht direkt zum Kometen. Stattdessen musste sie die Gravitation der Planeten Erde und Mars nutzen, um durch sogenannte Swing-by-Manöver genügend Geschwindigkeit für ihren Flug zum Kometen zu erhalten und den vorhandenen Treibstoff für die kommenden Bahnkorrekturen aufzusparen.

So flog Rosetta in den Jahren 2005, 2007 und 2009 in geringem Abstand zwischen 250 bis 5.295 Kilometer an Erde und Mars vorbei und steigerte ihre Anfangsgeschwindigkeit von 40.000 auf über 100.000 km/h.

Auf ihrem Flug traf Rosetta 2008 den Planetoiden Steins und 2010 den Asteroiden Lutetia. Da war sie bereits 455 Millionen Kilometer von der Sonne entfernt. Als die Distanz auf mehr als 660 Millionen

Ein weiteres ehrgeiziges Raumsondenprojekt der ESA war die **Erforschung des Kometen Churyumov-Gerasimenko** mit der Raumsonde Rosetta und das Absetzen des Landers Philae (hier in einer Computeranimation) auf dessen Oberfläche am 12. November 2014.

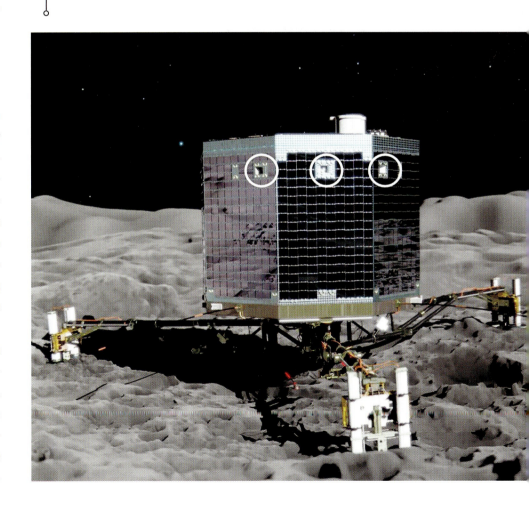

Eines der ersten Bilder des Landers Philae vom Kometen Churyumov-Gerasimenko am 13. November 2014. Im Vordergrund erkennt man eines der drei Landebeine.

Kilometer angewachsen war, wurde die Raumsonde, um Energie zu sparen, in einen Schlafmodus versetzt (Deep Space Hibernation), der 31 Monate dauerte. Nach seinem Ende im Januar 2014 wurde die Geschwindigkeit bis August 2014 durch mehrere Zündungen vermindert, sodass Rosetta in einen Orbit um den Kometen einschwenken konnte. Von dort aus löste sie am 12. November 2014 den Lander Philae, der dann erstmals die Oberfläche des Kometen berührte.

Leider blieb der Lander nicht gleich am Boden haften, sondern setzte nach zwei Sprüngen erst beim dritten Bodenkontakt auf. Die Anpress-Rückstoßdüsen hatten nicht funktioniert, sodass auch die Harpunen und Eisschrauben nicht wirken konnten. Philae landete auf zwei Beinen stehend an einer Felswand. Hier bekam er nicht genügend Sonnenenergie, weshalb Philae sich nach zwei Tagen und circa acht Stunden in eine Art Winterschlaf schaltete. Die Rosetta-Raumsonde erforschte unterdessen aus verschiedenen Orbithöhen zwischen 30 und 6 Kilometer Abstand den Kometen.

Erst nach fast sieben Monaten hatte Philae genügend Strom, um am 13. Juni 2015 Daten an Rosetta zu senden. Doch eine länger andauernde Verbindung kam nicht zustande. Am 2. September nahm Rosettas Kamera noch ein Bild auf, das den bis dahin verschollenen Lander zeigt.

Ab August 2015 entfernte sich Tschuri wieder von der Sonne; und am 30. September 2015 war dann auch die Zeit gekommen, Rosetta gezielt auf den Kometen stürzen zu lassen.

Mit New Horizons zum Pluto und weiter

Es war eine kurze und einmalige Begegnung, als am 14. Juli 2015 die Raumsonde New Horizons am Zwergplaneten Pluto in einer Entfernung von 12.500 Kilometern vorbeiflog und nur 14 Minuten später seinen größten Mond Charon im Abstand von 28.800 Kilometern passierte.

Pluto galt seit seiner Entdeckung am 18. Februar 1930 durch den Astronomen Clyde Tombaugh bis 2006 als eine Art Grenzstein unseres Planetensystems. Sein Durchmesser beträgt rund 2.350 Kilometer, die Entfernung von der Sonne im Mittel 5,9 Milliarden Kilometer – die der Erde von der Sonne »nur« 149,6 Millionen Kilometer. Um unser Zentralgestirn einmal zu umrunden, braucht Pluto 248 Jahre.

Am 19. Januar 2006 verließ die NASA-Raumsonde New Horizons die Erde mit 16 Kilometern pro Sekunde. Damit war sie das bislang schnellste von Menschen geschaffene Objekt, das sich jemals von der Erde entfernte. Deshalb gelangte die Raumsonde schon nach 13 Monaten Flug in die Nähe des Riesenplaneten Jupiter. Hier nutzte sie dessen Schwerefeld, um den Flug zum Pluto um rund drei Jahre zu verkürzen.

Danach ging die Sonde in den »Winterschlaf«. Das Wecken geschah im Januar 2015. Nun konnte New Horizons die Oberflächen von Pluto und dem Mond Charon fast vollständig erfassen und erste Einblicke in die Geologie und Morphologie beider Himmelskörper geben.

 VISITENKARTEN DER MENSCHHEIT

New Horizons ist neben den Pioneer- und Voyager-Sonden ein weiterer Botschafter der Menschheit. Zu diesem Zweck trägt sie zwei besondere »Visitenkarten« mit sich: eine CD, die mit 430.000 Namen von Internet-Nutzern beschrieben ist, und etwas Asche von Clyde Tombaugh (1906–1997), dem Entdecker des Zwergplaneten Pluto.

Die Plutosonde New Horizons wird für ihre Reise zum letzten noch nicht erforschten Planeten des Sonnensystems vorbereitet. Sie verließ die Erde am 19. Januar 2006 und passierte am 14. Juli 2015 den inzwischen zum Zwergplaneten »degradierten« Pluto.

Sieben wissenschaftliche Instrumente nahmen Pluto und sein Mondsystem während der 48 Stunden dauernden engen Vorbeiflugphase genau ins Visier. Dabei betrug die Geschwindigkeit der Raumsonde 50.000 km/h. Wegen der großen Neigung des Plutosystems gegen seine Umlaufebene um die Sonne durchflog New Horizons die Umgebung des Zwergplaneten wie eine Kanonenkugel. Seitdem stößt sie tiefer in den Kuipergürtel vor, wobei sie voraussichtlich am 1. Januar 2019 das zwischen 25 und 45 Kilometer große transneptunische Objekt (486958) 2014 MU69 treffen wird. Der Vorbeiflug soll in einer Entfernung von nur 3.000 Kilometern erfolgen; und dabei sollen wie in der Pluto-Naherkundungsphase alle Instrumente eingesetzt werden.

Juli 2015: Während des Vorbeiflugs von New Horizons am Pluto und seinen Monden wurde zum ersten Mal **die eisbedeckte Oberfläche des Zwergplaneten** sichtbar.

Der Mars: Zukünftiges Ziel der bemannten Raumfahrt?

Mit der New-Horizons-Plutomission ist eine der kühnsten Visionen der Raumfahrt- und Weltraumforschung seit Beginn des Raumfahrtzeitalters Wirklichkeit geworden: Messdaten und Bilder von allen Planeten des Sonnensystems und dem System ihrer Monde zu erhalten. Nach diesem Fernziel und den technologischen Erfahrungen dieser Zeit stehen wieder verstärkt Nahziele im Fokus der Planer und damit neue Visionen.

Nie aus den Augen verloren wurde die bemannte Landung auf dem Mars. Schon Wernher von Braun hatte in den 1950er Jahren von einer Expedition zum Roten Planeten geträumt; und die NASA hatte dieses Unternehmen als Nachfolgerin des Apollo-Programms gesehen. Der Flug zum erdähnlichsten Planeten des Sonnensystems sollte in den 1990er Jahren stattfinden. Aber die veränderten politischen Verhältnisse haben ihn in immer weitere zeitliche Ferne geschoben. Aktuell sind die 2030er Jahre im Gespräch.

Die politischen und finanziellen Voraussetzungen sind nicht der einzige Grund, weshalb die bemannte Marsexpedition noch immer eine Vision ist: Es sind die ungleich größeren technischen und psychisch-physiologischen Herausforderungen. Sie haben sich als komplizierter herausgestellt als ursprünglich angenommen.

Allein die Entfernung: Die Raumfahrer sind während eines Marsfluges Millionen Kilometer von der Erde entfernt und vollkommen auf sich allein gestellt. Schnelle Hilfe wie beim Aufenthalt im Erdorbit oder auf dem Mond gibt es im Notfall nicht. Neben der langen Reisedauer von insgesamt drei Jahren, über die bisher nur Erfahrungen durch Raumstationsaufenthalte oder Versuchshabitate auf der Erde vorliegen, ist die Strahlenbelastung das größte Problem.

Doch vor dem Aufenthalt auf dem Mars steht die Reise dorthin, und dafür muss das Raumschiff das Schwerefeld der Erde verlassen und ausreichend beschleunigen, um in vertretbarer Zeit den Mars zu erreichen, in seinen Orbit einzuschwenken und von dort aus auf den Planeten abzusteigen und zu landen. Für die beiden letzten Phasen wird ebenfalls Treibstoff benötigt. All das wirkt sich auf die Größe und das Gewicht des Raumschiffs aus, das nicht allein von der Erde aus starten kann.

Eine Lösung bestünde darin, die ganze Mission zu splitten, wie es in den 1990er Jahren der Amerikaner Robert Zubrin, einer der Gründer der Mars Society mit dem Projekt Mars Direct vorgeschlagen hat: Bevor die Hauptmission mit der Forschungscrew sich auf den Weg zum Mars macht, wird ein automatisches Rückkehrfahrzeug (Earth Return Vehicle, ERV) vorausgeschickt. Mit seiner Ausrüstung und seinen Grundstoffen soll aus der Marsatmosphäre Kohlendioxid extrahiert werden, um mindestens 96 Tonnen Sauerstoff und Methan als Treibstoff zu produzieren, mit dem das Raumschiff für die Rückkehr zur Erde dann betankt wird. Wenn das in ausreichender Menge geschehen ist, begibt sich das mit vier Astronauten besetzte und künstliche Schwerkraft erzeugende Mars Habitation Unit (MHU) auf die Reise und landet nach sechs Monaten beim ERV.

Computeranimation (2013) des von der NASA geplanten und gebauten neuen Raumschiffs Orion. Es soll **Astronauten in die Tiefen des interplanetaren Raumes** und bis zum Mars bringen.

STRAHLEND UND SCHWERELOS
GESUNDHEITSRISIKEN IM ALL

Die Teilnehmer der 2015 gestarteten NASA-Zwillingsstudie Scott (rechts) und Mark Kelly im Johnson Space Center, kurz bevor Scott Kelly für einen einjährigen Aufenthalt zur ISS startete, während sein Bruder auf der Erde zurückblieb. So ließen sich die langfristigen Auswirkungen der Schwerelosigkeit vergleichen.

Der Mensch ist nicht für den Weltraum gemacht. Wir sind gut auf die Bedingungen der Erde eingestellt: Die Luft erfüllt unsere Bedürfnisse, die Gravitation ist gerade richtig und die Atmosphäre schützt uns. Im Weltraum dagegen können Menschen nur mit einem Lebenserhaltungssystem wie dem der ISS überleben. Doch auch dann stellt sich die Frage: Ist der Aufenthalt im All für Astronauten und Astronautinnen gefährlich?

Das kommt vor allem auf die Dauer an. Für die Astronauten, die zur Internationalen Raumstation fliegen, »entstehen keine gefährlichen Gesundheitsschäden«, sagt die ESA. Trotzdem kann ein langer Aufenthalt im All Folgen haben: Das Volumen des Bluts nimmt zum Beispiel ab und beeinträchtigt so das Herz-Kreislauf-System. Auch die Augen können in der Schwerelosigkeit schlechter werden. Die Muskeln und Knochen werden schwächer, ihre Masse verringert sich. Für die Astronauten ist es deshalb wichtig, regelmäßig Sport zu machen. Auf der ISS sind dafür mindestens zwei Stunden pro Tag angesetzt.

In der Regel verbringen die einzelnen Besatzungsmitglieder derzeit etwa ein halbes Jahr auf der ISS. Die negativen gesundheitlichen Folgen sind nicht von Dauer, erklärt die ESA, und können nach der Rückkehr wieder behoben werden.

Eine Mission zum Mars würde dagegen viel länger dauern, und die Crew wäre ungleich weiter weg von der rettenden Erde. Bei einer Mission zum Mars müssten die Astronauten unter anderem mit dem Wechsel zwischen verschiedenen Gravitationsfeldern (von der Erde durchs All zum Mars und wieder zurück) klarkommen. Das sei schwieriger, als man sich vorstelle, erklärt die NASA. Eine Folge kann zum Beispiel Übelkeit sein, unter anderem kann die räumliche Orientierung beeinflusst werden. Dazu kommen die psychologischen Herausforderungen: Wie gehen die Raumfahrer zum Beispiel mit dem Wissen um, weit weg von allen anderen Menschen, »gefangen« auf kleinem Raum zu sein?

Die größte Gefahr geht aber wahrscheinlich von der Strahlung aus. Schon auf der ISS ist sie rund 250-mal höher als auf der Erde – und die Raumstation befindet sich noch innerhalb des Magnetfeldes der Erde. Auf dem Weg zum Mars dagegen schützt die Astronauten nur das Raumschiff. Auch wenn noch daran geforscht wird, welche Folgen die Strahlung ganz genau für die Gesundheit haben könnte, ist die Antwort schon jetzt – nicht gut. Sie kann zum Beispiel das Risiko für eine Krebserkrankung erhöhen. Auch auf das zentrale Nervensystem kann sie einwirken und unter anderem die kognitiven Funktionen verändern. Auf ihrem Weg zum Mars müssten die Raumfahrer also gut geschützt sein.

Bevor sich Menschen auf eine lange Reise ins All aufmachen, muss man noch besser erforschen, wie man sie dabei fit und gesund hält. Denn wird die Crew krank, kann die Mission scheitern. Um herauszufinden, wie sich ein langer Aufenthalt im All auswirkt, hat die NASA 2015 eine besondere Zwillingsstudie gestartet. Der Astronaut Scott Kelly verbrachte knapp ein Jahr auf der ISS. Das Besondere: Sein eineiiger Zwillingsbruder Mark, ebenfalls Astronaut, blieb auf der Erde. Vor, während und nach der Mission nahmen die beiden Kellys an zahlreichen Experimenten teil. Unterschiede in den Ergebnissen können uns verraten, welchen Effekt das Jahr im All auf Scott hatte.

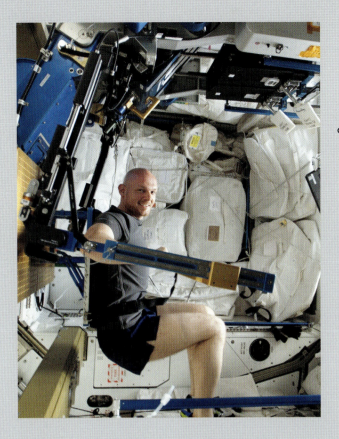

Wie sich die Schwerelosigkeit bei Daueraufenthalten im All auf den menschlichen Körper auswirkt, ist immer wieder Gegenstand der Forschung, vor allem auf der ISS. **Auch Alexander Gerst absolviert sein regelmäßiges Training** gegen Muskelabbau und Knochenschwund.

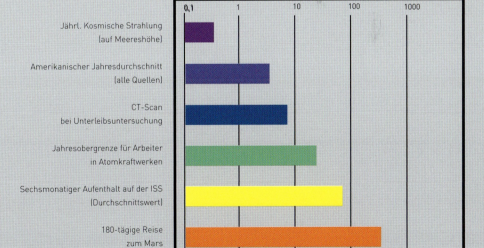

Strahlenbelastung im Vergleich: Ein Flug zum Mars wäre ein enormes gesundheitliches Risiko. Die Messungen des Mars-Rovers Curiosity ermöglichen eine realistische Schätzung der Strahlenbelastung, die Menschen auf dem Mars ausgesetzt wären.

Mars to Stay

Die so gesenkten Transportkosten ließen sich noch weiter vermindern, würden die ersten zum Mars gesandten Astronauten auf eine Rückkehr zur Erde verzichten. Dadurch könnte gleichzeitig der Anschub für eine ständige Besiedlung des Mars erfolgen. Unter dem Projektnamen Mars to Stay würden zunächst sechs Astronauten zum Mars fliegen, dann über fünf Jahre hinweg 24 Siedler folgen. Sie könnten mit den auf dem Mars vorkommenden Rohstoffen beginnen eine Kolonie aufzubauen, die dann auf 40 Personen wachsen würde. Das Projekt wird nicht nur von der Mars Society, der Homestead Foundation und der Mars Artists Community unterstützt, sondern auch von dem ehemaligen Apollo-Astronauten Buzz Aldrin (»Forget the Moon, let's Head to Mars!« – »Vergesst den Mond – auf zum Mars!«, so sein Wahlspruch).

Diese erste Siedlerzahl will aber die von dem Unternehmer Elon Musk gegründete Firma SpaceX noch übertreffen. Mit einer noch größeren Falcon-Rakete, der Big Falcon Rocket (BFR), sollen an die hundert Menschen auf eine drei- bis sechsmonatige Marsreise geschickt werden, und zwar in einem Raumschiff mit 40 Kabinen, großen Gemeinschaftsräumen, einer Bordküche sowie einem Schutzraum gegen Sonnenstürme. Ebenfalls wird in diesem Raumschiff die Fracht transportiert. Auf dem Mars

Wie einmal Menschen den Mars besiedeln können, ist nicht nur Gegenstand der Science-Fiction, sondern auch der Zukunftsplanungen der großen Raumfahrtagenturen. Diese künstlerische Konzeptstudie aus dem Jahr 2012 zeigt eine **Kuppel mit erdähnlicher Ökosphäre über dem Gale-Krater**, von dem der Mars-Rover Curiosity schon zahlreiche Bilder übermittelt hat.

Der Aufenthalt auf dem Mars wird an verschiedenen abgelegenen Orten der Welt **in künstlichen Habitaten und Forschungsstationen trainiert**. Hier zum Beispiel in einem Wüstengebiet von Utah im Mai 2006.

sollen sich die Passagiere zwischen einem Kurzaufenthalt und ständigem Bleiben entscheiden können.

Während ihres Aufenthalts soll das Raumschiff das Kohlendioxid sowie vorhandene Wassereis nutzen, um Treibstoff für den Rückflug zu produzieren. Nach der Landung auf der Erde, die mit Raketentriebwerken und ausklappbaren Stützen erfolgt, was schon praktiziert wurde, würde das Raumschiff für einen neuen Start vorbereitet. Durch dieses häufige Wiederverwenden aller Komponenten würden die Flugkosten erheblich sinken. Nach den Vorstellungen Musks sollen in den nächsten 40 bis 100 Jahren mit insgesamt 10.000 Flügen zu je 100 Passagieren bis zu eine Million Menschen zum Roten Planeten befördert werden. Doch am Anfang stehen erst einmal Testflüge. Angestrebtes Datum für den ersten unbemannten Flug ist das Jahr 2022 und für den ersten bemannten Flug das Jahr 2024.

Diese beiden Beispiele zeigen, dass seit einigen Jahren immer mehr private Initiativen und Investoren ins Raumfahrtgeschäft einsteigen. Sie sehen sich als viel flexibler an als die staatlichen Raumfahrtagenturen. Zwar haben sie die bemannte Marslandung nicht aus dem Blickwinkel verloren, aber wollen sich damit noch Zeit lassen. Konkrete Projekte mit zeitlicher Zielvorgabe gibt es bei keiner der nationalen Raumfahrtagenturen, sondern nur Konzeptstudien.

Die NASA hat sie etwas konkretisiert und geht von einer möglichen Marsumrundung 2033 aus, der dann 2039 die erste Landung folgen würde. Andere Wissenschaftler sehen das wegen der besonderen Planetenkonstellation kritischer. Sie nennen als Zeitpunkt 2048.

Der Apollo-Astronaut Buzz Aldrin engagiert sich schon seit vielen Jahren öffentlichkeitswirksam für einen bemannten Marsflug. Hier bei einer Pressekonferenz der NASA im September 2016.

MARS TO STAY

DIE SUCHE NACH WASSER
LEBEN AUF DEM MARS

Dass es Wasser auf dem Mars gibt, ist heute unbestritten, auch wenn es an der Oberfläche, im Gegensatz zu früheren Zeiten, nicht mehr in flüssiger Form vorkommt, sondern nur im gefrorenen Zustand an den Polen oder als Permafrost im Boden. **Erosionsspuren und Sedimentablagerungen**, wie sie von Curiosity im Gale-Krater entdeckt wurden (hier ein Bild von 2013), weisen eindeutig darauf hin.

Vielleicht werden wir eines Tages auf dem Mars genauso gut leben wie auf der Erde. Einem Mars, auf dem es Meere gibt, Pflanzen wachsen und Menschen atmen können. Doch um aus dem roten Planeten tatsächlich eine zweite Erde zu machen, müsste man ihn gründlich umwandeln. Das sogenannte Terraforming ist derzeit aber eher noch ein Fall für die Science-Fiction. Die ersten Menschen auf dem Mars werden sich erst mal anders helfen müssen.

Von allen Planeten in unserem Sonnensystem gehört der Mars noch zu den gastfreundlicheren. Ein Tag auf dem Mars ist nur ein bisschen länger als ein Erdentag. Der Mars hat eine Atmosphäre, Wasser und Jahreszeiten. Doch dann beginnen auch schon die Herausforderungen für Menschen, die ihn besiedeln wollen.

Auf dem Mars ist es deutlich kälter als auf der Erde. Die Durchschnittstemperatur beträgt -55 Grad Celsius und reicht von angenehmen 27 Grad Celsius im Sommer bis zu -133 im Winter an den Polen. Die Atmosphäre besteht nur zu 0,13 Prozent aus Sauerstoff (auf der Erde sind es 21 Prozent). Der Luftdruck auf der Oberfläche ist viel geringer als auf der Erde, die Schwerkraft beträgt nur etwa ein Drittel. Außerdem hat der Mars kein globales Magnetfeld, das die Oberfläche ausreichend vor Strahlung schützt. Auf all das müssen sich zukünftige Marsbewohner einstellen.

Egal auf welchem Planeten sie sich befinden – ein paar Dinge brauchen Menschen immer: Luft zum Atmen, Wasser, Nahrung, eine schützende Unterkunft. Will man für längere Zeit auf dem Mars leben, muss man also eine Siedlung bauen, die all das bereitstellt. Wenn die zukünftigen Marsbewohner dabei nicht von der Erde abhängig sein wollen (und das ist bei den langen Transportwegen nur zu empfehlen), müssen sie die Ressourcen des Mars gut nutzen.

Ganz oben auf der Liste stehen dabei Wasser und Sauerstoff. Das meiste Wasser auf dem Mars ist gefroren. Flüsse oder Seen gibt es nicht. Eine Möglichkeit, an Wasser zu gelangen, ist, danach zu graben. Andere Konzepte sehen vor, Wasser mit einer Art Luftentfeuchter aus der Atmosphäre zu gewinnen. Auch für das Problem »wenig Sauerstoff« gibt es verschiedene Lösungsmöglichkeiten. Man kann zum Beispiel Wasser spalten, um so Wasserstoff und Sauerstoff zu erhalten. Auch die großen CO_2-Vorkommen in der Marsatmosphäre lassen sich zur Sauerstoffgewinnung nutzen.

Wohnen würden die Menschen auf dem Mars in speziellen Habitaten, die sie vor der giftigen Atmosphäre schützen. Dort gibt es dann Sauerstoff, einen ausreichend hohen Luftdruck, und es herrschen angenehme Temperaturen. Sollten die Menschen jedoch länger auf dem Mars leben wollen, müsste man die Habitate vor Strahlung schützen. Dazu könnte man sie zum Beispiel mit einer Schicht aus Eis oder Regolith bedecken. Oder man verlegt die Wohnstätten gleich unter die Erde, in Lavagrotten oder künstlichen Stollen.

Da sich eine Marskolonie nicht darauf verlassen kann, mit Nahrung von der Erde versorgt zu werden, müssen die Marsbewohner selbst Pflanzen anbauen. In der Antarktis testen Forscher vom Deutschen Zentrum für Luft- und Raumfahrt ein Jahr lang ein spezielles Gewächshaus, wie es auch auf dem Mond, dem Mars oder im All zum Einsatz kommen könnte.

Außerhalb des Habitats müssen die Marsianer einen Raumanzug tragen. Nicht nur, weil sie die Marsluft nicht atmen können, sondern auch, um den fehlenden Luftdruck auszugleichen. Dafür können sie – dank der schwächeren Gravitation – viel größere Sprünge machen.

Um diese ganze Infrastruktur zu betreiben, braucht es Energie. Die könnte durch Solarzellen erzeugt werden. Auch Windenergie wäre theoretisch denkbar, doch lange Stürme, wie es sie auf dem Mars gibt, könnten zum Problem werden. Eine andere Möglichkeit, Energie für die Habitate und Gewächshäuser zu gewinnen, wären daher auch kleine Kernreaktoren.

Mit den richtigen Technologien könnte man den Mars durchaus bewohnbar machen. Doch das ist eigentlich nur ein Teil der Herausforderung. Die Reise zum Mars und die Landung sind ebenfalls nicht ohne Gefahren. Auch über die gesundheitlichen Risiken einer solchen Mission weiß man vieles noch nicht. Doch genügend Menschen, die bereit sind, es auszuprobieren, scheint es zu geben. Die NASA rekrutiert Freiwillige und auch das niederländische Projekt MarsOne hatte schon im Jahr 2014 mehr als 200.000 Meldungen.

Eine SpaceX-Illustration für das Interplanetary Transport System (2016). Das private Raumfahrtunternehmen **SpaceX hat sich zum Ziel gesetzt, eine Kolonie auf dem Mars zu gründen** und den Planeten zu besiedeln.

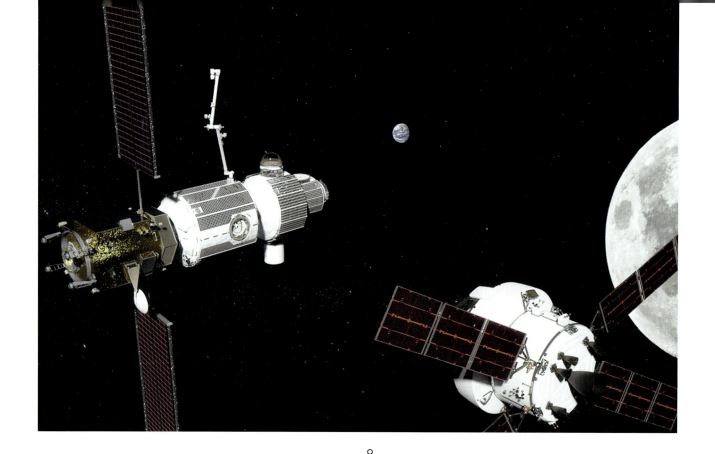

Das geplante **Lunar Orbital Platform Gateway (LOB-G) im Mondorbit** wird von einem Orion-Raumschiff angeflogen. Von hier aus soll die neue bemannte Erkundung des Mondes erfolgen und es sollen neue Technologien erprobt werden, um mit ihnen bemannt zum Mars zu fliegen. (Computeranimation 2017)

Lunar Orbital Platform Gateway

Am realistischsten, was die Verwirklichung angeht, dürfte die Errichtung des Lunar Orbital Platform Gateway (LOB-G) sein. Es ist eine von der NASA und Roskosmos geplante Raumstation in einer Kreisbahn um den Mond im sogenannten Lagrange-Punkt L1. An ihrem Bau und Betrieb wollen sich auch die japanische JAXA, die kanadische CSA und die europäische ESA beteiligen. Im Gegensatz zur ISS wird das LOB-G keine permanent dort arbeitende Crew haben, sie wäre eine Zwischenstation für bemannte Missionen zum Mond oder Mars und zur Erprobung neuer Technologien. Mit dem Aufbau könnte ab 2023 begonnen werden, wenn die ersten bemannten Starts des Space Launch System (SLS), der neuen Schwerlastträgerrakete, erfolgen. Auch Roskosmos will mit seinen Trägerraketen Proton-M und der noch in der Entwicklung befindlichen Angara dazu beitragen und auch Module für die Station liefern. Die NASA veranschlagt dafür ein Budget zwischen 504,2 und 662,0 Milliarden Dollar. Ein Zeitplan steht ebenfalls. 2023 soll mit einem Antriebsmodul begonnen werden, 2024 und 2025 sollen ein Wohnmodul und ein Logistikmodul folgen, 2026 eine Luftschleuse, und 2027 soll am dann fertiggestellten Deep Space Gateway der unbemannte Raumtransporter Deep Space Transport zusammengebaut werden.

Der erste bemannte Flug zum Mars soll 2030 von dort aus stattfinden. Ob der Zeitplan eingehalten werden kann – daran äußert selbst die NASA wegen der fehlenden Finanzierung Zweifel. Denn es ist ein aufwendiges Unternehmen. Die Astronauten müssen in der Lage sein, die notwendige Energie zum Leben und für die Treibstoffherstellung (das auf dem Mars vorhandene Wasser und Helium ließe sich dafür verwenden) selbst zu erzeugen, wofür die notwendigen Anlagen vorausgeschickt werden müssen; denn wegen der himmelsmechanischen Gesetze können sie nicht nach kurzer Zeit wieder zurückfliegen, wie es

Start der Falcon Heavy vom historischen Launchpad 39-A am Kennedy Space Center am 6. Februar 2018.

bei den Apollo-Missionen der Fall war. Mindestens ein Jahr Aufenthalt ist einzuplanen.

Das will Elon Musk mit seinem privaten Raumfahrtunternehmen SpaceX unterbieten. Seine Mars-Flieger sollen den Roten Planeten schon in 80 Tagen erreichen, und das bereits in den 2020er Jahren. Zur Finanzierung hat er ein Crowd-Funding-Projekt ins Leben gerufen, das für den Anfang die dafür benötigten 10 Milliarden Dollar aufbringen soll. Um die Menschen im Rahmen der MarsOne-Mission zum Mars und auch wieder zurückzubringen, will Musk ein System von Tankstellen im Erdorbit und auf dem Mars errichten. Sie sollen einen konstanten Pendelverkehr ermöglichen und so die Kosten langfristig auf 100.000 bis 200.000 Dollar pro Flug senken.

Nach Meinung des Weltraumexperten und Ex-Astronauten Ulrich Walter von der TU München hat die Planung Hand und Fuß. Immerhin hat Musk mit seiner Dragon-Raumfähre schon die ISS mit Ausrüstungs- und Proviantgütern versorgt, und seine Falcon-9-Trägerraketen haben in der Regel gut funktioniert, ebenso wie die neue Falcon Heavy, die ihren Jungfernflug erfolgreich absolviert hat.

 EIN TESLA IM ALL

Als am 6. Februar 2018 die neue Falcon Heavy von SpaceX abhob, hatte sie eine außergewöhnliche Nutzlast an Bord: das rote Tesla Roadster Cabrio von Elon Musk persönlich. »Destination is Mars orbit«, twitterte er auf einer Pressekonferenz im Vorfeld des Starts. Musk und sein inzwischen mehr als 7.000 Mitarbeiter umfassendes Raumfahrtunternehmen SpaceX gehört zu den Protagonisten der Marsbesiedlung.

LUNAR ORBITAL PLATFORM GATEWAY | 287

START-UP-GEIST IM WELTALL
ELON MUSK

Man muss kein Raumfahrer sein, um als Raumfahrtpionier Geschichte zu schreiben. Das ist auch möglich, wenn man originelle Geschäftsideen und die nötige Risikobereitschaft mitbringt – und vor allem ein großes Vermögen hat, um sich auf dem Raumfahrtsektor mit einer Spezialfirma zu engagieren. Genau das ist bei dem Unternehmer und Investor Elon Reeve Musk (*1971) der Fall. Schon durch seine Staatsangehörigkeit ist er etwas Besonderes: Außer der seines Geburtslandes Südafrika besitzt er noch die kanadische und die der USA.

Wie die meisten Raumfahrtpioniere hat Musk ein naturwissenschaftliches Studium in Physik und dazu eines auf dem Gebiet der Volkswirtschaftslehre. 1995 wechselte er zur Stanford University, wo er für das Ph.D.-Programm in Applied Physics zugelassen wurde. Doch schon nach zwei Tagen beschloss Musk, das Studium aufzugeben und stattdessen als Unternehmer tätig zu werden. Er gründete 1995 gemeinsam mit seinem Bruder sein erstes Unternehmen Zip2, das Inhalte für Medienunternehmen anbot. 1999 kaufte der Computerhersteller Compaq es für 307 Millionen Dollar auf und zahlte damit den bis dahin höchsten Preis für ein Internetunternehmen. Anschließend gründete Musk das Unternehmen X.com zur Entwicklung eines Onlinebezahlsystems. Dieses fusionierte ein Jahr später mit dem Konkurrenzunternehmen Confinity, das sich auf ein ähnliches Produkt namens PayPal spezialisiert hatte, das in den Folgejahren zum wichtigsten weltweiten Onlinebezahlsystem wurde.

Mit der dritten Firmengründung SpaceX stieg Musk dann 2002 ins Raumfahrtgeschäft ein. Seit 2008 bringt SpaceX mit der eigens entwickelten Rakete Falcon 1 Satelliten in den Orbit und Frachtgüter auf die Raumstation ISS. Dadurch dass Hauptrakete und Booster wiederverwendbar sind, betragen die Startkosten nur ein Drittel gegenüber staatlich finanzierten Raumflügen. 2015 wurde bekannt, dass SpaceX mit dem US-Militär kooperiert und auch bemannte Flüge durchführen wird.

Den bisher größten und auch publicitywirksamsten Coup landete Musk im Februar dieses Jahres mit dem Jungfernflug seiner neuen Riesenrakete Falcon Heavy. Mit 70 Meter Länge und über 60 Tonnen Nutzlast ist sie derzeit die schubstärkste Rakete der Welt. Sie beförderte einen Elektro-Sportwagen der Marke Tesla ins All, mit der Musk seit Frühjahr 2004 Elektro-Autos entwickelt. Musk engagiert sich in allen Bereichen der Mobilität: mit den Firmen Hyperloop (2013) und The Boring Company (2016) entwickelt er neue Konzepte für Personen- und Güterverkehr in Ballungsräumen. Und seit 2015 engagiert er sich stark im Bereich der künstlichen Intelligenz.

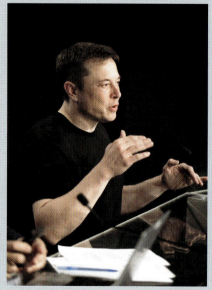

PR ist seine Stärke: Elon Musk links auf einer Pressekonferenz 2014, rechts im Februar 2018 zum Start der Falcon Heavy.

Weltraumtourismus

Langsamer geht dagegen touristische Erschließung des Weltraums voran. Weltraumtourismus als Vergnügungs- oder Studienreisen kann sich auf zweierlei Weise abspielen: zum einen in kurzen oder längeren Flügen suborbital oder orbital in den erdumgebenden Raum sowie einem Rundumflug zum Mond. Zum anderen – und das wäre die allgemeine Vorstellung – als Aufenthalt in einer speziell für Touristen konstruierten Weltraumstation: dem privat finanzierten Weltraumhotel.

Als Geburtsstunde des Weltraumtourismus gilt die Reise von Denis Tito zur ISS vom 28. April bis zum 6. Mai 2001. Allerdings hielt er sich nur als Besucher in einer staatlich finanzierten Forschungsstation auf, die keine auf Touristen zugeschnittenen Einrichtungen bietet. Nach ihm haben sechs weitere Weltraumtouristen die ISS besucht.

Inzwischen gibt es einige Unternehmer und Anbieter, die für dieses Geschäft in Zukunft eigene Trägerraketen und Raumschiffe entwickeln und auch ein Weltraumhotel planen. Ihre Namen lauten u. a.: Space Adventures, SpaceX, Blue Origin und Virgin Galactic. Von ihnen kann sich Space Adventures als Marktführer auf dem Gebiet des Weltraumtourismus bezeichnen, hat diese Firma es doch als Dienstleister geschafft, sieben Weltraumtouristen mit Sojus-Raumschiffen in den Erdorbit zu bringen. In Zusammenarbeit mit dem russischen

Auch die britische Regierung plant die Zukunft im All: Im Juli 2014 stellte die staatliche Weltraumorganisation Großbritanniens das **Projekt eines kommerziellen Weltraumbahnhofs** (Computeranimation von 2014) und acht mögliche Standorte vor. Im Juli 2018 entschied man sich für die schottische Halbinsel A'Mhòine.

Die amerikanisch-iranische Multimillionärin Anousheh Ansari war im September 2006 mit der ISS-Expedition 14 **die erste Weltraumtouristin**.

Im April/Mai 2018 startete das Raumfahrtunternehmen **Virgin Galactic mit dem Space Ship Unity** nach vierjähriger Pause erstmals wieder einen Testflug.

Unternehmen RKK Energija will die Firma noch vor Ende des Jahrzehnts Flüge um den Mond anbieten. Für »nur« suborbitale Touristenflüge ist ein Flugzeug namens Space Adventures Explorer geplant.

Das von Jeff Bezos im September 2000 gegründete Raumfahrtunternehmen Blue Origin will mit seiner neu entwickelten wiederverwendbaren Trägerrakete New Shepard ebenfalls ein Fahrzeug für suborbitale Flüge von Weltraumtouristen anbieten. Eine Weiterentwicklung wird die geplante zwei- bis dreistufige, teilweise wiederverwendbare Orbital-Schwerlastrakete New Glenn sein. Der erste Start des bis zu 45 Tonnen Nutzlast befördernden Trägers ist für 2020 geplant; und er würde dann in direkter Konkurrenz zur Falcon 9 (23 t) und Falcon Heavy (64 t) von SpaceX stehen. Voraussichtlich wäre sie nach dem NASA-Space-Launch-System (130 t) und der Falcon Heavy die drittstärkste Trägerrakete.

Was die Entwicklung privater Trägerraketen betrifft, zählt das von Elon Musk gegründete US-Raumfahrtunternehmen SpaceX zu den erfolgreichsten und hat auch das ehrgeizigste Ziel: Menschen zum Mars hin- und zurückzubringen, um ihn letztlich zu kolonisieren. Als »Arbeitspferde« dienen dazu die Falcon 9, die mit ihrem Dragon-Raumschiff die ISS versorgt, und die 2018 erstmals erfolgreich gestartete Falcon Heavy. Als nächstes sollen zwei Weltraumtouristen zum Mond fliegen. Für die Starts und deren Vorbereitungen nutzt das Unternehmen Anlagen der NASA auf Cape Canaveral und der US Air Force in Kalifornien. Ferner baut es einen eigenen Weltraumbahnhof (SpaceX South Texas Launch) an der Golfküste von Texas.

Ähnlich agiert das Raumfahrtunternehmen Virgin Galactic (gegründet von Sir Richard Branson und Burt Rutan im September 2004). Es entwickelte kombinierte Luft-und Raumfahrzeuge der Space-Ship- und White-Knight-Reihe für Flüge von Weltraumtouristen und wissenschaftliche Missionen. Doch technische Schwierigkeiten und ein Unglück zwangen die Firma, die geplanten Linienflüge ins All immer wieder zu verschieben. Im Juli 2007 kamen drei Ingenieure bei einer Explosion ums Leben. Im April 2018 hat das Unternehmen mit dem Virgin Space Ship Unitiy erstmals seit dem tödlichen Unglück seines Space Ship Two Enterprise im Jahr 2014 wieder einen Testflug gestartet.

Der Traum vom Weltraumhotel

Damit gerät auch die Verwirklichung eines Weltraumhotels immer wieder ins Stocken. Schon Weltraumpioniere wie Hermann Oberth oder Willy Ley deuteten in ihren Publikationen zum Thema Raumstation ihre Nutzung als Weltraumhotel an. Spektakulär war das In-Szene-Setzen eines doppelradförmigen von der Hilton-Gruppe betriebenen Weltraumhotels in dem Film *2001 – Odyssee im Weltraum*, das mit Raumfähren angeflogen werden sollte. Doch die berechneten Kosten von 10 Dollar pro Kilogramm erwiesen sich schnell als illusorisch. Das galt ebenfalls für den von derselben Unternehmensgruppe 1999 geäußerten Vorschlag, nicht weniger als 13 Space-Shuttle-Tanks zu einem Ring zusammenzuschließen und zu einem Weltraumhotel auszubauen. Aber die NASA konnte nicht mit den dafür notwendigen Flügen dienen, denn sie hatte alle Kapazitäten für die ISS, das Hubble Space

Computeranimation (2018) der **Aurora-Station des privaten Weltraumunternehmens Orion Span**. Hier sollen ab 2022 private Kunden einen 12-tägigen Aufenthalt verbringen können.

Telescope und andere Projekte verplant. Hinzu kamen Verzögerungen für diese Projekte durch die Challenger- und Columbia-Katastrophe und das Fehlen der notwendigen Sponsorengelder in Höhe von 6 bis 12 Milliarden Dollar.

Auch in der Folgezeit gab es von verschiedenen Stellen immer wieder Ankündigungen mit Terminen der Inbetriebnahme eines Weltraumhotels. Das größte Problem sind nicht fehlende Raumtransportsysteme, sondern eine genügend große Zahl zahlungskräftiger Weltraumtouristen. Das Interesse am Gastaufenthalt im Weltraum ist aber wieder gestiegen – auch durch die Social-Media-Aktivitäten der Raumfahrer an Bord der ISS.

Deshalb plant das Technik-Unternehmen Orion-Span für 2022 die Eröffnung des ersten Weltraumhotels Aurora Space Station. Interessierte können gegen eine Reservierungsgebühr von 80.000 US-Dollar jetzt schon buchen, um zwölf Tage die Schönheit der Erde und des Weltraums sowie dessen unendliche Weiten zu genießen. Der Gesamtpreis würde mindestens 9,5 Millionen US-Dollar betragen. Darüber hinaus bietet das Unternehmen technische Dienstleistungen, insbesondere Produktions- und Forschungskapazitäten in der Schwerelosigkeit an – und für eine längerfristige Planung auch die Möglichkeit zum Erwerb von Apartments als Eigentum im Orbit.

Auch der US-Hotelunternehmer Robert Bigelow will sich dieses nach seiner Ansicht zukunftsträchtige und lukrative Geschäft nicht entgehen lassen. Er nimmt ebenfalls schon jetzt Vorbestellungen an, denn nach seinen Planungen sollen schon 2022 die ersten aufblasbaren ballonartigen Module B330 in den Orbit gebracht werden. Jedes soll etwa 16 Meter lang sein und bis zu sechs Weltraumtouristen Platz bieten. Im Endausbau soll B330 größer werden als die ISS, auf der sich seit Sommer 2016 ein Prototyp befindet. Um ein solches Weltraumhotel profitabel zu machen, bleibt das Problem der Reisekosten. Je nach Anbieter rechnet Bigelow mit Werten zwischen einem siebenstelligen und achtstelligen Bereich. Wie schon so oft in der Geschichte der Raumfahrt bestimmt wieder einmal der Preis, ob eine Vision Wirklichkeit wird.

KOLLISIONSGEFAHR IM ORBIT
WELTRAUMSCHROTT WIRD ZUM PROBLEM

Die Geschichte von Iridium 33 und Kosmos 2251 nimmt kein gutes Ende. Am 10. Februar 2009 stoßen die beiden Satelliten in einer Höhe von 800 Kilometern zusammen. Es ist die erste Kollision zweier Satelliten in der Erdumlaufbahn. Übrig blieben Bruchstücke – die Satelliten zerlegten sich in Tausende Teile Weltraumschrott.

Zum Weltraummüll zählt alles, was zwar im All ist, dort aber keine Aufgabe mehr erfüllt: ausgediente Satelliten, Raketenteile, kleinste Bruchstücke, übrig geblieben von Explosionen und Kollisionen. Insgesamt sind es Tausende Tonnen Schrott, die mit Zehntausenden Stundenkilometern durch das All rasen. Schätzungen zufolge sind dabei 29.000 Objekte größer als zehn Zentimeter, rund 750.000 größer als ein Zentimeter und 166 Millionen größer als ein Millimeter.

Mit den Jahren ist der Schrott im All immer mehr zum Problem geworden. Die ISS muss zum Beispiel regelmäßig größeren Objekten ausweichen. Eine Kollision könnte lebensgefährlich für die Astronauten sein. Stößt ein Stück Schrott mit einer Größe von einem Zentimeter zum Beispiel mit einem Satelliten zusammen, kann das die gleiche Energie wie eine explodierende Handgranate haben.

Das Problem ist: Je mehr Weltraumschrott, desto größer die Gefahr von Kollisionen, die wiederum die Zahl des Weltraumschrotts erhöhen. Wenn wir weiter Satelliten oder andere Objekte ins All schießen, aber nichts tun, um sie zu entsorgen, wird die Raumfahrt, wie wir sie heute kennen, praktisch unmöglich. Am besten geht man das Problem gleich von zwei Seiten an: indem man Müll verhindert und den, der schon da ist, aufräumt.

Es sind besonders **Bruchstücke von Raketen und Satelliten**, die eine Gefahr für aktive Raumflugkörper darstellen. Von 1961 bis 2017 sind mehr als 290 Satelliten und Raketenstufen im Erdorbit explodiert oder auseinandergebrochen. (Computeranimation: 2017)

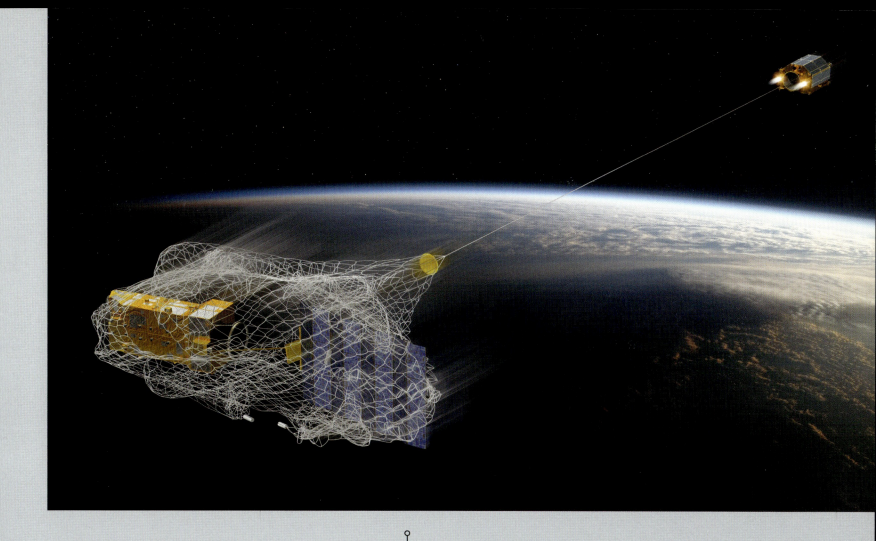

Im Dezember 2016 wurde auf einem Council Meeting im schweizerischen Luzern die **ESA-Mission e.Deorbit** vorgestellt. Sie soll die erste gezielte Müllentsorgungsaktion im Weltraum werden. Weltraumschrott soll unter anderem mit großen Netzen eingesammelt weden. (Computeranimation: 2016)

Doch auch wenn Organisationen wie das ESA Space Debris Office in Darmstadt zahlreiche Objekte genau verfolgen, ein großer Teil des Schrotts rast unkontrolliert durch das All und kann nicht gelenkt werden. So wie zum Beispiel die chinesische Raumstation Tiangong 1, die im April 2018 unkontrolliert zur Erde stürzte. Von den rund 4.300 Satelliten, die im Januar 2017 noch im All waren, funktionieren nur noch rund 1.200.

Es ist deshalb wichtig, dass es für alles, was man ins All schießt, auch einen Plan für das Missionsende gibt. Man kann Satelliten nach ihrem Einsatz zum Beispiel auf eine weniger volle Umlaufbahn verschieben. Oder man lässt sie kontrolliert in die Erdatmosphäre eintreten, wo sie möglichst vollständig verglühen.

Den Schrott loszuwerden, der sich bereits angesammelt hat, wird noch schwieriger. Da von großen Objekten auch ein größeres Risiko ausgeht, sollte man sie zuerst entfernen. Dazu werden derzeit viele verschiedene Möglichkeiten erforscht. Eine Idee ist es, einen Roboterarm einzusetzen, der einen durchs All taumelnden Satelliten fängt und ihn zurück zur Erde schickt. Eine andere Möglichkeit wäre es, das Objekt mit einer Harpune zu beschießen und dann abzuschleppen. Oder man fängt die Satelliten oder Raketenreste mit einem Netz – auch daran wird geforscht.

Klar ist: Einfach wird es nicht, das All aufzuräumen. Aber wenn in Zukunft immer mehr Satelliten ihre Arbeit aufnehmen und immer mehr Raketen gestartet werden sollen, dann müssen wir das menschengemachte Müllproblem im All in den Griff kriegen. Sonst sind Unfälle vorprogrammiert.

Asteroidenbergbau: Rohstoffe aus dem All

Ein vorgeschaltetes Ziel sind in diesem Zusammenhang auch Flüge zu erdnahen Asteroiden. Diese Felsbrocken – man kennt heute insgesamt 700.000 – stammen ja wie die Kometenkerne aus der Frühzeit des Sonnensystems und sind die Vorstufen der Planetenbildung. Der Hauptteil von ihnen ist in einem Bereich zwischen Mars und Jupiter angesiedelt, dem sogenannten Planetoiden- oder Asteroidengürtel.

Durch zahlreiche Meteoritenfälle, aber vor allem die Spektralanalyse und darüber hinaus Raumsondenmissionen wie die mit NEAR (Near Earth Asteroid Rendezvous) ist bekannt, dass Asteroiden reiche Rohstofflager sind. Sie sind nicht wie bei der Erde im Innern verborgen, denn hier hat sich das Eisen im Erdkern konzentriert und die wertvollen Metalle wie Platin oder Gold nach sich gezogen. Auf den Asteroiden gab es eine solche Differenzierung nicht, sodass Edelmetalle an der Oberfläche verblieben und dort in einer bis zu tausendfach höheren Konzentration als auf der Erde vorkommen. Außerdem sind kleinere Asteroiden keine kompakten Brocken, sondern oft mehr lose gefügte Schutthaufen, sodass keine tiefgehenden Bergwerke ins Innere getrieben werden müssen. Und neben den Metallen enthalten Asteroiden auch Wasser, meist in Form von Eis.

Angesichts knapper werdender irdischer Rohstoffe haben findige Unternehmer Überlegungen angestellt, wie man diese Rohstofflager im Weltall nutzen könnte. Zu diesem Zweck haben sie Firmen gegründet, von denen zwei immer wieder von sich reden machen: Planetary Ressources und Deep Space Industries. Sie haben schon spezielle Asteroiden im Blick und sind dabei, die notwendigen Techniken zum Aufspüren, Erkunden und Abbau zu entwickeln sowie Strategien, um die hohen Kosten für ein solches Unternehmen zu senken. Immerhin kostet ein Kilo Last ins All mit den heute zur Verfügung stehenden Trägerraketen um die 80.000 US-Dollar.

Konferenz der NASA Asteroid Redirect Mission im April 2016. Im Hintergrund das Modell eines Robotergreifers für Asteroiden für den späteren Transport zur Erde.

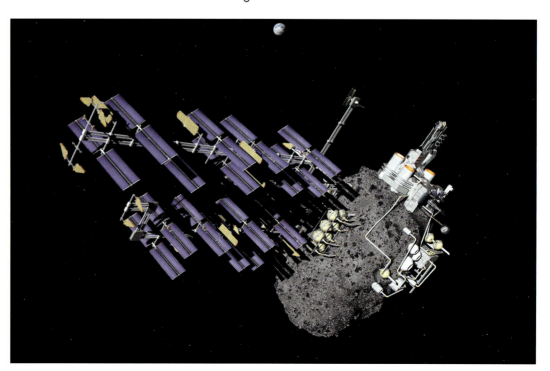

Modell einer Förder- und Fabrikationsanlage direkt auf der Oberfläche eines Asteroiden. (Computeranimation: 2015)

Computeranimation (2015) eines Roboter-Satelliten beim **Aufnehmen eines Felsbrockens auf einem Asteroiden** zum Weitertransport in den Erdorbit.

Als erreichbare Zielobjekte kommen erst einmal die erdnahen Objekte, NEOs genannt (engl.: Near Earth Objects), in Frage. Von ihnen sind rund 15.000 bekannt, unter denen erst einmal die für den Bergbau geeigneten ausgemacht werden müssen. Es gibt nämlich drei verschiedene Klassen: die kohlenstoffhaltigen C-Asteroiden, die steinigen S- und die metallischen M-Asteroiden. Für den Weltraumbergbau eignen sich in erster Linie die C- oder M-Asteroiden, denn auf ihnen ließen sich Wasser und Metalle gewinnen. Je nach Größe würde man entweder einen der vorgesehenen Brocken einfangen und durch ein Raumschiff oder auf der Oberfläche montierte Triebwerke in die Nähe der Erde schleppen oder an ihm andocken und dort mit dem Abbau der Wasser- und Metallressourcen beginnen.

Dabei wäre der Abbau des Wassereises der erste Schritt, denn Wasser könnte außer zur Versorgung der Raumfahrer auch zur Herstellung von Treibstoff dienen, indem es in seine Bestandteile Wasserstoff und Sauerstoff zerlegt würde. So könnte dann ein ganzes Netz von Tankstellen im erdnahen Raum aufgebaut werden. Die Raumschiffe könnten mit weniger Treibstoff an Bord von der Erde aus starten und länger im Weltraum bleiben.

Ist eine Infrastruktur dieser Art aufgebaut, käme als zweiter Schritt der Abbau metallischer Rohstoffe. Auch hier gibt es zwei Möglichkeiten: Entweder man verarbeitet sie noch vor Ort – möglicherweise mit 3-D-Druckern – zu neuen Werkzeugen und Bauteilen von Raumschiffen oder -stationen oder man bringt sie zur Erde, was jedoch mit gewaltigen Kosten verbunden wäre.

Die Asteroidenbergbaufirmen schrecken sie nicht, denn schon John Lewis hat in seinem 1996 erschienenen Buch *Mining the Sky*, das bis heute als Grundlagenwerk des Asteroidenbergbaus git, ausgerechnet, dass allein der Wert des Asteroiden Amun 20 Milliarden Dollar betragen dürfte; und Schätzungen besagen, dass ein Asteroid von einem Kilometer Durchmesser ausreichen würde, den Bedarf der Menschheit an Industriemetallen über Jahrzehnte hinweg zu decken. Auch wenn Zahlen wie diese faszinierend sind, wird es wohl nicht so schnell zu einem Goldrausch im Weltall kommen. Denn dazu müssten die Rohstoffkosten auf der Erde extrem steigen und die für den Asteroidenbergbau deutlich sinken. Beides ist im Augenblick nicht der Fall.

Und so sind Fachleute der Meinung, dass es wohl noch Jahrzehnte dauern wird, bevor es zum großen Aufbruch in den Weltraum kommt – als Grundlage einer neuen Weltraumwirtschaft, die dem Menschen das Sonnensystem als neuen Lebensraum erschließt und ihn zu einer interplanetaren Spezies macht.

Valentina Tereschkowa nach ihrer Landung am 19. Juni 1963 etwa 600 Kilometer nordöstlich der Stadt Karaganda im heutigen Kasachstan. Während der Landung hatte sich Tereschkowa nicht über Funk gemeldet, und es wurde berichtet, dass sie sich auch sonst eher »unorthodox« verhalten habe. So soll sie ihre Weltraumnahrung an die umstehenden Einheimischen verschenkt haben.

ANHANG

WEITERFÜHRENDE LITERATUR

Abromeit, Lars / Balsamini, Mattia: *Aufbruch ins All – Alexander Gerst und seine neue Mission*. GEO 06/2018

Achleitner, Joachim: *Aufbruch zu den Sternen – Wege zur interplanetaren Raumfahrt*. 2017

Allen, Joseph P. / Russell, Martin: *Vorstoss ins All. Mein Raumflug mit dem Space Shuttle*. Basel 1984

Armstrong, Neil / Aldrin, Edwin E. / Collins, Michael: *Wir waren die Ersten*. Frankfurt/Main 1970

Asimov, Isaac / McCall, Robert: *Unsere Welt im All*. Frankfurt/Main 1974

Astronomica: *Eine Einführung in die Astronomie*. Köln 2006

Bärwolf, Adalbert: *Brennschluss – Rendezvous mit dem Mond*. Frankfurt/Main 1969

Ders.: *Die Marsfabrik – Aufbruch zum Roten Planeten*. München 1995

Becker, Hans-Jürgen: *NASA – Wegbereiter der bemannten Raumfahrt*. Stuttgart 2007

Bell, Joseph N.: *Sieben Männer für den Weltraum – Die Geschichte der Merkur-Astronauten*. Berlin 1961

Bennet, Jeffrey, u. a.: *Astronomie – Die kosmische Perspektive*. München 2010

Benson, Michael: *Far Beyond*. München 2015

Bertelsmann-Enzyklopädie: *Die Sterne rücken näher – Das große Abenteuer der Welt-Raumfahrt, Band 1*. Gütersloh 1968

Biesty, Stephen / Jenkins, Martin: *Abenteuer Weltall*. Hildesheim 2017

Bizony, Piers: *Die Internationale Raumstation – Eine Version wird Wirklichkeit*. München 1997

Bode, Volkhard / Kaiser, Gerhard: *Raketenspuren – Peenemünde 1936–1994*. Berlin 1995

Brauburger, Stefan: *Wernher von Braun – Ein deutsches Genie zwischen Untergangswahn und Raketenträumen*. München 2009

Braun, Wernher von, u. a.: *Station im Weltraum*. Frankfurt/Main 1953

Braun, Wernher von: *Die Eroberung des Mondes*. Frankfurt/Main 1954

Ders.: *Die Erforschung des Mars*. Frankfurt/Main 1957

Ders.: *Die erste Fahrt zum Mond*. Frankfurt/Main 1960

Büdeler, Werner / Karamanolis, Stratis: *Spacelab – Europas Labor im Weltraum*. München 1976

Büdeler, Werner: *Pioniere des Weltalls*. Scherz 1961

Ders.: *Apollo 11 – Die Landung auf dem Mond*. München 1969

Ders.: *Das Abenteuer der Mondlandung*. Gütersloh 1969

Ders.: *Apollo 13 – Die Flucht aus dem All*. München 1970

Ders.: *Skylab – Das Himmelslabor*. Düsseldorf 1973

Ders.: *Raumfahrtgeschichte*. Künzelsau 1979

Bührke, Thomas: *Lift off – Die Geschichte der Raumfahrt*. Berlin 2008

Bundeskunsthalle (Hrsg.): *Outer Space – Faszination Weltraum*. Berlin 2014

Burda, Heinz (Hrsg.): *Der Flug zum Mond*. Offenburg 1969

Chaikin, Andrew: *Space – Geschichte der Raumfahrt in Bildern*. Stuttgart 2003

Clarke, Arthur C.: *Mensch und Weltraum*. Amsterdam 1965

Couper, Heather, u. a.: *Die Planeten – Eine visuelle Reise durch unser Sonnensystem*. München 2015

Croy, Alexis von: *Der Mond und die Abenteuer der Apollo-Astronauten*. München 2009

Dambeck, Thorsten: *Planetenwelten – In den Tiefen des Sonnensystems*. Stuttgart 2017

Daniels, Patricia S.: *Mars – Secrets of the Red Planet*. NATIONAL GEOGRAPHIC, Washington 2018

Dies.: *Astronauts – Past, Present, Future*. Washington 2018

Das Deutsche Zentrum für Luft- und Raumfahrt – Ein Porträt. Darmstadt 2008

David, Leonard: *Mars – Wie wir den roten Planeten besiedeln*. NATIONAL GEOGRAPHIC, München 2017

DER SPIEGEL 53/1955: *Wernher von Braun – Kolumbus des Alls?*, S. 24–34

DER SPIEGEL 42/1957: *Menschen waren schon im Weltraum*, S. 46–62

DER SPIEGEL 1/1958: *Das Himmelfahrtskommando*, S. 32–39

DER SPIEGEL 13/1965: *Projekt Gemini – Aufbruch zum Mond*, S. 102–118

DER SPIEGEL 51/1968: *Menschen zum Mond*, S. 134–151

DER SPIEGEL 1/2/1969: *Apollo 8*, S. 73–81

DER SPIEGEL 29/1969: *Aufbruch ins All*, S. 88–106

DER SPIEGEL 17/1970: *Apollo XIII*, S. 113–146

DER SPIEGEL 28/1971: *Das Ende von Sojus 11*, S. 102–111

Dette, Helmut: *Apollo 11. Der erste Flug zum Mond – Wahrheit oder Täuschung?* Petersberg 2006

DLR-Newsletter: *Blue Dot – Alexander Gerst ist auf der ISS angekommen*. Bonn 2014

Dornberger, Walter: *V2 – Der Schuss ins Weltall. Geschichte einer großen Erfindung*. Eßlingen 1952

Dornbusch, Dirk: *Raumfahrtgilde – Ein zukünftiger Ausblick auf die private Raumfahrt*. Berlin 2013

Eisfeld, Rainer / Jeschke, Wolfgang: *Marsfieber – Aufbruch zum Roten Planeten, Phantasie und Wirklichkeit*. München 2003

Eisfeld, Rainer: *Mondsüchtig – Wernher von Braun und die Geburt der Raumfahrt aus dem Geist der Barbarei*. Reinbek 1996

Erichsen, Johannes / Hoppe, Bernhard M. (Hrsg.): *Peenemünde – Mythos und Geschichte der Rakete 1923–1989*. Berlin 2004

Esser, Michael: *Der Griff nach den Sternen – Eine Geschichte der Raumfahrt*. Basel 1999

Faber, Peter: *Hitlers V2-Rakete – Die Geheimwaffe, die den Krieg beenden sollte*. Inning am Ammersee 2009

FAZ-Woche: *Flucht ins All – Mars-Mission, Suche nach neuen Planeten*. Frankfurt/Main 2017

Feuerbacher, Berndt / Messerschmid, Ernst: *Vom All in den Alltag*. Stuttgart 2007

Feuerbacher, Berndt: *Mission Rosetta – Die spektakuläre Reise der Philae-Sonde zum Kometen Churyumov-Gerasimenko oder Tschuri*. München 2016

FOCUS 44/2016: *Der Marsianer – Interview mit Elon Musk*

Freeman, Marsha: *Hin zu neuen Welten – Die Geschichte der deutschen Raumfahrt-Pioniere*, S. 298–328. Wiesbaden 1995

Furniss, Tim: *Die Mondlandung*. Bindlach 1998

Gatland, Kenneth: *The Illustrated Encyclopedia of Space Technology*. New York 1981

Geis, Larry, u. a.: *Auf ins All – Unsere Zukunft im Weltraum*. Basel 1980

GEO-EPOCHE: *Der Kalte Krieg 1947 bis 1991 – Das Kräftemessen der Supermächte im Schatten der Atombombe*. Hamburg 2018

GEO-Kompakt Nr. 6: *Das Universum – Planeten, Sterne, Galaxien*. Hamburg 2006

GEO-Kompakt Nr. 29: *Der Urknall ... und wie die Welt entstand*. Hamburg 2011

GEO-Kompakt Nr. 51: *Die Geburt des Universums*. Hamburg 2017

Gerst, Alexander: *166 Tage im All*. München 2018

Glenn, John, u. a.: *Das Astronautenbuch – Sieben amerikanische Weltraumfahrer berichten*. Frankfurt/Main 1962

Gorn, Michael: *Die Geschichte der NASA*. München 2005

Güntherroth, Horst / Purschke, Peter: *Abenteuer Weltall – Von der Himmelscheibe zur Titansonde*. Hamburg 2006

Hansen, James R. / Schmalen, Elisabeth: *First Man – Neil Armstrong, der erste Mensch auf dem Mond – Die autorisierte Biographie*. München 2018

Harland, David M.: *Exploring the Moon – The Apollo Expeditions*. Berlin 2006

Hartl, Hans: *Hermann Oberth – Vorkämpfer der Weltraumfahrt*. Hannover 1958

Heimann, Erich H.: *Start ins Ungewisse*. Bayreuth 1975

Hensel, André: *Von der V2 über Sputnik zu Apollo*. Berlin 2013

Heppenheimer, T. A.: *Eine Arche auf dem Sternenmeer – Die Besiedlung des Weltraums*. Zürich 1980.

Herrmann, Dieter B.: *Besiedelt die Menschheit das Weltall?* Berlin 1981

Ders.: *Eroberer des Himmels – Meilensteine der Raumfahrt*. Jena 1986

Hoffmann, André: *Der lange Weg zum Mond und zurück – Die Apollo-Missionen*. Dinslaken 2011

Hoffmann, Horst / Myrrhe, Jaqueline: *Frauen im All*. Berlin 1999

Hofstätter, Rudolf: *Sowjet-Raumfahrt*. Basel 1989

Huzel, Dieter K.: *Von Peenemünde nach Canaveral*. Berlin 1993

Isaacs, Jeremy / Downing, Taylor: *Der Kalte Krieg*. München 1999

Jähn, Sigmund: *Erlebnis Weltraum*. Berlin 1983

Jaumann, Ralf / Köhler, Ulrich: *Der Mond – Entstehung, Erforschung, Raumfahrt*. Köln 2009

Dies.: *Der Mars – Ein Planet voller Rätsel*. Köln 2013

Dies.: *Expedition zu fremden Welten – 20 Mrd. Kilometer durch das Sonnensystem*. Heidelberg 2017

Karamanolis, Stratis / Mühlbauer, Inge: *Die internationale Raumstation – Zwischenstation einer neuen Raumfahrtepoche*. Weilheim 1999

Khuon, Ernst von / Siefarth, Günter: *Mondflug in Frage und Antwort*. Düsseldorf 1969

Koch, Richard: *Jenseits aller Grenzen – Tatsachen und Probleme an der Schwelle eines Neuen Zeitalters*. München 1962

Kuhlke, Ulli: *Weltraumstürmer – Wernher von Braun und der Wettlauf zum Mond*. Köln 2012

Leitenberger, Bernd: *Das Gemini-Programm – Technik und Geschichte*. Norderstedt 2008

Ders.: *Die ISS – Geschichte und Technik der Internationalen Raumstation*. Norderstedt 2010

Ders.: *Skylab – Amerikas einzige Raumstation*. Norderstedt 2011

Ders.: *Die Vega – Europas jüngste Trägerrakete*. Norderstedt 2016

Ders.: *Internationale Trägerraketen Russlands, Asiens und Europas*. Norderstedt 2016

Ders.: *Mit Raumsonden zu den Planetenräumen, 1958–1992*. Norderstedt 2018

Ders.: *Mit Raumsonden zu den Planetenräumen, 1993–2018*. Norderstedt 2018

Light, Michael: *Full Moon – Aufbruch zum Mond*. München 1999

Lorenzen, Dirk: *Raumlabor Columbus – Leben und Forschen auf der Internationalen Raumstation*. Stuttgart 2008

Mackowiak, Bernhard: *Energie vom Mars? Die wirtschaftliche Nutzung des Sonnensystems*. Stuttgart 1996

Ders.: *Der Kosmos Reiseführer Universum*. Köln 2008

Ders.: *Planeten, Sterne, Universum – 100 Bilder, 100 Fakten*. Köln 2009

Ders.: *Bildatlas Astronomie*. Köln 2012

Maegraith, Michael: *Mondlandung – Dokumentation der Weltraumfahrt USA und UdSSR*. Stuttgart 1969

Mailer, Norman: *Moonfire – Die legendäre Reise der Apollo XI*. Köln 2010

Marchis, Vittorio: *Wernher von Braun – Der lange Weg zum Mond*. Heidelberg 2001

Marfeld, A. F.: *Das Buch der Astronautik – Technik und Dokumentation der Weltraumfahrt*. Berlin 1963

Merbold, Ulf, u. a.: *Unser Weg ins All – D1*. Braunschweig 1985

Merbold, Ulf: *Flug ins All – Von Spacelab zur D-1-Mission*. Bergisch Gladbach 1986

Metzler, Rudolf: *Der große Augenblick der Weltraumfahrt – Von den ersten Raketen bis zur Raumstation*. Bayreuth 1980

Mielke, Heinz: *Lexikon der Raumfahrt und Raketentechnik*. Berlin 1986

Miles, Frank: *Aufbruch zum Mars – Die Erkundung des Roten Planeten*. Stuttgart 1988

Museum für Verkehr und Technik, Berlin: *Ich diente nur der Technik – Sieben Karrieren zwischen 1940–1950*, Ausstellungskatalog, S. 139–152

NATIONAL GEOGRAPHIC: *Interstellar – The Science & Secrets of Solarsystems*. Washington 2014

NATIONAL GEOGRAPHIC, Nov. 2017: *Das Rennen zum Mars*, S. 41–72

Nebel, Florian M.: *Die Besiedlung des Mondes – Technisch machbar, Finanziell profitabel, Logisch sinnvoll*. Münster 2017

Neufeld, Michael J.: *Die Rakete und das Reich – Wernher von Braun, Peenemünde und der Beginn des Raketenzeitalters*. Berlin 1997

Ders.: *Wernher von Braun – Visionär des Weltraums / Ingenieur des Krieges*. München 2009

O. Neill, Gerard K.: *Unsere Zukunft im Raum – Energiegewinn und Siedlung im Weltraum*. Bern 1978

Oberth, Hermann: *Die Rakete zu den Planetenräumen*. Berlin 1923

Ders.: *Menschen im Weltraum*. Düsseldorf 1954

Ders.: *Wege zur Raumschifffahrt*. Düsseldorf 1986

Olds, Margaret (Hrsg.): *Astronomia – Galaxien/Sterne; Planeten/Raumfahrt*. Königswinter 2008

Orloff, Richard W. / Harland, David M.: *Apollo – The Definitive Sourcebook*. New York 2006

Owen, David: *Der Mensch im All – Aufbruch in unendliche Weiten*. Niedernhausen 2002

Peter, Ernst: *Der Weg ins All – Meilensteine zur bemannten Raumfahrt*. Stuttgart 1988

Pichler, Herbert: *Die Mondlandung – Der Menschheit größtes Abenteuer*. Wien 1969

Podberger, Nadja: *Im Fokus das Sonnensystem – Eine Reise durch unser Sonnensystem*. Heidelberg 2014

Proske, Rüdiger: *Zum Mond und weiter*. Bergisch Gladbach 1966

Ders: *Der Mond – Das größte Abenteuer unserer Zeit*. Köln 1969

Puttkamer, Jesco von: *Apollo 8 – Aufbruch ins All*. München 1969

Ders.: *Columbia, hier spricht Adler – Der Report der ersten Mondlandung*. Weinheim 1970

Ders.: *Raumstationen – Laboratorien im All*. Weinheim 1971

Ders.: *Der erste Tag der neuen Welt – Vom Abenteuer der Raumfahrt zur Zukunft im All*. Frankfurt/Main 1981

Ders.: *Der zweite Tag der neuen Welt – Raumfahrt auf dem Weg ins 3. Jahrtausend*. Frankfurt/Main 1985

Ders.: *Rückkehr zur Zukunft – Bilanz der Raumfahrt nach Challenger*. Frankfurt/Main 1989

Ders.: *Jahrtausend Projekt Mars – Chance und Schicksal der Menschheit*. München 1996

Ders.: *Von Apollo zur ISS – Eine Geschichte der Raumfahrt*. München 2001

Ders.: *Projekt Mars – Menschheitstraum und Zukunftsvision*. München 2012

Rauchhaupt, Ulf von: *Der neunte Kontinent – Die wissenschaftliche Eroberung des Mars*. Frankfurt/Main 2009

Rees, Martin (Hrsg.): *Das Universum*. München 2005

Reichhardt, Toni: *Erlebnis Space Shuttle – Astronauten berichten*. Stuttgart 2005

Reichl, Eugen / Koç Aydogsğan: *Raumfahrtwissen*. Stuttgart 2006

Reichl, Eugen: *Das Raketentypenbuch*. Stuttgart 2007

Ders.: *Space Shuttle seit 1976*. München 2009

Ders.: *Bemannte Raumfahrzeuge seit 1960*. Stuttgart 2010

Ders.: *Raumstationen seit 1971*. Stuttgart 2010

Ders.: *Raumsonden*. Stuttgart 2011

Ders.: *Zukunftsprojekte der Raumfahrt seit 1957*. Stuttgart 2012

Ders.: *Projekt Gemini*. Stuttgart 2013

Ders.: *Projekt Mercury*. Stuttgart 2013

Ders.: *Projekt Apollo – Die frühen Jahre*. Stuttgart 2014

Ders.: *Projekt Apollo – Die Mondlandungen*. Stuttgart 2014

Ders.: *Saturn V – Die Mondrakete*. Stuttgart 2015

Ders.: *Die N1*. Stuttgart 2016

Ders.: *Moskaus Mondprogramm*. Stuttgart 2017

Ders.: *SPACE 2018*. München 2017

Riedemann, Kai: *Mit dem Lift ins All*. HÖRZU-Wissen. Hamburg 2018

Rödel, Eberhard: *Projekt Sputnik. Aufbruch ins All*. Stuttgart 2014

Ruland, Bernd: *Wernher von Braun – Mein Leben für die Raumfahrt*. Offenburg 1969

Sagan, Carl: *Blauer Punkt im All – Unsere Zukunft im Kosmos*. München 1996

Sänger, Eugen: *Raumfahrt – Technische Überwindung des Krieges*. Hamburg 1958

Schneider, Peter M.: *Goldrausch im All – Wie Elon Musk, Richard Branson und Jeff Bezos den Weltraum erobern*. München 2018

Shapland, David / Rycroft, Michael: *Spacelab – Forschung im Weltraum*. Weinheim 1986

Silvestri, Goffredo, u. a.: *Weltenzyklopädie der Raumfahrt*. München 1986

Smith, Andrew / Beginnen, Kurt: *Moonwalker – Wie der Mond das Leben der Apollo-Astronauten veränderte*. Frankfurt/Main 2009

SPACE 3/2018: *Wettlauf zum Mars – Elon Musk und Richard Branson*, S.14–21

Sparow, Giles: *Abenteuer Raumfahrt*. München 2007

Ders.: *Mars – Der rote Planet zum Greifen nah*. Stuttgart 2015

Spektrum der Wissenschaft Special: *Neue Blicke ins All – Astronomen erkunden rätselhafte Vorgänge und seltsame Objekte*. Heidelberg 2018

Spektrum der Wissenschaft Kompakt: *Überleben im All – Die Zukunft der bemannten Raumfahrt*. Heidelberg 2018

Sterne und Weltraum-Special Dossier Nr. 3: *Mars – Aufbruch zum Roten Planeten*. Heidelberg 1998

Sterne und Weltraum Special Dossier Nr. 7: *Monde – Missionen zu neuen Welten*. Heidelberg 2002

Sterne und Weltraum Special Dossier: *Faszinierendes Sonnensystem – Planeten, Monde, Plutoiden*. Heidelberg 2008

Sterne und Weltraum Special Dossier: *Unser Planetensystem – Raumsonden erforschen die Nachbarn der Erde*. Heidelberg 2014

Stuhlinger, Ernst / Ordway, Frederic I.: *Wernher von Braun – Aufbruch in den Weltraum, DIE BIOGRAPHIE*. München 1992

Time-Life: *Die Raumfahrer – Reise durch das Universum*. Amsterdam 1990

Time-Life: *Vorstoß ins All – Reise durch das Universum*. Amsterdam 1990

Time-Life: *Die Kolonisierung des Weltraums – Reise durch das Universum*. Amsterdam 1991

Uhlig, Thomas / Nitsch, Alexander: *Wie Columbus fliegen lernte – Einblicke in eine einzigartige Weltraummission*. München 2009

Walter, Ulrich: *In 90 Minuten um die Erde*. Würzburg 1997

Ders.: *Zu Hause im Universum – Ein Weltraumbuch*. Berlin 2002

Ders.: *Höllenritt durch Raum und Zeit – Astronaut Ulrich Walter erklärt die Raumfahrt*. Grünwald 2017

Wambsganß, Joachim: *Universum für alle – 70 spannende Fragen und kurzweilige Antworten*. Heidelberg 2012

Werth, Hildegard: *Thomas Reiter – Leben in der Schwerelosigkeit*. Stuttgart 2011

Weyer, Johannes: *Wernher von Braun*. Reinbek 1999

Wilhelm, Horst: *Spacelab – Einsätze für die Forschung in der Schwerelosigkeit*. Bremen 2015

Woyd, Hermann: *Von Mercury zu Apollo*. Herzogenrath 2009

Ders.: *Das Ariane-Programm*. Stuttgart 2015

Ders.: *SOS im Weltraum – Menschen, Unfälle, Hintergründe*. Stuttgart 2017

Zimmer, Harro: *Der rote Orbit – Glanz und Elend der russischen Raumfahrt*. Stuttgart 1996

Ders.: *Das NASA-Protokoll – Erfolge und Niederlagen*. Stuttgart 1997

Ders.: *Aufbruch ins All – Die Geschichte der Raumfahrt*. Darmstadt 2007

Zimmermann, Helmut / Gürtler, Joachim: *ABC Astronomie – Ein alphabetischer Grundwortschatz für Einsteiger*. Heidelberg 2008

Zubrin, Robert / Wagner, Richard: *Unternehmen Mars – Der Plan, den Roten Planeten zu besiedeln*. München 1996

Romane zur Geschichte der Raumfahrt:
Ciolkovskij, Konstantin: *Außerhalb der Erde*. München 1977

Kraft, Ruth: *Insel ohne Namen – Peenemünde und Hitlers V-Waffen*. Berlin 1991

Lovell, Jim / Kluger, Jeffrey: *Apollo 13 – Das Buch zum Film*. München 1995

Mailer, Norman: *Auf dem Mond ein Feuer – Report und Reflexion*. München 1971

Michener, James A.: *Sternenjäger*. München 1993

Neher, Franz. L.: *Menschen zwischen den Planeten*. München 1983

Von Harbou, Thea: *Die Frau im Mond*. München 1989

Wolfe, Tom: *Die Helden der Nation*. Hamburg 1983

Register

Kursiv gesetzte Seitenzahlen verweisen auf Abbildungen.

A

A (Rakete)
    A4/V2 44, 45, *45*, 46, 48–59, *48*, *51–55*, *57*
A' Mhôine *siehe* Weltraumbahnhof
ABMA *siehe* Army Ballistic Missile Agency
Affen 84, *86*, 87, *87*, 101
Ägypten 8–15
    Nut (Himmelsgöttin) *15*
Aldrin, Edwin »Buzz« 151
    Apollo-Programm 148, *148*, *150*, 157, *158/159*
    Gemini-Projekt *118*, 128, *128*
    Mars to Stay 282, *283*
    Mondlandung *110/111*, 152, *153*, 154, 155, *155*, *156*,
Ali, Haidar *siehe* Mysore, Sultan von
Almas (Raumstation) 217
ALSEP (Messgerät) *siehe* Apollo Lunar Surface Experiments Package
Amun (Asteroid) 295
Anders, William 136, *137*, 138, *138*
Anderson, Michael Philip 210, *210*
Angara (Rakete) 286
Ansari, Anousheh 252, *289*
Antarktis 285
Antriebssystem
    Raketen *siehe dort*
Apollo-Programm *110/111*, 111–169
    Apollo 1 124
        Crew 132, *132*
        Katastrophe 132, *133*, 136
    Apollo 7 133
        Crew *138*
    Apollo 8 136, *136*
        Weihnachtsbotschaft 136–138
    Apollo 9 142, *142/143*, *144/145*
        CM Gumdrop 142
        LM Spider 142
    Apollo 10 145, *145*
    Apollo 11 148, *148*, *149*, *150*, 151, *156*
        Ausstieg 155, *155*
        CM Columbia 148, 155
        Crew 152, 153, *153*, 157, *158/159*
        LM Eagle *110/111*, 154
        Wasserung 157, *157*
    Apollo 12 160, *161*
        Ausstieg *161*
        CM Yankee-Clipper 160
        LM Intrepid 160
        Saturn V 160
    Apollo 13 162
        erfolgreiche Katastrophe 163, *163*
        Flugdirektor 164, *164*
    Apollo 14 165
        CM Kitty Hawk 165
        erster Golfspieler *165*
        im Fra-Mauro-Hochland 16, *165*
        LM Antares 165
    Apollo 15 166
        LRV Lunar Roving Vehicle 166, *166*
    Apollo 16 167, *169*
        CM Casper 167
        im Descartes-Hochland 167, *167*, *169*
    Apollo 17 167, *168*
        CM America 168
        LM Challenger 168
        Flugeinheit 116
        Kommando- und Servicemodul (CMS) 134, *134*, 135, *135*
Apollo Lunar Surface Experiments Package (ALSEP) 160, 165
Apollo-Sojus-Test-Mission 107, 221
Apollo Telescope Mount (ATM) 224, 227, 229, *229*
Ariane (Rakete) 240, 241, *241*, 242, *243*, 275
Aristarchos von Samos 17
Armstrong, Neil
    Apollo-Programm 148, *150*, 157, *158/159*
    Gemini-Projekt 127, 128, *128*
    Mondlandung 152, 153, *153*, 155
Army Ballistic Missile Agency (ABMA) 68, 69

Arnold, Richard *254*
Artemjew, Oleg *254*
AsiaSat-1 (Satellit) 230
Asimov, Isaac 73
Asteroid 294, 295
Asteroidenbergbau 267, 295
Asteroidengürtel 294
Astralkult 8, 11–15
Astrologie 12–15
Astronaut
    Ausbildung 256, 257, *256*, *257*
    Gesundheit 280, 281, *281*
Astronomie 10, 15–17
    (Himmelsbeobachtung Hipparchos) *16*
    Steinzeit 9–11
Astrophysik 23
Astrphysikmodul *siehe* Kwant
Atlantis (Shuttle) 185, *185*, 200, 205, *205*, *206/207*, 211, *212*, *213*
Atlas (Rakete) 62, 80, 82, 101, *102*, 106, 107, 117, 12
ATM Apollo Telescope Mount 224, *227*, 229, *229*
ATV *siehe* Automated Transfer Vehicle
Auñón-Chancellor, Serena *254*
Aurora 7 (Kapsel) 107
Aurora Space Station (Weltraumhotel) 291, *291*
Außenbordaktivitäten 128, 165, *167*, 168, *214/215*, 223, *225*, *235*, *250*
Ausstiege *121*, 123, *124*, 126, 127, 133, *161*, 223
Automated Transfer Vehicle (ATV) 251

B

B330 (Weltraumhotelmodul) 291
Babylonische Astronomie 15
Baikonur (Weltraumbahnhof) 65, 76, 208, *209*, 239, 290
Ballistische Flugbahn 55, 82, 94, 96
Bean, Alan LaVern 160, *161*, 228, *228*
Beljajew, Pawel Iwanowitsch 120, *122*
Bell Aircraft Corporation 42
Bell X-1 (Raketenflugzeug) 152
Bergbau *siehe* Weltraum
Bergerac, Cyrano de
    Die Reise zum Mond 21, *21*
    Geschichte der Staaten und Reiche der Sonne 21
Berliner Goldhut *11*
Beschleunigung 33, 83, 119
Besiedlung (Monddorf) *siehe* Mond
Bewegungsgesetz 33
Bezos, Jeff 290
Bigelow Expandable Activity Module 250
Bigelow, Robert 291
Black Arrow (Rakete) 240
Bleicherode, Zentralwerke 56
Blue Dot (Mission) 265
Blue Origin 289, 290
Bluford, Guion 188
Boden-Boden-Rakete 54, *54*
Boeing (Unternehmen)140
Boeing 747 (Flugzeug) *182*
Bonestell (Jr.), Chesley Knight 73
Borman, Frank 127, 136, *137*, 138, *138*
Bradbury, Ray 73
Brand, Vance DeVoe 122, *238*, 239
Branson, Richard Sir 290
Braun, Wernher von 27, 40, 50, *50*, 75
    Apollo-Programm 54, 177
    Gefangennahme 49, *49*
    in den USA 52, 53, 56, *58/59*, 68, 69, *69*, 70, 80, 87, 177
    Konstruktive, theoretische und experimentelle Beiträge zum Problem der Flüssigkeitsrakete 44
    Peenemünder Gruppe 37, 44, 45, 51, 54, 56, *58/59*
    Redstone (Rakete) 59, 62
    Saturn (Rakete) 113, *113*, 131, 140
    VfR 28, *28*, 42, 44
    Vision Raumstation 73, 215, 216, 226, 279
Bremsrakete 23, 79, *79*, 83, *118*, 119, 120, 172, 173
British Interplanetary Society 42

Brown, David McDowell 210, *210*
Bruno, Giordano 20
Bumper 58
Bunsen, Robert Wilhelm 23
Buran 175, 208, *208*
Bush, George 205, 211
Bykowski, Waleri Fjodorowitsch 99, 196, 223

C

Canadarm (Roboterarm) 247, *247*, 248, 251
Canadian Space Agency (CSA) 246, 252, 286
Cape Canaveral 58, 68, 69, *86*, 101, *112*, 113, *149*, 239, 290
Carpenter, Malcom Scott 84, *85*, 107, 146
Carr, Gerald Paul 228, *228*
Cassini-Huygens (Raumsonde) 274, *274*, 275, *275*
Cernan, Eugene Andrew »Gene«128, 145, 168, 169
Chaffee, Roger Bruce 126, 132, *132*
Challenger (Shuttle) 168, 184, *184*, 185, 189, 195
    Unglück 153, 198, *198*, *199*
Chang'e (Raumsonde) 231
Chang Zheng *siehe* Langer Marsch
Chawla, Kalpana 210, *210*
CheMin-Instrument 271
Chen Dong (Taikonaut) 231
China 30, 230, *230*, 231
China Nation Space Administration (CNSA) 231
Chrétien, Jean-Loup Jacques Marie 223
Chruschtschow, Nikita 62, 64–68, 90, 91, 99, *99*, 100,
Churchill, Winston 63
Churyumov-Gerasimenko (Komet) 23, 242, 275, *275*, 276, *276*
Clark, Arthur C. 73
Clark, Laurel Blair Salton 210, *210*
CM *siehe* Apollo-Kommandomodul
CMS *siehe* Apollo-Kommando- und Servicemodul
CNSA *siehe* China Nation Space Administration
Cobb, Jerrie 101, *101*
Col-CC *siehe* Columbus-Kontrollzentrum
Collier's (Zeitschrift) 73
Collins, Eileen 205
Collins, Donn Fulton 133, 146
Collins, Michael 128, 148, 152, 153, *153*, 157, *157*, *158*
Columbia
    CM 148
    Katastrophe 210, *211*, 252, 291
    Space Shuttle 183, *183*, 184, 185, 192, 195, *197*,
Columbus (europ. ISS-Modul) 247, 248
Columbus-Kontrollzentrum (Col-CC) 242, 247
Commercial-Orbital-Transportation-Services-Programm (COTS) 251
Commercial-Resupply-Services-2-Programm 251
Congreve, William 31, *31*
    Congreve'sche Rakete *31*
Conrad (Jr.), Charles »Pete« 127, 128, 146, 160, 228
Cooper, Leroy Gordon 84, *85*, 107, 127
COS-B (Satellit) 242
COTS *siehe* Commercial-Orbital-Transportation-Services-Programm
Crippen, Robert Laurel »Bob« 183
Cristoforetti, Samantha 255, *255*, *256*, 259, *261*, *262*, *263*
Crossfield, Scott, *177*
CSA *siehe* Canadian Space Agency
Cunningham, Ronnie Walter »Walt« 133
Curbeam, Robert L. *214/215*
Curiosity (Mars-Rover) 268, *268*, 269, 270, 271, *271*, *272/273*
Cygnus (Raumschiff) 251, *251*
Czarneck, Kazimierz 109

D

Debus, Kurt *112*
Deep Space Hibernation 276, *277*
Descartes-Hochland *siehe* Apollo 16 und Mond

Destiny (US-amerik. ISS-Labormodul) 247, 248
Deutschland
    A (Rakete)
    Ariane (Rakete) 240
    Astronauten
        Ewald, Reinhold *siehe dort*
        Flade, Klaus-Dietrich *siehe dort*
        Gerst, Alexander *siehe dort*
        Jähn, Werner Paul *siehe dort*
        Merbold, Ulf Dietrich *siehe dort*
        Reiter, Thomas *siehe dort*
        Schlegel, Hans *siehe dort*
    deutsche Technik 49, 53
    erste Rakete 29
    erster bemannter Raketenflug (Opel-Sander RAK 1) 38
    raketenbetriebenes Auto (OPEL RAK 2) *39*
    Raketenfieber 37, 39, 73
    V2 (Rakete) *siehe dort*
    Verein für Raumschifffahrt (VfR) 29, 42, 44, 50
Deutsches Zentrum für Luft- und Raumfahrt 285
Discovery (Shuttle) 106, 185, 195, 200, 202, *204*
Docking-Manöver 127, 128, 133, 142, *144/145*, 210, *233*, 238, 248
Dobrowolski, Georgi Timofejewitsch 218, *218*
Dong Fang Hong-1 (Satellit), 230
Dornberger, Walter 47, 177
    A4-Forschung 45, 48
    V1 (Flugbombe) 44
    Verhaftung 49, *49*
    VfR 42
DOS 7 (Basismodul Mir) 233
Douglas Aircraft Company 140, 141
Dragon (Raumschiff) 287, 290
Duke (Jr.), Charles Moss »Charlie«, 167, *167*
Durrington Wall *siehe* Steinkreis
Dyna-Soar (X-20, Vorläufer Space Shuttle) 42

E

EAC *siehe* Europäisches Astronautenzentrum
Eagle (Lander) 148, *148*
Eagle (LM) 110, *110/111*, *154*, 155
Earth Return Vehicle (ERV) 279
Echo 1 (Satellit) 70, *71*
Edward Air Force Base 184/185
Eisele, Donn Fulton 133, 146
Eisenhower, Dwight D. 62, 67, 69, 76, 94
ELDO *siehe* European Launcher Development Organisation
Enceladus (Saturnmond) 275
Endeavour (Shuttle) *174*, *179*, 185, *193*, 200, *201*
Engele, Joe Henry 184
Enos (Affe) 87, 101
Enterprise (Shuttle) 182, 185
Epikur 17
ERA (Roboterarm) 264
Eratosthenes 17
Erde 137, *138/139*
Erdorbit 61–107, *61–107*
ERV *siehe* Earth Return Vehicle
ESA *siehe* European Space Agency
ESA-Cupola (ISS-Beobachtungskuppel) 246, 247, *247*, *250*
ESOC *siehe* European Space Operations Centre
ESRO *siehe* European Space Research Organisation
Europa
    Astronomie 11, 15
    ESA *siehe dort*
    Forschung 42
    ISS 244, 246, 247, 248, *249*, 264
    Kriegsraketen 30/31
    Projekt 241
    Raketenfieber 37, 39, 42
    Spacelab 185, 192, 195
Europäisches Astronautenzentrum (EAC) 242
European Launcher Development Organisation (ELDO) 240, 241
European Space Agency (ESA) 240–243
    Astronautenausbildung 256, *256*, 257, *257*
European Space Operations Centre (ESOC) 242
European Space Research Organisation (ESRO) 192, 240, 241
EVA *siehe* Extra Vehicular Activity

Even (Jr.), Ronald Ellwin »Ron«, 168
Ewald, Reinhold 236
ExoMars
    Projekt 243, 269
    Trace Gas Orbiter (Raumsonde) 243, 269, *269*
    Exploration Rover (MERs) 268, *268*
Explorer 1 (Satellit) 68, 69, *69*
Extra Vehicular Activity (EVA) 123

F

Facebook *siehe* Social-Media-Plattform
Faget, Maxime 80
FAI *siehe* Fédération Aéronautique Internationale
Faith 7 (Kapsel) 107
Falcon-Rakete 282, 287, *287*, 290
Fédération Aéronautique Internationale (FAI) 45
Felsmalerei *siehe* Höhle von Lascaux
Feoktistow, Konstantin Petrowitsch 120
Fernrohr 18–20, 23
Feststoffrakete 30, 33–35, 114, 178
Feuerwerksrakete 30, 32
Feustel, Andrew 254
Film 26, 37, 40, 41, *41*, 75, 80
    Apollo 13 164
    Buck Rogers 75
    Der Krieg der Helden 26
    Die Helden der Nation 80
    Die Straße zu den Sternen 75
    Endstation Mond 75
    Flash Gordon 75
    Frau im Mond 37, 40, 41, *41*
    Hidden Figures 108, *109*
    Odyssee im Weltraum 291
    Out of the Present, 236
    Star Trek 182
Firmament 10, 15, *siehe auch* Himmel
Flade, Klaus-Dietrich 236
Fliegender Stuhl 30
Fliehkraft *siehe* Zentrifugalkraft
Fluchtgeschwindigkeit 33
Flug zum Mond *siehe* Mond
Flüssigkeitsrakete 33, 35 *36/37*, 37, 40, 42, *43*, 50, 54
Flüssigtreibstoff 29, 35
Fontenelle, Bernard Le Bouvier de
    Unterhaltungen über die Mehrzahl der Welten 23
Fort Bliss (Texas) 56, *58/59*
Fotografie 155, 165, 167
    Mondrückseite 72, 137,
Fra-Mauro-Hochland *siehe* Apollo 14
Freedom
    Kapsel 94, *94/95*, 96
    Raumstation 244
Friendship 7 (Mercury-Kapsel) 101, *103*, *105*, 106
Fullerton, Charles Gordon 184

G

Gagarin, Juri 91, *91*, 93
    erster Mensch im All 88, *88*, 90
    Wostok-Raumschiff 79, *92*, 99, 112
Galilei, Galileo *18*, 19
Galileo (Raumsonde) 200, *243*
Garriot, Richard 254
Garriott, Owen Kay 192, 225, *225*, 228, *229*
Gemini-Programm 117–120, 123, 127, 128
    Crew 117, *118*, *128*, 128
    Kapsel 118, *118*, 119, *119*, 120, *129*
    Rakete 117, *123*
    Raumschiff 118
Generalprobe *siehe* Apollo 10
Geologie *siehe* Mond
Geozentrisches Planetensystem 17
Gernsback, Hugo 24
Gerst, Alexander 265
    ISS-Expedition 242, 254, *254*, 256, *256*, *257*, *258*,
    Social Media 260, *260*
Gestirn *siehe* Stern
Gesundheit *siehe* Astronaut, Mars und Mond

Gibson, Edward George 228
Gidsenko, Juri Pawlowitsch 248, *252*
Gilruth, Robert 80
Giotto (Raumsonde) 242
GIRD (Gruppe zum Studium der Rückstoßbewegung) 42, *43*, 66
    siehe auch Sowjetunion
    GIRD-09 (Rakete) 42, 66
    GIRD-X (Rakete) 42, *43*, 66
Glenn (Jr.), John Herschel 104, 106, *106*
    Mercury-Projekt *81*, 84, 85, 101, 102, *103*, 104, *105*, 107, *107*
Glennan, Thomas Keith 80
Gluschko, Valentin Petrowitsch 42, 171
Goddard, Robert 27, 29, 35–37, *35*, *36*
    Methode zur Erreichung extremer Höhen 35
Godwin, Francis 20, *20*
    Der Mann im Mond oder ein Diskurs über eine Reise dorthin 20, *20*
Goebbels, Joseph 44, 48, 54
Goldhut 11/12
    Berliner Goldhut 11
Golfspieler *siehe* Alan Shepard
Gorbatschow, Michail 170
Gordon (Jr.), Richard Francis »Dick« 128, 160
Gorodomlia 56
Gravitation (Schwerkraft) 21/22
    Fluchtgeschwindigkeit 33
    Gesetz 21/22, 33
Gretschko, Georgi Michailowitsch 219
Griechenland
    Astronomie (Planetenbewegung) 17
Grissom, Virgil Ivan »Gus«
    Apollo-Programm 132, *132*
    Gemini-Projekt 117
    Mercury-Projekt *81*, 84, 85, 97, *97*, 117
Gröttrup, Helmut 56
Grumman 146
Guggenheim, Daniel 37
Gyroskop 54

H

H-2 Transfer Vehicle (HTV) 251
Haas, Conrad 30
Hadfield, Chris 236, 261
Haise (Jr.), Fred Wallace 163
Hale, William 32
Halley (Komet) 242
Ham (Affe) 86, 87, *87*
Hann, Fritz *siehe* Oberth, Hermann
Harmonia Macrocosmica 19
Harpunenkanone 32
Haskin, Byron
Heinisch, Kurt 44
Heinlein, Robert A. 73
Heliozentrisches Weltbild 17, 19
Helms, Susan Jane »Sue« 248
Hermaszewski, Miroslaw 223
Hilton-Gruppe 291
Himmelsbeobachtung 11
Himmelsscheibe von Nebra 8, *12*, 12
Hipparchos (griech. Astronom) *16*, 17
Hitler, Adolf 45, 46, 50
Hoffman, Jeffrey 201
Höhenforschungsrakete 230
Höhle von Lascaux 8, *10/11*
    Stier von Lascaux *10*/11
Homestead Foundation 282
Hopkins Ultraviolet Telescope (HUT) *197*
Horizonte, neue 267, 268, 270, 278, 286, 290, 294
Horizons (Mission) 265
Houbolt, John Cornelius 116
HTV *siehe* H-2 Transfer Vehicle
Hubble (Weltraumteleskop) 195, 200, *200*, *201*, 202, *202*, 203, *203*, 205, 261
Hubble, Edwin 202
Hundekosmonaut 67/68, *67/68*, 84
Huntsville (Alabama) 57, 110
Husband, Rick Douglas 210, *210*
HUT *siehe* Hopkins Ultraviolet Telescope
Huygens-Lander 242

I

IBM 140
IGJ *siehe* Internationales Geophysikalisches Jahr
Indien 31 *siehe auch* Mysore
Intel (Satellit) 231
Interkontinentalrakete 66, 76, 117, 118, 171
International Space Hall 87
International Space Station (ISS) 244, *244/245*
    Alltag 258/259, *258*/*259*
    Bau 248, *248*, 250, *250*
    Canadarm (Roboterarm) 247, *247*, 248, 251
    Logistik 251
    Menschen 252, *252*
    Social Media 260/261, *260/261*, *262/263*, 265
    Zukunft 264
International Ultraviolet Explorer (IUE) 242
Internationales Geophysikalisches Jahr (IGJ) 62, 64
Iridium 33 (Satellit) 292
Irvins, Marsha S. 237
Irwin, James Benson »Jim« 166, *166*
ISS *siehe* International Space Station
IUE *siehe* International Ultraviolet Explorer
Iwantschenkow, Alexander Sergejewitsch 223

J

Jackson, Mary 108, *108*, 109
Jähn, Sigmund Werner Paul 192, 196, *196*, 223, *223*
Jarvis, Gregory Bruce »Greg« 198
JAXA (Japanische Raumfahrtbehörde) 246, 252, 286
Jegorow, Boris Borissowitsch 120
Jelzin, Boris 205
Jemison, Mae 193
Jet Propulsion Laboratory (JPL) 80, 230
Jing Haipeng (Taikonaut) 231, *231*
Johnson, Katherine G. 108, *108*, 109
Johnson, Lyndon B. *107*, 112, 117, 126, 148
JPL *siehe* Jet Propulsion Laboratory
JUICE–Mission 243
Jungsteinzeit *siehe* Neolithikum
Junkers Werke 177
Juno (Rakete) 69, 72
Jupiter (Planet) 17, 20, 277
Jupitermond 18, 243
Jupiter-C (Rakete) 59, 69, 80, 140

K

Kalender 11, 14, 15
Katastrophe
    Apollo 1 132, *133*, 136, 155
    Apollo 13 *162*, 163
    Challenger 153, 198, *198*, 199
    Columbia 210, *211*, 252, 291
    Nedelin 76
Kelly, Mark *280*, 281
Kelly, Scott *280*, 281
Kelly, Thomas Joseph 146
Kennedy, John F. 51, 94, *107*, 111–113, *112*, 116, 167, 170, 177, 216
Kennedy Space Center (KSC) 114, *136*, 148, 150, 184, 211
Kepler, Johannes 18, 19
    Der Traum 19
    heliozentrisches Weltbild 19
Kerwin, Dr. Joseph Peter 228
Kibo (jap. ISS-Forschungsmodul) 247
Kirchhoff, Gustav Robert 23
Kisim, Leonid Denissowitsch 223
Kohnstein 45, 48, *48*, 50
Komarow, Wladimir Michailowitsch 120, 133, 171, 172
Komet
    Forschung 242
    Halley 294
    siehe auch Churyumov-Gerasimenko
Kommandomodul *siehe* Apollo
Kooperation 205, 238, *238*, 239, *239*
Kopernikus, Nikolaus 19
    kopernikanisches Planetensystem 19, 20
    Über die Umläufe der himmlischen Kreise in sechs Büchern 19

Kopplungsmanöver *siehe* Docking-Manöver
Koroljow, Sergej Pawlowitsch 66, *66*
    Der Raketenflug in die Stratosphäre 66
    GIRD 42, *43*
    N-1-Rakete 170, 171
    Sojus-Raumschiff 120
    Strategie 64, 65, 67, 68
    V2 56, *56*,
    Wostok 90, *90*
Korzun, Valeri Grigorjewitsch *237*, 253
Kosmonauten
    Erster Kosmonaut 76
    Propaganda 77, *77*
    Raumschiff 78
Kosmos (Satelliten) 219, 292
Kourou (Weltraumbahnhof Französisch-Guayana) 241, *241*, 242, 275
Kowaljonok, Wladimir Wassiljewitsch 223
Kranz, Gene 163, 164, *164*
Krater *siehe* Mond
Kreisgrabenanlage von Goseck 13
Kriegsrakete 30, 32, 33, *33*
Krikaljow, Sergej Konstantinowitsch 200, 205, 236, 248, *252*
Kristall (Mir-Labor) 235
KSC *siehe* Kennedy Space Center
Kubassow, Waleri Nikolajewitsch 122, *238*, 239
Kuiper-Gürtel 278
Kwant (Astrophysikmodul) 233, 234, 235, *235*

L

Laliberté, Guy 254
Lander 68, 131, *172*, 242, 269, 274, 275, *275*, *276*, 276
Lang, Fritz 37, 40/41
    Frau im Mond 37, 40, 41, *41*
Langer Marsch, CZ o. LM (Trägerrakete) 230, *231*
Langley, Virginia 83, 109
Lascaux, Höhle von 8, 10, 11
Laßwitz, Kurd 24, 50
    Auf zwei Planeten 26, 27
Lazutkin, Alexander I. *237*
LEM *siehe* Lunar Excursion Module
Lem, Stanislaw 73, 74, *74*
    Solaris 74, 75
Leonow, Alexej 122, *122*, *238*
    erster Weltraumspaziergang 120, 121, *121*, 170
    Sojus-Raumschiff 239, *239*
Lewis, John 295
    Mining the Sky 295
Ley, Willy 291
Liberty Bell (Mercury-Kapsel) 97
Lichtenberg, Byron Kurt 192, 195
Lindbergh, Charles 37, 148
Lippershey, Hans 19
Literatur *siehe* Science-Fiction
Little Joe (Rakete) 83
Liwei, Yang 230, *230*
LK *siehe* Lunij Korabl (LK)
LM *siehe* Apollo-Mondmodul
LOB *siehe* Lunar Orbital Platform Gateway (LOB-G)
LOR *siehe* Lunar Orbit Rendezvous
Lousma, Jack Robert 184, 228, *229*
Lovell, James »Jim«
    Apollo-Programm 136, *137*, 138, *138*, 163
    Gemini-Projekt *118*, 127, 128, 136, *137*, 138, *138*
LRV *siehe* Lunar Roving Vehicle
Lukian von Samosata 18
    Wahre Geschichten 18
Luna (Raumsonde) 72, *72*, 131, *131*, 173
Luna 16 (Mondlander) *172*
Luna-Orbiter-Mission 131
Lunar
    Excursion Module (LEM) 116, 134, 146, *146*, *147*, 147
    Orbit Rendezvous (LOR) 116, 117, 131
    Orbital Platform Gateway (LOB-G) 286, *286*, 287
    Orbiter (Raumsonde) 130, 131
    Roving Vehicle (LRV) 147, 166, *166*, 167, 168, *169*

REGISTER | 301

Lunij Korabl (LK, Ein-Mann-Mondschiff) 171
Lunochod (Mondauto) 173, *173*
Lutetia (Asteroid) 275

M
Magellan (Venussonde) 200
Manned Maneuvering Unit (MMU) 194
Manned Orbiting Laboratory (MOL) 216
Mao, Yuan-I 30
   Pfeile des fliegenden Feuers *30*
Mars (Planet)
   Astronomie 15, 17, 18
   bemannte Raumfahrt *266/267*, 267, 268, 279, 283
   Besiedelung 282, *282*, 283, 284, *284*, 285, *285*
   Bruchlandung 269
   Direct (Projekt) 279
   Expedition 216, 279
   Flug (Science-Fiction) 62, 73, 279
   Gesundheit *280/281*
   Invasion (Science-Fiction) 26
   Kanal 26
   Marsianer (Science-Fiction) 26, 27, *27*, *266/267*
   Pathfinder 268
   Projekt 243, *283*
   Rover/Lander 173, 268, *268*, 269, *269*, 270, *270*, 271, *272/273*
   Science-Fiction 26
   Tag 269
MarsOne-Projekt 285, 287
Mars Artists Community 282
Mars Exploration Rover (MER) 268, *268*
Mars Habitation Unit (MHU) 279
Mars Society 282
Marsflug *siehe* Mars
Marshall Space Flight Center (MSFC) 50, 113, 140
Marskanal *siehe* Schiaparelli
Massenmedien *siehe* Film
Massimino, Mike 260
Mattingly, Thomas K. »Ken«, 167
McAuliffe, Christa 198, *198*
McCandless, Bruce 194
McCool, William Cameron »Willie« 210, *210*
McDivitt, James Alton 123, 126, 142
McDonell 118
McDonnell Douglas 184
McNair, Ronald Erwin »Ron« 198
Medaris, John Bruce 69
Mehrstufenrakete 31
Meillerwagen 55, *55*
Merbold, Ulf Dietrich 196, *196*
   Spacelab-Shuttle-Programm 192, *192*
   Mir-Raumstation 236
Mercury-Projekt 76, 80-87, 94-97, 101-107
   Astronauten 81, 84, *84*, 85, *86*, 102, 103, 107
   Frauen im All 101,*101*
   Kapsel 82, *82*, 83, *83*
   Rakete
      Atlas 101, *102*, 106, 107
      Redstone 86, 94, *94*, 96, 97, 99
   Tiere 87, *87*
MERs *siehe* Mars Exploration Rover
Meteoritenfall 294
MHU *siehe* Mars Habitation Unit
Milchstraße 8
MIRAK *43*
Mir (Raumstation) *232*, 233-238
   Andocken *233*
   Außenbordarbeit *234/235*
   erster Astronaut 196, *196*
   Kooperation 238, 239, *238*, *239*
   Kristall (Mir-Labor) 235
   Menschen 236, 237, *236/237*
   Shuttle-Mir-Programm 200, *206*, *207*
MirCorp 237
Mischin, Wassili Pawlowitsch, 171
Mission Control Center *157*
Mitchell, Edgar 96, 165, *165*
Mittelbau-Dora 45, 48, 50, 56
Mittelstreckenrakete 59
Mittelwerk 42, 45, 49
MMU *siehe* Manned Maneuvering Unit
MOL *siehe* Manned Orbiting Laboratory
Mond

Apollo-Programm *110/111*, 111-169
   erste Astronauten 88-91, *88*, *92*, 94, 97, *98*
   Geologie 137, 138, *137/138*, 155, 157, 160, 165-169, 172, 173
   Krater *72*, 130, 131, 165, 167, 168, 271
   künftige Landungen 109, 112, 113, 116, 118, 131, 133, 231
   Lunar Roving Vehicle (LRV) 147, 166, *166*, 167, 168, *169*
   Observierung 130, *130*, 131, *131*, 137, *137*, 157, 231
   Raumsonden 130, 131, *131*
   in der Science-Fiction 18-21, 23-25, 33, 35, 37, 41, 73, 75
Mondlandefähre 146, *146*, 147, *147*
Mondlander *siehe* Luna 16
Mongolen 30
MSFC *siehe* Marshall Space Flight Center
MTG-Mission 243
Musgrave, Story Franklin 184, 185, *201*
Musk, Elon Reeve 282, 283, 286, 287, 288, *288*
Mysore-Rakete 31

N
N1 (Rakete) 170, 171
NAA *siehe* North American Aviation
NACA *siehe* National Advisory Committee for Aeronautics
Nachrichtensatelliten 188
Nachthimmel *siehe* Himmel
NASA *siehe* National Aeronautics and Space Administration
National Advisory Committee for Aeronautics (NACA) 76, 80, 108, 109, 152, 177
National Aeronautics and Space Administration (NASA)
   Frauen 108, *108*, 109, *109*
   Gründung 80
   Programm
      Apollo 111-169
      Gemini 117-120, 123, 127, 128
      Mercury 76, 80-87, 94-97, 101-107
      Raumstation 215-236
         ISS 244, 246-266
         Shuttle-Mir-Programm 238, *238*
         Shuttle-Ära 174-200, *174-200*
      Visionen 267, 283-291
Nauka (ISS-Labormodul) 264
Nautilus (Atom-U-Boot) 24
Near Earth Asteroid Rendezvous (NEAR) 294
Near Earth Objects (NEOs) 294, 295
Nebel, Rudolf *28*, 42
Nebra *siehe* Himmelsscheibe von Nebra
Nedelin-Katastrophe 76
NEM (ISS-Wissenschaftsmodul) 264
Neolithikum (Jungsteinzeit) 11
NEOs *siehe* Near Earth Objects (NEOs)
New Glenn (Orbital-Schwerlastrakete) 290
New Horizons (Raumsonde) 277, *277*, 278, 279
New Shepard (Rakete) 290
Newton, Isaac 21, 22, *22*, 33
   Principia 22, *22*
Nikolajew, Andrijan Grigorjewitsch 99, 100
Nixon, Richard 155, 157, *157*, 178
Node (ISS-Verbindungsmodul) 247, 250
Nordhausen 45, 49, 52
Noriega, Carlos I. 237
North American Aviation (NAA) 140, *141*
   X-Projekte 42, 152, 177
North American Rockwell 182
Nut (Himmelsgöttin) 15
Nyberg, Karen 261

O
OAMS *siehe* Orbit Attitude and Maneuver System
Obama, Barack 109
Oberth, Hermann 40, *40*, 148
   Pionier *28*, 29
   Die Rakete zu den Planetenräumen 34, 37, 38, 40, *40*, 50
   Versuchsrakete 42
   Wege zur Raumschiffahrt 37, 40
Objekt D (künstlicher Satellit) 64
Observierung *siehe* Mond

Odyssey (Raumschiff) 163
Olsen, Gregory 252
Onizuka, Ellison Shoji »El« 198
Opel, Fritz von 37, 38
Opel RAK 1 und 2 (Raketenauto) 38, *39*
Opel-Sander RAK 1 (Raketenflugzeug) 38
Opportunity (Exploration Rover) 268, 269, *269*
Orbit Attitude and Maneuver System (OAMS) 119
Orbital Sciences Corporation 251
Orientierungs- und Zeitmaßsystem 10, 11, 15, 17
Orion (Raumschiff) 167, 279
Orion-Span 291
Oxidator 35

P
Parker, Robert Allan Ridley 192
Pazajew, Wiktor Iwanowitsch 218, *218*
Peenemünde 42, 44, 44-46, *46*, 48-49,
   Gruppe 37, 52, 53, 56,
   in den USA 58, 59, *58/59*, 80
Peterson, Donald Herold 185
Pfeile des fliegenden Feuers *30*
Philae-Lander 242, 276, *276*
Pickering, William 69, *69*
Pioneer (Raumsonde) 72
Pirs (russ. ISS-Kupplungsmodul) 248
Planetary Transits and Oscillations of Stars (PLATO) 243
Planetenbewegung, Gesetz 17, 18
Planetensystem
   geozentrisch 17
   heliozentrisch 17, 19
   kopernikanisch 19, 20
Planetoidengürtel 294
PLATO *siehe* Planetary Transits and Oscillations of Stars
Playload Specialists (Nutzlastspezialisten) 195
Plejaden 10-12
Pluto (Planet) 277, *278*
Pogue, William Reid 228
Poisk (russ. ISS-Kupplungsmodul) 250
Poljakow, Waleri Wladimirowitsch *204*, 237
Popowitsch, Pawel 99, *99*
Postrakete 29, 42
Prieur, Yves le 32
Priroda (Mikrogravitationsmodul) 235
Prokopjew, Sergej 254
Proton (Rakete), 171, *171*, 172, 217, 286
Ptolemäus 17
Pumpe 36, 54, 55

Q
Queqiao (Satellit) 231
Quest (ISS-Luftschleuse) 248

R
R (Raketen) 56, 64, *65*, 66, 67, 76, 170
Raabe, Werk 56
RAK.1 *siehe* Opel-Sander
Rakete
   Antrieb allgem. 30, 35, 44, 72, 119, 135, 176
   A4/V2 44, 45, *45*, 46, 48-59, *48*, *51-55*, *57*
   Ariane (Rakete) 240, 241, *241*, 242, *243*, 275
   Black Arrow 240
   Bremsrakete 23, 79, *79*, 83, 118, 119, 120, *172/173*
   Falcon-Rakete 282, 287, *287*, 290
   Feststoffrakete 30, 33-35, 114, 178
   Höhenforschungsrakete 230
   Interkontinentalrakete 66, 76, 117, 118, 171
   Jupiter-C (Rakete) 59, 69, 80, 140
   Kriegsrakete 30, *32/33*, 33
   Little Joe 83
   Mehrstufenrakete 31
   Mysore-Rakete 31
   New Glenn (Orbital-Schwerlastrakete) 290
   New Shepard (Rakete) 290
   Postrakete 29, 42
   Proton (Rakete), 171, *171*, 172, 217, 286
   Redstone (Rakete) 59, 62, 80, 81, 86, 94, *94*, 99
   Schwarzpulverrakete 29, 30, 32, 38, 39
   Signalrakete 32

Sojus (Rakete) 170, 172
Stufenrakete 34, 58
Thor Able-1 (Rakete) 72
Titan (Rakete) 117/118, *117*
Trägerrakete 140, *141*, 170, *171*, 178, 208, *208*, 286, 287
Langer Marsch, CZ o. LM 230, *231*
Treibstoff 35, 38, *38*, 54, 78, 135, 141, 147, 279
Vanguard (Rakete) 62, 67, 68, 70, 76
Vega (Rakete) 242
Versuchsrakete (Oberth, H.) 42
Viking (Rakete) 59, 62
Wac-Corporal (Rakete) 58
Wostok (Rakete) 77, 82, 89, 120, 170
Raketenapparat 32
raketenbetriebenes
   Auto 38, *39*
   Flugzeug 38
Raketenfieber *siehe* Deutschland
Raketenflugzeug 38, 152, 176, *176*, 177, *177*
   siehe auch Raumgleiter
Raketenforschung 44, 45
Raketengrundgleichung 34
Raketenverein 42-44
Ramon, Ilan 210, *210*
Ranger (Raumsonde) 130
Raumanzüge 186, 187, *186/187*
Raumgleiter
   Buran 208, *208*, 209
Raumschiff 77, 182, 264, 279, 282, 283, 289, 295 *siehe auch* einzelne Stichwörter
Raumsonde 70, 130, 131, 170, 268 *siehe auch einzelne Stichwörter*
   Missionen 242, 267, 275, 294
Raumstation 215-219, 223-229, *232*, 232-239, 244-252, 254, 258, 259, 264 *siehe auch* ISS, Mir, Skylab, Tiangong
Rasswet (russ. Modul) 250
Reagan, Ronald 185, 199, 244
Redstone (Rakete) 59, 62, 80, *81*, 86, 94, *94*, 99
Reiter, Thomas 236, *236*, 252, *252*, 265
Remek, Vladimir 219
REMS *siehe* Rover Environmental Monitoring Station
Rendezvous-Manöver 127, *127*, 128, 155, 171, 172, 205, 231, *238*
Resnik, Judith Arlene »Judy« 198
Ride, Sally Kristen 188, 189, *189*, 190, *191*
Riedel, Klaus *28*, 42
Ritter, Franz *28*
RKA *siehe* Roskosmos, Russische Raumfahrtagentur
RKK Energija 290
Romanenko, Juri Wiktorowitsch 219
Roosa, Stuart Allen »Stu« 165
Rosetta (Raumsonde) 23, 242, 275, *275*
   Landung auf Churyumov-Gerasimenko 275, *276*
Roskosmos, Russische Raumfahrtagentur (RKA) 246, 286
Rover 147, 167, 168, *169*, 173, *173*, 261, 268, *268-271*, *272/273*,
Rover Environmental Monitoring Station (REMS) 271
Royal Air Force 50
Rudolf, Arthur 42
Ruland, Bernd 52
Russland 33-35, 170, 205, 236, 237
   siehe auch Sowjetunion
Rutan, Burt 290

S
Sänger, Eugen 42, 176, *176*
Saljut
   Programm 217-219, *217/218*, 219, *219*, 223
   Raumstation 192, *216-219*, *222*, 223
Samokutjajew, Alexander Michailowitsch 255
Sample Analysis at Mars (SAM-Komplex) 271
Sarja (ISS-Frachtmodul) 237, 246, 248
Satellit *60/61*, 62-65, *64*, 67-72, *70-72*, *129*, 185, 188, *188*, 195, *195*, 219, 292, 293
Saturn (Planet) 274, 275
Saturn (Rakete) *51*, 112, *113*, *115*, 140, *140*, *141*, *141*, *149*, 160, 168, 224, 225
Sawizkaja, Swetlana 189, *222*, 223, *223*

Schiaparelli, Giovanni (Marskanäle) 26
Schiaparelli-Lander 243, 269
Schirra (Jr.), Walter Marty »Wally« 84, *85*, 107, 127, 133
Schkaplerow, Anton Nikolajewitsch 255, *256*
Schlegel, Hans *249*, *252*, 265
Schmitt, Harrison Hagan »Jack« 168, *169*
Schwarz, Berthold 31
Schwarzpulver 29–31
Schwarzpulverrakete 29, 30, 32, 38, 39
Schweickert, Russell Louis »Rusty« 142
Schwerkraft *siehe* Gravitation
Schwerlastträgerrakete 286
Science-Fiction
    Literatur 18–21, 23–26, 73, 74, 155, 216
    Film *26*, *37*, 40, 41, *41*, 75, *75*, 80, 108, 182
Scobee, Francis Richard »Dick« 198
Scott, David Randolph 122, 127, 142, *142*, *143*, 166
Serowa, Jelena Olegowna 255
Servicemodul (SM) *siehe* Apollo
Shaw, Brewster Hopkinson 192
Shenzhou (Raumschiff) 230
Shepard (Jr.), Alan Bartlett »Al« 94–96, *95*, *96*
    Golfspieler 165, *165*
    Mercury-Projekt *81*, 84, *84*, *85*, 94, *94*, *95*
Shepard, William McMichael »Bill« *248*, *252*
Shetterly, Margot Lee 108, 109
    Hidden Figures 108, *109*
Shuttle
    Ära 176–195 *siehe auch* Space-Shuttle
    Landing Facility (SLF) 184
    Pallet Applications Satellite (SPAS) 188
    Passagiere 195
    Vorfahren 176, *176*, 177, *177*
Shuttleworth, Mark 252
Sigma 7 (Kapsel) 107
Signalrakete 32
Silbervogel 176
Simienowicz, Casimir(us) 31
Simonyi, Charles 252, 254
Skylab (erste US-Raumstation) 224, *224*, 229, 225–229
Slayton, Donald Kent »Deke« 84, *85*, 107, 122, 239
SLF *siehe* Shuttle Landing Facility
SLS *siehe* Space Launch System
SM *siehe* Apollo-Servicemodul
Smith, Michael John »Mike« 198
Snapchat *siehe* Social-Media-Plattform
Social-Media-Plattform 260, *261*
Sojourner (Roboterfahrzeug) 268, *268*
Sojus
    Rakete *170*, 172
    Raumschiff 220, *220*, *221*, 238, *238*, *244/245*
Solarmodul (ISS) 248
Solowjow, Wladimir Alexejewitsch 223, 236
Sonne 22, *224*, 268
    Zeitmaß- und Orientierungssystem 10, 11, 15, 17, 19
Sonnenobservatorium
    Apollo Telescope Mount (ATM) 227, 229, 230
    Kreisgrabenanlage von Goseck 13
Sonnensturm 282
Sonnensystem 23, 73, 268, 274, 279, 295
Sowjetunion
    erster Astronaut im All 88, *88*, 90
    GIRD (Gruppe zum Studium der Rückstoßbewegung) 42, *43*, 66
    GIRD-Raketen 42, *43*, 66
    Gorodomlia 56
    Kooperation 205
    Koroljows Strategie 64, 65, 67, 68
    Mir-Raumstation 236, 237
    Mondsonden, unbemannt 172, *172*, 173
    Proton (Rakete) 170, *170*, *171*, 172,
    R1-Rakete 56, 62
    Raumsonden 131, *216*
    Saljut-Programm 217, 217, 217, 219, 222, 223, *223*
    Deutsche Techniker(er) 49, *49*, 52, *52*, 53, *53*, 56, *56*
    Sojus-Raumschiff 133, 220, 221
    Rakete 77, 89
    Wostok-Raumschiff 76–79, *76*, *79*

Space Adventures 289
Space Adventures Explorer 290
Space Shuttle 175–178, *178*, *182*, 192, *192*, *214*, 244, 250–252, 291
    Astronaut 190, 192, *192*
    Atlantis 205
    Challenger-Unglück 186, 189, 198, *198*
    Columbia *183*, 210
    Discovery *181*, 200
    Endeavour 175, *174/175*, *179*
    erste Fotos 188
    Flüge (STS) 135–215, *188*, 192, 194, 197, *199*, *201*, *206/207*, *210*, *211*, *212/213*, *214/215*,
    Konstruktion 180, 181, *181*
    Landeplatz 184
    letzter Flug 115, *212*, 250
    Mir-Mission 205, *233*, *234/235*, 235, *236*, *237*, 238
    Programm 192, 208, 211, 224, 229
    Ship Unity 290
    Speditionsdienst 185
    Transportsystem (STS) 175, 178, 180, 181
Spacebook *siehe* Social-Media-Plattform
Spacelab 185, 192, 193, 195, 228
SpaceX 251, 282, 286, 289
SpaceX South Texas Launch (Weltraumbahnhof) 290
SPAS *siehe* Shuttle Pallet Applications Satellite
Speer, Albert 44
Spektr (geowissenschaftliches Modul) 235, 237
Spielberg, Steven (Filmplakat *War Of The Worlds*) 26
Spirit (Exploration Rover) 268, 269, *270*
Sputnik (Satellit) 59, *60/61*, 62–68, *63–65*, 70, 76, 84, 176
    Sputnik-Schock 62, 63
Stafford, Thomas Patten »Tom« 96, 122, 128, 145, 239, *239*
Staver, Robert 52
Steinkreis
    Stonehenge 13, *13*, 14, *14*
    Durrington Wall 14
Steins (Planetoid) 275
Steinzeit
    Astronomie 9–11
    Jungsteinzeit *siehe auch* Neolithikum
Stern 8, 10–12, 15
    Siebengestirn *siehe* Plejaden
    Träume 10–27
Sternsystem *siehe* Milchstraße
Stonehenge *siehe* Steinkreis
Strahlenbelastung 281, *281*
Stufenrakete 34, 58
Sultan von Mysore 31
Surajew, Maxim Wiktorowitsch 265
Surveyor (Raumsonde) 130, *130*, 131, *131*, 160
Swesda (ISS-Wohn- und Servicemodul) 247, 248
Swigert (Jr.), John Leonard »Jack« 163
Swing-by-Manöver 274, 275

T
Tarkowski, Andrei (Filmplakat *Solaris*) 75
TDRS-A *siehe* Tracking and Data Relay Satellite
Tereschkowa, Valentina 100, *100*
    erste Frau im All *98/99*, *296/297*
Terrorwaffe *siehe* A4/V2
Tesla Roadster Cabrio *287*
Thor Able-1 (Rakete) 72
Tiangong (Raumstation) 231, *231*, 293
Tiere im All 67, *67*, 68, *68*, 86, 87, *87*, 101
Titan (Rakete) 117, *117*, 118
Titan (Saturnmond) 242, 274
Tito, Dennis 252, 289
Titow, German Stepanowitsch 90, 99
Tjuratam (Startplatz) 46
Tjurin, Michail 252
Toftoy, Holger 52
Tombaugh, Clyde 277
Tourismus *siehe* Weltraumtourismus
Toutatis (Asteroid) 231
Tracking and Data Relay Satellite (TDRS-A)

185, 192
Trägerrakete 140, *141*, 170, *171*, 178, 208, *208*, 224, 230, 240, 286, 287, 290
Treibstoff *38*, 179
    Brennstoffzellen 135
    Festtreibstoff 181
    Flüssigtreibstoff 29, 35, 54, 78, 140, 141, 279
    hypergoler Treibstoff 135
Trengrouse, Henry 32
Triebwerk *siehe* Rakete Antriebssystem
Truly, Richard Harrison »Dick« 184
Tschelomei, Wladimir 171
Tsibiljew, Wasili V. *234*, 235, *235*
Tsien Hsue-Shen 230
Turbinenpumpe 36
Turbopumpe 54, 55
Twitter *siehe* Social-Media-Plattform

U
Überschall
    Raketenschlittenbahnen 176
Ujica, Andrei (Regisseur) 236
Unity (ISS-Modul) 247
USA
    Apollo-Programm *110/111*, 111–169
    Braun, Wernher von 52, 53, 56, *58/59*, 68, 69, *69*, 70, 80, 87, 77
    Frauen 108, *108*, 109, *109*
    Gemini-Programm 117–120, 123, 127, 128
    Goddard, Robert 35–37, *35*, *36*
    Mercury-Projekt 76, 80–87, 94–97, 101–107
    US Air Force 45, 70, 126, 152, 176, 177, 216, 290
    US Army 49, 52, *52*, 53
    US Navy 37, 62, 96, 152
Ussatschow, Juri Wladimirowitsch 248
Utopie *siehe* Science-Fiction

V
V1 (fliegende Bombe) 44, 48
V2 (Rakete) *siehe* A4
Valier, Max 38, *38*
    Der Vorstoss in den Weltenraum 38
Van Allen, James 69, *69*
Van-Allen-Strahlengürtel 69
Vandenberg 178
Vanguard (Rakete) 62, 67, 68, 70, 76
Vaughan, Dorothy 108, *108*, 109
Vega (Rakete) *242*
Vehicle Assembly Building (VAB) *113*, 113, 114, *115*, *150*, 211
Venus (Planet) 274
    Raumsonde 200
Verein für Raumschiffahrt (VfR) 29, 38, 42, 44, 52
Verne, Jules 23, 33, 34, 50
    Fünf Wochen im Ballon 24
    Porträt 24, *24*
    Reise durch die Sonnenwelt 23
    Reise um den Mond 23, 24
    Reise um die Erde in 80 Tagen 24
    Reise zum Mittelpunkt der Erde 24
    Von der Erde zum Mond 23, 24, *25*
    Zwanzigtausend Meilen unter dem Meer 24
Versuchsrakete (Oberth, H.) *42*
VfR *siehe* Verein für Raumschiffahrt
Viking (Rakete) 59, 62
Virgin Galactic 289, 290
Virgin Space Ship Unity (Raumfahrzeug) 290
Virts, Terry Wayne 255, *256*, *261*
Vision *siehe* Horizonte
Volkhart, Kurt C. 38
Voss, James Shelton »Jim« 248
Voyager (Raumsonde) 265

W
Wac Corporal (Rakete) 58
Walter, Ulrich 287
Wan Hu 30
Webb, James 107
Weihnachtsbotschaft *siehe* Apollo 8
Wells, Herbert George 24
    Der Krieg der Welten 26

Weltbild
    heliozentrisch 17
    kopernikanisch 19, 20
Weltkrieg
    Erster 32, *33*, 35
    Zweiter 44–49, *44–49*, 52–59, *52–59*, 176, *176*,
Weltraum 45, 47
    Bahnhof *289*, 290
    Bergbau 294, *294*, *295*
    Hotel 237, 289, 291
    Lift 34
    Schrott 292, *292*, 293, *293*
    Teleskop 22, 195, 224, *225*, 227
    Hubble 195, 200, *200*, *201*, 202, *202*, 203, *203*, 205, 261
    Hopkins Ultraviolet Telescope (HUT) 197
    International Ultraviolet Explorer (IUE) 242
    Tourismus 175, 289, *289*
    Turm 34
Wenchang (Weltraumbahnhof) 231
West Area Computing Unit 109
White, Edward Higgins »Ed« 125, 126, *126*
    Apollo-Katastrophe 132, *132*
    Extra Vehicular Activity (EVA) 123, *124*
White Night (Luft- und Raumfahrzeug) 290
White Sands (New Mexico) 56, *57*, 58, 184
Whitson, Peggy Annette 253, *253*, *258*
Wilkins, John 21
    Die Entdeckung einer Welt auf dem Monde 21
Williams, Sunita Lyn »Suni« 255
Wilmore, Barry Eugene »Butch« 255
Winkler, Johannes 42
Winne, Frank de 242
Wiseman, Gregory Reid *256*, 257, 265
Wolfe, Tom
    Die Helden der Nation 80
Wolkow, Alexander 205, 236
Wolkow, Wladislaw Nikolajewitsch 218, *218*
Worden, Alfred Merril 166
Woschod-Projekt 120
Wostok
    Rakete *77*, 89
    Raumschiff 76–79, *76–79*

X
X-Raketenflugzeuge 176, *176*, 177, *177*

Y
Yeager, Chuck 177
Young, John 117, 128, 145, *167*, 167, 183, 196

Z
Zeitmaß- und Orientierungssystem 10, 11, 15, 17
Zentrifugalkraft (Fliehkraft) 22
Ziolkowski, Konstantin 29, 33–35, *34*, 37, 216
    Erforschung des Weltraums mittels Reaktionsapparaten 33, 34
Zubrin, Robert 279
Zucker, Gerhard 42

TEXTE

Bernhard Mackowiak

Anna Schughart (S. 108/109, 256/257, 260/261, 280/281, 284/285, 292/293)

PROJEKTMANAGEMENT UND BILDREDAKTION

hauffe publishing

SATZ UND GESTALTUNG

hassinger & hassinger & spiler, visuelle konzepte

ABBILDUNGEN

akg-images
akg-images: S. 20, 24 u., 32, 39, 40 o., 45, 46, 48 li., 49, 52 li., 52 re., 53, 57, 73, 75 re.; akg-images/Album/Paramount Pictures: S. 26 m., 26 re.; akg-images/AP: S. 35; akg-images/Archive Photos: S. 91; akg-images/British Library: S. 26 li.; akg-images/ddrbildarchiv.de: S. 122 o.; akg-images/Erich Lessing: S. 17; akg-images/Francois Guénet: S. 15; akg-images/Heritage Images/Fine Art Images: S. 25, 75 li.; akg-images/historic-maps: S. 19; akg-images/Imagno/Austrian Archives (S): S. 43 u. li.; akg-images/NASA: S. 43 o. re.; akg-images/NASA/SCIENCE PHOTO LIBRARY: S. 36, 133, 177; akg-images/picture alliance/dpa: S. 51 li., 74; akg-images/Pictures from History: S. 24 o.; akg-images/Science Photo Library: S. 79 o. re., 176 li., 219; akg-images/Science Photo Library/Detlev van Ravenswaay: S. 60-61, 88, 131 re., 172; akg-images/Science Photo Library/Dorling Kindersley: S. 79 o. li.; akg-images/Science Photo Library/Nasa/usaf: S. 176 re.; akg-images/Science Source: S. 18, 22 o., 50; akg-images/Sputnik: S. 56, 67, 68, 72 re., 89, 90, 98, 99, 100, 131 m., 170, 171 li., 173, 209, 216, 217, 220; akg-images/UIG/Universal History Archive: S. 77; akg-images/Universal Images Group/Sovfoto: S. 43 o. li., 64, 65, 72 li., 79 u., 196 re., 208, 218 li., 218 re., 222, 223 re., 223 li., 296-297; akg-images/Universal Images Group/Sovfoto/UIG: S. 230; akg-images/Universal Images Group/Tass: S. 171 m., 171 re.; akg-images/WHA/World History Archive: S. 16; akg/Horst von Harbou – Stiftung Deutsche Kinemathek: S. 41; akg/Mark Stevenson/Stocktrek Images: S. 27; akg/Science Photo Library: S. 28, 31 o., 31 u., 38, 40 u., 43 u. re., 44

ESA
ESA: S. 241 o., 260; ESA- D. Ducros: S. 242, 243 u. re.; ESA-CNES-Arianespace/Optique video du CSG S Martin: S. 243 li.; ESA-P. Carril: S. 243 o. re.; ESA-Stephane Corvaja, 2016: S. 240, 241 u.; ESA/David Ducros, 2016: S. 293; ESA/ID&Sense/ONiRiXEL: S. 292; FAI: S. 121

Gagarin Cosmonaut Training Center
S. 265

INTERFOTO
INTERFOTO /Austrian National Library/Rübelt, Lothar: S. 42; INTERFOTO /awkz: S. 48 re., 55; INTERFOTO /Friedrich: S. 34; INTERFOTO /Mary Evans/Hugh W.Cowin Aviation Collection: S. 33; INTERFOTO/Granger, NYC: S. 30, 63; INTERFOTO /Ivan Vdovnin: S. 13; INTERFOTO/Mary Evans/John Frost Newspapers: S. 122 u.; INTERFOTO/Sammlung Rauch: S. 21, 22 u.; INTERFOTO/Hougaard Malan: S. 8-9; INTERFOTO/Science & Society: S. 76; INTERFOTO/Stocktrek Images/Steven Hobbs: S. 266-267,282; INTERFOTO/Stocktrek Images/Walter Myers: S. 294 re.; INTERFOTO/UIG/Sovfoto: S. 92

Mauritius images
mauritius images/Science Source/Marc Ward: S. 2

NASA
NASA: Vorsatz, S. 4-5, 6, 51 re., 58-59, 69 li., 69 re., 70, 71, 80, 81, 82, 83 li., 83 re., 84, 85, 86, 87, 94 li., 94 re., 95, 96, 97, 101, 102, 103 o. li., 103 o. re., 103 u., 105, 106 o., 106 u., 107, 108 li., 108 m., 108 re., 109, 110-111, 112 li., 112 re., 113 li., 113 re., 115 li., 115 u. re., 116, 117, 118 u., 118 o., 119, 123, 124, 126, 127, 128, 129, 130, 131 li., 132 o., 132 u., 133, 134, 135 re., 135 li., 136, 137 o., 137 u., 138, 138-139, 140, 141 li., 141 re., 142, 142-143, 144-145, 145, 146, 147 li., 147 re., 148 o., 148 u. li., 148 u. re., 149, 150, 153, 154, 155, 156, 157 o. li., 157 o. re., 157 u., 158-159, 160, 161, 162, 163, 164, 165 o., 165 u., 166, 167 o. li., 167 o. re., 167 u., 168, 169 o., 169 u., 174-175, 178 li., 178 o. re., 178 u. re., 179, 180, 182, 183, 184, 185, 186, 188, 189, 190-191, 192 li., 192 re., 193, 194, 195, 196 li., 197, 198, 199, 200, 201, 202 li., 202 re., 203, 204, 205, 206-207, 210, 211, 214-215, 221, 224, 225 li., 225 re., 226 li., 226 re., 227, 228 li., 228 re., 228 u., 229 li., 229 re., 232, 233 li., 233 m., 23 re., 234-235, 236 li., 236 re., 237 li., 237 re., 238 o., 238 u. re., 239, 244-245, 246, 247 li., 247 re., 248 li., 248 m., 248 re., 249, 250 li., 250 re., 251, 252 o., 252 m., 252 u., 254, 255 o., 255 u., 258 li., 259 li., 259 re., 261 u. li., 261 u. re., 277, 281 u., 283 u., 286, 287 o., 288 re., 289 u., 294 u. li., 295, Nachsatz; NASA History Office: S. 190; NASA Photo by James Blair: S. 187, 257 re.; NASA/Bill Ingalls: S. 181, 212-213, 253; NASA/Bill White: S. 115 o. re.; NASA/Dimitri Gerondidakis: S. 288 li.; NASA/ESA: S. 274, 275; NASA/ESA/Rosetta/Philae/CIVA. S. 276; NASA/Joel Kowsky: S. 256; NASA/John Hopkins University Applied Physics Laboratory/Southwest Research Institute: S. 278; NASA/JPL-Caltech: S. 268, 271, 274 o.; NASA/JPL-Caltech/MSSS: S. 272-273, 284; NASA/JPL-Caltech/SwRI: S. 281 o.; NASA/JPL-Solar System Visualization Team: S. 270; NASA/JPL/Cornell University: S. 269; NASA/Reid Wiseman: S. 258 re.; NASA/Robert Markowitz: S. 280; NASA/Samantha Cristoforetti: S. 262-263; NASA/Terry Virts: S. 261 o.; NASA/Victor Zelentsov: S. 257 li.

Orion Span
©2018 Orion Span, Inc. All Rights Reserved: S. 291

Picture Alliance
Picture alliance © dpa: S. 11, 12, 231 re., 283 o., 289 o.; Picture alliance © dpa/Illustration: SpaceX/dpa: S. 285; Picture alliance/AP Photo: S. 287 u.; Picture alliance/AP Photo/NASA: S. 279; Picture alliance/Leemage: S. 10; Picture alliance/Photoshot: S. 231 li.; Picture alliance/ZUMA Press: S. 290; Picture alliance/Reuters: S. 287 o.

USSR Academy of Sciences
S. 238 u. li.